市政基础设施工程施工与质量验收文件系列手册

城镇道路工程施工文件手册

王立信　主编

中国建筑工业出版社

图书在版编目（CIP）数据

城镇道路工程施工文件手册/王立信主编．—北京：中国建筑工业出版社，2014.12
（市政基础设施工程施工与质量验收文件系列手册）
ISBN 978-7-112-17122-4

Ⅰ．①城… Ⅱ．①王… Ⅲ．①城市道路-道路施工-技术手册
Ⅳ．①U415-62

中国版本图书馆 CIP 数据核字（2014）第 166503 号

本书内容共有 11 章组成，包括概述；施工管理文件；施工技术文件；进度造价文件；施工物资文件；施工记录；施工试验记录及检测报告；施工质量验收记录；竣工验收文件；竣工图；工程竣工文件。

本书可供从事城镇道路工程施工人员使用。

责任编辑：封　毅　张　磊
责任设计：李志立
责任校对：陈晶晶　赵　颖

市政基础设施工程施工与质量验收文件系列手册
城镇道路工程施工文件手册
王立信　主编
*
中国建筑工业出版社出版、发行（北京西郊百万庄）
各地新华书店、建筑书店经销
北京红光制版公司制版
北京圣夫亚美印刷有限公司印刷
*

开本：787×1092 毫米　1/16　印张：30¾　字数：745 千字
2015 年 1 月第一版　2015 年 1 月第一次印刷
定价：75.00 元
ISBN 978-7-112-17122-4
（25914）

版权所有　翻印必究
如有印装质量问题，可寄本社退换
（邮政编码 100037）

本书编委会

主　　编　王立信

编写人员　王立信　刘伟石　杜玉菡　孙　宇　郭　彦
　　　　　　贾翰卿　王庚西　付长宏　王春娟　郭晓冰
　　　　　　王　薇　王　倩　赵　涛　郭天翔　张菊花
　　　　　　王丽云

市政基础设施
工程施工与质量验收文件系列手册
编制说明

编 制 原 则

"市政基础设施工程质量验收与施工文件系列手册"的编制，系根据建设部《关于印发〈二〇〇二～二〇〇三年度工程建设城建、建工行业标准制订、修订计划〉的通知》（建标〔2003〕104号）和《关于印发〈二〇〇四年工程建设国家标准制订、修订计划〉的通知》（建标〔2004〕67号）文件坚持的"验评分离、强化验收、完善手段、过程控制"为其指导原则编制的。

市政基础设施工程质量验收与施工文件系列手册按工程类别、内容分部量大小、阶段、时间及其他相关因素，在保证施工与质量验收文件内容齐全、完整的前提下，按专业规范的内容要求，本着规范、简捷、方便的宗旨进行编制，力争做到对贯彻、执行"2008规范"起到完善标准贯彻与执行的作用和目的。

编 制 依 据

系列手册的编制依据主要是国家颁发的建设工程文件归档整理规范、市政基础设施工程方面的规定及国家新发布实施的市政基础设施的道路、桥梁、给水排水管道、给水排水构筑物规范及相关专业规范与标准。主要有：

（1）依据《建筑工程文件归档整理规范》（GB/T 50328—2001）及其修订稿。

注：(GB/T 50328)修订稿，市政基础设施工程归档整理修订为按道路、桥梁、地下管网分别汇整归存。

（2）参考住房和城乡建设部颁《市政基础设施工程施工技术文件管理规定》建城〔2002〕221号。

（3）《城镇道路工程施工与质量验收规范》（CJJ 1—2008）。

（4）《城市桥梁工程施工与质量验收规范》（CJJ 2—2008）。

（5）《给水排水管道工程施工及验收规范》（GB 50268—2008）。

（6）《给水排水构筑物工程施工及验收规范》（GB 50141—2008）。

（CJJ 1—2008）、（CJJ 2—2008）、（GB 50268—2008）、（GB 50141—2008）规范条文中规定应用的相关专业规范与材料、检测等标准或技术要求。例如：

《混凝土强度检验评定标准》（GB 50107—2010）。

《混凝土结构工程施工质量验收规范》（GB 50204—2002，2010年版）。

《盾构法隧道施工与验收规范》(GB 50446—2008)等。

编制内容与组成

《城镇道路工程施工与质量验收规范》(CJJ 1—2008)、《城市桥梁工程施工与质量验收规范》(CJJ 2—2008)、《给水排水管道工程施工及验收规范》(GB 50268—2008)、《给水排水构筑物工程施工及验收规范》(GB 50141—2008)分别按工程质量验收与施工文件编写。

1. 工程质量验收文件

工程质量验收文件包括：各专业规范中的单位（子单位）工程、分部（子分部）工程、分项（检验批）工程的表式与实施说明，检验批验收表式设计遵照"验评分离、强化验收、完善手段、过程控制"16字方针，按规范的工艺执行与标准检验条目分别按主控项目、一般项目编制检验批验收表式，同时提出"检验批验收应提供的核查资料"，并附有施工过程控制要点。体现了"验收有表式、规范条目内容齐全、明确了应提供核查资料及核查要点"，对工程质量验收而言是较为完善的工程质量验收文件。

2. 工程施工文件

(1) 工程施工文件内容组成主要是按《建筑工程文件归档整理规范》(GB/T 50328)以及各专业规范中"单位（子单位）工程质量控制资料核查"和"单位（子单位）工程完全和功能检验资料核查及主要抽查"，主要包括：各专业规范中在工程实施和验收中需要为保证质量使用的原材料、构配件、施工试验、隐蔽验收、施工记录、质量事故记录等的相关试（检）验资料与记录。竣工图。工程施工文件除了按规范要求应检子项齐全之外，同时提供了应用标准的相关性能参数与资料。

(2) 工程管理与工程技术文件主要包括：市政基础设施工程管理与工程技术文件，诸如：施工现场质量管理检查、施工组织设计、技术交底、施工日志等。

3. 工程质量验收与施工文件的定名

Ⅰ 工程质量验收文件

(1) 市政基础设施工程施工与质量验收文件系列手册 城镇道路工程施工与质量验收文件手册。

(2) 市政基础设施工程施工与质量验收文件系列手册 城市桥梁工程施工与质量验收文件手册。

(3) 市政基础设施工程施工与质量验收文件系列手册 给水排水管道工程施工与质量验收文件手册。

(4) 市政基础设施工程施工与质量验收文件系列手册 给水排水构筑物工程施工与质量验收文件手册。

Ⅱ 工程施工文件

（1）市政基础设施工程施工与质量验收文件系列手册 城镇道路工程施工文件手册。
（2）市政基础设施工程施工与质量验收文件系列手册 城市桥梁工程施工文件手册。
（3）市政基础设施工程施工与质量验收文件系列手册 管道工程施工文件手册。
（4）市政基础设施工程施工与质量验收文件系列手册 给水排水构筑物工程施工文件手册。

结　　语

市政基础设施工程质量验收与施工文件系列手册是建设工程合格性的重要技术依据之一，做好工程质量验收与施工文件的建立、提出、传递、检查、汇集与整理，应始自施工准备到单位工程交工止贯穿于施工的全过程中。系列手册的文件资料为确保工程质量提供数据分析依据，同时为竣工工程的扩建、改建、维修提供数据分析和应用依据。

建议工程参加单位、各企业领导和参与工程技术文件编制和管理人员，诚请提高其对工程施工文件与工程质量验收文件重要性的认识，施工文件与工程质量验收文件的管理，施工文件与工程质量验收文件应和标准、规范的贯彻结合同步进行，做好施工文件与工程质量验收文件的编审工作。

目 录

1 概述 ··· 1
   1.1 什么是施工文件 ··· 1
   1.2 对施工文件的总体要求 ··· 1
   1.3 市政基础设施工程档案的涵盖范围 ······························ 2
   1.4 《建设工程文件归档整理规范》(GB/T 50328)规范修订稿规定市政基础设施工程技术文件的编制内容 ·············· 3
   1.5 当前市政基础设施工程施工文件编制存在的问题 ········ 14
   1.6 保证施工文件(资料)编审正确必须做好的几项工作 ······ 15
   1.7 施工文件的保存期限 ··· 16

2 施工管理文件(C1) ·· 17
   2.1 工程概况表(C1-1) ··· 17
   2.2 施工现场质量管理检查记录(C1-2) ··························· 18
   2.3 企业资质证书及相关专业人员岗位证书(C1-3) ··········· 20
   2.4 分包单位资质报审表(C1-4) ···································· 21
   2.5 建设工程质量事故报告或记录(C1-6) ······················· 23
      2.5.1 建设工程质量事故报告书(C1-6-1) ··················· 23
      2.5.2 建设工程质量事故调(勘)记录(C1-6-2) ··········· 25
      2.5.3 建设工程质量事故处理记录(C1-6-3) ··············· 27
   2.6 施工检测计划(C1-7) ··· 28
   2.7 见证记录(C1-8) ·· 32
      2.7.1 见证取样相关规定说明 ···································· 32
      2.7.2 见证取样与送检(C1-8-1) ······························· 32
      2.7.3 见证取样试验委托单(C1-8-2) ························· 33
      2.7.4 见证取样送检记录(参考用表)(C1-8-3) ·········· 34
      2.7.5 见证试验检测汇总表(C1-9) ··························· 34
   2.8 施工日志(C1-10) ·· 35
   2.9 监理工程师通知回复单(C1-11) ······························· 36

3 施工技术文件(C2) ·· 38
   3.1 工程技术文件报审表(C2-1) ···································· 38
   3.2 施工组织设计及施工方案(C2-2) ····························· 39

3.2.1 施工组织设计编制、实施的基本要求 ················ 39
　　3.2.2 施工组织设计及施工方案的组成内容与措施 ·········· 39
　　　3.2.2.1 编制原则 ·································· 39
　　　3.2.2.2 建设项目施工组织总设计的编制步骤与基本结构 ·· 40
　　　3.2.2.3 单位工程施工组织设计编制步骤与基本结构 ······ 41
　　　3.2.2.4 《城镇道路工程施工质量验收规范》(CJJ 1—2008)规范对施工组织设计(施工方案)的编制要求 ·········· 43
　　3.2.3 施工组织设计(专项施工方案)审批表(C2-2-1) ······ 44
　　3.2.4 危险性较大分部与分项工程施工方案(C2-3) ········ 46
3.3 技术交底记录(C2-4) ····································· 47
　　3.3.1 施工技术交底记录(C2-4-1) ······················· 47
　　3.3.2 施工技术交底小结 ································ 51
　　3.3.3 设计交底记录(C2-4) ····························· 51
3.4 图纸会审记录(C2-5) ····································· 52
3.5 设计变更通知单(C2-6) ··································· 54
3.6 工程洽商记录(技术核定单)(C2-7) ························ 56

4 进度造价文件(C3) ·· 57
4.1 工程开工报审表(C3-1) ··································· 57
4.2 工程复工报审表(C3-2) ··································· 60
4.3 施工进度计划报审表(C3-3) ······························· 62
4.4 施工进度计划(C3-4) ····································· 65
4.5 ( )月人、机、料动态表(C3-5) ··························· 66
4.6 工程临时/最终延期报审表(C3-6) ·························· 67
4.7 工程款支付申请表(C3-7) ································· 70
4.8 工程变更费用报审表(C3-8) ······························· 71
4.9 费用索赔申请表(C3-9) ··································· 73

5 施工物资文件(C4) ·· 79
5.1 出厂质量证明文件及出厂检测报告(C4-1) ··················· 79
　　5.1.1 出厂质量证明文件及出厂检测报告表式与说明(C4-1-1) · 79
　　　5.1.1.1 主要原材料、成品、半成品、构配件、设备出厂证明汇总表(C4-1-1-1) ························ 79
　　　5.1.1.2 主要原材料、成品、半成品、构配件、设备出厂质量合格证书或出厂检(试)验报告粘贴表(C4-1-1-2) ·· 80
　　5.1.2 ＿＿＿＿＿材料检验报告(通用)(C4-1-2) ··········· 81
　　5.1.3 水泥产品合格证、出厂检验报告(C4-1-3) ············ 82
　　　5.1.3.1 通用水泥出厂质量合格证书或出厂检验报告粘贴表(C4-1-3-1) ······ 82
　　　5.1.3.2 道路工程用水泥出厂质量合格证书或出厂检验报告

    粘贴表(C4-1-3-2) ……………………………………………………………… 82
  5.1.4 各类砌砖、砌块合格证、出厂检验报告(C4-1-4) …………………… 82
  5.1.5 砂、石料产品合格证、出厂检验报告(C4-1-5) ……………………… 82
    5.1.5.1 砂产品合格证、出厂检验报告粘贴表(C4-1-5-1) ……………… 82
    5.1.5.2 石料产品合格证、出厂检验报告粘贴表(C4-1-5-2) …………… 82
    5.1.5.3 其他骨料类检验报告粘贴表(C4-1-5-3) ……………………… 82
  5.1.6 钢(材)筋产品合格证、出厂检验报告(C4-1-6) ……………………… 83
  5.1.7 焊条(剂)产品合格证、出厂检验报告(C4-1-7) ……………………… 83
  5.1.8 粉煤灰产品合格证、出厂检验报告(C4-1-8) ………………………… 83
  5.1.9 混凝土外加剂产品合格证、出厂检验报告(C4-1-9) ………………… 83
  5.1.10 预拌(商品)混凝土出厂合格证(C4-1-10) …………………………… 83
  5.1.11 预拌(商品)混凝土出厂检验报告(C4-1-11) ………………………… 83
  5.1.12 预制构件产品合格证、出厂检验报告(C4-1-12) …………………… 83
  5.1.13 沥青产品合格证、出厂检验报告(C4-1-13) ………………………… 83
  5.1.14 沥青混合料(用粗骨料、用细骨料、用矿粉)出厂合格证、出厂
     检验报告(C4-1-14) ……………………………………………………… 83
  5.1.15 沥青胶结(用粗骨料、用细骨料、用矿粉)出厂合格证、出厂
     检验报告(C4-1-15) ……………………………………………………… 83
  5.1.16 石灰产品出厂合格证、出厂检验报告(C4-1-16) …………………… 83
  5.1.17 土体试验检验报告(C4-1-17) ………………………………………… 83
  5.1.18 土的有机质含量检验报告(C4-1-18) ………………………………… 83
  5.1.19 骨料检验报告(C4-1-19) ……………………………………………… 83
  5.1.20 石材出厂检验报告(C4-1-20) ………………………………………… 83
  5.1.21 土体出厂检验报告(C4-1-21) ………………………………………… 83
  5.1.22 防水卷材产品出厂合格证、出厂检验报告(C4-1-22) ……………… 83
  5.1.23 外加剂产品出厂合格证、出厂检验报告(C4-1-23) ………………… 84
  5.1.24 稳定土类道路基层材料出厂合格证、出厂检验报告(C4-1-24) …… 84
    5.1.24.1 石灰及石灰、粉煤灰稳定土类基层材料出厂合格证、出厂
      检验报告粘贴表(C4-1-24-1) …………………………………… 84
    5.1.24.1-1 石灰稳定土类基层材料出厂合格证、出厂检验报告
      粘贴表(C4-1-24-1-1) …………………………………………… 84
    5.1.24.1-2 石灰、粉煤灰稳定土类基层材料出厂合格证、出厂检验
      报告粘贴表(C4-1-24-1-2) ……………………………………… 84
    5.1.24.2 石灰、粉煤灰稳定砂砾基层及底基层材料出厂合格证、出厂
      检验报告粘贴表(C4-1-24-2) …………………………………… 84
    5.1.24.3 石灰、粉煤灰、钢渣稳定土类基层及底基层材料出厂合
      格证、出厂检验报告粘贴表(C4-1-24-3) ……………………… 84
    5.1.24.4 水泥稳定土类基层材料出厂合格证、出厂检验报告粘
      贴表(C4-1-24-4) ………………………………………………… 84

- 5.1.25 其他材料出厂合格证、出厂检验报告(C4-1-25) …… 84
- **5.2 进场检验通用表格(C4-2)** …… 85
  - 5.2.1 材料、构配件进场验收记录(C4-2-1) …… 85
  - 5.2.2 见证取样送检汇总表(C4-2-2) …… 86
- **5.3 进场复试报告(C4-3)** …… 86
  - 5.3.1 主要材料、成品、半成品、构配件、设备进场复试汇总表(C4-3-1) …… 86
  - 5.3.2 见证取样送检、检验成果汇总表(C4-3-2) …… 87
  - 5.3.3 钢(材)筋进场复试报告(C4-3-3) …… 88
    - 5.3.3.1 钢筋混凝土用钢第1部分：热轧光圆钢筋应用技术要求 …… 89
    - 5.3.3.2 钢筋混凝土用钢第2部分：热轧带肋钢筋应用技术要求 …… 91
  - 5.3.4 水泥进场复试报告(C4-3-4) …… 94
    - 5.3.4.1 通用硅酸盐水泥应用技术要求 …… 97
    - 5.3.4.2 道路硅酸盐水泥应用技术要求 …… 98
  - 5.3.5 各类砌砖、砌块进场复试报告(C4-3-5) …… 100
    - 5.3.5.1 混凝土路面砖应用技术要求 …… 101
    - 5.3.5.2 透水路面砖和透水路面板应用技术要求 …… 103
    - 5.3.5.3 预制混凝土砌块、路缘石、隔离墩等技术要求 …… 106
  - 5.3.6 石材(料石、大理石、花岗石等)检(试)验报告(C4-3-6) …… 108
    - 5.3.6.1 料石检(试)验报告(C4-3-6-1) …… 108
    - 5.3.6.2 天然大理石、花岗石检(试)验报告(C4-3-6-2) …… 109
    - 5.3.6.2-1 天然大理石建筑板材应用技术要求 …… 109
    - 5.3.6.2-2 天然花岗石建筑板材应用技术要求 …… 112
  - 5.3.7 砂子、石子进场复试报告(C4-3-7) …… 116
    - 5.3.7.1 砂子进场复试报告(C4-3-7-1) …… 116
    - 5.3.7.1-1 普通混凝土用砂质量应用技术要求 …… 117
    - 5.3.7.1-2 沥青混合料用细骨料质量应用技术要求 …… 120
    - 5.3.7.1-3 水泥混凝土路面面层用细骨料质量应用技术要求 …… 122
    - 5.3.7.2 石子进场复试报告(C4-3-7-2) …… 123
    - 5.3.7.2-1 普通混凝土用石质量应用技术要求 …… 125
    - 5.3.7.2-2 沥青混合料用粗骨料质量应用技术要求 …… 128
    - 5.3.7.2-3 水泥混凝土路面面层用粗骨料质量应用技术要求 …… 130
  - 5.3.8 粉煤灰与钢渣进场复试报告(C4-3-8) …… 131
    - 5.3.8.1 粉煤灰进场复试报告(C4-3-8-1) …… 131
    - 5.3.8.2 钢渣进场复试报告(C4-3-8-2) …… 132
  - 5.3.9 混凝土外加剂进场复试报告(C4-3-9) …… 133
    - 5.3.9.1 外加剂应用技术要求 …… 133
    - 5.3.9.1-1 掺外加剂混凝土性能指标要求 …… 133
    - 5.3.9.1-2 外加剂的取样规定和取样数量 …… 133
    - 5.3.9.2 混凝土外加剂的应用选择与质量控制 …… 135

- 5.3.10 沥青进场复试报告(C4-3-10) ……………………………………………… 136
  - 5.3.10.1 道路工程用沥青复试报告(C4-3-10-1) ………………………… 137
    - 5.3.10.1-1 道路石油沥青的主要技术要求 …………………………… 138
    - 5.3.10.1-2 道路用乳化沥青技术要求 ………………………………… 140
    - 5.3.10.1-3 道路用液体石油沥青质量要求 …………………………… 141
    - 5.3.10.1-4 聚合物改性沥青技术要求 ………………………………… 141
    - 5.3.10.1-5 改性乳化沥青技术要求 …………………………………… 142
  - 5.3.10.2 通用沥青复试报告(C4-3-10-2) ………………………………… 143
- 5.3.11 防水卷材进场复试报告(C4-3-11) ……………………………………… 144
  - 5.3.11.1 石油沥青纸胎油毡物理性能应用技术要求 …………………… 146
- 5.3.12 焊条(焊剂)进场复试报告(C4-3-12) ………………………………… 147
  - 5.3.12.1 非合金钢及细晶粒钢焊条应用技术要求 ……………………… 147
  - 5.3.12.2 热强钢焊条应用技术要求 ……………………………………… 160
  - 5.3.12.3 碳素钢埋弧焊用焊剂应用技术要求 …………………………… 166
- 5.3.13 稳定土类道路基层材料配合比试验单(C4-3-13) …………………… 166
  - 5.3.13.1 石灰稳定土类基层材料配合比试验单(C4-3-13-1) ………… 166
  - 5.3.13.2 石灰、粉煤灰稳定砂砾基层及底基层材料配合比试验单(C4-3-13-2) ……………………………………………………… 168
  - 5.3.13.3 石灰、粉煤灰、钢渣稳定土类基层及底基层材料配合比试验单(C4-3-13-3) ……………………………………………………… 169
  - 5.3.13.4 水泥稳定土类基层材料配合比试验单(C4-3-13-4) ………… 170
  - 5.3.13.5 级配砂砾及级配砾石基层材料产品出厂质量检验报告(C4-3-13-5) ……………………………………………………… 172
  - 5.3.13.6 级配碎石及级配碎砾石基层材料产品出厂质量检验报告(C4-3-13-6) ……………………………………………………… 173
- 5.3.14 石灰进场复试报告(C4-3-14) …………………………………………… 174
- 5.3.15 沥青混合料试验报告(C4-3-15) ………………………………………… 175
- 5.3.16 预制小型构件复检报告(C4-3-16) ……………………………………… 176
  - 5.3.16.1 混凝土预制构件复检报告(C4-3-16-1) ………………………… 176
  - 5.3.16.2 预制金属构件复检报告(C4-3-16-2) …………………………… 177
- 5.3.17 其他材料复试或复检报告(C4-3-17) …………………………………… 177

6 施工记录(C5) …………………………………………………………………… 178

6.1 ＿＿＿＿＿施工记录(通用)(C5-1) …………………………………………… 178
6.2 工程测量与复测记录(C5-2) ………………………………………………… 179
- 6.2.1 测量交接桩记录(C5-2-1) ………………………………………………… 179
- 6.2.2 工程平面控制测量记录(C5-2-2) ………………………………………… 180
- 6.2.3 导线测量与复测记录(C5-2-3) …………………………………………… 183
- 6.2.4 高程测量与复测记录(C5-2-4) …………………………………………… 185

6.3 测量复核记录(C5-3) ... 188
6.4 沉降观测记录(C5-4) ... 189
6.5 路基、基层与面层、人行地道、挡土墙、雨水口及倒虹管施工记录(C5-5) ... 190
6.5.1 路基施工记录(C5-5-1) ... 190
6.5.2 基层/面层施工记录(C5-5-2) ... 193
6.5.3 人行地道结构施工记录(C5-5-3) ... 200
6.5.4 挡土墙施工记录(C5-5-4) ... 201
6.5.5 雨水支管与雨水口施工记录(C5-5-5) ... 202
6.5.6 倒虹管及涵洞施工记录(C5-5-6) ... 202
6.6 混凝土施工记录(C5-6) ... 203
6.6.1 混凝土浇筑申请书(C5-6-1) ... 203
6.6.2 混凝土开盘鉴定(C5-6-2) ... 205
6.6.3 混凝土浇筑记录(C5-6-3) ... 208
6.6.3.1 普通混凝土浇筑记录(C5-6-3-1) ... 208
6.6.3.2 混凝土坍落度检查记录(C5-6-3-2) ... 218
6.6.3.3 水泥混凝土路面面层用混凝土浇筑记录(C5-6-3-3) ... 220
6.7 沥青混合料施工记录(C5-7) ... 224
6.7.1 热拌沥青混合料摊铺碾压施工记录(C5-7-1) ... 224
6.7.2 冷拌沥青混合料摊铺碾压施工记录(C5-7-2) ... 228
6.8 混凝土测温及沥青混合料测温记录(C5-8) ... 229
6.8.1 _____混凝土测温记录(C5-8-1) ... 229
6.8.2 混凝土同条件养护测温记录(C5-8-2) ... 231
6.8.3 冬期施工混凝土搅拌测温记录(C5-8-3) ... 232
6.8.4 水泥混凝土路面混凝土测温记录(C5-8-4) ... 234
6.8.5 沥青混合料到场摊铺及压实测温记录(C5-8-5) ... 235
6.9 地基及基槽检验与地基钎探(C5-9) ... 238
6.9.1 地基及基槽检验记录(C5-9-1) ... 238
6.9.2 地基钎探记录(C5-9-2) ... 241
6.10 地基处理施工记录(C5-10) ... 243
6.10.1 软土地基处理施工记录(C5-10-1) ... 243
6.10.1.1 _____地基施工记录(C5-10-1-1) ... 243
6.10.1.2 土工合成材料地基施工记录(C5-10-1-2) ... 244
6.10.1.3 袋装砂井、塑料排水板地基施工记录(C5-10-1-3) ... 245
6.10.1.3-1 袋装砂井地基施工记录(C5-10-1-3-1) ... 245
6.10.1.3-2 塑料排水板地基施工记录(C5-10-1-3-2) ... 245
6.10.1.4 砂桩法地基施工记录(C5-10-1-4) ... 247
6.10.1.4-1 砂桩法地基桩孔施工记录(C5-10-1-4-1) ... 247
6.10.1.4-2 砂桩法地基桩孔分填施工记录(C5-10-1-4-2) ... 248
6.10.1.5 振冲碎石桩地基施工记录(C5-10-1-5) ... 249

  6.10.1.6 水泥土搅拌桩地基施工记录(C5-10-1-6) ……………………… 254
    6.10.1.6-1 水泥土搅拌桩施工记录(C5-10-1-6-1) ……………… 254
    6.10.1.6-2 水泥土搅拌桩供灰记录(C5-10-1-6-2) ……………… 258
    6.10.1.6-3 水泥土搅拌轻便触探检测记录(C5-10-1-6-3) ……… 259
 6.10.2 湿陷性黄土地基处理施工记录(C5-10-2) ………………………… 260
  6.10.2.1 换填法地基处理施工记录(C5-10-2-1) ……………………… 260
  6.10.2.2 强夯(或强夯置换)施工记录(C5-10-2-2) …………………… 263
    6.10.2.2-1 强夯(或强夯置换)地基现场试夯记录(C5-10-2-2-1) … 263
    6.10.2.2-2 强夯(或强夯置换)地基施工记录(C5-10-2-2-2) …… 267
 6.10.3 沥青路面热拌碾压及施工缝留设施工记录(C5-10-3) …………… 270
6.11 隐蔽工程检查验收记录(C5-11) …………………………………………… 274
 6.11.1 砌体挡土墙隐蔽工程验收记录(C5-11-1) ………………………… 275
  6.11.1.1 砌体挡土墙基槽隐蔽工程验收记录(C5-11-1-1) …………… 275
  6.11.1.2 加筋砌体挡土墙隐蔽工程验收记录(C5-11-1-2) …………… 275
 6.11.2 钢筋混凝土挡土墙隐蔽工程验收记录(C5-11-2) ………………… 276
  6.11.2.1 现浇钢筋混凝土挡土墙基槽隐蔽工程验收记录(C5-11-2-1) … 276
  6.11.2.2 现浇钢筋混凝土挡土墙钢筋隐蔽工程验收记录(C5-11-2-2) … 276
 6.11.3 装配式钢筋混凝土挡土墙隐蔽工程验收记录(C5-11-3) ………… 276
  6.11.3.1 装配式钢筋混凝土挡土墙基槽隐蔽工程验收记录(C5-11-3-1) … 276
  6.11.3.2 装配式钢筋混凝土挡土墙板连接隐蔽工程验收
      记录(C5-11-3-2) ……………………………………………… 277
 6.11.4 人行地道结构隐蔽工程验收记录(C5-11-4) ……………………… 277
  6.11.4.1 人行地道结构基槽隐蔽工程验收记录(C5-11-4-1) ………… 277
  6.11.4.2 人行地道结构钢筋隐蔽工程验收记录(C5-11-4-2) ………… 277
 6.11.5 道路工程钢筋隐蔽工程验收记录(C5-11-5) ……………………… 278
 6.11.6 道路工程的其他隐蔽工程验收记录(C5-11-6) …………………… 278
 6.11.7 关于《城镇道路工程施工与质量验收规范》(CJJ 1—2008)应增加
    "隐蔽验收记录"条目的几点建议 ………………………………… 278
6.12 交接检查与工程预检记录(C5-12) ………………………………………… 280
 6.12.1 中间交接检查记录(C5-12-1) ……………………………………… 280
 6.12.2 工程预检记录(C5-12-2) …………………………………………… 281

7 施工试验记录及检测报告(C6) ………………………………………………… 283
 7.1 压实度检验报告(C6-1) ……………………………………………………… 283
  7.1.1 路基、基层/面层压实度检验汇总表(C6-1-1) …………………… 283
   7.1.1.1 路基压实度检验汇总表(C6-1-1-1) ………………………… 283
   7.1.1.2 基层/面层压实度检验汇总表(C6-1-1-2) …………………… 284
  7.1.2 土的压实度(干质量密度)试验(C6-1-2) ………………………… 284
   7.1.2.1 环刀法压实度(干质量密度)试验记录(C6-1-2-1) ………… 285

13

7.1.2.1-1 环刀法测定压实度(干质量密度)试验方法与要求 288
7.1.2.2 蜡封法土壤干密度试验记录(C6-1-2-2) 290
7.1.2.2-1 蜡封法土壤干密度试验方法与要求 291
7.1.2.3 灌水法土壤干密度试验记录(C6-1-2-3) 292
7.1.2.3-1 灌水法土壤干密度试验方法与要求 292
7.1.2.4 灌砂法土壤干密度试验记录(C6-1-2-4) 293
7.1.2.4-1 灌砂法土壤干密度试验方法与要求 294

7.2 沥青混合料试验报告(C6-2) 298
7.2.1 沥青混合料压实度检验汇总表(C6-2-1) 298
7.2.2 沥青混合料马歇尔试验报告(C6-2-2) 299
7.2.2.1 沥青混合料配合比设计应用技术要求 300
7.2.3 沥青混合料压实度试验记录(C6-2-3) 307

7.3 沥青混合料沥青含量、矿粉级配试验报告(C6-3) 319
7.3.1 沥青混合料沥青含量试验报告(C6-3-1) 319
7.3.1.1 沥青混合料中沥青含量试验(射线法)应用技术要求 319
7.3.2 沥青混合料矿料级配试验报告(C6-3-2) 320
7.3.2.1 沥青混合料的矿料级配检验应用技术要求 320

7.4 砂浆试块强度检验(C6-4) 322
7.4.1 砂浆试块强度检验汇总表(C6-4-1) 322
7.4.2 砂浆配合比申请单、通知单(C6-4-2) 323
7.4.3 砂浆抗压强度检验报告(C6-4-3) 325
7.4.4 砂浆抗压强度统计评定(C6-4-4) 328

7.5 混凝土强度(性能)试验报告(C6-5) 330
7.5.1 混凝土强度(性能)试验汇总表(C6-5-1) 330
7.5.2 混凝土配合比申请单、通知单(C6-5-2) 331
7.5.2.1 水泥混凝土面层配合比申请单、通知单(C6-5-2-1) 331
7.5.2.2 普通混凝土配合比申请单、通知单(C6-5-2-2) 338
7.5.3 混凝土强度试验报告(C6-5-3) 349
7.5.3.1 水泥混凝土弯拉强度(标养)试验报告(C6-5-3-1) 349
7.5.3.1-1 水泥混凝土弯拉强度(同条件养护)试件试验报告(C6-5-3-1-1) 353
7.5.3.2 普通混凝土抗压强度(标养)试验报告(C6-5-3-2) 354
7.5.4 混凝土强度统计评定(C6-5-4) 356
7.5.4.1 水泥混凝土面层弯拉强度统计评定(C6-5-4-1) 356
7.5.4.2 普通混凝土抗压强度统计评定(C6-5-4-2) 358
7.5.4.2-1 混凝土强度检验评定标准应用技术要求 360

7.6 土工击实试验与填土含水率检测记录(C6-6) 363
7.6.1 土工击实试验报告(C6-6-1) 363
7.6.1.1 击实试验应用技术要求 363

7.6.2	填土含水率检测记录(C6-6-2)	369
	7.6.2.1 土的最大干密度与最佳含水量试验(C6-6-2-1)	370
7.7	石灰(水泥)剂量检验报告(C6-7)	372
7.8	无侧限饱水抗压强度检验(C6-8)	374
7.8.1	无侧限饱水抗压强度检验汇总表(C6-8-1)	374
7.8.2	无侧限饱水抗压强度检验报告(C6-8-2)	374
	7.8.2.1 细粒土无侧限抗压强度试验应用技术要求	375
7.9	道路基层、面层厚度检测报告(C6-9)	378
7.9.1	挖坑及钻芯法测定路面厚度试验应用技术要求	379
7.10	承载比(CBR)试验报告(C6-10)	381
7.10.1	土基现场 CBR 值测试应用技术要求	382
7.11	平整度检测(3m 直尺、测平仪检查)(C6-11)	384
7.11.1	路面平整度检测汇总表(C6-11 1)	384
7.11.2	路面平整度检测报告(C6-11-2)	385
	7.11.2.1 3m 直尺测定平整度试验应用技术要求	386
	7.11.2.2 连续式平整度仪测定平整度试验应用技术要求	387
7.12	道路弯沉值测试(C6-12)	389
7.12.1	道路弯沉值测试成果汇总表(C6-12-1)	389
7.12.2	道路弯沉值检验报告(C6-12-2)	390
	7.12.2.1 贝克曼梁测定路基路面回弹弯沉试验应用技术要求	392
	7.12.2.2 自动弯沉仪测定路面弯沉试验应用技术要求	395
	7.12.2.3 落锤式弯沉仪测定弯沉试验应用技术要求	397
7.13	路面抗滑性能检验报告(C6-13)	401
7.13.1	路面抗滑性能检测方法	401
	7.13.1.1 电动铺砂法仪测定路面构造深度试验应用技术要求	401
	7.13.1.2 摆式仪测定路面摩擦系数试验应用技术要求	403
7.14	地基处理复合地基承载力试验报告(C6-14)	406
7.14.1	处理后地基静载荷试验	407
7.14.2	复合地基增强体单桩静载荷试验	407
7.14.3	复合地基静载荷试验	408
7.15	相对密度试验报告(C6-15)	409
7.16	其他施工试验及检验文件(C6-16)	409
8	**施工质量验收记录(C7)**	**419**
8.1	单位(子单位)工程质量竣工验收记录(C7-1)	419
8.2	分部(子分部)工程质量验收记录(C7-2)	422
8.3	分项工程质量验收记录(C7-3)	427
8.4	检验批质量检验记录(C7-4)	429

9 竣工验收文件(C8) ··· 431

9.1 施工单位工程竣工报告(C8-1) ··· 431
9.2 单位(子单位)工程竣工预验收报验表(C8-2) ··· 431
9.3 单位(子单位)工程质量竣工验收记录表(C8-3) ··· 432
9.4 单位(子单位)工程质量控制资料核查记录(C8-4) ··· 432
9.5 单位(子单位)工程安全和功能检验资料核查及主要功能抽查记录表(C8-5) ··· 433
9.6 单位(子单位)工程外观质量检查记录(C8-6) ··· 434
9.7 施工资料移交书(C8-7) ··· 436
9.8 市政工程质量保修单(C8-8) ··· 441
9.9 其他工程竣工验收文件(C8-9) ··· 443

10 竣工图(D类) ··· 444

10.1 道路竣工图内容、绘制与折叠 ··· 444
10.1.1 竣工图的基本要求 ··· 444
10.1.2 道路竣工图的内容 ··· 445
10.1.3 竣工图的类型和绘制 ··· 445
10.1.4 竣工图的折叠 ··· 445

11 工程竣工文件(E类) ··· 446

11.1 竣工验收备案文件用表与说明(E1) ··· 446
11.1.1 单位(子单位)工程质量竣工验收记录表(E1-1) ··· 446
11.1.2 勘察单位工程评价意见报告(E1-2) ··· 447
11.1.3 设计单位工程评价意见报告(E1-3) ··· 448
11.1.4 施工单位工程竣工报告(E1-4) ··· 450
11.1.5 监理单位工程质量评估报告(E1-5) ··· 452
11.1.6 建设单位工程竣工报告(E1-6) ··· 453
11.1.6.1 工程竣工验收文件的实施说明 ··· 460
11.1.7 工程竣工验收会议纪要(E1-7) ··· 461
11.1.8 专家组竣工验收意见(E1-8) ··· 462
11.1.9 工程竣工验收证书(E1-9) ··· 463
11.1.10 规划、消防、环保等部门出具的认可或准许使用文件(E1-10) ··· 464
11.1.10.1 建设工程规划验收合格证(E1-10-1) ··· 464
11.1.10.2 建设工程公安消防验收意见书(E1-10-2) ··· 466
11.1.10.3 环保验收合格证(E1-10-3) ··· 467
11.1.11 市政工程质量保修单(E1-11) ··· 468
11.1.12 市政基础设施工程竣工验收备案表(E1-12) ··· 469
11.1.13 其他工程竣工验收备案文件(E1-13) ··· 469

11.2 竣工决算文件用表与说明(E2) ··· 469

11.2.1	施工决算文件(E2-1)	469
11.2.2	监理决算文件(E2-2)	470

11.3 竣工交档文件用表与说明(E3) …… 470
11.3.1 工程竣工档案预验收意见(E3-1) …… 470
11.3.2 施工文件移交书(E3-2) …… 471
11.3.3 监理文件移交书(E3-3) …… 472
11.3.4 城建档案移交书(E3-4) …… 472

11.4 工程声像文件用表与说明(E4) …… 473
11.4.1 开工前原貌、施工阶段、竣工新貌照片(E4-1) …… 473
11.4.2 工程建设过程的录音、录像文件(重点大型工程)(E4-2) …… 473

11.5 其他工程文件(E5) …… 473

1 概 述

市政基础设施工程是城市建设中最基本的基础设施。任何一个城市只有完成了城市最基本的基础设施后才能显示其功能。它是城市建设中的重要组成部分，是城市建设发展水平的重要标志之一。城市建设必须重视市政基础设施的建设，必须保证市政基础设施的工程项目质量（决策、计划、勘察、设计、施工）。保证市政基础设施工程质量，在工程实施中必须具有真实、完整的施工文件，才能为保证工程质量提供真实的数据依据。

市政基础设施工程施工技术文件的管理，是施工企业技术管理的基础业务之一，是确保工程质量和完善施工管理的一项重要工作。施工技术文件的建立、提出、传递、检查、汇集整理工作应当从施工准备到单位工程交工止贯穿于施工的全过程中。施工技术资料的完整程度体现了一个施工企业的管理水平，它为确保工程质量提供了数据分析依据，同时是竣工工程的扩建、改建、维修提供重要的分析或应用依据。

1.1 什么是施工文件

施工文件一词，国家没有详尽的定义。一般指施工企业对承建建设工程应提供的施工文件。应包括：

（1）施工通过文件形式表现确立企业的管理能力和技术能力，证明其质量保证体系具有适用性的技术管理文件（即通常指的施工管理方面的技术文件如：工程开工报审，施工组织设计，技术交底，预验收，自检、互检、交接检，施工日志等）。

（2）工程实施过程中按标准要求进行的工程质量验收方面的文件与资料。

（3）建设工程竣工后需要作为依据备存，施工过程中必须用文件形式记录下来的质量保证体系方面规定的技术记录、施工试验、核查与检验、认证、纠正措施、录音、录像、竣工图等，证明其质量保证体系有效性方面的施工文件（即通常讲的质量保证方面的文件与资料）。

综上，作为质量保证的证实文件，保证所承担的工程质量达到了设计和规范规定的标准和合同规定的内容要求所形成的上述有关技术文件，就是施工文件。

施工文件是建设工程实施过程中形成的技术文件中的重要组成部分，是工程技术文件的重要组成内容之一。

1.2 对施工文件的总体要求

（1）施工文件（资料）的编制范围以单位工程施工图设计为单位，即每一个单位工程的施工文件都必须单独编报、备审、归档。

（2）资料的收集、整理必须及时，资料来源必须真实、可信，资料填报必须子项齐全，应填子项不得缺漏。

（3）工程技术文件（资料）的收集、编制应与工程进度同步进行，工程技术文件（资料）的核查验收应与工程验收同步进行。

（4）检查验收资料应是在按要求内容进行自检的基础上，根据法定程序经有权单位核审签章后形成的文件（资料）方为有效。

（5）材料、半成品、构配件等以及工程实体的检验。材料必须先试后用，工程实体必须先检后交或先检后用，违背此规定需对已用材料、已交（用）的工程实行重新检测，确定是否满足设计要求，否则应为资料不符合要求。

（6）国家标准或地方法规规定，实行见证取样的材料、构配件、工程实体检验等均必须实行见证取样、送样并签字及盖章。否则为不符合要求。

（7）专业标准或规范对某项试验提出的试验要求，其试验方法必须按专业标准或规范提出的试验方法进行，否则该项检（试）验应为无效试（检）验。

（8）资料表式中规定的责任制度，必须按规定要求该加盖公章的加盖公章，该本人签字的本人签字。签字一律不准代签，否则可视为虚假资料或无效资料。

（9）对工程资料进行涂改、伪造、随意抽撤或损毁、丢失的，应按有关法规予以处罚，情节严重的，依法追究法律责任。

（10）对各项技术文件评定的定性要求是：

1）技术文件（资料）达到真实、准确、齐全，符合有关标准与规定，填报规范化，应评定为符合要求。

2）技术文件（资料）达到真实、准确、齐全程度基本符合有关标准与规定，填报规范化，不足部分的资料不影响结构安全和使用功能，应评定为基本符合要求。

3）技术文件（资料）不齐或出现不符合有关标准中控制资料或工程安全与功能抽查项目要求与规定，内容失真，应评定为不符合要求。

4）合格等级的单位工程，施工文件评定必须符合要求或基本符合要求。施工文件评定为不符合要求的单位工程，其质量等级判为不合格工程，单位工程应进行检查和处理。

（11）施工文件（资料）不符合要求，不得进行竣工验收。

（12）施工文件和施工图设计文件均应经建设、设计、监理、施工企业技术负责人审查签章后，按其确认的表格形式或经当地建设行政主管部门核定的表格形式按《建设工程文件归档整理规范》（GB/T 50328—2001）要求依序归存。

1.3 市政基础设施工程档案的涵盖范围

（1）市政基础设施工程的档案包括：道路、广场、桥涵、隧道、排水、泵站、城市照明、污水处理、大型停车场等的工程档案。

（2）公用基础设施工程档案包括：供水、供气、供热、供电、消防、通讯、广播电视等的工程档案。

（3）交通基础设施工程档案包括：铁路客运站、铁路运输编组站、铁路货运场站、长途汽车客运站、机场、口岸设施等工程档案。

（4）园林绿化、风景名胜工程档案包括：公园、绿地、苗圃、纪念性建筑、名人故居、名胜古迹、古建筑、有代表性的城市雕塑等档案。

（5）市容环卫设施建设工程档案包括：垃圾粪便处理场、大型垃圾转运站、公共厕所等的工程档案。

（6）城市防洪、抗震和环境保护、人防工程档案。

（7）建制镇公用设施、公共建筑、民用建筑工程档案。

（8）军事工程档案资料中，除军事禁区和军事管理区以外的穿越市区的地下管线走向和有关隐蔽工程的位置图。

1.4 《建设工程文件归档整理规范》（GB/T 50328）规范修订稿规定市政基础设施工程技术文件的编制内容

施工文件是以单位工程编制归存的。不同专业的工程凡是构成单位工程的均应单独编制施工文件（资料）。道路工程、桥梁工程、地下管线工程等都是构成单位工程的专业工程。《建设工程文件归档整理规范》（GB/T 50328）已在网上刊载修订稿，规定道路、桥梁和地下管线工程的技术文件分别进行编制、报审和归存。

《建设工程文件归档整理规范》（GB 50328）规范本次的修订方便了文件（资料）的编报也不易缺漏，同时理顺了市政基础设施工程文件（资料）的整理与归存，将对提高市政基础设施工程的管理水平和工程质量起到较大作用。对保证道路工程质量有较好的推动作用，见表1所示。

道路工程文件归档范围　　　　　　　　　　　表1

内容类别	归档文件	保存单位					
		建设单位	施工单位	设计单位	监理单位	城建档案馆
工程准备阶段文件（A类）							
A1	立项文件					
1	项目建议书批复文件及项目建议书	▲				▲
2	可行性研究报告批复文件及可行性研究报告	▲				▲
3	专家论证意见、项目评估文件	▲				▲
4	有关立项的会议纪要、领导批示	▲				▲
A2	建设用地、拆迁文件					
1	选址申请及选址规划意见通知书	▲				▲
2	建设用地批准书	▲				▲
3	拆迁安置意见、协议、方案等	▲				△
4	建设用地规划许可证及其附件	▲				▲
5	土地使用证明文件及其附件	▲				▲
6	建设用地钉桩通知单	▲				▲

续表

内容类别		归档文件	保存单位				
			建设单位	施工单位	设计单位	监理单位	城建档案馆
A3		勘察、设计文件					
	1	工程地质勘察报告	▲		▲		▲
	2	水文地质勘察报告	▲		▲		▲
	3	补步设计文件（说明书）	▲		▲		
	4	设计方案审查意见	▲		▲		▲
	5	人防、环保、消防等有关主管部门（对设计方案）审查意见	▲		▲		▲
	6	施工图设计文件审查意见	▲		▲		▲
	7	设计计算书	▲		▲		△
	8	施工图设计文件审查意见	▲		▲		▲
	9	节能设计备案文件	▲		▲		▲
A4		招投标文件					
	1	勘察、设计招投标文件	▲		▲		
	2	勘察、设计合同	▲		▲		△
	3	施工招投标文件	▲	▲		△	
	4	施工合同	▲	▲		△	△
	5	工程监理招投标文件	▲			▲	
	6	监理合同	▲			▲	△
A5		开工审批文件					
	1	建设工程规划许可证及其附件	▲	△		△	▲
	2	建设工程施工许可证	▲	▲		▲	▲
A6		工程造价文件					
	1	工程投资估算材料	▲				
	2	工程设计概算材料	▲				
	3	招标控制价格文件	▲				
	4	合同价格文件	▲	▲			△
	5	结算价格文件	▲	▲			△
A7		工程建设基本信息					
	1	工程概况信息表	▲	△			▲
	2	建设单位工程项目负责人及现场管理人员名册	▲				▲
	3	监理单位工程项目总监及监理人员名册	▲			▲	▲
	4	施工单位工程项目经理及质量管理人员名册	▲	▲			▲

续表

内容\类别	归档文件	保存单位 建设单位	保存单位 施工单位	保存单位 设计单位	保存单位 监理单位	保存单位 城建档案馆
监理文件（B类）						
B1	监理管理文件					
1	监理规划	▲			▲	△
2	监理实施细则	▲	△		▲	△
3	监理月报	△			▲	
4	监理会议纪要	▲			▲	
5	监理工作日志				▲	
6	监理工作总结	▲				△
7	工作联系单	▲	△		△	
8	监理工程师通知	▲	▲		▲	
9	监理工程师通知回复单	▲	▲		▲	
10	工程暂停令	▲	▲		▲	△
11	工程复工报审表	▲	▲		▲	
B2	进度控制文件					
1	工程开工报审表	▲	▲		▲	△
2	施工进度计划报审表	▲	△		△	
B3	质量控制文件					
1	质量事故报告及处理资料	▲	▲		▲	▲
2	旁站监理记录	△	△		▲	
3	见证取样和送检人员备案表	▲	▲		▲	
4	见证记录				▲	
5	工程技术文件报审表		△		▲	
B4	造价控制文件					
1	工程款支付	▲	△		△	
2	工程款支付证书	▲	△		△	
3	工程变更费用报审表	▲	△		△	
4	费用索赔申请表	▲	△		△	
5	费用索赔审批表	▲	△		△	
B5	合同管理文件					
1	委托监理合同	▲			▲	
2	工程延期申请表	▲			▲	△

续表

内容类别		归档文件	保存单位				
			建设单位	施工单位	设计单位	监理单位	城建档案馆
	3	工程延期审批表	▲			▲	△
	4	分包单位资质报审表	▲	▲		▲	
B6		竣工验收文件					
	1	竣工移交证书	▲	▲		▲	▲
	2	工程质量评估报告	▲	▲		▲	▲
	3	监理费用决算资料	▲			▲	
	4	监理资料移交书	▲			▲	
施工文件（C类）							
C1		施工管理文件					
	1	工程概况表	▲	▲		▲	△
	2	施工现场质量管理检查记录		△		△	
	3	企业资质证书及相关专业人员岗位证书	△	△		△	△
	4	分包单位资质报审表	▲	▲		▲	
	5	建设工程质量事故调（勘）记录	▲	▲	▲	▲	▲
	6	建设工程质量事故报告或记录	▲	▲	▲	▲	▲
	7	施工检测计划	△	△		△	
	8	见证记录	▲	▲		▲	
	9	见证试验检测汇总表	▲	▲		▲	
	10	施工日志		▲			
	11	监理工程师通知回复单		△		△	
C2		施工技术文件					
	1	工程技术文件报审表	△	△		△	
	2	施工组织设计及施工方案	△	△		△	△
	3	危险性较大分部分项工程施工方案	△	△		△	
	4	技术交底记录		△		△	
	5	图纸会审记录	▲	▲	▲	▲	▲
	6	设计变更通知单	▲	▲	▲	▲	▲
	7	工程洽商记录（技术核定单）	▲	▲	▲	▲	▲
C3		进度造价文件					
	1	工程开工报审表	▲	▲	▲	▲	△
	2	工程复工报审表	▲	▲	▲	▲	△

续表

内容类别	归档文件	建设单位	施工单位	设计单位	监理单位	城建档案馆
3	施工进度计划报审表		△		△	
4	施工进度计划		△		△	
5	（ ）月人、机、料动态表		△		△	
6	工程临时最终延期报审表	▲	▲		▲	△
7	工程款支付申请表	▲	△		△	
8	工程变更费用报审表	▲	△		△	
9	费用索赔申请表	▲	△		△	
C4	施工物资文件					
1	出厂质量证明文件及出厂检测报告					
1-1	出厂质量证明文件及出厂检测报告表示与说明					
1-2	＿＿材料检验报告（通用）					
1-3	水泥产品合格证、出厂检验报告	△	▲		▲	△
1-4	各类砌砖、砖块合格证、出厂检验报告		▲		▲	
1-5	砂、石料产品合格证、出厂检验报告	△	▲		▲	
1-6	钢（材）筋产品合格证、出厂检验报告	△	▲		▲	△
1-7	焊条（剂）产品合格证、出厂检验报告	△	▲		▲	
1-8	粉煤灰产品合格证、出厂检验报告	△	▲		▲	
1-9	混凝土外加剂产品合格证、出厂检验报告	△	▲		△	
1-10	预拌（商品）混凝土产品合格证	▲	▲		△	△
1-11	预拌（商品）混凝土出厂检验报告		▲		△	
1-12	预制构件产品合格证、出厂检验报告	△	▲		△	
1-13	沥青产品合格证、出厂检验报告	△	▲		△	
1-14	沥青混合料（用粗集料、用细集料、用矿粉）出厂合格证、出厂检验报告	△	▲		△	
1-15	沥青胶结（用粗集料、用细集料、用矿粉）出厂合格证、出厂检验报告	△	▲		△	
1-16	石灰产品出厂合格证、出厂检验报告	△	▲		△	
1-17	土体试验检验报告	▲	▲		△	△
1-18	土的有机质含量检验报告		▲		△	△
1-19	集料检验报告		▲		△	△
1-20	石材出厂检验报告	▲	▲		△	△

续表

内容类别	归档文件	保存单位				
		建设单位	施工单位	设计单位	监理单位	城建档案馆
1-21	土体出厂检验报告	▲	▲		△	△
1-22	防水卷材产品出厂合格证、出厂检验报告	▲	▲		△	△
1-23	外加剂产品出厂合格证、出厂检验报告	▲	▲		△	△
1-24	稳定土类道路基层材料出厂合格证、出厂检验报告	▲	▲		△	△
1-25	其他材料出厂合格证、出厂检验报告	▲	▲		△	△
2	进场检验通用表格					
2-1	材料、构配件进场验收记录		△		△	
2-2	见证取样送检汇总表		△		△	
3	进场复试报告					
3-1	主要材料、半成品、构配件、设备进场复检汇总表	▲	▲		▲	△
3-2	见证取样送检、检验成果汇总表		△			
3-3	钢（材）筋进场复试报告	▲	▲		▲	△
3-4	水泥进场复试报告	▲	▲		▲	△
3-5	各类砌砖、砖块进场复试报告	▲	▲		△	
3-6	石材（料石、大理石、花岗石等）检（试）验报告	▲	▲		△	
3-7	砂子、石子进场复试报告	▲	▲		△	
3-8	粉煤灰与钢渣进场复试报告	▲	▲		△	
3-9	混凝土外加剂进场复试报告	△	▲		▲	
3-10	沥青进场复试报告	▲	▲		△	▲
3-11	防水卷材进场复试报告	▲	▲		△	
3-12	焊条（焊剂）进场复试报告	▲	▲		△	
3-13	稳定土类道路基层材料配合比试验单	▲	▲		△	
3-14	石灰进场复试报告	▲	▲		△	
3-15	沥青混合料试验报告	▲	▲		△	▲
3-16	预制小型构件复检报告	▲	▲		△	
3-17	其他材料复试或复检报告	▲	▲		△	
C5	施工记录					
1	___施工记录（通用）					
2	工程测量与复测记录	▲	▲		△	▲
2-1	测量交接桩记录	▲	▲		△	▲
2-2	工程平面控制测量记录	▲	▲		△	▲

续表

内容类别	归档文件	建设单位	施工单位	设计单位	监理单位	城建档案馆
2-3	导线测量与复测记录	▲	▲		△	▲
2-4	高程测量与复测记录	▲	▲		△	▲
3	测量复核记录	▲	▲		△	▲
4	沉降观测记录	▲	▲		△	▲
5	路基、基层与面层、人行地道、挡土墙、雨水口及倒虹管施工记录	▲	▲		△	▲
5-1	路基施工记录	▲	▲		△	▲
5-2	基层/面层施工记录	▲	▲		△	▲
5-3	人行地道结构施工记录	▲	▲		△	▲
5-4	挡土墙施工记录	▲	▲		△	▲
5-5	雨水支管与雨水口施工记录	▲	▲		△	▲
5-6	倒虹管及涵洞施工记录	▲	▲		△	▲
6	混凝土施工记录	▲	▲		△	△
6-1	混凝土浇筑申请书	▲	△		△	
6-2	混凝土开盘鉴定		△		△	
6-3	混凝土浇筑记录	▲	▲		△	△
6-3-1	普通混凝土浇筑记录	▲	▲		△	△
6-3-2	混凝土坍落度检查记录	▲	▲		△	△
6-3-3	水泥混凝土路面面层用混凝土浇筑记录	▲	▲		△	△
7	沥青混凝土施工记录	▲	▲		△	
7-1	热拌沥青混合料摊铺碾压施工记录		▲		△	
7-2	冷拌沥青混合料摊铺碾压施工记录		▲		△	
8	混凝土测温及沥青混合料测温记录		▲		△	
8-1	____混凝土测温记录		▲		△	
8-2	混凝土同条件养护测温记录		△		△	
8-3	冬期施工混凝土搅拌测温记录		△		△	
8-4	水泥混凝土路面混凝土测温记录		△		△	
8-5	沥青混合料到场摊铺及压实测温记录		△		△	
9	地基及基槽检验与地基钎探	▲	▲		△	▲
9-1	地基及基槽检验记录	▲	▲		△	▲
9-2	地基钎探记录	▲	▲		△	▲

续表

内容类别	归档文件	保存单位				
		建设单位	施工单位	设计单位	监理单位	城建档案馆
10	地基处理施工记录	▲	▲		△	▲
10-1	软土地基处理施工记录	▲	▲		△	▲
10-1-1	____地基施工记录	▲	▲		△	▲
10-1-2	土工合成材料地基施工记录	▲	▲		△	▲
10-1-3	袋装砂井、塑料排水板地基施工记录	▲	▲		△	▲
10-1-3-1	袋装砂井地基施工记录	▲	▲		△	▲
10-1-3-2	塑料排水板地基施工记录	▲	▲		△	▲
10-1-4	砂桩法地基施工记录	▲	▲		△	▲
10-1-4-1	砂桩法地基桩孔施工记录	▲	▲		△	▲
10-1-4-2	砂桩法地基桩孔分填施工记录	▲	▲		△	▲
10-1-5	振冲碎石桩地基施工记录	▲	▲		△	▲
10-1-6	水泥土搅拌桩地基施工记录	▲	▲		△	▲
10-1-6-1	水泥搅拌桩施工记录	▲	▲		△	▲
10-1-6-2	水泥搅拌桩供灰施工记录	▲	▲		△	▲
10-1-6-3	水泥搅拌桩 地基施工记录	▲	▲		△	▲
10-2	湿陷性黄土地基处理施工记录	▲	▲		△	▲
10-2-1	换填法地基处理施工记录	▲	▲		△	▲
10-2-2	强夯（或强夯置换）施工记录	▲	▲		△	▲
10-2-2-1	强夯（或强夯置换）地基现场试夯记录	▲	▲		△	▲
10-2-2-2	强夯（或强夯置换）地基施工记录	▲	▲		△	▲
10-3	沥青路面热拌碾压及施工缝留设及施工记录	▲	▲		△	▲
11	隐蔽工程检查验收记录	▲	▲		△	△
11-1	砌体挡土墙隐蔽工程验收记录	▲	▲		△	△
11-1-1	砌体挡土墙隐蔽工程验收记录	▲	▲		△	△
11-1-2	加筋砌体挡土墙隐蔽工程验收记录	▲	▲		△	△
11-2	钢筋混凝土挡土墙隐蔽工程验收记录	▲	▲		△	△
11-2-1	现浇钢筋混凝土挡土墙基槽隐蔽工程验收记录	▲	▲		△	△
11-2-2	现浇钢筋混凝土挡土墙钢筋隐蔽工程验收记录	▲	▲		△	△
11-3	装配式钢筋混凝土挡土墙隐蔽工程验收记录	▲	▲		△	△
11-3-1	装配式钢筋混凝土挡土墙基槽隐蔽工程验收记录	▲	▲		△	△
11-4	人行地道结构隐蔽工程验收记录	▲	▲		△	△

续表

内容类别	归档文件	保存单位				
		建设单位	施工单位	设计单位	监理单位	城建档案馆
11-4-1	人行地道结构基槽隐蔽工程验收记录	▲	▲		△	△
11-4-2	人行地道结构钢筋隐蔽工程验收记录	▲	▲		△	△
11-5	道路工程钢筋隐蔽工程验收记录	▲	▲		△	△
11-6	道路工程的其他钢筋隐蔽工程验收记录	▲	▲		△	△
12	交接检查与工程预检记录	▲	△		△	△
12-1	中间检查记录	▲	△		△	△
12-2	工程预检记录	▲	△		△	△
C6	施工试验记录及检测报告					
1	压实度检验报告	▲	▲		△	△
1-1	路基、基层/面层压实度检验汇总表	▲	▲		△	△
1-1-1	路基压实度检验汇总表	▲	▲		△	△
1-1-2	基层/面层压实度检验汇总表	▲	▲		△	△
1-2	土的压实度（干质量密度）试验	▲	▲		▲	▲
1-2-1	环刀法压实度（干质量密度）试验记录	▲	▲		▲	▲
1-2-2	蜡封法土壤干密度试验记录	▲	▲		▲	▲
1-2-3	灌水法土壤干密度试验记录	▲	▲		▲	▲
1-2-4	灌砂法土壤干密度试验记录	▲	▲		▲	▲
2	沥青混合料试验报告	▲	▲		△	▲
2-1	沥青混合料压实度检验汇总表	▲	▲		△	▲
2-2	沥青混合料马歇尔试验报告	▲	▲		△	▲
2-3	沥青混合料压实度试验记录	▲	▲		△	▲
3	沥青混合料沥青含量、矿粉级配试验报告	▲	▲		△	△
3-1	沥青混合料沥青含量试验报告	▲	▲		△	△
4	砂浆试块强度检验	▲	▲		△	▲
4-1	砂浆试块强度检验汇总表	▲	▲		△	▲
4-2	砂浆配合比申请单、通知单		△		▲	△
4-3	砂浆抗压强度检验报告	▲	▲		△	▲
4-4	砂浆抗压强度统计评定	▲	▲		△	▲
5	混凝土强度（性能）试验报告	▲	▲		△	▲

续表

类别	归档文件	保存单位				
内容		建设单位	施工单位	设计单位	监理单位	城建档案馆
5-1	混凝土强度（性能）试验汇总表	▲	▲		△	△
5-2	混凝土配合比申请单、通知单		△		▲	△
5-2-1	水泥混凝土面层配合比申请单、通知单		△		▲	△
5-3	混凝土强度试验报告	▲	▲		△	▲
5-3-1	水泥混凝土弯拉强度（标养）试验报告	▲	▲		△	△
5-3-1-1	水泥混凝土弯拉强度（同条件养护）试件试验报告	▲	▲		△	△
5-3-2	普通混凝土抗压强度（标养）试验报告	▲	▲		△	▲
5-4	混凝土强度统计评定	▲	▲		△	△
5-4-1	水泥混凝土面层弯拉强度（标养）统计评定	▲	▲		△	△
5-4-2	普通混凝土抗压强度（标养）统计评定	▲	▲		△	△
6	土工击实试验与填土含水率检测记录	▲	▲		△	△
6-1	土工击实试验报告	▲	▲		△	△
6-2	填土含水率检测记录	▲	▲		△	△
6-2-1	土的最大干密度与最佳含水量试验	▲	▲		△	▲
7	石灰（水泥）剂量检验报告	▲	▲		△	△
8	无侧限饱水抗压强度检验	▲	▲		△	△
8-1	无侧限饱水抗压强度检验汇总表	▲	▲		△	△
8-2	无侧限饱水抗压强度检验报告	▲	▲		△	△
9	道路基层、面层厚度检测报告	▲	▲		△	△
10	承载比（CBR）试验报告	▲	▲		△	△
11	平整度检测（3m 直尺、测平仪检查）	▲	▲		△	△
11-1	路面平整度检验汇总表	▲	▲		△	△
11-2	路面平整度检验报告	▲	▲		△	△
12	道路弯沉值测试	▲	▲		▲	△
12-1	道路弯沉值测试成果汇总表	▲	▲		△	▲
12-2	道路弯沉值检验报告	▲	▲		△	△
13	路面抗滑性能检验报告	▲	▲		△	△
14	地基处理复合地基承载力试验报告	▲	▲		△	▲
15	相对密度试验报告	▲	▲		△	△
16	其他施工试验及检验文件	▲	▲		△	△
C7	施工质量验收记录					

续表

内容类别	归档文件	保存单位				
		建设单位	施工单位	设计单位	监理单位	城建档案馆
1	单位（子单位）工程质量竣工检验记录	▲	▲		△	▲
1-1	单位（子单位）工程质量竣工检验记录表	▲	▲		▲	▲
2	分部（子分部）工程质量检验记录	▲	▲		▲	▲
2-1	分部（子分部）工程质量检验记录表	▲	▲		▲	▲
3	分项工程质量检验记录	▲	▲		▲	▲
3-1	分项工程质量检验记录表	▲	▲		▲	▲
4	检验批质量检验记录	▲	▲		▲	▲
4-1	检验批质量检验记录表	▲	▲		▲	▲
C8	竣工验收文件					
1	施工单位工程竣工报告	▲	▲		▲	▲
2	单位（子单位）工程竣工预验收报验表	▲	▲		▲	▲
3	单位（子单位）工程质量竣工验收记录表	▲	▲	△	▲	▲
4	单位（子单位）工程质量控制资料核查记录	▲	▲		▲	▲
5	单位（子单位）工程安全和功能检验资料核查及主要功能抽查记录表	▲	▲		▲	▲
6	单位（子单位）工程外观质量检查记录	▲	▲		▲	▲
7	施工资料移交书	▲	▲		▲	
8	市政工程质量保修单	▲	▲		▲	▲
9	其他工程竣工验收文件	▲	▲		▲	▲
E	工程竣工文件					
1	竣工验收备案文件用表与说明					
1-1	单位（子单位）工程质量竣工验收记录表	▲	▲	▲	▲	▲
1-2	勘察单位工程评价意见报告	▲	▲		△	▲
1-3	设计单位工程评价意见报告	▲	△	▲	△	▲
1-4	施工单位工程竣工报告	▲	▲		▲	▲
1-5	监理单位工程质量评估报告	▲	△		▲	▲
1-6	建设单位工程竣工报告	▲	▲		△	▲
1-7	工程竣工验收会议纪要	▲	▲		▲	▲
1-8	专家组竣工验收意见	▲	▲		▲	▲
1-9	工程竣工验收证书	▲	▲		▲	▲
1-10	规划、消防、环保等部门出具的认可或准许使用文件	▲	▲	▲	▲	▲

续表

类别	归档文件	建设单位	施工单位	设计单位	监理单位	城建档案馆
1-10-1	建设工程规划验收合格证	▲	▲	▲	▲	▲
1-10-2	建设工程公安消防验收意见书	▲	▲	▲		▲
1-10-3	环保验收合格证	▲	▲	▲		▲
1-11	市政工程质量保修单	▲	▲		▲	▲
1-12	市政基础设施工程竣工验收备案表	▲	▲	▲		▲
1-13	其他工程竣工验收备案文件	▲	▲		△	▲
2	竣工决算文件用表与说明					
2-1	施工决算文件	▲	▲		△	▲
2-2	监理决算文件	▲			▲	△
3	竣工交档文件用表与说明					
3-1	工程竣工档案预验收意见	▲	▲			▲
3-2	施工文件移交书	▲	▲			▲
3-3	监理文件移交书	▲			▲	
3-4	城建档案移交书	▲				▲
4	工程声像文件用表与说明					
4-1	开工前原貌、施工阶段、竣工新貌照片	▲	△		△	▲
4-2	工程建设过程的录音、录像文件（重点大型工程）	▲	△		△	▲
5	其他工程文件					

1.5 当前市政基础设施工程施工文件编制存在的问题

市政基础设施施工文件（资料）编制存在的问题主要有以下两个方面：

（1）提供资料不齐全：主要表现为各专业工程的质量验收资料和质量保证技术资料提供的数量不足，难以满足工程实施内容及其代表数量要求，有的欠缺程度甚至对评价工程质量造成了困难。

（2）形成的施工文件（资料）不真实：主要表现为不是施工过程中真实记录形成的资料，而是人为编整的资料，这是当前资料形成中最大的问题之一，可能对工程质量造成隐患。

1.6 保证施工文件（资料）编审正确必须做好的几项工作

（1）施工文件（资料）的见证取样、送样必须严格按有关要求执行，严格执行取、送样签字制度。

1）见证人员应由建设单位或项目监理机构书面通知施工、检测单位和负责该项工程的质量监督机构。

2）施工过程中，见证人员应按照见证取样和送检计划，对施工现场的取样和送检进行见证，并由见证人、取样人签字。见证人应制作见证记录，并归入工程档案。

3）涉及结构安全的试块、试件和材料见证取样和送检的比例不得低于有关技术标准中规定应取样数量的30％。

注： 见证取样及送检的监督管理一般由当地建设行政主管部门委托的质量监督机构监督的项目监理机构完成。

4）见证取样必须采取相应措施以保证见证取样、送样具有公正性、真实性，应做到：

①严格按照住房和城乡建设部《关于印发〈房屋建筑工程和市政基础设施工程实行见证取样和送检的规定〉的通知》建建〔2000〕211号文确定的见证取样项目及数量执行。项目不超过该文规定，数量按规定取样数量执行。

②按规定要求确定见证人员，见证人员应为建设单位或监理单位具备建筑施工试验知识的专业技术人员，经培训取得相应资质的人员担任，并通知施工、检测单位和工程质量监督机构。

③见证人员应在试件或包装上做好标识、封志、标明工程名称、取样日期、样品名称、数量及见证人签名。

④见证人应保证取样具有代表性和真实性并对其负责。见证人应作见证记录并归档。

⑤检测单位应保证严格按上述要求对其试件确认无误后进行检测，其报告应科学、真实、准确，签章齐全。

（2）保证施工文件（资料）的真实性。施工文件（资料）归存其最终目的是为了"用"，在重复利用中将对新建、改建、扩建工程起到很好的积极作用。使用不真实的文件（资料）其后果是可怕的，因此，保证施工文件（资料）的真实性就有其特殊的含义。这是从事施工文件（资料）管理工作必须保证的最基本的一条红线原则，这条红线原则是不能突破的。

（3）管理好进场材料的验收、使用与管理形成的技术文件。

1）进场材料质量控制主要包括：进场材料的质量执行标准；进场材料的品种、规格、数量应符合进料单上标明的有关要求。

2）进口材料、设备应会同商检局检验，如核对凭证中发现问题，应取得供方商检人员签署的商物记录。

（4）做好地基验槽记录和钎探记录的分析与核定。

（5）保证施工试验报告正确无误，砂浆、混凝土等的试验评定结论符合标准规定要求。

（6）认真做好地基基础、主体结构、隐蔽验收及其他验收工作。认真做好混凝土工程的结构实体检验并做好记录（混凝土强度等级评定、钢筋保护层厚度测试）。

（7）施工企业应具有完善的施工管理制度和质量保证体系。严格按规范要求做好施工过程的自检、互检、质量验收、施工试验和工程报验工作。

（8）施工企业内应有一支经过培训、认真负责、素质过硬的信息员队伍。这支队伍最好由施工企业的质量部门专门管理，这对施工文件（资料）形成的正确、真实是有好处的。

1.7　施工文件的保存期限

施工文件的档案保存期限按国家规定分为短期、长期、永久。短期可自行规定，一般为3～15年；长期为16～50年；永久即永远保存。施工文件属长期保存范围。

2 施工管理文件（C1）

2.1 工程概况表（C1-1）

1. 资料表式

工程概况表　　　　　　　　　　表 C1-1

工程名称		总承包单位	
建设单位		法人代表	
勘察单位		技术负责人	
设计单位		技术负责人	
监理单位		技术负责人	
施工单位		技术负责人	
分包单位		技术负责人	
见证单位		见证代表人	
工程投资与造价		工程开、竣工日期	

序号	检验项目	工 程 概 况
1	路基	
2	垫层与基层	
3	路面联结层	
4	沥青面层	
5	混凝土面层	
6	挡土墙	
7	人行地道结构	
8	附属构筑物	
9	其他	
相关说明		
备　注		

项目技术负责人：　　　　　　　　　　　　填表人：

2. 填表说明

（1）工程概况表有施工单位填写。

（2）该表主要包括两个部分：一是参建有关单位及其技术负责人；二是造价、工期和工程概况。工程概况应填记工程量、工作量、工期、劳动力和主要设备等。

（3）项目技术负责人和填表人均需本人签字。

2.2 施工现场质量管理检查记录（C1-2）

1. 资料表式

施工现场质量管理检查记录　　　　表 C1-2

开工日期：

工程名称			施工许可证（开工证）	
建设单位			建设单位项目负责人	
设计单位			设计单位项目负责人	
监理单位			总监理工程师	
施工单位		项目经理	项目技术负责人	
序号	项　　目		内　　容	
1	现场质量管理制度			
2	质量责任制			
3	主要专业工种操作上岗证书			
4	分包方资质与对分包单位的管理制度			
5	施工图审查情况			
6	地质勘察资料			
7	施工组织设计、施工方案及审批			
8	施工技术标准			
9	工程质量检验制度			
10	搅拌站及计量设置			
11	现场材料、设备存放与管理			
12				
检查结论：				
			总监理工程师 （建设单位项目负责人）　　年　月　日	

2. 应用说明

（1）施工现场质量管理检查记录在开工前由施工单位填写。

（2）项目总监理工程师进行检查并做出检查结论。检查不合格不准开工，检查不合格应改正后重审直至合格。检查资料审完后签字退回施工单位。

（3）应附有表列有关附件资料。表列内容栏应填写附件资料名称及数量。

（4）为了控制和保证不断提高施工过程中记录整理资料的完整性，施工单位必须建立必要的质量管理体系和质量责任制度，推行生产控制和合格控制的全过程。质量控制有健全的生产控制和合格控制的质量管理体系，包括材料控制、工艺流程控制、施工操作控制、每道工序质量检查、各道相关工序和它的交接检验、专业工种之间等中间交接环节的质量管理和控制、施工图设计和功能要求的抽检制度，工程实施中的质量通病或在实施中难以保证工程质量符合设计和有关规范要求时提出的措施、方法等。

（5）工程开工施工单位应填报施工现场质量管理检查记录，经项目监理机构总监理工程师或建设单位项目负责人核查属实签字后填写检查结论。见表C1-2所示。

（6）表列检查项目：

应填写各项检查项目文件的名称或编号，并将文件（复印件或原件）附在表的后面供检查，检查后应将文件归还。

1）现场质量管理制度。主要是图纸会审、设计交底、技术交底、施工组织设计编制审批程序、工序交接、质量检查评定制度，质量好的奖励及达不到质量要求的处罚办法，以及质量例会制度及质量问题处理制度等。

2）质量责任制栏，质量负责人的分工，各项质量责任的落实规定，定期检查及有关人员奖罚制度等。

3）主要专业工种操作上岗证书栏。测量工、筑路工、钢筋工、混凝土工、机械工、焊工、防水工等。

电工、管道等安装工种的上岗证，以当地建设行政主管部门的规定为准。

4）分包方资质与对分包单位的管理制度栏。专业施工单位的资质应在其承包业务的范围内承建工程，超出范围的应办理特许证书，否则不能承包工程。在有分包的情况下，总承包单位应有管理分包单位的制度，主要是质量、技术的管理制度等。

5）施工图审查情况栏，重点是看建设行政主管部门出具的施工图审查批准书及审查机构出具的审查报告。如果图纸是分批交出的话，施工图审查可分段进行。

6）地质勘察资料栏：有勘察资质的单位出具的正式地质勘察报告，地下部分施工方案制定和施工组织总平面图编制时参考等。

7）施工组织设计、施工方案及审批栏。施工单位编写施工组织设计、施工方案，经项目行政机构审批，应检查编写内容、有针对性的具体措施，编制程序、内容，有编制单位、审核单位、批准单位，并有贯彻执行的措施。

8）施工技术标准栏。是操作的依据和保证工程质量的基础，承建企业应编制不低于国家质量验收规范的操作规程等企业标准。要有批准程序，由企业的总工程师、技术委员会负责人审查批准，有批准日期、执行日期、企业标准编号及标准名称。企业应建立技术标准档案。施工现场应有的施工技术标准都有。可作为培训工人、技术交底和施工操作的主要依据，也是质量检查评定的标准。

9）工程质量检验制度栏。包括三个方面的检验：一是原材料、设备进场检验制度。二是施工过程的试验报告。三是竣工后的抽查检测，应专门制定抽测项目、抽测时间、抽测单位等计划，使监理、建设单位等都做到心中有数。可以单独搞一个计划，也可在施工组织设计中作为一项内容。

10）搅拌站及计量设置栏。主要是说明设置在工地搅拌站的计量设施的精确度、管理制度等内容。预拌混凝土或安装专业就没有这项内容。

11）现场材料、设备存放与管理栏。这是为保持材料、设备质量必须有的措施。要根据材料、设备性能制定管理制度，建立相应的库房等。

(7) 填表说明：

1）表列项目、内容必须逐一填写完整。

2）建设、设计、监理单位的有关负责人必须本人签字。

3）提请施工现场质量管理检查记录时，施工许可证必须办理完毕，填写施工许可证号。

4）总监理工程师（建设单位项目负责人）填写检查结论并签字。

5）施工许可证（开工证）：填写当地建设行政主管部门批准发给的施工许可证（开工证）的编号。

6）表头部分可统一填写，不需具体人员签名，只是明确了负责人的地位。

2.3 企业资质证书及相关专业人员岗位证书（C1-3）

应用说明

(1) 企业资质证书及相关专业人员岗位证书是保证企业基本素质的必备条件。企业资质证书及相关专业人员岗位证书由施工单位提供。

(2) 企业是指该企业必须是从事施工承包活动的施工承包企业。

(3) "企业资质"是指施工企业的建设业绩、管理水平、资金数量、技术装备等的综合实力。施工承包企业根据上述条件，经当地建设行政主管部门核实后，按照国家相关政策、法律条文规定，当其符合某一条件的企业等级时，由当地政府颁发的相应资质证书。

"企业资质"实行动态管理，实行定期或不定期复检制度，复检后根据企业实际颁发新的资质证书。

(4) 相关专业人员岗位证书是指施工承包企业的企业法人、企业技术负责人、财务负责人、经营负责人的任职文件、职称证件等。岗位证书、职称证书应真实。

(5) 企业应提供"企业资质证书及相关专业人员岗位证书"。企业提供的"资质证书"及"相关专业人员岗位证书"必须是经审果合格的证书，并应保证证件的真实、齐全、准确。

2.4 分包单位资质报审表（C1-4）

1. 资料表式

分包单位资格报审表　　　　　　　　　　　表 C1-4

工程名称：	编号：

致：_____（监理单位）

　　经考察，我方认为拟选择的_____（分包单位）具有承担下列工程的施工资质和施工能力，可以保证本工程项目按合同的规定进行施工，分包后，我方仍承担总包单位的全部责任。请准予审查和批准。

附件：1. 分包单位资质材料；
　　　2. 分包单位业绩材料。

分包工程名称（部位）	工程数量	拟分包工程合同额	分包工程占全部工程
合　计			

　　　　　　　　　　　　　　　　施工单位（章）：_____
　　　　　　　　　　　　　　　　项目经理：_____ 日期：_____

专业监理工程师审查意见：

　　　　　　　　　　　　　　　　专业监理工程师：_____ 日期：_____

总监理工程师审核意见：

　　　　　　　　　　　　　　　　项目监理机构：_____
　　　　　　　　　　　　　　　　总监理工程师：_____ 日期：_____

本表由施工单位填写，一式三份，送监理机构审核后，建设、监理及施工单位各一份。

2. 应用说明

　　分包单位资格报审是总包施工单位实施分包时，提请项目监理机构对其分包单位资质进行查检而提请报审的文件。

　　（1）本表由施工单位填报。项目监理机构专业监理工程师审查，总监理工程师终审并签发。

(2) 分包单位资质审查由项目监理机构负责进行。

(3) 对监理单位审查分包资格的要求：

1) 分包单位的资格报审表和报审所附的分包单位有关资料的审查由专业监理工程师负责完成。

2) 分包单位的资格报审表和报审所附的分包单位有关资料的审查必须在分包工程开工前完成。

3) 对符合分包资质的分包单位需经总监理工程师审查并予以签认。

4) 以上审查是在施工合同中未指明分包单位时，项目监理机构应对该分包单位的资格进行审查。如在施工合同已说明，则不再重新审查。

(4) 对分包单位资格应审核以下内容：

1) 分包单位的营业执照、企业资质等级证书、特殊行业施工许可证、国外（境外）企业在国内承包工程许可证。

2) 分包单位的业绩（指分包单位近三年所承建的分包工程名称、质量等级证书或经建设单位组织验收后形成的各方签章的单位工程质量验收记录应附后）。

3) 拟分包工程的内容和范围。

4) 专职管理人员和特种作业人员的资格证、上岗证。

(5) 关于转包、违法分包和挂靠的界定：

1) 转包：凡有下列行为之一的，均属于转包行为：

①不履行合同约定的责任和义务，将其承包的企业部工程转包给他人，或者将其承包：全部工程肢解后以分包的名义分别转包给他人的。

②分包人对其承包的工程未在施工现场派驻人员配套的项目管理机构，并未对该工程的施工活动进行组织管理的。

③法律、法规规定的其他转包行为。

④法律、法规规定的其他挂靠行为。

2) 违法分包：凡有下列行为之一的均履行建法分包：

①将专业工程或者劳务作业分包给不具备相应资条件的受包人的。

②将工程主体结构的施工分包给他人的（劳务作业除外）。

③在总承包合同中没有约定，又未经建设单位的认可，将承包的部分专业分包给他人的。

④受包人将其承包的分包工程再分包的。

⑤法律、法规规定的其他违法分包行为。

3) 挂靠行为：凡有下列行为之一的，均属挂靠行为：

①转让、出借资质证书或者以其他方式允许他人以本企业名义承揽工程的。

②项目管理机构的项目经理、技术负责人、项目核算负责人、质量管理人员、安全管理人员等不是本单位人员，与本单位无合法的人事或劳动合同、工资福利及社会保险关系的。

③建设单位的工程款直接进入项目管理机构财务的。

(6) 对分包单位一定要十分清楚，分包单位是总包单位的一部分，一切受总包单位的管理，分包单位任何违约及存在的质量问题等均由总包单位负责，还是该分包单位是一个独立而又接受总包单位管理的分包单位。第一种情况监理单位应直接对总包单位下达指令以此开展工作，第二种情况监理单位可直接向分包单位下达指令，开展工作。该项确定原则以总汾包合同文本为据。

（7）填表说明：

1）施工单位提送报审的分包单位资格报审的附件内容必须齐全真实，详细填报分包工程名称、数量、工程合同额，报审表施工单位必须加盖公章，项目经理必须签字。

2）专业监理工程师审查意见：分包单位资质由专业监理工程师先行审查，必须填写审查意见，填写审查日期并签字。

3）总监理工程师审查意见：总监理工程师认真审核后由项目监理机构签章，总监理工程师签字执行。

4）拟分包工程的合同额：指分包工程合同中拟签定的合同金额。

5）责任制：施工单位和项目监理机构均盖章；项目经理、专业监理工程师、总监理工程师分别本人签字。

2.5 建设工程质量事故报告或记录（C1-6）

2.5.1 建设工程质量事故报告书（C1-6-1）

1. 资料表式

建设工程质量事故报告书　　　　　　　　表 C1-6-1

工程名称：

事 故 部 位		报 告 日 期			
事 故 性 质	设 计 错 误		交 底 不 清		违反操作规程
事故发生日期					
事 故 等 级					
直接责任者			职 务		
故事经过和原因分析：					
预计损失（材料费、人工费、其他费用）：					
事故对工程影响情况：					
事故处理意见：					
企业负责人：		企业技术负责人：		项目经理：	

2. 应用说明

凡因工程质量不符合规定的质量标准、影响使用功能或设计要求的质量事故提请的工程质量事故报告单，造成质量事故的原因主要包括：设计错误、施工错误、材料设备不合格、指挥不当等。

（1）生产安全事故分级

根据生产安全事故（以下简称事故）造成的人员伤亡或者直接经济损失，事故一般分为以下等级：

1）特别重大事故，是指造成30人以上死亡，或者100人以上重伤（包括急性工业中毒，下同），或者1亿元以上直接经济损失的事故；

2）重大事故，是指造成10人以上30人以下死亡，或者50人以上100人以下重伤，或者5000万元以上1亿元以下直接经济损失的事故；

3）较大事故，是指造成3人以上10人以下死亡，或者10人以上50人以下重伤，或者1000万元以上5000万元以下直接经济损失的事故；

4）一般事故，是指造成3人以下死亡，或者10人以下重伤，或者1000万元以下直接经济损失的事故。

（2）工程质量事故的内容及处理建议应填写具体、清楚。注明日期（质量事故日期、处理日期）。有当事人及有关领导的签字及附件资料。

（3）事故经过及原因分析应实事求是、尊重科学。

（4）事故产生的原因可分为指导责任事故和操作责任事故。事故按其情节性质分为一般事故、重大事故。

（5）事故发生后，事故发生单位应当在1小时内写出书面的事故报告，逐级上报，书面报告应包括以下内容：

1）事故发生单位的概况。

2）事故发生的时间、地点、工程项目、企业名称及事故现场情况（新情况应及时补项）。

3）事故发生的简要经过、伤亡人数和直接经济损失的初步估计。

4）事故发生原因的初步判断。

5）事故发生后采取的措施及事故控制的情况。

6）事故报告单位。

7）其他应当报告的情况。

（6）属于特别重大事故者，其报告、调查程序、执行国务院发布的《特别重大事故调查程序暂行规定》及有关规定。

（7）工程质量事故处理方案应由原设计单位出具或签认，并经建设、监理单位审查同意后方可实施。

（8）工程质量事故报告和事故处理方案及记录，要妥善保存，任何人不得随意抽撤或毁损。

（9）一般事故每月集中汇总上报一次。

（10）填表说明：

1）事故部位：按实际事故发生在某分项工程的部位填写，例如××轴的基础砌砖等。

2）事故性质：按实际填报，如设计原因、交底不清、违反操作规程等。

3）事故等级：按国家规定不同的损失金额确定的等级和实际填写。

4）直接责任者：填写事故当事人的姓名、职务。

5）事故经过和原因分析：简述事故分析原因，应经项目经理部级以上主管技术负责人主持会议讨论定论后的原因分析。

凡需要修补或做技术处理的事故，均需填写事故经过及原因分析。

6）事故处理意见：处理措施和复查意见等内容，均需有单位工程技术负责人和质检员签字，对于重要部位的质量事故，此项内容需经施工企业和设计单位同意（附有关手续）。

2.5.2 建设工程质量事故调（勘）记录（C1-6-2）

1. 资料表式

工程质量事故调（勘）记录　　　　　　　　　表 C1-6-2

工程名称		日　期		
调（勘）查时间	年　月　日　时分至		年　月　日　时	
调（勘）查地点				
参加人员	单位名称	姓名（签字）	职务	电　话
调（勘）查人员				
调（勘）查笔记				
现场证物照片	□有　□无	共　　　张	共　　　页	
事故证据资料	□有　□无	共　　　张	共　　　页	
调(勘)查负责人（签字）		调(勘)查单位负责人（签字）		

本表由调查单位填写，建设单位、监理单位、施工单位保存（笔录可另附页）。

2. 应用说明

（1）凡工程发生重大质量事故，建设、监理单位应及时组织质量事故的调（勘）察，事故调查组应由三人以上组成，调查情况应进行笔录，并填写《工程质量事故调（勘）查记录》，并呈报调查组核查。

（2）《工程质量事故记录》实施说明：

建设工程质量事故调（勘）查处理记录是指因工程质量不符合规定的质量标准、影响使用功能或设计要求的质量事故发生后，对其事故范围、缺陷程度、性质、影响和产生原因进行的联合调查时的记录。

1）工程质量事故调（勘）查处理记录内容及处理方法应填写具体、清楚。注明日期（质量事故日期、处理日期）。参加调查人员、陪同调（勘）查人员必须逐一填写清楚。

2）调（勘）查记录应真实、科学、详细，实事求是，包括物证、照片、事故证据资料。

3）被调查人员必须签字。

4）调（勘）查实施原则：

①调查记录应详细、实事求是。记录内容包括事故调查的：事故的发生时间、地点、部位、性质、人证、物证、照片及有关的数据资料。

②调查方式可视事故的轻重由施工单位自行进行调查或组织有关部门联合调查做出处理方案。

③工程质量事故调查、事故处理资料应在事故处理完毕后随同工程质量事故报告一并存档。

④设计单位应当参与建设工程质量事故的分析，并对因设计造成的质量事故提出技术处理方案。

注：质量事故处理一般有以下几种：事故已经排除，可以继续施工；隐患已经消除，结构安全可靠；经修补处理后，安全满足使用要求；基本满足使用要求，但附有限制条件；虽经修补但对耐久性有一定影响，并提出影响程度的结论；虽经修补但对外观质量有一定影响，并提出外观质量影响程度的结论。

（3）事故调查报告应包括的内容：

1）事故发生单位的概况。

2）事故发生经过和事故救援情况。

3）事故造成的人员伤亡及经济损失。

4）事故发生的原因和事故性质。

5）责任的认定以及对事故责任者的处理建议。

6）事故防范和整改措施。

（4）填表说明：

1）参加人员：分别按参加人员的单位、姓名、职务、电话填写逐一填写。

2）调（勘）查记录：指事故调（勘）查过程、内容的记录。

3）现场证物照片：照实际填写。

4）事故证据资料：照实际填写。

2.5.3 建设工程质量事故处理记录（C1-6-3）

1. 资料表式

工程质量事故处理记录　　　　　　表 C1-6-3
年　月　日

工程名称			施工单位	
事故报告编号				
事故处理情况：				
事故造成损失金额	材料费			
	人工费			
	其他费			
	总计金额			
事故造成永久缺陷情况				
事故责任分析				
对事故责任者的处理			填表人	

2. 应用说明

（1）事故处理的基本要求

1）重大事故、较大事故、一般事故，负责事故调查的人民政府应当自收到事故调查报告之日起 15 日内做出批复；特别重大事故，30 日内做出批复，特殊情况下，批复时间可以适当延长，但延长的时间最长不超过 30 日。

2）有关机关应当按照人民政府的批复，依照法律、行政法规规定的权限和程序，对事故发生单位和有关人员进行行政处罚，对负有事故责任的国家工作人员进行处分。

3）事故发生单位应当按照负责事故调查的人民政府的批复，对本单位负有事故责任的人员进行处理。

4）负有事故责任的人员涉嫌犯罪的，依法追究刑事责任。

（2）工程质量事故处理的执行原则：

1）工程质量事故处理方案应在正确分析和判断事故原因的基础上进行。处理方案应体现安全可靠、不留隐患、满足建筑物的功能和使用要求、技术可行、经济合理等原则，一般有以下四类性质的处理方案：修补处理；返工处理；限制使用；不做处理。

2) 在确认事故处理方案正确的基础上做到经济合理。根据损失情况正确计算材料费、人工费和其他费用。

3) 工程质量事故处理应征得建设、设计、监理、施工各方同意后执行。当以上各方有不同意见时，应请专家对工程质量事故处理方案进行专题研讨确认后执行。

(3) 质量事故的技术处理必须遵守的原则

1) 事故处理必须依据国家颁发的相关条例、规程、规范原则执行。

2) 工程（产品）质量事故的部位，原因必须查清，必要时应委托法定工程质量检测单位进行质量鉴定或请专家论证。

3) 技术处理方案，必须依据充分、可靠、可行，确保结构安全和使用功能；技术处理方案应委托原设计单位提出，由其他单位提供技术方案的，需经原设计单位同意并签认。设计单位在提供处理方案时应征求建设单位意见。

4) 施工单位必须依据技术处理方案的要求，制定可行的技术处理施工措施，并做好原始记录。

5) 技术处理过程中关键部位的工序，应会同建设单位（设计单位）进行检查认可，技术处理完工，应组织验收，并将有关单位的签证、处理过程中的各项施工记录、试验报告、原材料试验单等相关资料应完整配套归档。

2.6 施工检测计划 (C1-7)

应用说明：

(1) 施工检测计划应在工程施工前，在编制施工组织时，同时编制施工检测计划。由施工项目技术负责人组织有关人员编制，并应报送监理单位进行审查并监督实施。

(2) 根据施工检测计划，应制定相应的见证取样和送检计划。

(3) 施工检测计划应按检测试验项目分别编制，并应包括以下内容：

1) 检测试验项目名称。

2) 检测试验参数。

3) 试样规格。

4) 代表批量。

5) 施工部位。

6) 计划检测试验时间。

(4) 施工检测计划编制，应依据国家有关标准的规定和施工质量控制的需要，并应符合以下规定：

1) 材料和设备的检测试验应依据预算量、进场计划及相关标准规定的抽检率确定抽检频次。

2) 施工过程质量检测试验应依据施工流水段划分工程量、施工环境及质量控制需要确定的抽检频次。

3) 工程实体质量与使用功能检测应按照相关标准的要求确定检测频次。

4）计划检测试验时间应根据工程施工进度计划确定。

（5）发生下列情况之一并影响施工检测计划实施时，应及时调整施工检测试验计划：

1）设计变更。

2）施工工艺改变。

3）施工进度调整。

4）材料和设备的规格、型号或数量变化。

（6）调整后的检测试验计划应按《建筑工程检测试验技术管理规范》（JGJ 190—2010），由施工技术负责人组织有关人员编制，并应报监理单位重新进行审查和监督实施。

附：检查项目、频率和方法

　　附1：《公路水泥混凝土路面施工技术细则》（JTG/T F30—2014）的混凝土路面的检查项目、频率和方法

（1）水泥混凝土路面铺筑质量标准及检查项目、频率和方法应符合附表1-1。

水泥混凝土路面铺筑质量标准及检查项目、频率和方法　　　　附表1-1

项次	检查项目		质量标准		检查频率		检查方法
			高速公路、一级公路	其他公路	高速公路、一级公路	其他公路	
1	弯拉强度[a]	标准小梁弯拉强度（MPa）	按附录H评定		每班留2～4组试件，日进度<500m留2组；≥500m留3组；≥1000m留4组，测算f_{cs}、f_{min}、C_v^b	每班留1～3组试件，日进度<500m留1组；≥500m留2组；≥1000m留3组，测算f_{cs}、f_{min}、C_v^b	JTG E30 T0552、T0558
		路面钻芯劈裂强度换算弯拉强度（MPa）			每车道每3km钻取1个芯样，单独施工硬路肩为1个车道，测算f_{cs}、f_{min}、C_v^b	每车道每2km钻取1个芯样，单独施工硬路肩为1个车道，测算f_{cs}、f_{min}、C_v^b	JTG E30 T0552、T0561
2	板厚度（mm）		平均值≥−5；极值≥−15，C_v值符合设计规定		路面摊铺宽度内每100m左右各2处，连接摊铺每100m单边1处	路面摊铺宽度内每100m左右各1处，连接摊铺100m单边1处	板边与岩芯尺测，岩芯最终判定
3	纵向平整度	σ^c（mm）	≤1.32	≤2.00	所有车道连续检测		车载平整度检测仪
		IRI^c（m/km）	≤2.20	≤3.30			
		3m直尺最大间隙Δh（mm）（合格率应≥90%）	≤3	≤5	每半幅车道100m²处，每处10尺	每半幅车道200m²处，每处10尺	3m直尺
4	抗滑构造深度TD（mm）	一般路段	0.70～1.10	0.50～0.90	每车道及硬路肩每200m测2处	每车道每200m测1处	铺砂法
		特殊路段[d]	0.80～1.20	0.60～1.00			

续表

项次	检查项目		质量标准		检查频率		检查方法
			高速公路、一级公路	其他公路	高速公路、一级公路	其他公路	
5	摩擦系数 SFC	一般路段	≥50	—	行车道、超车道全长连续检测,每车道每20m连续检测1个测点	一般路段免检,仅检查特殊路段,每车道每20m连续检测1个测点,不足20m测1个测点	JTG E60 T 0965
		特殊路段[d]	≥55	≥50			
6	取芯法测定抗冻等级[e]	严寒地区[f]	≥250	≥200	每车道每3km钻取1个芯样	每车道每5km钻取1个芯样	JTG E30 T 0552
		寒冷地区[f]	≥200	≥150			

注：a 标准小梁弯拉强度用于评定施工配合比；钻芯劈裂强度用于评价实际面层施工密实度及弯拉强度。
　　b f_{cs}为平均弯拉强度；f_{min}为最小弯拉强度；C_v为统计变异系数。
　　c 动态平整度σ与IRI可选测一项。
　　d 高速公路、一级公路特殊路段指立交匝道、平交口、弯道、变速车道、组合坡度不小于3%、桥面、隧道路面及收费站广场等处；其他公路系指设超高路段、加宽弯道段、组合坡度大于或等于4%坡道段、交叉口路段、桥面及其上下坡段、隧道路面及集镇附近路段等处。
　　e 取芯法测定抗冻性仅在有抗冰冻要求的地区必检。
　　f 严寒地区指当地最冷月平均气温低于-8℃的地区；寒冷地区指当地最冷月平均气温在-8～-3℃的地区。

（2）水泥混凝土面层铺筑几何尺寸质量标准及检查项目、频率和方法应符合附表1-2的规定。

水泥混凝土面层铺筑几何尺寸质量标准及检查项目、频率和方法　　附表1-2

项次	检查项目		质量标准		检查频率		检查方法
			高速公路、一级公路	其他公路	高速公路、一级公路	其他公路	
1	相邻板高差(mm)≤		2	3	每200m纵横缝2条,每条3处	每200m纵横缝2条,每条2处	尺测
2	连接摊铺纵缝高差(mm)≤	平均值	3	5	每200m纵向工作缝,每条3处,每处间隔2m测3尺,共9尺	每200m纵向工作缝,每条2处,每处间隔2m测3尺,共6尺	尺测
		极值	5	7			
3	接缝顺直度(mm)≤		10		每200m测6条	每200m测4条	20m拉线测
4	中线平面偏位(mm)≤		20		每200m测6点	每200m测4点	经纬仪测
5	路面宽度(mm)≤		±20		每200m测6处	每200m测4处	尺测
6	纵断高程(mm)		平均值±5;极值±10	平均值±10;极值±15	每200m测6点	每200m测4点	水准仪测
7	横坡度(%)		±0.15	±0.25	每200m测6个断面	每200m测4个断面	水准仪测
8	路缘石顺直度和高度(mm)≤		20	20	每200m测4处	每200m测2处	20m拉线测
9	灌缝饱满度(mm)≤		2	3	每200m接缝测6处	每200m接缝测4处	测针加尺测
10	最浅切缝深度(mm)≥	缝中有拉杆、传力杆	80	80	每200m测6处	每200m测4处	尺测
		缝中无拉杆、传力杆	60	60			

附2：《公路沥青路面施工技术规范》（JTG F40—2004）中的热拌沥青混合料的频度和质量要求表

见附表2所示。

热拌沥青混合料的频度和质量要求表　　　　　　　　　　　附表2

项　目		检查频度及单点检验评价方法	质量要求或允许偏差		试验方法
			高速公路、一级公路	其他等级公路	
混合料外观		随时	观察骨料粗细、均匀性、离析、油石比、色泽、冒烟、有无花白料、油团等各种现象		目测
拌和温度	沥青、骨料的加热温度	逐盘检测评定	符合本规范规定		传感器自动检测、显示并打印
	混合料出厂温度	逐车检测评定	符合本规范规定		传感器自动检测、显示并打印，出厂时逐车按 T 0981 人工检测
矿料级配（筛孔）		逐盘测量记录，每天取平均值评定	符合本规范规定		传感器自动检测、显示并打印
	0.075mm	逐盘在线检测	±2%（2%）	—	计算机采集数据计算
	≤2.36mm		±5%（4%）	—	
	≥4.75mm		±6%（5%）	—	
	0.075mm	逐盘检查，每天汇总1次取平均值评定	±1%	—	本规范附录G总量检验
	≤2.36mm		±2%	—	
	≥4.75mm		±2%	—	
	0.075mm	每台拌和机每天1～2次，以2个试样的平均值评定	±2%（2%）	±2%	T 0725 抽提筛分与标准级配比较的差
	≤2.36mm		±5（3%）	±6%	
	≥4.75mm		±6（4%）	±7%	
沥青用量（油石比）		逐盘在线监测	±0.3%	—	计算机采集数据计算
		逐盘检查，每天汇总1次取平均值评定	±0.1%	—	本规范附录F总量检验
		每台拌和机每天1～2次，以2个试样的平均值评定	±0.3%	±0.4%	抽提 T 0722、T 0721
马歇尔试验：空隙率、稳定度、流值		每台拌和机每天1～2次，以4～6个试件的平均值评定	符合本规范规定		T 0702、T 0709、本规范附录B、附录C
浸水马歇尔试验		必要时（试件数同马歇尔试验）	符合本规范规定		T 0702、T 0709
车辙试验		必要时（以3个试件的平均值评定）	符合本规范规定		T 0719

注：1. 单点检验是指试验结果以一组试验结果的报告值为一个测点的评价依据，一组试验（如马歇尔试验、车辙试验）有多个试样时，报告值的取用按《公路工程沥青与沥青混合料试验规程》的规定执行。
2. 对高速公路和一级公路，矿料级配和油石比必须进行总量检验和抽提筛分的双重检验控制，互相校核，表中括号内的数字是对SNA的要求。油石比抽提试验应事先进行空白试验标定，提高测试数据的准确度。
3. 本表选自《公路沥青路面施工技术规范》（JTG F40—2004），仅供参考。

2.7 见证记录（C1-8）

为了保证建设工程质量检测工作的科学性、公正性和正确性，杜绝"仅对来样负责"而不对"工程质量负责"的不规范检测报告，建设部规定在检测工作中执行见证取样、送样制度。见证取送样制度是保证工程质量记录资料科学、公正和正确的必须执行的制度。《建设工程质量检测管理办法》中华人民共和国建设部令第141号（2005年11月1日施行）规定，具有相应资质的检测单位对如下内容必须实行见证取样检测：（1）水泥物理力学性能检验。（2）钢筋（含焊接与机械连接）力学性能检验。（3）砂、石常规检验。（4）混凝土、砂浆强度检验。（5）简易土工试验。（6）混凝土掺加剂检验。（7）预应力钢绞线、锚夹具检验。（8）沥青、沥青混合料检验。

2.7.1 见证取样相关规定说明

（1）涉及结构安全的试块、试件和材料见证取样和送检的比例不得低于有关技术标准中规定应取样数量的30%。

注： 见证取样及送检的监督管理一般由当地建设行政主管部门委托的质量监督机构办理。

（2）见证取样必须采取相应措施以保证见证取样具有公正性、真实性，应做到：

1）严格按照住房和城乡建设部《关于印发〈房屋工程和市政基础设施工程实行见证取样和送检的规定〉的通知》建建〔2000〕211号文确定的见证取样项目及数量执行。

2）按规定确定见证人员，见证人员应为建设单位或监理单位具备建筑施工试验知识的专业技术人员担任，并通知施工、检测单位和质量监督机构。

3）见证人员应在试件或包装上做好标识、封志、标明工程名称、取样日期、样品名称、数量及见证人签名。

4）见证人应保证取样具有代表性和真实性并对其负责。见证人应作见证记录并归档。

5）检测单位应保证严格按上述要求对其试件确认无误后进行检测，其报告应科学、真实、准确，应签章齐全。

2.7.2 见证取样与送检（C1-8-1）

见证取样送检见证人授权书以本表格式形式或当地建设行政主管部门授权部门下发的表式归存。见证取样送检见证人授权书见表C1-8-1所示。

（1）见证人员应由建设单位或项目监理机构书面通知施工、检测单位和负责该项工程的质量监督机构。

（2）施工过程中，见证人员应按照见证取样和送检计划，对施工现场的取样和送检进行见证，并由见证人、取样人签字。见证人应制作见证记录，并归入工程档案。

见证取样送检见证人授权书	表 C1-8-1
 _____（质量监督机构） 　　经研究决定授权_____同志任_____工程见证取样和送检见证人。负责对涉及结构安全的试块、试样和材料见证取样和送检，施工单位、试验单位予以认可。 	
见证取样和送检印章	见证人签字手迹
   　　　　　　　　　　　　　　　　　　　　　　　　　监理（建设）单位（章） 　　　　　　　　　　　　　　　　　　　　　　　　　　　年　月　日	

2.7.3　见证取样试验委托单（C1-8-2）

（1）见证取样试验委托单见表 C1-8-2。

见证取样试验委托单　　　　　　　　　　　　　　　　表 C1-8-2

工程名称		使用部位	
委托试验单位		委托日期	
样品名称		样品数量	
产地（生产厂家）		代表数量	
合格证号		样品规格	
试验内容 及要求			
备注			
取样人		见证人	

见证取样试验委托单以本表格式或当地建设行政主管部门授权部门下发的表式归存。

（2）承担见证取样检测及有关结构安全检测的单位应具有相应资质。

相应资质是指经过管理部门确认其是该项检测任务的单位，具有相应的设备及条件，人员经过培训有上岗证；有相应的管理制度，并通过计量部门认可，不一定是当地的检测中心等检测单位，应考虑就近，以减少交通费用及时间。

2.7.4 见证取样送检记录（参考用表）（C1-8-3）

见证取样送检记录（参考用表）　　　　　　　　　　表 C1-8-3

编号：_____

工程部位：_____

取样部位：_____

样品名称：_____ 取样数量：_____

取样地点：_____ 取样日期：_____

见证记录：

有见证取样和送检印章：

取样人签字：_____

见证人签字：_____

填制本记录日期：

2.7.5 见证试验检测汇总表（C1-9）

见证试验检测汇总表，见表 C1-9 所示。

见证试验检测汇总表　　　　　　　　　　表 C1-9

工程名称：_____

施工单位：_____

建设单位：_____

监理单位：_____

见　证　人：_____

试验室名称：_____

试验项目	应送试总次数	有见证试验次数	不合格次数	备注

施工单位：　　　　　　　　　　　　　　　　　　制表人：

注：此表由施工单位汇总填写，报当地质量监督总站（或站）。

填表说明：

（1）见证人：指已取得见证取样送检资质并对某一品种实际送试的见证人。填写见证人姓名。

（2）应送试总次数：指该试验项目，该品种根据标准规定应送检的代表批次的应送数量的总次数。

（3）有见证试验次数：指该试验项目，该品种按见证取样要求的实际送检批次数。

（4）不合格次数：指该试验项目，该品种按见证取样送检的批次中，按标准规定测试结果，不符合某标准规定的批次数。

2.8 施工日志（C1-10）

1. 资料表式

施工日志　　　　　　　　　　　　　　　表 C1-10

工程名称		编　号	
		日　期	
施工单位			
天气状况	最高/最低温度		风　力
施工情况记录：（施工部位、施工内容、机械使用情况、劳动力情况、施工中存在问题等）			
技术、质量、安全工作记录：（技术、质量安全活动、检查验收、技术质量安全问题等）			

施工单位：　　　　　　　　记录人：　　　　　　　　　年　月　日

2. 应用说明

（1）施工日志是施工过程中由项目经理部级的有关人员对有关技术管理和质量管理活动及其效果逐日做的连续完整的记录，要求内容完整、真实、正确能全面反映工程进展情况。其主要内容如下：

1）工程准备工作的记录。包括现场准备、施工组织设计学习、各级技术交底要求、熟悉图纸中的重要问题、关键部位和应抓好的措施，向向班、组长的交底日期、人员及其主要内容，及有关计划安排。

2）进入施工以后对班组抽检活动的开展情况及其效果，组织互检和交接检的情况及效果，施工组织设计及技术交底的执行情况及效果的记录和分析。

3）分项（检验批）工程质量验收、质量检查、隐蔽工程验收、预检及上级组织的检查等技术活动的日期、结果、存在问题及处理情况记录。

4）原材料检验结果、施工检验结果的记录包括日期、内容、达到的效果及未达到要求等问题和处理情况及结论。

5）质量、安全、机械事故的记录包括原因、调查分析、责任者、研究情况、处理结论等，对人事、经济损失等的记录应清楚。

6）有关洽商、变更情况，交代的方法、对象、结果的记录。

7）有关归档资料的转交时间、对象及主要内容的记录。

8）有关新工艺、新材料的推广使用情况，以及小改、小革、小窍门的活动记录，包括项目、数量、效果及有关人员。桩基应单独记录并上报核查。

9）工程的开、竣工日期以及主要分部、分项工程的施工起止日期，技术资料供应情况。

10）重要工程的特殊质量要求和施工方法。

11）有关领导或部门对工程所做的书面或检查生产、技术方面的决定或建议。

12）气候、气温、地质以及其他特殊情况（如停电、停水、停工待料）的记录等。

13）在紧急情况下采取特殊措施的施工方法，施工记录由单位工程负责人填写。

14）混凝土试块、砂浆试块的留置组数、时间，以及28d的强度试验报告结果，有无问题及分析。

(2) 填表说明：

1）施工情况记录：指应用说明中主要内容的施工活动情况的记录。

2）技术、质量、安全工作记录：应根据实际实施情况真实记录。

2.9 监理工程师通知回复单（C1-11）

1. 资料表式

监理工程师通知回复单 表C1-11

工程名称：　　　　　　　　　　　　　　　　　　编号：

致＿＿＿＿＿＿＿＿＿＿＿＿＿＿＿＿＿＿＿＿＿＿（监理单位）
我方收到编号为＿＿＿＿＿＿＿＿的监理通知/工程质量整改通知后，已按要求完成了＿＿＿＿＿＿＿＿＿＿＿＿＿＿＿＿＿工作，现报上，请予以复查。
详细内容：
施工单位（章）：＿＿＿＿＿＿＿＿＿ 项目经理：＿＿＿＿＿＿ 日期：＿＿＿＿
复查意见：
项目监理机构（章）：＿＿＿＿＿＿＿＿＿ 总/专业监理工程师：＿＿＿＿＿ 日期：＿＿＿

本表由施工单位填写，一式三份，送监理机构审核后，建设、监理及施工单位各一份。

2. 应用说明

（1）监理工程师通知回复单是指监理单位发出的监理通知，施工单位对监理通知执行完成后，请求复查的回复单。

1）施工单位提交的监理工程师通知回复单的附件内容必须齐全真实，填报详细内容，施工单位加盖公章，项目经理必须签字。

2）复查意见由项目监理机构的专业监理工程师先行审查，必须填写审查意见。总监理工程师认真审核后由项目监理机构签章，总监理工程师、专业工程师分别签字。

3）本表由施工单位填报。项目监理机构的总监理工程师或专业监理工程师签认后回复。

4）施工单位填报的监理通知回复单应复详细内容，包括：《监理通知》、《工程质量整改通知》、《工程暂停指令》等提出的整改内容。

5）监理工程师通知回复单施工单位、项目监理机构应做到技术用语规范，内容有序，字迹清楚。

（2）填表说明：

1）详细内容：是针对《监理通知》、《工程质量整改通知》等的要求，具体写明回复意见或整改的过程、结果及自检等情况。《工程质量整改通知》应提出整改方案。

2）复查意见：专业监理工程师应详细核查施工单位所报的有关资料，符合要求后针对工程质量实体的缺陷整改进行现场检查，符合要求后填写"已按《监理通知》/《工程质量整改通知》整改完毕/经检查符合要求"意见；如不符合要求，应具体指明不符合要求的项目或部位，签署"不符合要求，要求施工单位继续整改"意见，直至施工单位整改符合要求。

3）涉及工程质量整改，施工单位的回复，需经总监理工程师审批。

3 施工技术文件（C2）

3.1 工程技术文件报审表（C2-1）

1. 资料表式

工程技术文件报审表　　　　　　　　　表 C2-1

工程名称：　　　　　　　　　　　　　　　　　　　编号：

致_____（监理单位）
　　我方已根据施工合同的有关约定（或监理的有关指令）完成了_____文件的编制，并经我单位上级技术负责人审查批准，请予以审查。

　　附件：技术文件_____页_____册

施工总承包单位_____　　　专业施工单位_____
项目经理/责任人_____　　　项目经理/责任人_____

专业监理工程师审查意见：

　　　　　　　　　　　　　　　　　　专业监理工程师：_____
　　　　　　　　　　　　　　　　　　日　　期：_____

总监理工程师审查意见：

　　　　　　　　　　　　　　　　　　监理单位：_____
　　　　　　　　　　　　　　　　　　总监理工程师：_____
　　　　　　　　　　　　　　　　　　日　　期：_____

本表一式三份，由施工总承包单位填报，建设单位、监理单位、施工总承包单位各一份。

2. 应用说明

工程技术文件施工总承包单位必须根据施工合同的有关约定，对完成编制的施工技术文件向监理单位提请报审。未经报审的工程技术文件不得移交收存。

3.2 施工组织设计及施工方案（C2-2）

施工组织设计是针对工程项目施工过程的复杂性，用系统的思想并遵循技术经济规律，对拟建工程的各阶段、各环节所需的各种资源进行统筹安排的计划管理行为。通过科学、经济、合理的规划安排，以达到建设项目能够连续、均衡、协调进行施工，达到满足建设项目对工期、质量、投资和安全等方面的要求。

3.2.1 施工组织设计编制、实施的基本要求

（1）施工单位在开工前，必须编制施工组织设计，对涉及结构安全的重要分项、分部工程应编制专项施工方案。

（2）施工组织设计中应包括的主要内容应满足施工图设计和相关规范、标准要求的应实施的有关施工工艺、质量标准、安全及环境保护等的要求与措施。

（3）施工组织设计（专项施工方案）必须经施工单位技术负责人和总监理工程师审批，填写施工组织设计审批表（合同另有规定的，按合同要求办理），并加盖施工、监理公章方为有效。在施工中发生变更时，应有变更审批手续。

3.2.2 施工组织设计及施工方案的组成内容与措施

（1）施工组织设计及施工方案由施工单位编制提供。施工组织设计可根据工程的不同阶段及特点可按"建设项目施工组织总设计"、"单位工程施工组织设计"和分部、分项工程及特殊和关键过程施工方案分别编写。市政基础设施工程多以一个单位（项）工程为对象进行编制。用以指导其施工全过程各项施工活动的技术、经济、组织、协调和控制的综合性文件。

施工组织设计及施工方案应经单位技术负责人（总工程师）审查批准后执行。未经批准，不得实施。

（2）施工组织设计及施工方案表式按当地建设行政主管部门批准的地方标准中的通用施工组织设计及施工方案的表式。

3.2.2.1 编制原则

（1）贯彻国家工程建设的法律、法规、方针、政策、技术规范和规程。

（2）贯彻执行工程建设程序，采用合理的施工程序和施工工艺。

（3）运用现代建筑管理原理，积极采用信息化管理技术、流水施工方法和网络计划技术等，做到有节奏、均衡和连续地施工。

（4）优先采用先进施工技术和管理方法，推广行之有效的科技成果，科学确定施工方案，提高管理水平，提高劳动生产率，保证工程质量，缩短工期，降低成本，注意环境

保护。

（5）充分利用施工机械和设备，提高施工机械化、自动化程度，改善劳动条件，提高劳动生产率。

（6）提高施工过程的实施工业化程度，科学安排冬、雨期等季节性施工，确保全年均衡性、连续性施工。

（7）坚持"追求质量卓越，信守合同承诺，保持过程受控，交付满意工程"的质量方针；坚持"安全第一，预防为主"方针，确保安全生产和文明施工；坚持"施工过程的实施与绿色共生，发展和生态谐调"的环境方针，做好生态环境和历史文物保护，防止施工过程的实施振动、噪声、粉尘和垃圾污染。

（8）尽可能利用永久性设施和组装式施工设施，减少施工设施建造量；科学规划施工平面，减少施工用地。

（9）优化现场物资储存量，合理确定物资储存方式，尽量减少库存量和物资损耗。

（10）编制内容力求：重点突出，表述准确，取值有据，图文并茂。

（11）施工组织设计或施工方案在贯彻执行过程中应实施动态管理，具体过程，如下图1所示。

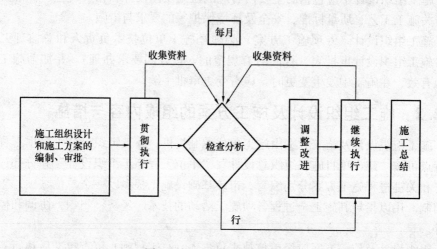

图1　施工组织设计实施框图

（12）施工组织设计应由企业管理层的技术部门组织编制，企业管理层总工程师审批，并应在工程开工之前完成。项目经理部是施工组织设计的实施主体，应严格按照施工组织设计要求的内容组织进行施工，不得随意更改。具体的编制、审查、审批、发放、更改等应按企业相关管理标准的要求进行。

3.2.2.2　建设项目施工组织总设计的编制步骤与基本结构

施工组织总设计是以整个建设项目或建筑群体为对象，用以指导施工全过程中各项施工活动的综合性技术经济文件。

1. 施工组织设计编制步骤，如下图2所示。

2. 建设项目施工组织总设计的基本结构

(1) 编制依据：

建设项目基础文件；工程建设政策、法规和规范资料；建设地区原始调查资料；类似施工项目经验资料。

(2) 工程概况：

工程构成情况；建设项目的建设、设计和施工单位；建设地区自然条件状况；工程特点及项目实施条件分析。

(3) 施工部署和施工方案：

项目管理组织；项目管理目标；总承包管理；工程施工程序；各项资源供应方式；项目总体施工方案。

(4) 施工准备工作计划：施工准备工作计划具体内容；施工准备工作计划。

(5) 施工总平面规划：

施工总平面布置的原则；施工总平面布置的依据；施工总平面布置的内容；施工总平面图设计步骤；施工总平面管理。

(6) 施工总资源计划：劳动力需用量计划；施工工具需要量计划；原材料需要量计划；成品、半成品需要量计划；施工机械、设备需要量计划；生产工艺设备需要量计划；大型临时设施需要量计划。

(7) 施工总进度计划：施工总进度计划编制；总进度计划保证措施。

(8) 降低施工总成本计划及保证措施。

(9) 施工总质量计划及保证措施。

(10) 职业安全健康管理方案。

(11) 环境管理方案。

(12) 项目风险总防范。

(13) 项目信息管理规划。

(14) 主要技术经济指标：

施工工期；项目施工质量；项目施工成本；项目施工消耗；项目施工安全；项目施工其他指标。

(15) 施工组织设计或施工方案编制计划。

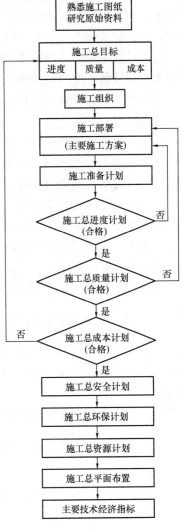

图 2　施工组织设计编制步骤

3.2.2.3 单位工程施工组织设计编制步骤与基本结构

1. 综合说明

(1) 单位工程施工组织设计是以单位工程为对象编制的用以指导单位工程施工准备和

场地施工的全局性技术经济文件。

施工组织设计或施工方案由施工机构在施工前编制。当工程项目应用新材料、新结构、新工艺、新技术或有特殊要求时，设计应提出技术要求和注意事项，设计、施工单位密切配合，使之满足设计意图。

（2）施工组织设计是进行基本建设和指导建筑施工的必要文件，是实现科学管理的重要环节，切实做好施工组织设计的编制与实施，建立起正常的施工秩序，实现施工管理科学化，是在建筑施工中实现多快好省要求的具体措施。

施工过程是一项十分复杂的生产活动，正确处理好人与物、空间与时间、天时与地利、工艺与设备、使用与维修、专业与协作、供应与消耗、生产与储备等各种矛盾就必须要有严密的组织与计划，以最少的消耗取得最大的效果，要求建设施工人员必须严肃对待，认真执行。

（3）市政基础设施道路工程在开工之前，施工单位必须在了解工程规模特点和建设时期，调查和分析建设地区的自然经济条件的基础上，编制施工组织设计大、中型建设项目，应根据已批准的初步设计（或扩大初步设计）编制施工组织大纲（或称施工组织总设计）；单位工程应根据施工组织大纲及经过会审的施工图编制施工组织设计；规模较小，结构简单的工业、民用建筑，也应编制单位工程施工方案。

2. 单位工程施工组织设计编制步骤

单位工程施工组织设计是以单位工程为对象编制的用以指导单位工程施工准备和场地施工的全局性技术经济文件。

施工组织设计编制步骤，如下图3。

3. 单位工程施工组织设计基本结构

（1）工程概况：

工程建设概况；工程建筑设计概况；工程结构设计概况；建筑设备安装概况；自然条件；工程特点和项目实施条件分析。

（2）施工部署：

建立项目管理组织；项目管理目标；总承包管理；各项资源供应方式；施工流水段的划分及施工工艺流程。

（3）主要分部分项工程的施工方案。

（4）施工准备工作计划：

施工准备工作计划具体内容；施工准备工作计划。

（5）施工平面布置：

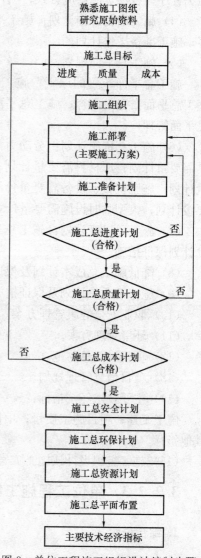

图3 单位工程施工组织设计编制步骤

施工平面布置的依据；施工平面布置的原则；施工平面布置内容；设计施工平面图步骤；施工平面图输出要求；施工平面管理规划。

(6) 施工资源计划：

劳动力需用量计划；施工工具需要量计划；原材料需要量计划；成品、半成品需要量计划；施工机械、设备需要量计划；生产工艺设备需要量计划；测量装置需用量计划；技术文件配备计划。

(7) 施工进度计划：

编制施工进度计划依据；施工进度计划编制步骤；施工进度计划编制内容；制定施工进度控制实施细则。

(8) 施工成本计划：

施工成本计划；编制施工成本计划步骤；施工成本控制措施；降低施工成本技术措施计划。

(9) 施工质量计划及保证措施：

编制施工质量计划的依据；施工质量计划内容；质量保证措施。

(10) 职业安全健康管理方案：

施工安全计划内容；制定安全技术措施。

(11) 环境管理方案：

施工环保计划内容；施工环保计划编制的步骤；施工环保管理目标；环保组织机构；环保事项内容和措施。

(12) 施工风险防范。

(13) 项目信息管理规划。

(14) 新技术应用计划。

(15) 主要技术经济指标。

(16) 施工方案编制计划。

3.2.2.4 《城镇道路工程施工质量验收规范》(CJJ 1—2008) 规范对施工组织设计（施工方案）的编制要求

(1) 施工单位应具备相应的城镇道路工程的施工资质。

(2) 施工单位应建立健全施工技术、质量、安全生产管理体系，制定各项施工管理制度，并贯彻执行。

(3) 施工前，施工单位应组织有关施工技术管理人员深入现场调查，了解掌握现场情况，做好充分的施工准备工作。

(4) 工程开工前，施工单位应根据合同文件、设计文件和有关的法规、标准、规范、规程，并根据建设单位提供的施工界域内地下管线等构筑物资料、工程水文地质资料等踏勘施工现场，依据工程特点编制施工组织设计，并按其管理程序进行审批。

(5) 施工单位应按合同规定的、经过审批的有效设计文件进行施工。严禁按未经批准的设计变更、工程洽商进行施工。

(6) 施工中应对施工测量进行复核，确保准确。

(7) 施工中必须建立安全技术交底制度，并对作业人员进行相差的安全技术教育与培

训。作业前主管施工技术人员必须向作业人员进行详尽的安全技术交底。并形成文件。

（8）遇冬、雨期等特殊气候施工时，应结合工程实际情况，制定专项施工方案，并经审批程序批准后实施。

（9）施工中，前一分项工程未经验收合格严禁进行后一分项工程施工。

（10）施工单位应根据建设单位提供的资料，组织有关人员对施工现场进行全面深入的调查；应熟悉现场地形、地貌、环境条件；应掌握水、电、劳动力、设备等资源供应条件；并应核实施工影响范围内的管线、构筑物、河湖、绿化、杆线、文物古迹等情况。

（11）开工前应结合工程特点对现场作业人员进行技术安全培训，对特殊工种进行资格培训。

（12）应根据政府有关安全、文明施工生产的法规规定，结合工程特点、现场环境条件，搭建现场临时生产、生活设施，并应制定施工管理措施；结合施工部署与进度计划，应做好安全、文明生产和环境保护工作。

3.2.3 施工组织设计（专项施工方案）审批表（C2-2-1）

1. 资料表式

施工组织设计（专项施工方案）审批表　　　　　　表 C2-2-1

工程名称		施工单位	
施工单位审批意见： （公章） 施工单位技术负责人（签名）　　　项目经理（签名）　　　年　月　日			
监理审批意见： （建设单位意见） （公章） 总监理工程师（建设单位负责人）签名　　　　　　　年　月　日			

注：本表由施工单位填写，一式三份，送监理机构审核后，建设、监理及施工单位各一份。

2. 应用说明

施工组织设计（施工方案）是施工单位根据承接工程特点编制的实施施工的方法和措施，提请项目监理机构报审的文件资料。

（1）本表由施工单位填报，项目监理机构的专业监理工程师审核，总监理工程师签发。需经建设单位同意时应经建设单位同意后签发。

（2）对施工中采用新材料、新工艺、新技术、新设备时的工艺措施要求：

1）当采用新材料、新工艺、新技术、新设备时施工单位应报送相应的施工工艺措施和证明材料，应经专题论证，经审定后确认。

2）专题论证可以根据工作需要邀请专家进行研讨论证。应用"四新"的总原则应是谨慎从事，确保施工中万无一失。

（3）审查施工组织设计的基本要求：

1）施工组织设计应有施工单位负责人签字。

2）施工组织设计应符合施工合同要求。

3）施工组织设计应由专业监理工程师审核后，经总监理工程师签认。

4）发现施工组织设计中存在问题应提出修改意见，由施工单位修改后重新报审。

（4）应审查的施工组织设计内容：

一般应包括：施工方案和施工方法；主要工程量；施工进度计划；机具设备需用计划；劳动力使用计划；材料物资供应计划；施工平面布置及临时水、电等管线布置；施工技术措施、质量保证措施、安全施工等；需增补的施工措施费用。

施工组织设计的审查，应从工程项目施工的全局、全过程来考虑，必须抓住主要矛盾，对其中的施工方案及施工方法、施工进度计划、施工现场平面布置及需要增加的施工措施费用等进行重点审查。

（5）审批建议：

1）施工单位提送报审的施工组织设计（施工方案），文件内容必须具有全面性、针对性和可操作性，编制人、单位技术负责人必须签字，报送单位必须加盖公章；项目经理必须签字。

2）施工组织设计或施工方案专业监理工程师先行审查后必须填写审查意见，转交总监理工程师最终审查并填写审查意见和日期、本人签字。审查同意后，加盖项目监理机构章、总监理工程师签字后返回施工单位。

3）施工组织设计或施工方案报审时间必须在工程项目开工前完成。

4）对"文不对题"或敷衍抄袭提供的施工组织设计应退回令其重新编制并报审。

（6）填表说明：

1）施工单位审批意见：指对施工组织设计（方案）内容的完整性、符合性、适应性、合理性、可操作性及实现目标的保证措施的审查所得出的结论。应由施工单位的技术负责人审查批准。

2）监理审批意见（建设单位意见）：指监理单位对所报施工组织设计的可行性进行的审查结论，由总监理工程师批准。

3）责任制：

①施工单位技术负责人签名：指与建设单位签订施工合同的法人单位任命的单位技术负责人，签章有效。

②总监理工程师：指与建设单位签订监理合同的法人单位指派到施工现场的项目监理的总监理工程师，签字有效。

3.2.4 危险性较大分部与分项工程施工方案（C2-3）

1. 应用说明

危险性较大分部与分项工程应编制专项施工方案。

附：危险性较大分部与分项工程施工方案论证审查大纲（供参考）

一、概述

二、论证审查内容

（一）审查安全专项施工方案编制是否符合国家和行业有关的标准、规范；计算数据取值是否准确，计算是否正确。

（二）安全专项施工方案是否符合工程项目的具体情况，各项安全技术是否具有较强的针对性。

三、论证审查形式

现场勘查、会议讨论审查。

四、论证审查依据

现行的国家和行业有关的安全生产法律、法规以及标准、规范。

五、论证审查组织成立论证审查专家委员会，设主任委员、副主任委员和秘书长，由主任委员主持论证审查。由主任委员主持审查并对审查结果提出报告，见附表1所示。

六、论证审查基本程序

（一）成立专家组，选定主任委员、副主任委员以及秘书长。

（二）专家组通过论证审查大纲。

（三）施工企业介绍工程概况、现场施工组织情况以及需要论证的危险性较大工程的具体情况。

（四）专家组成员勘察施工现场，查阅有关图纸及其资料。

（五）施工企业对需要论证的危险性较大工程安全专项施工方案作说明。

（六）专家组对施工方案予以评审。

（七）形成专家论证审查报告。

（八）宣读结果。

（九）专家签字。

危险性较大工程安全专项施工方案论证审查报告 附表1

工程名称			
施工企业			
专项方案名称			
论证审查意见	年　月　日		
签字	主任委员		副主任委员	
	委员			

3.3 技术交底记录（C2-4）

3.3.1 施工技术交底记录（C2-4-1）

（1）施工单位应在开工前进行施工技术交底。施工技术交底包括施工组织设计和专项施工方案交底及分项施工技术交底。

（2）会审及各种交底应形成记录，并有交底双方签认手续。

1. 资料表式

施工技术交底记录　　　　　　　　表 C2-4-1

工程名称		施工单位	
分项（分部）名称		交底人	
交底内容： 　　　　　　　　　　　　　　　　　　　　　　　年　月　日			
接受交底人签名	 　　　　　　　　　　　　　　　　　　　　　　　年　月　日		

2. 应用说明

（1）基本要求：

1）施工技术交底按设计要求，严格执行施工质量验收规范要求。交底应结合本工程的实际情况及特点，工艺、施工方法等切实可行，应做到交底内容清楚明了。

2）施工技术交底签章应齐全，责任制明确。应交内容齐全、及时交底。技术交底应在分项工程施工前向施工班组进行的施工技术、工艺操作要点的交底。

3）当设计图纸、施工条件等变更时，技术交底记录应经由原交底人修改后对技术交底重新进行。原技术交底记录应回收。

4）技术交底记录只有当签字齐全后方可生效，并发至施工班组。

（2）综合说明：

1）施工技术交底是施工企业技术管理的一项重要环节和制度，是把设计要求、施工措施贯彻到基层以至工人的有效办法。施工技术交底又是保证工程施工符合设计要求，规范质量标准和操作工艺标准规定，用以具体指导施工活动的具有操作性技术文件。

道路工程中的分项工程，项目实施全过程活动，包括工程项目的关键过程和特殊过程以及容易发生质量通病的部位，均应进行施工技术交底。

2）施工技术交底应针对工程特点，运用现代施工管理原理，积极推广行之有效的科技成果，提高劳动生产率，保证工程质量、安全生产，保护环境、文明施工。技术交底尚应根据工程性质、类别和技术复杂程度分级进行，要结合本单位的实际技术状况采用不同的方法进行。

交底时应注意关键项目、重点部位、新技术、新材料项目，要结合操作要求、技术规定及注意事项细致、反复交代清楚，以真正了解设计、施工意图为原则。

交底的方法宜采用书面交底，也可采用会议交底，样板交底和岗位交底，要交任务、交操作规程、交施工方法、交质量、交安全、交定额；定人、定时、定质、定量、定责任，做到任务明确、质量和安全到人。

施工单位从进场开始交底，包括临建现场布置，水电临时线路敷设及各分项、分部工程。

3）技术交底应坚持合理的施工程序、施工顺序和施工工艺，符合设计要求，满足材料、机具、人员等资源和施工条件要求，并贯彻执行施工组织设计、施工方案和企业技术部门的有关规定和要求，严格按照企业技术标准、施工组织设计和施工方案确定的原则和方法编写和进行交底，并针对班组施工操作进行细化，且应具有很强的可操作性。

4）技术交底应力求做到：主要项目齐全，内容具体明确、符合规范，重点突出，表述准确，取值有据，必要时辅以图示。对工程施工能起到指导作用，具有针对性、指导性和可操作性。技术交底中不应有"未尽事宜参照×××（规范）执行"等类似内容。

5）施工技术交底由项目技术负责人组织，专业施工员和/或专业技术负责人具体编写和进行交底，经项目技术负责人审批后，由专业施工员和（或）专业技术负责人向施工班组长和全体施工作业人员交底。

重要工程应由企业技术负责人组织有关科室、项目经理部有关施工部门进行交底，然后再对相关人员逐级进行技术交底。

6）技术交底应根据实际需要分阶段进行。当发生施工人员、环境、季节、工期的变化或技术方案的改变时应重新交底。

7）施工技术交底应在项目施工前进行。

（3）施工技术交底的依据：

1）应依据国家、行业、地方标准、规范、规程、当地主管部门的有关规定以及企业按照国标、行标制定的企业技术标准及质量管理体系文件。

2）工程施工图纸、标准图集、图纸会审记录、设计变更及工作联系单等技术文件。

3）施工组织设计、施工方案对本分项工程、特殊工程等的技术、质量和其他要求。

4）其他有关文件：工程所在地建设主管部门（含工程质量监督站）有关工程管理、技术推广、质量管理及治理质量通病等方面的文件；本局和公司发布的年度工程技术质量管理工作要点、工程检查通报等文件。特别应注意落实其中提出的预防和治理质量通病、解决施工问题的技术措施等。

（4）施工技术交底的内容：

施工技术交底的内容主要包括：施工准备、施工进度要求、施工工艺、控制要点、成品保护、质量保证措施、安全注意事项、环境保护措施、质量标准。

1）施工准备：

①作业人员：说明劳动力配置、培训、特殊工种持证上岗要求等。

②主要材料：说明施工所需材料名称、规格、型号，材料质量标准，材料品种规格等直观要求，感官判定合格的方法，强调从有"检验合格"标识牌的材料堆放处领料，每次领料批量要求等。

③主要机具：

A. 机械设备：说明所使用机械的名称、型号、性能、使用要求等。

B. 主要工具：说明施工应配备的小型工具，包括测量用设备等，必要时应对小型工具的规格、合法性（对一些测量用工具，如经纬仪、水准仪、钢卷尺、靠尺等，应强调要求使用经检定合格的设备）等进行规定。

④作业条件：说明与本道工序相关的上道工序应具备的条件，是否已经过验收并合格。本工序施工现场工前准备应具备的条件等。

2）施工进度要求：

对实施分项工程的具体施工时间，完成时间等提出详细要求。

3）施工工艺：

①工艺流程：详细列出该项目的操作工序和顺序。

②施工要点：根据工艺流程所列的工序和顺序，分别对施工要点进行叙述，并提出相应要求。

4）控制要点：

①重点部位和关键环节：结合施工图提出设计的特殊要求和处理方法，细部处理要求，容易发生质量事故和安环施工的工艺过程，尽量用图表达。

②质量通病的预防及措施：根据企业提出的预防和治理质量通病和施工问题的技术措施等，针对本工程特点具体提出质量通病及其预防措施。

5）成品保护：

对上道工序成品的保护提出要求；对本道工序成品提出具体保护措施。

6）质量保证措施：

重点从人、材料、设备、方法等方面制定具有针对性的保证措施。

7）安全注意事项

内容包括作业相关安全防护设施要求，个人防护用品要求，作业人员安全素质要求，接受安全教育要求，项目安全管理规定，特种作业人员执证上岗规定，应急响应要求，隐患报告要求，相关机具安全使用要求，相关用电安全技术要求，相关危害因素的防范措施，文明施工要求，相关防火要求，季节性安全施工注意事项。

8）环境保护措施：

国家、行业、地方法规环保要求，企业对社会承诺，项目管理措施，环保隐患报告要求。

9）质量标准：

①主控项目：依据国家质量检验规范要求，包括抽检数量、检验方法及执行标准规定。

②一般项目：依据国家质量检验规范要求，包括抽检数量、检验方法和合格标准。

③质量验收：应对班组提出自检、互检、班组长检的要求。

（5）施工技术交底实施要求：

1）施工技术交底应以书面和讲解的形式交底到施工班组长，以讲解、示范或者样板引路的方式交底到全体施工作业工人。施工班组长和全体作业工人接受交底后均签署姓名及日期，其中全体作业工人签名记录，应根据当地主管部门、本局和项目经理部的规定等，存放于项目经理部或施工队。

2）班组长在接受技术交底后，应组织全班组成员进行认真学习，根据其交底内容，明确各自责任和互相协作配合关系，制定保证全面完成任务的计划，并自行妥善保存。在无技术交底或技术交底不清晰、不明确时，班组长或操作人员可拒绝上岗作业。

技术交底应根据施工过程的变化，及时补充新内容。施工方案、方法改变时也要及时进行重新交底。

3）施工技术交底书面资料至少一式四份，分别由项目技术负责人、项目专业施工员（交底人）、施工班组保存，另一份由项目资料员作为竣工资料归档（资料员可根据归档数量复制）。

4）当设计图纸、施工条件等变更时，应由原交底人对技术交底进行修改或补充，经项目技术负责人审批后重新交底。必要时回收原技术交底记录并按本局质量管理体系文件"文件控制程序"中相关要求做好回收记录。

（6）技术交底注意事项：

1）技术交底必须在该交底对应项目施工前进行，并应为施工留出足够的准备时间。

2）技术交底应以书面形式进行，并辅以口头讲解。交底人和被交底人应履行交接签字手续。技术交底及时归档。

3）技术交底应根据施工过程的变化，及时补充新内容。施工方案、方法改变时也要及时进行重新交底。

4）分包单位应负责其分包范围内技术交底资料的收集整理，并应在规定时间内向总包单位移交。总包单位负责对各分包单位技术交底工作进行监督检查。

（7）填表说明：

交底内容：按施工图设计要求，应详尽，并应一一列出。

注：应按交底时间及时签字，无本人签字时为无效技术交底资料。

附：不同类别的技术交底

技术交底的类别包括：图纸交底、施工组织设计交底、设计变更和洽商交底、分项工程技术交底、安全技术交底。

Ⅰ 图 纸 交 底

图纸交底包括工程的设计要求、地基基础、主体结构特点、构造做法与要求、抗震处理、设计图纸的轴线、标高、尺寸、预留孔洞、预埋件等具体细节，以及相关材料的强度要求、使用功能等，做到掌握设计关键，认真按图施工。

Ⅱ 施工组织设计交底

施工组织设计交底：要将施工组织设计的全部内容向施工人员交代。主要包括：工程特点、施工部署、施工方法、操作规程、施工顺序及进度、任务划分、劳动力安排、平面布置、工序搭接、施工工期、各项管理措施等。

Ⅲ 设计变更和洽商交底

设计变更和洽商交底是将设计变更的结果向施工人员和管理人员做统一说明，便于统一口径，避免差错。

Ⅳ 分项工程技术交底

分项工程技术交底是各级技术交底的关键，应在各分项工程开始之前进行。主要包括：施工准备、操作工艺、技术安全措施、质量标准、成品保护、消灭和预防质量通病措施、新工艺、新材料、新技术工程的特殊要求以及应注意的质量问题等，劳动定额、材料消耗定额、机具、工具等。在施工过程中，应反复检查技术交底的落实情况，加强施工监督，确保施工质量。

Ⅴ 安全技术交底

安全技术交底是施工作业安全、施工设施（设备）安全、施工现场（通行、停留）安全、消防安全、作业环境专项安全以及其他意外情况下的安全技术交底。

3.3.2 施工技术交底小结

基本要求：

（1）施工技术交底接收人应针对每一份交底在实施完成后做出总结，注意实施过程及施工过程中发现的问题，要求改进的建议等。实事求是的进行交底总结。

（2）施工技术交底小结应反馈至技术交底人，小结日期应及时，不得晚于实施完成后2d。

3.3.3 设计交底记录（C2-4）

1. 资料表式

设计交底记录　　　　　　　　　　　　　　　表C2-4

工程名称	
交底内容：	
交底人签名：　　　　　　　　　　年　月　日	

参加单位及人员	单位名称	参加人签名

2. 应用说明

（1）市政基础设施工程的设计交底应包括工程的设计要求、地基基础、结构特点、构造做法与要求、抗震处理、设计图纸的轴线、标高、尺寸、预留孔洞、预埋件等具体细节，以及砂浆、混凝土、砖等材料和强度要求、使用功能要求等，做到掌握设计关键，认真按图施工。

（2）设计交底主要应将设计意图交清楚，使施工人员清楚的完成设计意图。

3.4 图纸会审记录（C2-5）

1. 资料表式

图纸会审记录　　　　　　　　　　　　　表 C2-5

工程名称			编　号	
			日　期	
设计单位			专业名称	
地　点			页　数	共 页，第 页
序　号	图　号	图纸问题	答复意见	
签字栏	建设单位	监理单位	设计单位	施工单位

注：施工单位整理汇总的图纸会审记录应一试五份，并应由建设单位、设计单位、监理单位、施工单位、城建档案馆各保存一份。表中设计单位签字栏应为项目专业技术负责人的签字，建筑单位、监理单位、施工单位签字栏应为项目技术负责人或相关专业负责人的签字。

图　纸　会　审　记　录　　　　　　　　　　　　　续页

记录内容：
记录人：

注：附施工图设计文件会审记录表式可供参考选用。

2. 应用说明

（1）基本要求：

1）工程开工前，建设单位应组织施工、监理等单位的相关人员对施工图进行会审。图纸会审应详细记录施工图设计审查中提出的问题。设计单位应在工程实施前进行设计交底。

2）提供的施工图设计会审（图纸会审）文件必须是经当地建设行政主管部门批准的

专职审图机构审查同意并已签章的施工图设计文件。施工图设计文件会审（图纸会审）记录是对已正式批准并签署的设计文件施工前进行审查和会审，对提出的问题由原设计单位予以解决并予记录的技术文件。

施工图设计文件的会审，设计单位必须先交底后会审，重点工程应有设计单位对施工单位的工程技术交底记录，应有对重要部位的技术要求和施工程序要求等的技术交底资料。

3）工程开工前必须组织图纸会审。开工前图纸会审文件必须分发有关单位。施工图设计和有关设计技术文件资料，是施工单位赖以施工的、带根本性的技术文件，必须认真地组织学习和会审。由建设单位组织，设计单位、监理单位、施工单位参加共同进行的图纸会审，将施工图设计中将要遇到的问题提前予以解决。

4）有关专业均应有专人参加会审，会审记录整理完整成文，参加人员本人签字，日期、地点填写清楚。

建设、设计、施工、监理单位均应参加会审并分别盖章为有效，参加单位签章，参加人员本人签字。

(2) 会审方法：

1）施工图设计文件会审（图纸会审）应由建设单位组织，设计单位交底，施工、监理单位参加。

2）会审可分二个阶段进行，一是内部预审，由施工单位的有关人员负责在一定期限内完成。提出施工图纸中存在问题，并进行整理归类；监理单位同时也应进行类似的工作，将会审中发现的问题进行整理归类，与施工方将提出的问题一并提出。二是会审，由建设单位组织、设计单位交底、施工、监理单位参加，对预审及会审中提出的问题要逐一解决。由设计单位应以文字形式给予答复。会签施工图设计会审纪要。加盖各参加单位的公章，参加会审人员本人签字，作为答复文件存档备查。

3）对提出问题的处理，一般问题设计单位同意的，可在施工图设计会审记录中注释进行修改，并办理手续，按此进行施工；较大的问题必须由建设（或监理）、设计和施工单位洽商，由设计单位修改，经监理单位同意后向施工单位签发设计变更图或设计变更通知单方为有效；如果设计变更影响了建设规模和投资方向，要报请原批准初步设计的单位同意方准修改。

(3) 图纸会审的内容：

1）施工图设计文件是否齐全，责任签章是否完全；设计是否符合国家有关的经济和技术政策、规范规定，图纸总的做法说明（包括分项工程做法说明）是否齐全、清楚、明确，与平面、位置、线路、平、立、剖、侧面、系统图、透视图、轴测图、工艺流程图等各方之间有无矛盾；设计图纸（平、立、剖、构件布置、相关大样）之间相互配合的尺寸是否符合，分尺寸与总尺寸、大、小样图、平、立、剖面与结构图互相配合及尺寸是否一致，有无错误和遗漏；坐标、位置是否一致；设计标高是否可行。

2）道路工程的主要结构设计在强度、刚度、稳定性等方面相互有无矛盾，主要构造部位是否合理，设计能否保证工程质量和安全施工。

3）施工图设计与施工单位的施工能力、技术水平、技术装备可否顺利实施；采用新工艺、新技术，施工单位有无困难，所需特殊材料的品种、规格、数量能否解决，专用机械设备能否保证。

（4）几点说明：

1）会审一般由建设单位主持或建设、设计单位共同主持，有几个人主持时可以分别签记姓名。

2）会审记录由设计、施工的任一方整理，可在会审时协商确定。

（5）填表说明：

1）图纸问题：指图纸会审中发现所有需要记录的内容。

2）答复情况：指会审中对提出问题提出的解决办法，应详细记录与说明。

3）签字栏：指表列单位参加会审的人员，应分别签记参加人姓名。

4）记录人：指主持施工图设计文件会审单位的填表人姓名。

3.5 设计变更通知单（C2-6）

施工单位应按合同规定的、经过审批的有效设计文件进行施工。严禁按未经批准的设计变更、工程洽商进行施工。

对施工图设计提出的问题应及时办理设计变更。

1. 资料表式

设计变更通知单　　　　　　　　　　　　表 C2-6

工程名称		编 号	
地 点		日 期	
致＿＿＿＿＿＿＿＿＿＿＿＿＿＿＿＿＿＿＿（监理单位）： 　　由于＿＿＿＿＿＿＿＿＿＿＿＿＿＿＿＿＿＿＿＿＿＿＿＿＿的原因，兹提出＿＿＿＿＿＿＿＿＿＿＿＿＿＿＿＿＿＿＿＿工程变更（内容详见附件），请予以审批。 附件： 　　提出单位名称：　　　　提出单位负责人（签字）			
一致意见：			
建设单位代表 （签字）： 日期：	设计单位代表 （签字）： 日期：	监理单位代表 （签字）： 日期：	施工单位代表 （签字）： 日期：

本表由监理单位签发，建设单位、监理单位、施工单位各存一份。

2. 应用说明

（1）本表由提出单位填写，经建设、设计、监理、施工等单位协商同意并签字后为有效工程变更单。

（2）工程设计变更，施工图纸变更的内容应明确、具体，办理及时。设计变更无设计部门盖章主管设计负责人签字者无效。

（3）工程设计变更必须经建设单位同意，有设计单位出具设计变更通知。

（4）工程设计变更单必须及时办理，必须是先有设计变更后施工。紧急情况下，必须是在标准规定时限内办理完成工程变更手续。

（5）施工合同范本约定的工程变更程序：

1）建设单位提前书面通知施工单位有关工程变更，或施工单位提出变更申请经监理工程师和建设单位同意予以变更。

2）由原设计单位出图并在实施前 14d 交施工单位。如超出原设计标准或设计规模时，应由建设单位按原程序报审。

3）施工单位必须在确定工程变更后 14d 内提出变更价款，提交监理工程师确认。

4）监理工程师在收到变更价款报告后的 14d 内必须审查完变更价款报告后，并确认变更价款。

5）监理工程师不同意施工单位提出的变更价款时，按合同争议的方式解决。

（6）工程设计变更的审查原则：

1）工程设计变更应在保证生产能力和使用功能的前提下，适用、经济、安全、方便生活、有利生产、不降低使用标准为出发点。

2）工程设计变更应进行技术经济分析，必须保证在技术上可行、施工工艺上可靠、经济上合理，不增加项目投产后的经常性维护费用。

3）凡属于重大的设计变更，如改变工艺流程、资源、水文地质、工程地质有重大变化引起设计方案的变动，设计方案的改变，增加单项工程、追加投资等，均应在建设单位或由建设单位报原主管审批部门批准后方可办理变更。

4）工程设计变更要严格按程序进行，手续要齐全，有关变更的申请，变更的依据，变更的内容及图纸、资料、文件等清楚完整和符合规定。

5）严禁通过工程变更扩大建设规模，增加建设内容、提高建筑标准。

（7）关于工程设计变更的几点说明：

1）设计变更的表式以设计单位签发的设计变更文件为准汇整。

2）应当明确设计变更是施工过程中由于：设计图纸本身差错，设计图纸与实际情况不符；施工条件变化；原材料的规格、品种、质量不符合设计要求；职工提出合理化建议等原因，需要对设计图纸部分内容进行修改而办理的变更设计的文件。

①设计变更是施工图的补充和修改的记载，应及时办理，内容要求明确具体，必要时附图，不得任意涂改和后补。

②工程设计变更由施工单位提出时，必须取得设计单位和建设、监理单位的同意，并加盖同意单位章；工程设计变更由设计单位提出时，必须由设计单位提出变更设计联系单或设计变更图纸，由施工单位根据施工准备和工程进展情况，做出能否变更的决定。

3.6 工程洽商记录（技术核定单）(C2-7)

1. 资料表式

工程洽商记录 表C2-7

工程名称		施工单位		
洽商事项： 年　月　日				
参加单位及人员	建设单位（公章）	设计单位（公章）	监理单位（公章）	施工单位（公章）

2. 应用说明

（1）洽商记录是施工图的补充和修改的记载，应及时办理，应完整叙述洽商内容及达成的协议或结果，内容要求明确具体，必要时附图，不得任意涂改和后补。

（2）应先有洽商变更然后施工。特殊情况需先施工后变更者，必须先征得设计单位同意，洽商记录需在一周内补上。洽商记录按签订日期先后顺序编号，要求责任制明确签字齐全。

（3）洽商记录由施工单位提出时，必须取得设计单位和建设、监理单位的同意。洽商记录施工单位盖章，核查同意单位也应签章方为有效。

（4）洽商记录按签订日期先后顺序编号，要求责任制明确签字齐全。

（5）当洽商与分包单位工作有关时，应及时通知分包单位参加洽商讨论，必要时（合同允许）可参加会签。

（6）遇有下列情况之一时，必须由设计单位签发设计变更通知单，不得以洽商记录办理：

1）当决定对图纸进行较大修改时。

2）施工前及施工过程中发现图纸有差错、做法、尺寸矛盾、结构变更或与实际情况不符时。

3）由建设单位提出，对建筑构造、细部做法、使用功能等方面提出的修改意见，必须经过设计单位同意，并提出设计通知书或设计变更图纸。

由设计单位或建设单位提出的设计图纸修改，应由设计部门提出设计变更联系单；由施工单位提出的属于设计错误时，应由设计部门提供设计变更联系单；由施工单位的技术、材料等原因造成的设计变更，由施工单位提出洽商，请求设计变更，并经设计部门同意，以洽商记录作为变更设计的依据。

4 进度造价文件（C3）

4.1 工程开工报审表（C3-1）

1. 资料表式

工程开工报审表　　　　　　　表 C3-1

工程名称：　　　　　　　　　　　　　　　　　　　　编号：

致_____（监理单位） 　　我方承担的_____准备工作已完成。 　　一、施工许可证已获政府主管部门批准；　　　　　　　　□ 　　二、征地拆迁工作能满足工程进度的需要；　　　　　　　□ 　　三、施工组织设计已获总监理工程师批准；　　　　　　　□ 　　四、现场管理人员已到位，机具、施工人员已进场，主要工程材料已落实；　□ 　　五、进场道路及水、电、通讯等已满足开工要求；　　　□ 　　六、质量管理、技术管理和质量保证的组织机构已建立；　□ 　　七、质量管理、技术管理制度已制定；　　　　　　　　　□ 　　八、专职管理人员和特种作业人员已取得资格证、上岗证。特此申请，请核查并签发开工指令。　□ 　　　　　　　　　　　　　施工单位（章）：_____ 　　　　　　　　　　　　　项目经理：_____ 日期：_____
审查意见： 　　　　　　　　　　　　　项目监理机构（章）：_____ 　　　　　　　　　　　　　总监理工程师：_____ 日期：_____

本表由施工单位填写，一式四份，送监理机构审核后，建设、监理各一份，施工单位两份。

2. 应用说明

　　工程开工报审表是项目监理机构对施工单位施工的工程经自查已满足开工条件后提出申请开工且已经项目监理机构审核确已具备开工条件后的报审与批复文件。

　　（1）工程开工报审除监理合同规定需经当地建设行政主管部门批准外，以总监理工程师最终签发有效，项目监理机构盖章总监理工程师签字。

（2）施工单位提请开工报审时，提供的附件应满足资料表式中的一～八项附件资料的要求，表列内容的证明文件必须齐全真实，对任何形式的不符合开工报审条件的工程项目，施工单位不得提请报申，监理单位不得签发报审表。

（3）施工单位提请开工报审时，应加盖法人施工单位章，项目经理签字。

（4）开工报审必须在开工前完成报审，表列项目应逐项填写，不得缺项。

（5）本表由施工单位填报，施工单位的施工准备必须确已完成且具备开工条件时方可提请报审；满足表列条件后，监理单位填写审查意见并经总监理工程师批复后执行。

（6）项目监理机构应对以下内容进行审查：

1）施工许可证已获政府主管部门批准，并已签发《建设工程施工许可证》，口头讲已获批准无效。

2）征地拆迁工作应能够满足工程施工进度的需要。

3）施工图纸及有关设计文件标准均确已备齐（包括图纸、设计变更、规程、规范、标准图纸。均应为正式版本并有标识）。

4）施工组织设计（施工方案）已经项目监理机构审定，总监理工程师已经批准并签字。

5）施工现场的场地、道路、水、电、通讯和临时设施已满足开工要求，地下障碍物已清除或查明。

6）测量控制桩已经项目监理机构复验合格。

7）施工、管理人员（主要指项目经理、技术负责人、施工施工员、质量检查员、材料员、信息员等）已按计划到位，相应的组织机构和制度已经建立，施工设备、料具已按需要到场，主要材料供应已落实。

（7）对监理单位审查施工单位现场项目管理机构的要求：

1）现场项目管理机构的质量管理体系、技术管理体系和质量保证体系的确认，必须在确能保证工程项目施工质量时，由总监理工程师负责审查完成。

2）现场项目管理机构的质量管理体系、技术管理体系和质量保证体系的确认，必须在确能保证工程项目施工质量时，应在工程项目开工前完成。

3）对施工单位现场项目管理机构的质量管理体系、技术管理体系和质量保证体系，应审查下列内容：质量管理、技术管理和质量保证的组织机构；质量管理、技术管理和制度；专职管理人员和特种作业人员的资格证、上岗证（特种作业指电工、起重机械、金属焊接和高空作业）。

4）应当深刻的认识监理工作必须是在施工单位建立健全质量管理体系、技术管理体系和质量保证体系的基础上才能完成的，如果施工单位不建立质量管理体系、技术管理体系和质量保证体系，是难以保证施工合同履行的。

（8）经专业监理工程师核查，具备开工条件时报项目总监理工程师审核同意后签发《工程开工报审表》，并报建设单位备案，委托合同规定工程开工报审需经建设单位批准时，项目总监理工程师审核后应报建设单位，由建设单位批准。工期自批准之日起计算。

（9）整个项目一次开工，只填报一次，如工程项目中涉及较多单位工程，且开工时间不同时，则每个单位工程开工都应填报一次。

（10）关于延期开工：

1）施工单位要求的延期开工，监理工程师有权批准是否同意延期开工。当施工单位不能按时开工，应在不迟于协议书约定的开工日期前7d，以书面形式向监理工程师提出延期开工的理由和要求。监理工程师在接到延期开工申请后的48h内以书面形式答复施工单位。监理工程师在接到延期申请后的48h内不答复，视为同意施工单位的要求，工期相应顺延。如果监理工程师不同意延期要求，工期不予顺延。如果施工单位未在规定时间内提出延期开工的要求，如在协议书约定的开工日期前5d才提出，工期也不予顺延。

2）建设单位原因的延期开工，因建设单位的原因不能按照协议书约定的开工日期开工，监理工程师以书面形式通知施工单位后，可推迟开工日期。施工单位对延期开工的通知没有否决权，但建设单位应当赔偿施工单位因此造成的损失，相应顺延工期。

（11）项目监理机构关于查验施工许可证的控制原则：

1）必须申请领取施工许可证的建筑工程未取得施工许可证的一律不得开工。

2）施工许可证是由建设单位申请办理的，由于监理单位是受建设单位委托，监理单位往往坚持原则不够而妥协，这是不对的。监理单位必须坚持未领取施工许可证不得开工。对有意规避办理、采用虚假证明文件或伪造施工许可证的，监理单位一定要坚持原则。向有关单位讲明利害，坚决制止。

（12）填表说明：

1）致_____监理单位：指发送给建设单位与签订合同的监理单位名称，按全称填写。

2）审查意见：总监理工程师指定专业监理工程师应对施工单位的准备工作情况一～八项等内容进行审查，除所报内容外，还应对施工图纸及有关设计文件是否齐备；施工现场的临时设施是否满足开工要求；地下障碍物是否清除或查明；测量控制桩是否已经项目监理机构复验合格等情况进行审查，专业监理工程师根据所报资料及现场检查情况，如资料是否齐全，有无缺项或开工准备工作是否满足开工要求等情况逐一落实，具备开工条件时，向总监理工程师报告并填写"该工程各项开工准备工作符合要求，同意某年某月某日开工"。

3）施工单位按表列内容逐一落实后，自查符合要求可在该项"□"内划"√"。并需将《施工现场质量管理检查记录》及其要求的有关证件；《建筑工程许可证》；现场专职管理人员资格证、上岗证；现场管理人员、机具、施工人员进场情况；工程主要材料落实情况等资料作为复件同时报送。

4.2 工程复工报审表（C3-2）

1. 资料表式

工程复工报审表　　　　　　　　　　表 C3-2

工程名称：　　　　　　　　　　　　　　　　编号：

致：_____（监理单位）

鉴于_____工程，按第_____号工程暂停令已进行整改，并经检查后已具备复工条件，请核查并签发复工指令。

附件：具备复工条件的情况说明。

施工单位（章）：_____

项目经理：_____　日期：_____

审查意见：
□ 具备复工条件，同意复工。
□ 不具备复工条件，暂不同意复工。

项目监理机构：_____

总监理工程师：_____　日期：_____

本表由施工单位填写，一式三份，送监理机构审核后，建设、监理及施工单位各一份。

2. 应用说明

复工报审必须是施工单位按项目监理机构下发的监理通知、工程质量整改通知或工程暂停指令等提出的问题确已认真改正并具备复工条件时提出的文件资料。

（1）本表由施工单位填报，监理单位的总监理工程师审批，需经建设单位同意时应经建设单位同意后签发。

（2）施工单位提请复工报审时，提供的附件资料应满足具备复工条件的情况和说明，证明文件必须齐全、真实，对任何形式的不符合复工报审条件的工程项目，承包单位不得提请报审，监理单位不得签发复工报审表。

（3）施工单位提请复工报审时，应加盖施工单位章，项目经理签字。工程复工报审，项目监理机构盖章，总监理工程师签字，以总监理工程师最终签发有效。必须进行复工报审，复工报审必须在复工前完成。

（4）工程暂停原因消失后，施工单位即可向项目监理机构提请复工报审。复工报审必须附有复工条件的附件资料，说明整改已经结束，且整改后的结果已符合有关的标准要求。

（5）复工指令的签发原则：

1）工程暂停是由于非施工单位原因引起的，签发复工报审表时，只需要看引起暂停施工的原因是否还存在，如果不存在即可签发复工指令。

2）工程暂停是由于施工单位原因引起时，重点要审查施工单位的管理、或质量、或安全等方面的整改情况和措施，总监理工程师确认：施工单位在采取所报送的措施之后不再会发生类似的问题。否则不应同意复工。对不同意复工的申请应重新按此表再次进行报审。

3）另外应当注意：根据施工合同范本，总监理工程师应当在48h内答复施工单位书面形式提出的复工要求。总监理工程师未能在规定时间内提出处理意见，或收到承包人复工要求后48h内未给答复，承包人可自行复工。

（6）填表说明：

1）鉴于××工程，按第××号：是指原监理单位下达的"工程部位暂停指令"、"工程质量整改通知"等的编号，后面填写通知对方恢复施工的时间及工程项目名称。

2）审查意见：由总监理工程师根据核实结果填写并签字有效。总监理工程师应指定专业监理工程师对复工条件进行复核，在施工合同约定的时间内完成对复工申请的审批，符合复工条件在同意复工项"□"内划"√"，并注明同意复工的时间；不符合复工条件在不同意复工项"□"内划"√"，并注明不同意复工的原因和对施工单位的要求。

3）责任制：

①施工单位（章）：指与建设单位签订施工合同的法人单位的项目经理部级，签章有效。

②项目经理：指与建设单位签订施工合同的法人单位的项目经理部级的项目经理，签字有效。

③项目监理机构（章）：指与建设单位签订委托监理合同的法人单位指派到施工现场项目监理机构，签章有效。

④总监理工程师：指与建设单位签订监理合同的法人单位指派到施工现场的项目监理的总监理工程师，本人签字有效。

4.3 施工进度计划报审表（C3-3）

1. 资料表式

施工进度计划报审表 表 C3-3

工程名称： 　　　　　　　　　　　　　　　　　　　　　　　编号：

致_____（监理单位）
　　兹上报_____工程施工进度计划（调整计划），请审查批准。
　　附件：施工进度计划表（包括说明、图表、工程量、机械、劳动力计划等）。

施工单位（章）：_____
项目经理：_____ 日期：_____

审查意见：

1. 同意。2. 不同意。3. 建议按以下内容修改补充。

项目监理机构：_____
总监理工程师：_____ 日期：_____

本表一式三份，送监理机构审核后，建设、监理及施工单位各一份。

2. 应用说明

施工进度计划（调整计划）报审表是指施工单位根据施工组织设计中的总进度计划要求，编制的施工进度计划（调整计划），提请项目监理机构审查、总监理工程师核查确认的批复（可为年、季、月、旬计划均用此表进行报审）文件。

（1）本表由施工单位填报，加盖公章，项目经理签字，经专业监理工程师审查符合要求后报总监理工程师批准后签字有效，加盖项目监理机构章。

（2）施工单位提请施工进度计划报审，提供的附件应齐全、真实，对任何不符合附件要求的资料，施工单位不得提请报审，监理单位不得批准报审表。

（3）施工单位必须加盖公章、项目经理签字；项目监理机构必须加盖公章、总监理工程师本人签字，责任制签字齐全。

（4）施工进度计划（调整计划）报审程序：

1）施工单位按施工合同要求的时间编制好施工进度计划，并填报施工进度计划（调整计划）报审表报监理机构。

2）总监理工程师指定专业监理工程师对施工单位所报的施工进度计划（调整计划）

报审表，及有关资料进行审查，并向总监理工程师报告。

3）总监理工程师按施工合同要求的时间，对施工单位所报施工进度计划（调整计划）报审表予以确认或提出修改意见。

（5）编制和实施施工进度计划是施工单位的责任，因此项目监理机构对施工进度的审查或批准，并不解除施工单位对施工进度计划的责任和义务。

（6）进度计划的审查：

1）对进度计划监理工程师必须注意控制总工期，分析网络计划的关键线路是否正确。

2）用于工程的人力、施工设备等是否满足完成计划的需求。人力的数量、工种是否配套；施工设备是否配套、有效、规模和技术状态是否良好，维护保养是否满足需要。

3）计划安排中是否预留了足够的动员时间和清理现场时间。

4）进度计划的修改是否改变了关键线路。是否需要增加劳动力和机械设备。

5）气候因素对工程可能造成的影响。如冰冻、炎热、潮湿、雨季、台风等。对气候因素可能造成影响的防范措施。例如：雨、冰冻、潮湿等对土方工程的影响；冰冻、炎热对混凝土工程的影响；大雨、洪水对运输（密、繁）的影响；洪水对隧道的影响；台风对海岸工程影响等。

6）分包工程、临时工程可能对工程进度造成的影响。

（7）进度控制注意事项：

1）坚持实事求是的态度。一定要确定合理的施工工期，其依据是国家制定的工期定额。确定施工工期不能只按日历天数，应考虑到有效工期。

2）注意协调解决好建筑资金，保证按时拨付工程款。

3）落实旬、月计划。应注意资金、机具、材料、劳力等，资源保障体系一定要落实，外部协作条件要衔接。

4）注意保证检验批、分项工程质量合格。不发生质量事故。

（8）进度控制方法：

监理工程师必须要做的控制工作包括：

1）检查工程进度情况，进行实际进度与计划进度的比较，分析延误原因，采取相应措施。

2）修订进度计划。施工单位应根据工程实际进行修订，对不属于施工原因造成的工程延期，施工方有权得到补偿的额外付款。

3）认真编制年、季、月、旬计划，分项工程施工计划、劳动力、机械设备、材料采购计划。

4）监理工程师应及时对已经延误的工期及其原因做出分析，及时告知施工单位。

5）施工单位及时提出合理的施工进度措施或方案，并应得到监理工程师批准。

6）施工单位提交的施工进度计划，经监理工程师批准后，监理工程师应据此请其编制年、季、月度计划，并按此检查执行，对执行中不符合年、季、月度计划的部分应及时检查并提出警告或协商，以保证工程进度按计划实施。对不接受警告或协商者，监理工程师可以建议中止合同。

（9）工程进度控制的分析：

进度控制的分析方法主要有定量分析、定性分析和综合分析。定量分析是一种对进度控制目标进行定量计算分析,以数据说明问题的分析方法;定性分析是一种主要依靠文字描述进行总结、分析,说明问题的分析方法;综合分析法是在数据计算的基础上作深层的定性解剖,以数据所具有的准确性和定量的科学性使总结分析更加有力的一种分析方法。进度控制分析必须采用综合分析方法。进度控制分析中应着重强调以下几点。

　　1)在计划的编制和执行中,应大量积累资料,其中包括数据资料和实际情况记录。

　　2)总结分析前应对已有资料进行初议,对已取得资料中没有的情况,应进行调查和充实,要把问题摆透。做到总结分析应有提纲、有目标、有准备。

　　3)建立总结分析制度,利用会议缺席可经常性对执行计划进行阶段性分析,以及早发现进度执行中的问题。

　　4)参加总结分析的人应当对进度控制情况了解,是进度控制的实践者,内行。

　　5)分析过程应对定量资料和其他经济活动资料进行对比分析,做到图表、数据、文字并用。

　　6)充分利用计算机软件储存信息、数据处理等方法。

　　7)进度控制总结分析应在不同阶段分别进行,即应进行阶段性分析、专题分析和竣工后的全面分析。

　　8)进度控制总结分析结果应存入档案,供参考应用。

　　(10)填表说明:

　　1)附件:施工进度计划表(包括说明、图表、工程量、机械、劳动力计划等):是指施工单位根据经项目监理机构批准的施工组织设计(方案)编制的调整计划。

　　2)审查意见:

　　①总监理工程师指定专业监理工程师根据所报施工进度计划,主要进行如下审核:进度安排是否符合工程项目建设总进度要求,计划中总目标和分目标的要求,是否符合施工合同中开、竣工日期的规定;施工总进度计划中的项目是否有遗漏,分期施工是否满足分批动用的需要和配套动用的要求;施工顺序的安排是否符合施工工艺的要求;劳动力、材料、构配件、施工机具及设备、施工水、电等生产要素的供应计划是否能保证进度计划的实现,供应是否均衡,需求高峰期是否有足够能力实现计划供应;由建设单位提供的施工条件(资金、施工图纸、施工场地、采供的物资设备等),承包单位在施工进度计划中所提出的供应时间和数量是否准确、合理,是否有造成建设单位违约而导致工程延期和费用索赔的可能性存在。工期是否进行了优化,进度安排是否合理;总、分包单位分别编制的各单项工程施工进度计划之间是否相协调,专业分工与计划衔接是否明确合理。

　　②对于调整计划是在原有计划已不适应实际情况,为确保进度控制目标的实现,需确定新的计划目标时对原有进度计划的调整,进度计划的调整方法一般采用通过压缩关键工作的持续时间来缩短工期及通过组织搭接作业、平行作业来缩短工期两种方法,对于调整计划,不管采取哪种调整方法,都会增加费用或涉及到工期的延长,专业监理工程师应慎重对待,尽量减少变更计划的调整。

　　③通过专业监理工程师的审查,提出审查意见报总监理工程师审核后,如同意施工单位所报计划,在"1.同意"项的后面打"√",如不同意施工单位所报计划,在"2.不同意"项的后面打"×",并就不同意的原因及理由简要列明,提出建议修改补充的意见后由总监理工程师签发。

4.4 施工进度计划（C3-4）

1. 应用说明

施工进度计划主要依据施工方案（已定材料、劳力、设备机具数量）和合同规定的期限等进行编制。

施工进度计划通过：划分施工项目、确定各施工项目或工序持续时间、确定各施工项目或工序之间的逻辑关系、编制初始网络计划、计划时间参数关键电路制定横道图、对计划进行审查与调整编制网络计划。

单位工程施工应编制施工进度计划，施工进度计划的主要内容包括：
（1）编制施工进度计划依据：
1)"项目管理目标责任书"。
2) 施工总进度计划。
3) 施工方案。
4) 主要材料和设备的供应能力。
5) 施工人员的技术素质及劳动效率。
6) 施工现场条件，气候条件，环境条件。
7) 已建成的同类工程实际进度及经济指标。
（2）施工进度计划编制步骤：
1) 施工网络进度计划编制步骤：
①熟悉审查施工图纸，研究原始资料。
②确定施工起点流向，划分施工段和施工层。
③分解施工过程，确定施工顺序和工作名称。
④选择施工方法和施工机械，确定施工方案。
⑤计算工程量，确定劳动量或机械台班数量。
⑥计算各项工作持续时间。
⑦绘制施工网络图。
⑧计算网络图各项时间参数。
⑨按照项目进度控制目标要求，调整和优化施工网络计划。
2) 施工横道图进度计划编制步骤：
①熟悉审查施工图纸，研究原始资料。
②确定施工起点流向，划分施工段和施工层。
③分解施工过程，确定施工项目名称和施工顺序。
④选择施工方法和施工机械，确定施工方案。
⑤计算工程量，确定劳动量或机械台班数量。
⑥计算工程项目持续时间，确定各项流水参数。
⑦绘制施工横道图。
⑧按项目进度控制目标要求，调整和优化施工横道计划图。

(3) 施工进度计划编制内容：

1) 编制说明。

2) 进度计划图。

3) 单位工程施工进度计划的风险分析及控制措施。

编制单位工程施工进度计划应采用工程网络计划技术，必要时还应编制横道图。计划编制应符合国家现行标准《网络计划技术》(GB/T 13400.1—2012)、(GB/T 13400.2—2009)、(GB/T 13400.3—2009)及行业标准《工程网络计划技术规程》(JGJ/T 121—1999)的规定。

(4) 制定施工进度控制实施细则：

1) 编制月、旬和周施工作业计划；项目经理部对进度控制的职责分工；进度控制的具体措施（包括组织措施、技术措施、经济措施及合同措施等）。

2) 落实劳动力、原材料和施工机具供应计划。

3) 协调同设计单位和分报单位关系，以便取得其配合和支持。

4) 协调同业主的关系，保证其供应材料、设备和图纸及时到位。

5) 跟踪监控施工进度，保证施工进度控制目标实现。

4.5　( )月人、机、料动态表 (C3-5)

1. 资料表式

( )月工、料、机动态表　　　　表C3-5

工程名称：　　　　　　　　　　　　　　　　　　　　　编号：

人工	工　种					其　他	合　计
	人　数						
	持证人数						

主要材料	名称	单位	上月库存量	本月进场量	本月消耗量	本月库存量

主要机械	名　称	生产厂家	规格型号	数　量

附　件	

施工单位（公章）	年　月　日	施工项目负责人（签章）	年　月　日

2. 应用说明

（1）本表为施工单位编制的（　　）月工、料、机动态表，动态表每月对工、料、机实施，编制一次调整的动态表，借以保证工程施工需要。

（2）（　　）月工、料、机动态表内容包括两个部分：

1）施工单位编制的人工的工种、人数和持证人数；主要材料的上月库存量、本月进场量、本月消耗量、本月库存量；主要机械的名称、生产厂家、规格型号及使用数量。

2）施工单位的责任制。

（3）（　　）月工、料、机动态表施工单位加盖公章，施工项目负责人必须本人签章，同时分别填写该表提出的＿＿年＿＿月＿＿日。

4.6　工程临时/最终延期报审表（C3-6）

1. 资料表式

工程临时/最终延期报审表　　　　　　　　　表 C3-6

工程名称：　　　　　　　　　　　　　　编号：
致：_____（项目监理机构） 　　根据施工合同_____（条款），由于_____原因，我方申请工程临时/最终延期_____（日历天），请予批准。 　　附件： 　　1. 工程延期依据及工期计算。 　　2. 证明材料。 　　　　　　　　　　　　　　　　　　施工单位（盖章） 　　　　　　　　　　　　　　　　　　项目经理（签字） 　　　　　　　　　　　　　　　　　　　　　年　　月　　日
审核意见： 　　□同意临时/最终延长工期_____（日历天×工程竣工日期）从施工合同约定的_____年____月____日延迟到____年____月____日。 　　□不同意延长工期，请按约定竣工日期组织施工。 　　　　　　　　　　　　　　　　　　项目监理机构（盖章） 　　　　　　　　　　　　　　　　　　总监理工程师（签字、加盖执业印章） 　　　　　　　　　　　　　　　　　　　　　年　　月　　日
审批意见： 　　　　　　　　　　　　　　　　　　建设单位（盖章） 　　　　　　　　　　　　　　　　　　建设单位代表（签字） 　　　　　　　　　　　　　　　　　　　　　年　　月　　日

注：本表一式三份，项目监理机构、建设单位、施工单位各一份。

2. 应用说明

工程临时延期报审表是指项目监理机构依据施工单位提请报审的工程临时延期的确认和批复。

（1）本表由施工单位填报，加盖公章，项目经理签字，经专业监理工程师初审符合要求后签字，由总监理工程师最终审核加盖项目监理机构章，经总监理工程师签字后执行。

（2）施工单位提请工程临时延期报审时，提供的附件：工程延期的依据及工期计算；合同竣工日期；申请延长竣工日期；证明材料等应齐全、真实，对任何不符合附件要求的材料，施工单位不得提请报审，监理单位不得签发报审表。

（3）工程临时延期报审是发生了施工合同约定由建设单位承担的延误工期事件后，施工单位提出的工期索赔，报项目监理机构审核确认。

（4）总监理工程师在签认工程延期前应与建设单位、施工单位协商，宜和是否要求费用索赔一并考虑处理。

（5）总监理工程师应在施工合同约定的期限内签发工程临时延期报审表，由于施工单位提供资料不全，监理机构可以发出要求施工单位提交有关延期的进一步详细资料的通知。

（6）关于临时批准：

在实际工作中，监理工程师必须在规定的时间内作出决定，否则施工单位可以以延期迟迟未获批准而被迫加快工程进度为由提出费用索赔。为了避免这种情况发生，使监理工程师有比较充裕的时间评审延期，对于某些较为复杂或持续时间较长的延期申请，监理工程师可以根据初步评审，给予一个临时的延期时间，然后再进行详细的研究评审，书面批准有效延期时间。合同条件规定，临时批准的延期时间不能长于最后的书面批准的延期时间。

临时批准的优点是：一般是一个合适的估计延期情况，以避免并减少施工单位提出索赔费用，同时又可再制订详细的批准计划。

（7）工程延期的审批原则：

1）必须符合合同条件。必须是属于施工单位自身以外的原因造成工程延期，否则不能批准工程延期。

2）延期事件的工程部位必须在施工进度计划的关键线路上才可以批准工程延期。如果发生在非关键线路上，且延长时间未超过其总时差时，即使符合批准工程延期，也不能批准工程延期。

3）批准的工程延期必须符合实际情况。施工单位、监理单位均应有详细记载。

（8）申报工程延期的条件：

1）监理工程师发出工程变更指令导致工程量增加。

2）合同中列出的任何可能造成工程延期的原因。如延期提交施工图、工程暂停、对合格工程的剥离检查及不利外界条件等。

3）异常恶劣气候条件。

4）由业主造成的任何延误、干扰或障碍，如未及时提供场地、未及时付款等。

5）施工单位自身以外的任何原因。

(9) 工程延期的控制：
1）选择合适的时机下达工程暂停指令。
2）提醒建设单位履行施工合同中规定的义务。
3）妥善处理工程延期事件。

(10) 关于工期延期批准的协商：
1）项目监理机构在作出临时工程延期或最终工程延期批准之前，均应与建设单位和施工单位协商。
2）项目监理机构审查和批准临时延期或最终工程延期的程序与费用索赔的处理程序相同。

(11) 关于工程临时延期报审程序：
1）施工单位在施工合同规定的期限内，向项目监理机构提交对建设单位的延期（工期索赔）意向通知书。
2）总监理工程师指定专业监理工程师收集与延期有关的资料。
3）施工单位在承包合同规定的期限内向项目监理机构提交工程临时延期报审表。
4）总监理工程师指定专业监理工程师初步审查工程临时延期报审表是否符合有关规定。
5）总监理工程师进行延期核查，并在初步确定延期时间后，与施工单位及建设单位进行协商。
6）总监理工程师应在施工合同规定的期限内签署工程临时延期报审表，或在施工合同规定期限内，发出要求施工单位提交有关延期的进一步详细资料后，按上述4)、5)、6)条程序进行。
7）总监理工程师在作出临时延期批准时，不应认为其具有临时性而放松控制。
8）临时批准延期时间不能长于最后的书面批准的延期时间。

(12) 凡属下列原因经监理工程师确认工期可以顺延的工期延误：
1）发包方不能按专用条款的约定提供开工条件。
2）发包方不能按约定日期支付工程预付款、进度款，致使工程不能正常进行。
3）设计变更和工程量增加。
4）一周内非施工单位原因的停水、停电、停气造成停工累计超过8h。
5）不可抗力。
6）专用条款中约定或监理工程师同意工期顺延的其他情况。

注：意外情况导致的暂停施工，如发现有价值的文物、不可抗拒事件等，风险责任由建设单位承担，工期相应顺延。

(13) 填表说明：
1）工程延期的依据及工期计算：工程延期依据是指非施工单位引起的工程延期的原因或理由，以及施工单位提出的延期意向通知，工期计算是指根据工程延期的依据、所列延长时间的计算方式及过程。
2）合同竣工日期：指建设单位与施工单位签订的施工合同中确定的竣工日期。
3）申请延长竣工日期：指包括已指令延长的工期加上本期申请延长工期后的竣工日期。

4）证明材料：指本期申请延长的工期所有能证明非施工单位原因致工程延期的证明材料。

5）确认临时延期的基本条件：工程变更指令导致的工程量增加；合同中涉及的任何可能造成的工程延期的原因；异常恶劣的气候条件；由建设单位造成的任何延误、干扰或障碍等；施工单位自身外的其他原因。

4.7 工程款支付申请表（C3-7）

1. 资料表式

工程款支付申请表　　　　　　　　　表 C3-7

```
工程名称：                                    编号：
┌──────────────────────────────────────────────────────┐
│ 致_____（监理单位）                    │
│ 我方已完成了_____工作，按施工合│
│ 同规定，建设单位应在_____年____月____日前支付该  │
│ 项工程款共（大写）_____（小写：_____），│
│ 现报上_____工程付款申请表，请予以审查并开具工程款  │
│ 支付证书。                                            │
│ 附件：1. 工程量清单（工程计量报审表）。               │
│       2. 计算方法。                                   │
│                                                      │
│                                                      │
│                         施工单位（章）：_____ │
│                         项目经理：_____ 日期：____ │
└──────────────────────────────────────────────────────┘
```

本表一式四份，建设、监理单位各一份，施工单位两份，其中一份入城建档案。

2. 应用说明

工程款支付申请是施工单位根据项目监理机构对施工单位自检合格后且经项目监理机构验收合格经工程量计算应收工程款的申请书。

（1）施工单位提请工程款支付申请时，提供的附件：工程量清单、计算方法必须齐全、真实，对任何形式的不符合工程款支付申请的内容，施工单位不得提出申请。工程款支付申请施工单位必须盖章、项目经理签字。

（2）工程款支付申请中包括合同内工作量、工程变更增减费用、批准的索赔费用、应扣除的预付款、保留金及合同中约定的其他费用。

（3）工程款支付申请由施工单位填报。施工单位统计报送的工程量必须是经专业监理工程师质量验收合格的工程，才能按施工合同的约定填报工程量清单和工程款支付申请表。

（4）工程款支付申请一般按以下程序执行：检验批验收合格→施工单位申请批准计量→监理工程师审批计量→施工单位提出支付申请→监理单位审批支付申请→总监理工程师核定支付申请→总监理工程师签发支付证书→建设单位审核→向施工单位付款。

注：各环节中的审批，凡未获同意，均需说明原因重新报批。

（5）施工单位报送的工程量清单和工程款支付申请表，专业监理工程师必须按施工合同的约定进行现场计量复核，并报总监理工程师审定。

（6）总监理工程师指定专业监理工程师对工程款支付申请中包括合同内工作量、工程变更增减费用、经批准的费用索赔、应扣除的预付款、保留金及施工合同约定的其他支付费用等项目应逐项审核，并填写审查记录，提出审查意见报总监理工程师审核签认。

（7）填表说明：

1）"我方已完成了_____工作"：填写经专业监理工程师验收合格的工程或部位的名称；支付该项工程款共_____：填写本支付期内经专业监理工程师验收合格工程的工作量。分别填写大写和小写的数额。

2）工程量清单（工程计量报审表）：指本次付款申请经过专业监理工程师确认已完成合格工程的工程量清单及经专业监理工程师签认的工程计量报审表。

3）计算方法：指本次付款申请对经过专业监理工程师确认已完合格工程量按施工合同约定采用的有关定额规定的计算方法求得的工程价款。

4.8 工程变更费用报审表（C3-8）

1. 资料表式

工程变更费用报审表　　　　　　　　　　　　　　　表 C3-8

工程名称：　　　　　　　　　　　　　　　　编号：

致_____（监理单位）

兹申报_____年_____月_____日第_____号的工程变更，申请费用见附表，请审核。

附件：工程变更概（预）算书。

施工单位（章）：_____

项目经理：_____ 日期：_____

审查意见：

项目监理机构：_____

总监理工程师：_____ 日期：_____

本表一式四份，送监理机构审核后，建设、监理各一份，施工单位两份。

2. 应用说明

工程变更费用报审表是指由于建设、设计、监理、施工任何一方提出的工程变更，经有关方同意并确认其工程数量后，计算出的工程价款提请报审、确认和批复。

（1）本表由施工单位填报，加盖公章，项目经理签字，经专业监理工程师审查符合要求后报总监理工程师批准后签字有效，加盖项目监理机构章。

（2）施工单位提请工程变更费用报审，提供的附件应齐全、真实，对任何不符合附件要求的资料，施工单位不得提请报审，监理单位不得批准报审表。

（3）发生工程变更，无论是由设计单位、建设单位或施工单位提出的，均应经过建设单位、设计单位、施工单位和监理单位的代表签认，并通过项目总监理工程师下达变更指令后，施工单位方可进行施工和费用报审。

（4）提请报审的工程变更：

1）图纸会审时提出的变更并已实施的。

2）建设单位提出的工程变更并已实施的。

3）由于施工环境、施工技术等原因，施工单位已提请审查并已经建设、监理单位批准且已实施的工程变更。

4）其他原因提出工程变更已经建设、设计、施工、监理各方同意并已实施的工程变更。

（5）工程变更费用的拒审：

1）未经监理工程师审查同意，擅自变更设计或修改施工方案进行施工而计量的费用。

2）工序施工完成后，未经监理工程师验收或验收不合格而计量的费用。

3）隐蔽工程未经监理工程师验收确认合格而计量和提出的费用。

（6）工程变更时的造价确定方法：

1）发生工程变更，无论是由设计单位、建设单位或施工单位提出的，均应经过建设单位、设计单位、施工单位和监理单位的代表签认，并通过项目总监理工程师下达变更指令后，施工单位方可进行施工。经过批准的工程变更才可以参加计量和计价。

2）施工单位应按照施工合同的有关规定，编制工程变更概算书，报送项目总监理工程师审核、确认，经建设单位、施工单位认可后，方可进入工程计量和工程款支付程序。

（7）填表说明：

本表由施工单位填报，由项目监理机构审查。报审表内的施工单位、项目监理机构均盖章，不盖章无效。专业监理工程师提出审查意见，总监理工程师签字有效、不盖章。总监理工程师不签字无效。

1）附件：指应附的工程变更概（预）算书。包括工程设计变更、其他变更的所有变更依据的附件。

2）审查意见：将审查要点的审查结果一一列出，诸如各项变更手续是否齐全，是否经总监理工程师批准；工程变更确认后，是否在14d内向专业监理工程师提出变更价款报告（超过期限应视为该项目不涉及合同价款的变更）；核对的工程变更价款是否准确等。报总监理工程师审核，由总监理工程师签署审查意见和暂定价款数。

4.9 费用索赔申请表（C3-9）

1. 资料表式

费用索赔申请表　　　　　　　　　表 C3-9

工程名称：　　　　　　　　　　　　　　　编号：

致：_____（项目监理机构）
　　根据施工合同_____条款，由于_____的原因，我方申请索赔金额（大写）_____请予批准。
索赔理由：_____
_____
_____

　　附件：□索赔金额的计算。
　　　　　□证明材料。

施工单位（盖章）

项目经理（签字）

年　　月　　日

审核意见：
　□不同意此项索赔。
　□同意此项索赔，索赔金额为（大写）_____。
　同意/不同意索赔的理由：_____
_____
_____

　　附件：□索赔金额的计算。

项目监理机构（盖章）

总监理工程师（签字、加盖执业印章）

年　　月　　日

审批意见：

建设单位（盖章）

建设单位代表（签字）

年　　月　　日

注：本表一式三份，项目监理机构、建设单位、施工单位各一份。

2. 应用说明

费用索赔报审表是施工单位向建设单位提出索赔的报审，提请项目监理机构审查、确认和批复。包括工期索赔和费用索赔等。

（1）本表由施工单位填报，由项目监理机构的总监理工程师签发。

（2）施工单位提请报审费用索赔提供的附件：索赔的详细理由及经过、索赔金额的计算、证明材料必须齐全真实，对任何形式的不符合费用索赔的内容，施工单位不得提出申请。

（3）项目监理机构必须认真审查施工单位报送的附件资料，填写复查意见，索赔金额的计算可以付附页计算依据。

（4）施工单位必须加盖公章、项目经理签字；项目监理机构必须加盖公章、总监理工程师、专业监理工程师分别签字。责任制签章齐全为符合要求，否则为不符合要求。

（5）项目监理机构受理索赔的基本条件：

根据合同法关于赔偿损失的规定及建设工程施工合同条件的约定，必须注意分清：建设单位原因、施工单位原因、不可抗力或其他原因。《建设工程监理规范》第 6.3.2 条规定了施工单位向建设单位提出索赔成立的基本条件。

1）索赔事件造成了施工单位直接经济损失。

2）索赔事件是由于非施工单位的责任发生的。

3）施工单位已按照施工合同规定的期限和程序提出费用索赔申请表，并附索赔凭证材料。

4）当施工单位提出费用索赔的理由同时满足以上三个条件时，施工单位提出的索赔成立，项目监理机构应予受理。但是依法成立的施工合同另有规定时，按施工合同规定办理。

5）当建设单位向施工单位提出索赔也符合类似的条件时，索赔同样成立。

（6）施工单位向建设单位提出的可能产生索赔的内容：

1）合同文件内容出错引起的索赔。

2）由于图纸延迟交出造成索赔，勘察、设计出现错误引起的索赔。

3）由于不利的实物障碍和不利的自然条件引起索赔。

4）由于建设单位（或监理单位转提）的水准点、基线等测量资料不准确造成的失误与索赔。

5）施工单位根据监理工程师指示，进行额外钻孔及勘探工作引起索赔。

6）由建设单位风险所造成损害的补救和修复所引起的索赔。

7）施工中施工单位开挖到化石、文物、矿产等物品，需要停工处理引起的索赔。

8）由于需要加强道路与桥梁结构以承受"特殊超重荷载"而引起的索赔。

9）由于建设单位雇佣其他施工单位的影响，并为其他施工单位提供服务而提出的索赔。

10）由于额外样品与试验而引起索赔。

11）由于对隐蔽工程的揭露或开孔检查引起的索赔。

12）由于工程中断引起的索赔。

13）由于建设单位延迟移交土地（或临时占地）引起的索赔。
14）由于非施工单位原因造成了工程缺陷需要修复而引起的索赔。
15）由于要求施工单位调查和检查缺陷而引起的索赔。
16）由于工程变更引起的索赔。
17）由于变更使合同总价格超过有效合同价的15％而引起的索赔。
18）由特殊风险引起的工程被破坏和其他款项支付而提出的索赔。
19）因特殊风险使合同终止后的索赔。
20）因合同解除后引起的索赔。
21）建设单位违约引起工程终止等的索赔。
22）由于物价变动引起的工程成本增减的索赔。
23）由于后继法规的变化引起的索赔。
24）由于货币及汇率变化引起的索赔。
25）建设单位指令增、减的工程量引起的索赔。

注：施工单位提出的索赔必须指出：索赔所依据的合同条款，提出的索赔数量必须根据索赔类别，说明计算方法、计算过程、计算结果。否则即为索赔报告内容不全，可请予重新提出索赔报告。

（7）可能作为索赔的证据主要包括：

1）招标文件、合同文本及附件、其他各种签约（备忘录、修正案）、发包人认可的工程实施计划、各种工程图纸（包括图纸修改指令）、技术规范等。
2）招标文件。
3）来往信件（有关合同双方认可的通知和建设单位的变更指令）。
4）各种会谈纪要（需经各方签署才有法律效率）。
5）各种会议纪要（发包、承包、监理各方会议形成的纪要且经签认的）。
6）施工组织设计。
7）指令和通知（发包、监理方发出的）。
8）施工进度计划与实际施工进度记录。
9）施工现场的工程文件（施工记录、备忘录、施工日志、施工员和检查员工作日记；监理工程师填写的监理记录和签证、发包人或监理工程师签认的停水、停电、道路封闭、开通记录和证明，其他可以作证的工程文件等）。
10）工程照片（如表示进度、隐蔽工程、返工等照片，应注明日期）。
11）气象资料（需经监理工程师签证）。
12）工程中各种检查验收报告和各种技术鉴定报告。
13）工程交接记录、图纸和资料交接记录。
14）建筑材料和设备的采购、订货、运输进场、保管和使用方面记录、凭证和报表。
15）政府主管部门、工程造价部门发布的材料价格、信息、调整造价方法和指数等。
16）市场行情资料。
17）各种公开的成本和会计资料，财务核算资料。
18）国家发布的法律、法令和政策文件，特别是涉及工程索赔的各类文件。
19）附加工程（建设单位附加的工程项目）。
20）不可抗力。

21）特殊风险（战事、敌对行动、入侵、核装置污染和冲击波破坏、叛乱、暴动、军事政变等）。

22）其他。

（8）监理工程师审核和处理索赔准则：

1）依据合同条款及合同，实事求是的对待索赔事件。

2）各项记录、报表、文件、会议纪要等索赔证据等文档资料必须准确和齐全。

3）核算数据必须正确无误。

（9）项目监理机构对费用索赔的审查和处理程序：

1）施工单位在施工合同规定的期限内向项目监理机构提交对建设单位的费用索赔意向通知书。

2）总监理工程师指定专业监理工程师收集与索赔有关的资料。

3）施工单位在承包合同规定的期限内向项目监理机构提交对建设单位的费用索赔申请表。

4）总监理工程师初步审查费用索赔申请，符合《建设工程监理规范》（GB 50319—2013）第 6.3.2 所规定的条件时予以受理。

5）总监理工程师进行费用索赔审查，并在初步确定一个额度后，与施工单位和建设单位进行协商。

（10）审查和初步确定索赔批准额时，项目监理机构的审查要点：

1）索赔事件发生的合同责任。

2）由于索赔事件的发生，施工成本及其他费用的变化和分析。

3）索赔事件发生后，施工单位是否采取了减少损失的措施。施工单位报送的索赔额中是否包含了让索赔事件任意发展而造成的损失额。

（11）审核要点：

1）查证索赔原因。监理工程师首先应看到施工单位的索赔申请是否有合同依据，然后查看施工单位所附的原始记录和账目等，与专业监理工程师所保存的记录核对，以了解以下情况：工程遇到怎样的情况减慢或停工的；需要另外雇用多少人才能加快进度，或停工已使多少人员闲置；怎样另外引进所需的设备，或停工已使多少设备闲置；监理工程师曾经采取哪些措施。

2）核实索赔费用的数量：

施工单位的索赔费用数量计算一般包括：所列明的数量；所采用的费率。在费用索赔中，承包单位一般采用的费率为：

①采用工程量清单中有关费率或从工程量清单里有关费率中推算出费率。

②重新计算费率。

原则上，施工单位提出的所有费用索赔均可不采用工程量清单中的费率而重新计算。监理工程师在审核施工单位提出的费用索赔时应注意：索赔费用只能是施工单位实际发生的费用，而且必须符合工程项目所在国或所在地区的有关法律和规定。另外，绝大部分的费用索赔是不包括利润的，只涉及到直接费和管理费。只有遇到工程变更时，才可以索赔到费用和利润。

（12）项目监理机构在确定索赔批准额时，可采用实际费用法。索赔批准额等于施工单位为了某项索赔事件所支付的合理实际开支减去施工合同中的计划开支，再加上应得的管理费和利润。

总监理工程师应在施工合同规定的期限内签署费用索赔审批表。

（13）总监理工程师附送索赔审查报告的内容：

总监理工程师在签署费用索赔审批表时，可附一份索赔审查报告。索赔审查报告可包括以下内容：

1）正文：受理索赔的日期，工作概况，确认的索赔理由及合同依据，经过调查、讨论、协商而确定的计算方法及由此而得出的索赔批准额和结论。

2）附件：总监理工程师对索赔评价，施工单位索赔报告及其有关证据、资料。

（14）费用索赔与工期索赔的互联处理：

费用索赔与工期索赔有时候会相互关联，在这种情况下，建设单位可能不愿给予工程延期批准或只给予部分工程延期批准，此时的费用索赔批准不仅要考虑费用补偿还要给予赶工补偿。所以总监理工程师要综合作出费用索赔和工程延期的批准决定。

（15）建设单位向施工单位的索赔处理原则：

由于施工单位的原因造成建设单位的额外损失，建设单位向施工单位提出费用索赔时，总监理工程师在审查索赔报告后，应公正地与建设单位和施工单位进行协商，并及时作出答复。

（16）施工单位提请报审、项目监理机构复查提出和审查后的索赔金额必须大写。

（17）审核确定索赔数量时应注意的几个具体问题：

1）定价基础：

单价和费用构成：施工过程中的工程数量、施工方案、进度计划、工艺操作和招投标时期是不同的，从而构成索赔单价的差异；因施工时间变化对各种建筑材料、子项预算构成单价的价格影响；合同条款对单价和费率的规定。

2）计算范围：是指索赔涉及的工程范围和数量，是计算索赔的基础：

①应注意索赔涉及的工程范围和数量双方有无争议。

②合同条件以外施工过程中的有关记录中涉及到的本次索赔事宜。

③进度计划中延期及采取相应措施中的费用增加。

④专项技术分析原因中涉及到索赔，可能计入的索赔范围。

3）款项或费用的构成：

①单价中包含着工程的直接费、管理费和利润。索赔设计工程往往不应包括管理费和利润。例如机械闲置费不应按台班计算，而应按实际租金或折旧费计算，人工费不应按日工计算，只能按劳务成本（工资、奖金、差旅费、法定补贴、保险费等）计算。

②在运输道路上施工单位因违章（如运输工具选择不当、超重等对路桥造成损失），不应计入索赔的内容，因为公路章程任何人都应遵守，施工单位属明知故犯。如果发包单位指使或强令施工单位进行此类行为时，其损失可由发包单位负责，可以计入索赔内容。

（18）对待索赔，合同有关各方都应高度重视，并力求尽早妥善处理好，索赔本身会带来许多意想不到的麻烦，如不尽早按合同要求处理，只会带来更多的问题。应当充分认识索赔绝大部分问题都可以用合同文件来解决，重要的是项目监理机构的专业监理工程师应熟悉索赔事务并能公正而认真的对待索赔。

（19）填表说明：

1)"根据施工合同条款_____条的规定"：填写提出费用索赔所依据的施工合同条目。

2)"由于_____的原因"：填写导致费用索赔事件的名称。

3) 索赔的理由：指索赔事件造成施工单位直接经济损失，索赔事件是由于非施工单位的责任发生的等情况的详细理由及事件经过。

4) 索赔金额的计算：指索赔金额计算书。

5) 证明材料：指上述两项所需的各种凭证。

6) 审核意见：专业监理工程师对所报资料审查、与监理同期记录核对、计算，并将审查情况报告总监理工程师。不满足索赔条件，总监理工程师在不同意此索赔前"□"内划"√"。满足索赔条件，总监理工程师应分别与建设单位、施工单位协商，达成一致或总监理工程师公正地自主决定后，在同意此项索赔前"□"内划"√"，并填写商定（或自主决定）的金额。

7) 同意/不同意索赔的理由：指由总监理工程师填写的同意、部分同意或不同意索赔的理由和依据。

8) 索赔金额的计算：指项目监理机构对索赔金额的计算过程及方法。

5 施工物资文件（C4）

5.1 出厂质量证明文件及出厂检测报告（C4-1）

5.1.1 出厂质量证明文件及出厂检测报告表式与说明（C4-1-1）

5.1.1.1 主要原材料、成品、半成品、构配件、设备出厂证明汇总表（C4-1-1-1）

1. 资料表式

主要原材料、成品、半成品、构配件、设备出厂证明汇总表　　　表 C4-1-1-1

工程名称				施工单位					
名称	品种	型号（规格）	代表数量	单位	使用部位	出厂证或出厂试验编号	进场复试报告编号	见证记录编号	备注
施工项目技术负责人				填表人		填表日期		年 月 日	

2. 应用说明

（1）本表系市政基础设施工程的主要原材料、成品、半成品、构配件、设备的出厂合格证及复试报告的汇总目录表。可按形成资料的序列依序列记。本表由施工单位汇整填写。

1）本表适用于市政基础设施工程及其所辖构（建）筑物用砂、石、砌块、水泥、钢筋（材）、石灰、沥青、涂料、混凝土外加剂、防水材料、黏接材料、防腐保温材料等均应分别依序进行整理汇总。

2) 汇总整理按工程进度为序进行。如路基、基层、面层；地基基础、主体工程等。

(2) 汇总整理内容按："主要原材料、成品、半成品、构配件、设备材料"的名目，分别依序进行汇整。汇整时可按不同的某一材料、构配件进场顺序形成的资料汇整填写。这样便于核对其某一材料、构配件的品种、规格、数量、尺寸等是否满足设计文件要求。

1) ＿＿＿＿＿＿合格证及试验报告汇总表应按施工过程中依序形成的某原材料试（检）验报告按以上表式经核查后全部逐一汇总不得缺漏。

2) 各种不同材料的检验必须按相关现行标准要求进行。材料检验的试验单位必须具有相应的资质，不具备相应资质的试验室出具的材料试验报告无效。

3) 某种材料的品种、规格，应满足设计要求的品种、规格要求，由核查人判定是否符合该要求。

(3) 汇总时应对以下内容进行核查。核查结果应符合以下要求：

1) 有见证取样、送样试验要求的：必须保证进行见证取样、送样试验。实行见证取样和送样，可核查试验室出具的试验报告单上注明见证取样人的单位、姓名和见证资质证号，否则为无效试验报告单。

2) 出厂合格证采用抄件或影印件时应加盖抄件（注明原件存放单位）或影印件单位章，经手人签字。

3) 凡执行见证取样、送样的材料均必须有出厂合格证和试验报告（双试）。材料使用以复试报告为准。试验内容齐全且均应在使用前取得。

5.1.1.2 主要原材料、成品、半成品、构配件、设备出厂质量合格证书或出厂检（试）验报告粘贴表（C4-1-1-2）

1. 资料表式

＿＿＿＿＿＿合 格 证 粘 贴 表　　　　　表 C4-1-1-2

审核：　　　　　整理：　　　　　　　　年　月　日

2. 应用说明

＿＿＿＿＿＿合格证粘贴表是为整理不同厂家提供的出厂合格证，因规格、形式不一，为统一规格，达到规范、齐整而规定的表式。

(1) 本表适用于砂、石、砖、水泥、钢筋、沥青、防水材料、防腐材料等的出厂合格证的整理粘贴，上述材料的合格证均应进行整理粘贴。

（2）合格证或出厂检验报告的整理粘贴可按不同材料进场时间及工程进度为序，应按品种分别整理粘贴。

（3）某种材料合格证的整理粘贴，其品种、规格、数量，应满足设计要求。性能质量应满足相应标准质量要求。

（4）合格证粘贴应保证：

1）保证资料的真实性。

2）合格证内容应包括：材料或产品名称、规格、等级、数量（质量或件数）、批号或生产日期、出厂日期、材料或产品出厂检验项目的各项检验结果和供方质检部门印记（必须符合设计和标准与规范要求），材料或产品应用标准编号、生产许可证编号，应标明的材料或产品注意事项、材料或产品安全警语（合理缺项除外）。

5.1.2 _____材料检验报告（通用）(C4-1-2)

1. 资料表式

_____材料检验报告表（通用）　　　　　表 C4-1-2

委托单位：　　　　　　　　　　　　　　　试验编号：

工程名称		委托日期	
使用部位		报告日期	
试样名称及规格型号		检验类别	
生产厂家		批　号	

序　号	检验项目	标准要求	实测结果	单项结论

依据标准：

检验结论：

备　注：

试验单位：　　　技术负责人：　　　审核：　　　试（检）验：

2. 应用说明

材料检验报告表是指为保证工程质量对用于工程的除已明确有编列的试验表式以外的材料，根据标准要求可应用本表进行有关指标的测试，由试验单位出具试验证明文件。

（1）材料检验的目的基本要求：

1）材料质量检验是通过一系列的检测手段，将所取的材料试验数据与材料质量标准相比较，借以判断材料质量的可靠性，以确认能否使用于工程。

材料质量的抽样数量和检验方法，要能反映该批材料质量的性能。重要材料或非匀质材料应酌情增加取样数量。

2）材料质量标准是用于衡量材料质量的尺度，也是作为验收、检验材料的依据。不同材料应用不同的质量标准，应分别对照执行。受检材料必须满足相应标准质量要求。

3）材料质量控制的内容主要有：材料的质量标准、材料的性能、材料的取样、试验方法、材料的适用范围和施工要求。

4）进口材料、设备应会同商检局检验，如核对凭证时发现问题，应取得供方商检人员签署的合格的商务记录。

（2）填表说明：

1）标准要求：指标准对测试有关项目质量指标的要求，由试验部门填写。

2）实测结果：指试验室测定的实际结果，由试验部门填写。

3）单项结论：指材料的单项试验结果，由试验室填写能否使用的单项结论。

5.1.3 水泥产品合格证、出厂检验报告（C4-1-3）

以下各表按表 C4-1-1-2 执行。均分类按序贴于该表上。

5.1.3.1 通用水泥出厂质量合格证书或出厂检验报告粘贴表（C4-1-3-1）

5.1.3.2 道路工程用水泥出厂质量合格证书或出厂检验报告粘贴表（C4-1-3-2）

5.1.4 各类砌砖、砌块合格证、出厂检验报告（C4-1-4）

5.1.5 砂、石料产品合格证、出厂检验报告（C4-1-5）

5.1.5.1 砂产品合格证、出厂检验报告粘贴表（C4-1-5-1）

5.1.5.2 石料产品合格证、出厂检验报告粘贴表（C4-1-5-2）

5.1.5.3 其他骨料类检验报告粘贴表（C4-1-5-3）

5.1.6 钢（材）筋产品合格证、出厂检验报告（C4-1-6）

分别按光圆钢筋、带肋钢筋预应力钢丝、预应力钢绞线和其他类钢筋分别按序贴于该表上。

5.1.7 焊条（剂）产品合格证、出厂检验报告（C4-1-7）

5.1.8 粉煤灰产品合格证、出厂检验报告（C4-1-8）

5.1.9 混凝土外加剂产品合格证、出厂检验报告（C4-1-9）

5.1.10 预拌（商品）混凝土出厂合格证（C4-1-10）

5.1.11 预拌（商品）混凝土出厂检验报告（C4-1-11）

5.1.12 预制构件产品合格证、出厂检验报告（C4-1-12）

5.1.13 沥青产品合格证、出厂检验报告（C4-1-13）

5.1.14 沥青混合料（用粗骨料、用细骨料、用矿粉）出厂合格证、出厂检验报告（C4-1-14）

5.1.15 沥青胶结（用粗骨料、用细骨料、用矿粉）出厂合格证、出厂检验报告（C4-1-15）

5.1.16 石灰产品出厂合格证、出厂检验报告（C4-1-16）

5.1.17 土体试验检验报告（C4-1-17）

5.1.18 土的有机质含量检验报告（C4-1-18）

5.1.19 骨料检验报告（C4-1-19）

5.1.20 石材出厂检验报告（C4-1-20）

5.1.21 土体出厂检验报告（C4-1-21）

5.1.22 防水卷材产品出厂合格证、出厂检验报告（C4-1-22）

5.1.23 外加剂产品出厂合格证、出厂检验报告（C4-1-23）

5.1.24 稳定土类道路基层材料出厂合格证、出厂检验报告（C4-1-24）

5.1.24.1 石灰及石灰、粉煤灰稳定土类基层材料出厂合格证、出厂检验报告粘贴表（C4-1-24-1）

5.1.24.1-1 石灰稳定土类基层材料出厂合格证、出厂检验报告粘贴表（C4-1-24-1-1）

5.1.24.1-2 石灰、粉煤灰稳定土类基层材料出厂合格证、出厂检验报告粘贴表（C4-1-24-1-2）

5.1.24.2 石灰、粉煤灰稳定砂砾基层及底基层材料出厂合格证、出厂检验报告粘贴表（C4-1-24-2）

5.1.24.3 石灰、粉煤灰、钢渣稳定土类基层及底基层材料出厂合格证、出厂检验报告粘贴表（C4-1-24-3）

5.1.24.4 水泥稳定土类基层材料出厂合格证、出厂检验报告粘贴表（C4-1-24-4）

5.1.25 其他材料出厂合格证、出厂检验报告（C4-1-25）

其他材料出厂合格证或出厂检验报告粘贴表是指"5.1出厂质量证明文件及出厂检测报告"项下未包括的材料、产品，而设计文件中使用该材料或产品，可按种类分别进行粘贴。

5.2 进场检验通用表格（C4-2）

5.2.1 材料、构配件进场验收记录（C4-2-1）

1. 资料表式

材料、构配件进场验收记录　　　　　　　　表 C4-2-1

收货日期 年 月 日	材料、构配件名称	单位	数量	送货单编号	供货单位名称
材料（设备）数量及质量情况	1. 不同品种的各自应送产品数量。 2. 不同品种的各自实收产品数量。 3. 实收质量状况。					
有效地点及保管状况	1. 露天或仓库。 2. 能否正常保管。					
备注	1. 运输单位名称。 2. 送货人名称。 3. 其他。					
施工单位材料员：	供货单位人员：		专职质检员：		专业技术负责人：

注： 1. 每品种、批次填表一次。
　　2. 进场验收记录为管理资料，不作为归存资料。

2. 应用说明

材料（设备）、构配件进场检验

（1）材料（设备）、构配件进场后，应由施工单位会同建设（监理）单位共同对进场物资进行检查验收，填写"材料（设备）、构配件进场验收记录"。

（2）主要检验内容包括：

1）材料（设备）、构配件出厂质量证明文件及检验（测）报告应齐全。

2）实际进场材料（设备）、构配件数量、规格和品种等与计划的符合性，应满足设计和施工计划要求。

3）材料（设备）、构配件外观质量应满足设计要求或规范规定。

4）按规定需进行抽检的材料（设备）、构配件是否及时抽检，检验结果和结论应齐全。

（3）按规定应进场复试的工程材料（设备）、构配件，必须在进场检查验收合格后根据规范或标准规定取样复试。

5.2.2 见证取样送检汇总表（C4-2-2）

见证取样送检汇总表按"2.7.5 见证试验检测汇总表"相关要求执行。

5.3 进场复试报告（C4-3）

5.3.1 主要材料、成品、半成品、构配件、设备进场复试汇总表（C4-3-1）

1. 资料表式

主要材料、成品、半成品、构配件、设备出厂证明及进场复试汇总表　　表C4-3-1

工程名称									
名称	品种	型号（规格）	代表数量	单位	使用部位	出厂证或出厂试验编号	进场复试报告编号	见证记录编号	备注
施工项目技术负责人		填表人				填表日期		年 月 日	

施工单位：

2. 应用说明

（1）本表系城镇道路工程的主要原材料、成品、半成品、构配件、设备的出厂合格证及复试报告的汇总目录表。可按形成资料的序列依序列记。本表由施工单位汇整填写。

1）本表适用于城镇道路工程及其所辖构（建）筑物用砂、石、砌块、水泥、钢（材）筋、石灰、沥青、混凝土外加剂、防水材料等，均应分别依序进行整理汇总。

2）汇总整理按工程进度为序进行。如路基、基层、面层；地基基础、主体工程等。

（2）汇总整理内容按本章第5.1节："主要原材料、成品、半成品、构配件、设备材料"的名目，分别依序进行汇整。汇整时可按不同的某一材料、构配件进场顺序形成的资料汇整填写。这样便于核对其某一材料、构配件的品种、规格、数量、尺寸等是否满足设计文件要求。

1) ＿＿＿＿＿＿＿＿＿合格证及试验报告汇总表应按施工过程中依序形成的某原材料试（检）验报告按以上表式经核查后全部逐一汇总不得缺漏。

2) 各种不同材料的检验必须按相关现行标准要求进行。材料检验的试验单位必须具有相应的资质，不具备相应资质的试验室出具的材料试验报告无效。

3) 某种材料的品种、规格，应满足设计要求的品种、规格要求，由核查人判定是否符合该要求。

（3）汇总时应对以下内容进行核查。核查结果应符合以下要求：

1) 有见证取样、送样试验要求的：必须保证进行见证取样、送样试验。实行见证取样和送样，可核查试验室出具的试验报告单上注明见证取样人的单位、姓名和见证资质证号，否则为无效试验报告单。

2) 出厂合格证采用抄件或影印件时应加盖抄件（注明原件存放单位）或影印件单位章，经手人签字。

3) 凡执行见证取样、送样的材料均必须有出厂合格证和试验报告（双试）。材料使用以复试报告为准。试验内容齐全且均应在使用前取得。

5.3.2 见证取样送检、检验成果汇总表（C4-3-2）

（1）见证取样送检检验成果汇总表按"5.2.2见证取样送检汇总表"相关要求执行。

（2）见证取样送检检验成果汇总是指如下八项内容的试（检）验均必须实行见证取样送检检验制度，并对实施见证取样送检检验的子项予以汇总，即为见证取样送检检验成果汇总表。

（3）国家规定必须实行的见证取样检测：

1) 水泥物理力学性能检验。
2) 钢筋（含焊接与机械连接）力学性能检验。
3) 砂、石常规检验。
4) 混凝土、砂浆强度检验。
5) 简易土工试验。
6) 混凝土掺加剂检验。
7) 预应力钢绞线、锚夹具检验。
8) 沥青、沥青混合料检验。

注：尚应包括国家和省规定必须实行见证取样、送样的其他试块、试件和材料。

（4）见证取样、送检要求：

1) 保证应进行取样、送检的子项全部执行取样、送检工作。
2) 保证见证取样、送检试件的文件（资料）的真实性。取样、送检试件的测试结果全部符合设计和规范要求。

5.3.3 钢（材）筋进场复试报告（C4-3-3）

1. 资料表式

钢（材）筋进场复试报告　　　　　　　　　表 C4-3-3

试验编号：＿＿＿＿＿＿＿＿＿＿＿＿＿＿＿

委托单位：＿＿＿＿＿＿＿＿＿＿＿＿＿＿＿＿＿＿＿＿＿　试验委托人：＿＿＿＿＿＿＿＿＿＿＿

工程名称：＿＿＿＿＿＿＿＿＿＿＿＿＿＿＿＿＿＿＿＿＿部　　　位：＿＿＿＿＿＿＿＿＿＿＿

钢材种类：＿＿＿＿＿＿＿级别规格：＿＿＿＿＿＿牌号：＿＿＿＿＿＿产地：＿＿＿＿＿＿

试件代表数量：＿＿＿＿＿＿＿＿＿＿来样日期：＿＿＿＿＿＿＿＿＿试验日期：＿＿＿＿＿＿

一、力学试验结果：

试件编号	规格	截面积（mm²）	屈服点（N/mm²）	极限强度（N/mm²）	伸长率（%）	冷弯试验		
						弯心直径（mm）	角度	评定

二、化学分析结果：

试件编号	分析编号	化 学 成 分 分 析					
		C%（碳）	S%（硫）	P%（磷）	Mn%（锰）	Si%（硅）	

注：用于结构时，根据规范及设计要求计算 σ_b/σ_s，和 σ_s/σ_s 标。

结论：＿＿

试验单位：　　　　技术负责人：　　　　审核：　　　　　　试（检）验：

报告日期：　年　月　日

2. 应用说明

钢筋机械性能试验报告是指为保证用于市政基础设施工程钢筋的机械性能（屈服强

度、抗拉强度、伸长率、弯曲条件)、化学成分分析满足设计和标准要求而进行的复试项目。

(1) 基本要求：

钢筋的必试项目：力学性能和工艺性能试验，必要时进行化学成分检验。必须实行见证取样，试验室应在见证取样人名单上加盖公章和经手人签字。

1) 工程中所用受力钢筋应有出厂合格证和复试报告。凡用于工程的钢筋，第一次复试不符合标准要求的，应取双倍试件数量进行复试。对加工中出现的异常现象，应进行化学成分检验，或依据设计要求进行其他专项检验。

2) 无出厂合格证时，进场复试应做机械性能试验和化学成分检验。

3) 凡工程中使用进口钢筋，均应现场取样做机械性能试验及化学成分检验，如需焊接尚应做焊接性能试验。

4) 出厂合格证采用抄件或影印件时，应对抄件加盖(注明原件存放单位及钢材批量)或影印件单位章，经手人签字。

(2) 城镇道路工程用钢筋的品种、规格、性能等均应符合设计要求和国家现行标准《钢筋混凝土用钢第 1 部分：热轧光圆钢筋》(GB 1499.1—2008)、《钢筋混凝土用钢第 2 部分：热轧带肋钢筋》(GB 1499.2—2007) 和《碳素结构钢》(GB/T 700—2006) 等的规定。

5.3.3.1 钢筋混凝土用钢第 1 部分：热轧光圆钢筋应用技术要求

执行标准：《钢筋混凝土用钢第 1 部分：热轧光圆钢筋》(GB 1499.1—2008) （摘选）

(1) 热轧光圆钢筋的屈服强度特征值为 300 级。牌号为 HPB300。热轧光圆钢筋的公称横截面面积与理论重量，见表 1 所示。

表 1

公称直径 (mm)	公称横截面面积 (mm²)	理论重量 (kg/m)
6 (6.5)	28.27 (33.18)	0.222 (0.260)
8	50.27	0.395
10	78.54	0.617
12	113.1	0.888
14	153.9	1.21
16	201.1	1.58
18	254.5	2.00
20	314.2	2.47
22	380.1	2.98

注：表中理论重量按密度为 7.85 g/cm³ 计算。公称直径 6.5mm 的产品为过渡性产品。

(2) 技术要求：

1) 钢筋牌号及化学成分(熔炼分析)应符合表 2 的规定。

表2

牌 号	化学成分（质量分数）（%）不大于				
	C	Si	Mn	P	S
HPB300	0.25	0.55	1.50	0.045	0.050

注：1. 钢中残余元素铬、镍、铜含量应各不大于0.30%，供方如能保证可不作分析。
　　2. 钢筋的成品化学成分允许偏差应符合《钢的成品化学成分允许偏差》（GB/T 222—2006）的规定。

2）力学性能、工艺性能：

①钢筋的屈服强度 R_{eL}、抗拉强度 R_m、断后伸长率 A、最大力总伸长率 A_{gt} 等力学性能特征值应符合表3的规定。弯曲性能：按表3规定的弯芯直径弯曲180°后，钢筋受弯曲部位表面不得产生裂纹。

表3

牌 号	R_{eL}（MPa）	R_m（MPa）	A（%）	A_{gt}（%）	冷弯试验 180° d——弯芯直径； a——钢筋公称直径
	不小于				
HPB300	300	420	25.0	10.0	$d=a$

3）每批钢筋的检验项目，取样方法和试验方法应符合表4的规定。

表4

序 号	检验项目	取样数量	取样方法	试验方法
1	化学成分（熔炼分析）	1	GB/T 20066—2006	GB/T 223 GB/T 4336—2002
2	拉伸	2	任选两根钢筋切取	GB/T 228、本部分8.2
3	弯曲	2	任选两根钢筋切取	GB/T 232、本部分8.2
4	尺寸	逐支（盘）		本部分8.3
5	表面	逐支（盘）		目视
6	重量偏差		本部分8.4	本部分8.4

注：对化学分析和拉伸试验结果有争议时，仲裁试验分别按GB/T 223、GB/T 228进行。

4）检验规则

①组批规则

A. 钢筋应按批进行检查和验收，每批由同一牌号、同一炉罐号、同一尺寸的钢筋组成。每批重量通常不大于60t。超过60t的部分，每增加40t（或不足40t的余数），增加一个拉伸试验试样和一个弯曲试验试样。

B. 允许由同一牌号、同一冶炼方法、同一浇注方法的不同炉罐号组成混合批。各炉罐号含碳量之差不大于0.02%，含锰量之差不大于0.15%。混合批的重量不大于60t。

②钢筋检验项目和取样数量应符合表4及组批规则A.的规定。各检验项目的检验结果应符合（GB 1499.1—2008）标准的有关规定。

5.3.3.2 钢筋混凝土用钢第2部分：热轧带肋钢筋应用技术要求

执行标准：《钢筋混凝土用钢第2部分：热轧带肋钢筋》（GB 1499.2—2007） （摘选）

（1）钢筋的公称横截面面积与理论重量列于表1。

表1

公称直径（mm）	公称横截面面积（mm²）	理论重量（kg/m）
6	28.27	0.222
8	50.27	0.395
10	78.54	0.617
12	113.1	0.888
14	153.9	1.21
16	201.1	1.58
18	254.5	2.00
20	314.2	2.47
22	380.1	2.98
25	490.9	3.85
28	615.8	4.83
32	804.2	6.31
36	1018	7.99
40	1257	9.87
50	1964	15.42

注：表1中理论重量按密度为7.85 g/cm³ 计算。

（2）技术要求：

1）牌号和化学成分：

①钢筋牌号及化学成分和碳当量（熔炼分析）应符合表2的规定。根据需要，钢中还可加入、V、Nb、Ti等元素。

钢筋牌号及化学成分和碳当量（熔炼分析） 表2

牌号	化学成分（质量分数）%，不大于					
	C	Si	Mn	P	S	C_{eq}
HRBF335	0.25	0.80	1.60	0.045	0.045	0.52
HRB400 HRBF400	0.25	0.80	1.60	0.045	0.045	0.54
HRB500 HRBF500	0.25	0.80	1.60	0.045	0.045	0.55

②碳当量 C_{eq}（百分比）值可按下式计算

$$C_{eq}=C+Mn/6+(Cr-V+Mo)/5+(Cu+Ni)/15$$

2）力学性能：

①钢筋的屈服强度 R_{eL}、抗拉强度 R_m、断后伸长率 A、最大力总伸长率 A_{gt} 等力学性能特征值应符合表 3 的规定。表 3 所列各力学性能特征值，可作为交货检验的最小保证值。

热轧带肋钢筋的力学性能　　　表 3

编号	A_{gt}（%）	R_{eL}（MPa）	R_m（MPa）	A（%）
		不　小　于		
HRBF335	7.5	335	455	17
HRB400 HRBF400	7.5	400	540	16
HRB500 HRBF500	7.5	500	630	15

②直径 28~40mm 各牌号钢筋的断后伸长率 A 可降低 1%；直径大于 40mm 各牌号钢筋的断后伸长率 A 可降低 2%。

③有较高要求的抗震结构适用牌号为：在《钢筋混凝土用钢第 2 部分：热轧带肋钢筋》（GB 1499.2—2007）表 1 中已有牌号后加 E（例如：HRB400E、HRBF400E）的钢筋。该类钢筋应满足以下的要求。

钢筋实测抗拉强度与实测屈服强度之比 R_m^0/R_{eL}^0 不小于 1.25。钢筋实测屈服强度与表 3 规定的屈服强度特征值之比 R_{eL}^0/R_{eL} 不大于 1.30。

钢筋的最大力总伸长率 A_{gt} 不小于 9%。

注：R_m^0 为钢筋实测抗拉强度；R_{eL}^0 为钢筋实测屈服强度。

④对于没有明显屈服强度的钢，屈服强度特征值 R_{eL} 应采用规定非比例延伸强度 $R_{p0.2}$。

3）工艺性能：

①弯曲性能按表 4 规定的弯芯直径弯曲 180°后，钢筋受弯曲部位表面不得产生裂纹。

热轧带肋钢筋的弯曲性能　　　表 4

牌号	公称直径 a（mm）	弯曲试验弯心直径
HRBF335	6~25	3a
	28~50	4a
	>40~50	5d
HRB400 HRBF400	6~25	4a
	28~50	5a
	>40~50	6d
HRB500 HRBF500	6~25	6a
	28~50	7a
	>40~50	8d

②反向弯曲性能:

反向弯曲试验的弯芯直径比弯曲试验相应增加一个钢筋公称直径。

反向弯曲试验:先正向弯曲 90°后再反向弯曲 20°。两个弯曲角度均应在去载之前测量。经反向弯曲试验后。钢筋受弯曲部位表面不得产生裂纹。

5)每批钢筋的检验项目,取样方法和试验方法应符合表 5 的规定。

表 5

序号	检验项目	取样数量	取样方法	试验方法
1	化学成分(熔炼分析)	1	GB/T 20066—2006	GB/T 223、GB/T 4336—2002
2	拉伸	2	任选两根钢筋切取	GB/T 228、本部分 8.2
3	弯曲	2	任选两根钢筋切取	GB/T 232—2010、本部分 8.2
4	反向弯曲	1		YB/T 5126—2003、本部分 8.2
5	疲劳试验		供需双方协议	
6	尺寸	逐支		本部分 8.3
7	表面	逐支		目视
8	重量偏差		本部分 8.4	本部分 8.4
9	晶粒度	2	任选两根钢筋切取	GB/T 6394—2002

注:对化学分析和拉伸试验结果有争议时,仲裁试验分别按 GB/T 223、GB/T 228 进行。

6)拉伸、弯曲、反向弯曲试验

①拉伸、弯曲、反向弯曲试验试样不允许进行车削加工。

②计算钢筋强度用截面面积采用表 5 所列公称横截面面积。

③最大力总伸长率 A_{gt} 的检验,除按表 5 规定采用 GB/T 228 的有关试验方法外,也可采用《钢筋混凝土用钢第 2 部分:热轧带钢筋》(GB 1499.2—2007)附录 A 的方法。

④反向弯曲试验时,经正向弯曲后的试样,应在 100℃温度下保温不少于 30min,经自然冷却后再反向弯曲。当供方能保证钢筋经人工时效后的反向弯曲性能时,正向弯曲后的试样亦可在室温下直接进行反向弯曲。

7)组批规则:

①钢筋应按批进行检查和验收,每批由同一牌号、同一炉罐号、同一规格的钢筋组成。每批重量通常不大于 60t。超过 60t 的部分,每增加 40t(或不足 40t 的余数),增加一个拉伸试验试样和一个弯曲试验试样。

②允许由同一牌号、同一冶炼方法、同一浇注方法的不同炉罐号组成混合批,但各炉罐号含碳量之差不大于 0.02%,含锰量之差不大于 0.15%。混合批的重量不大于 60t。

8)检验结果:各检验项目的检验结果应符合(GB 1499.2—2007)标准中尺寸、外形、重量及允许偏差和技术要求的规定。

5.3.4 水泥进场复试报告（C4-3-4）

1. 资料表式

水泥进场复试报告　　　　　　　　　　　表 C4-3-4

试验编号：_____　　　　　　　　试验日期：　　年　月　日
委托单位：_____　　工程名称：_____
水泥品种及强度等级：_____　厂别及牌号：_____　出厂日期：_____　取样日期：_____
出厂编号：_____　　代表数量：_____　　试验委托人：_____

（一）细度：0.08mm 筛余_____ %　（二）标准稠度：_____ %

（三）凝结时间　　初凝_____ h _____ min
　　　　　　　　　终凝_____ h _____ min

（四）安定性：沸煮法

（五）胶砂流动度：_____

（六）其他

（七）强度

类别＼龄期	3d	28d	快测	备注
抗折强度（MPa）				
抗压强度（MPa）				

结论：_____
_____

试验单位：　　　技术负责人：　　　审核：　　　试（检）验：
　　　　　　　　　　　　　　　　　　　　　　报告日期：　　年　月　日

2. 应用说明

水泥试验报告是为保证建筑工程质量，对用于工程中的水泥的强度、安定性和凝结时间等指标进行测试后由试验单位出具的质量证明文件。

（1）市政工程按其工程需要应用水泥可分为通用水泥、专用水泥和特性水泥。通用水泥是指一般土木建筑工程通常采用的水泥；专用水泥是指具有专门用途的水泥；特性水泥是指某种性能比较突出的水泥。应按设计要求和标准规定实施。

通用硅酸盐水泥包括：硅酸盐水泥、普通硅酸盐水泥、矿渣硅酸盐水泥、火山灰质硅酸盐水泥、粉煤灰硅酸盐水泥、复合硅酸盐水泥。

道路水泥是一种属于硅酸盐类的水泥,具有较好的抗磨性和较高的抗折强度、抗拉强度,且干缩性小,弹性和抗冻性能好。主要适用于道路路面工程。

(2) 水泥的品质标准包括物理性质和化学成分。物理性质包括细度、标准稠度用水量、凝结时间、体积安定性(与游离 CaO、MgO、SO_2 和含碱量 Na_2O、K_2O 等有关)和强度等;化学成分主要是限制其中的有害物质。如氧化镁、三氧化硫等。水泥的品质必须符合国家有关标准的规定。

(3) 水泥进场检查及使用要求:

1)水泥供料单位应按国家规定,及时、完整地交付有关水泥出厂资料。所有进场水泥均必须有出厂合格证。水泥出厂合格证应具有标准规定天数的抗压、抗折强度和安定性试验结果。抗折、抗压强度、安定性试验均必须满足该强度等级之标准要求。

2)水泥进场时应对其品种、级别、包装或散装仓号、出厂日期等进行检查,并应对其强度、安定性及其他必要的质量性能指标进行复验,其质量必须符合现行国家标准《通用硅酸盐水泥》(GB 175—2007)、《通用硅酸盐水泥》国家标准第 1 号修改单(GB 175—2007/XG1—2009)的规定。

3)水泥的品种、数量、强度等级、立窑还是回转窑生产应核查清楚(由于立窑水泥的生产工艺上的某种缺陷,水泥安定性容易出现问题),水泥进场日期不应超期,超期应复试,出厂合格证上的试验项目必须齐全,并符合标准要求等。

4)无出厂合格证的水泥、有合格证但已超期水泥、进口水泥、立窑生产的水泥或对水泥材质有怀疑的,应按规定取样做二次试验,其试验结果必须符合标准规定。

注:水泥需要复试的原则为:用于承重结构、使用部位有强度等级要求的混凝土用水泥,或水泥出厂超过 3 个月(快硬硅酸盐水泥为 1 个月)和进口水泥,使用前均必须进行复试,并提供复试报告。

5)核查是否有主要结构部位所使用水泥无出厂合格证明(或试验报告),或品种、强度等级不符,或超期而未进行复试,或试验内容缺少"必试"项目之一或进口或立窑水泥未做试验等。

6)重点工程或设计有要求必须使用某品种、强度等级水泥时,应核查实际使用是否保证设计要求。

7)水泥应入库堆放,水泥库底部应架空,保证通风防潮,并应分品种、按进厂批量设置标牌分垛堆放。贮存时间一般不应超过 3 个月(按出厂日期算起,在正常干燥环境中,存放 3 个月,强度约降低 10%~20%,存放 6 个月,强度约降低 15%~30%,存放一年强度约降低 20%~40%)。为此,水泥出厂时间在超过 3 个月以上时,必须进行检验,重新确定强度等级,按实际强度使用。对于非通用水泥品种的贮存期规定如表 C4-3-4-1 所示。

水泥的贮存期规定 表 C4-3-4-1

水泥品种	贮存期规定	过期水泥处理
快硬硅酸盐水泥	1 个月	必须复试,按复试强度等级使用
高铝水泥	2 个月	必须复试,按复试强度等级使用
硫铝酸盐早强水泥	2 个月	必须复试,按复试强度等级使用

8）水泥试验单的子目应填写齐全，要有品种、强度等级、结论等。水泥质量有问题时，在可使用条件下，由施工技术部门或其技术负责人签注使用意见，并在报告单上注明使用工程项目的部位。安定性不合格时，不准在工程上使用。

9）当核查出厂合格证或试验报告时，除强度指标应符合标准规定外，应特别注意水泥中有害物质含量是否超标。如氧化镁（MgO）、三氧化硫（SO_3）、碱含量等。

10）水泥含碱量及骨料活性成分：

水泥中的碱含量，标准规定按 $Na_2O+0.658K_2O$ 计算值来表示，若使用活性骨料（目前已被确定有蛋白石、玉髓、鳞石英和方石英等，一般规定含量不超过1％）。

①当水泥中碱含量大于0.6％时，需对骨料进行碱—骨料反映试验；当骨料中活性成分含量高，可能引起碱—骨料反应时，应根据混凝土结构或构件的使用条件，进行专门试验，以确定是否可用。

②如必须采用的骨料是碱活性的，就必须选用低碱水泥（当量 $Na_2O<0.06\%$），并限制混凝土总碱量不超过 $2.0\sim3.0kg/m^3$。

③如无低碱水泥，则应掺入足够的活性混合材料，如粉煤灰不小于30％，矿渣不小于30％或硅灰不小于7％，以缓解破坏作用。

④碱—骨料反应的必要条件是水分。混凝土构件长期处在潮湿环境中（即在有水的条件下）会助长发生碱—骨料反应；而干燥状态下则不会发生反应，所以混凝土的渗透性对碱—骨料反应有很大影响，应保证混凝土密实性和重视建筑物排水，避免混凝土表面积水和接缝存水。

11）对于安定性不合格的水泥，不得用于工程。

（4）填表说明：

1）水泥品种及强度等级：如普通水泥、矿渣水泥、火山灰水泥等，照实际的水泥品种填写。如32.5、42.5等。照实际送试的水泥强度等级填写。

2）出厂编号：指水泥生产厂在该批水泥出厂时的依序编号。

3）细度：指水泥的颗粒量度，是水泥的重要质量指标，直接影响水泥的水化速度和强度。由试验室按试验结果填写。

4）标准稠度：即标准稠度用水量，由试验室照标用水量的试验结果填写。

5）凝结时间初凝（h/min）：从水泥加水拌和起到围卡仪试针沉入净浆中，距底板 $0.5\sim1mm$ 的时间，为初凝时间，照实际试验的初凝时间填写。

6）凝结时间终凝（h/min）：试针深入净浆不超过1mm时的时间为终凝时间，照实际试验的终凝时间填写。

7）安定性（煮沸法）：是反应水泥浆硬化后，体积膨胀不均匀产生变形的重要质量指标，用沸煮法测定。照实际试验安定性的结果填写，安定性不合格的水泥为废品。

8）胶砂流动度：是表示水泥胶砂流动性的一种量度。在一定加水量下，流动度取决于水泥的需水性。流动度以水泥胶砂在流动桌上扩展的平均直径（mm）表示。照试验室试验结果填写。

9）强度：指水泥试验结果的抗压、抗折强度等，照试验室试验结果填写。分别按实际试验的3天、28天或快测填写。

10）龄期：指分别按3d、28d测试的委托试件的实际龄期。

11）类别：指水泥试验的类别，按实测的抗折、抗压强度填写。

①抗折强度（MPa）：指水泥抵抗折断的强度，照实际试验结果填写。
②抗压强度（MPa）：指水泥抵抗压力的强度，照实际试验结果填写。
12）结论：指对水泥试件的试验结果所下的结论性意见。

5.3.4.1 通用硅酸盐水泥应用技术要求

执行标准：《通用硅酸盐水泥》（GB 175—2007）（摘选）
（2）技术要求：
1）通用硅酸盐水泥的化学指标应符合表1的规定。

表1

品　　种	代号	不溶物（质量分数）（%）	烧失量（质量分数）（%）	三氧化硫（质量分数）（%）	氧化镁（质量分数）（%）	氯离子（质量分数）（%）
硅酸盐水泥	P·Ⅰ	≤0.75	≤3.0	≤3.5	≤5.0[a]	≤0.06[c]
	P·Ⅱ	≤1.50	≤3.5			
普通硅酸盐水泥	P·O	—	≤5.0[a]			
矿渣硅酸盐水泥	P·S·A	—	—	≤4.0	≤6.0[b]	
	P·S·B	—	—	≤3.5		
火山灰质硅酸盐水泥	P·P	—	—		≤6.0[b]	
粉煤灰硅酸盐水泥	P·F	—	—			
复合硅酸盐水泥	P·C	—	—			

[a] 如果水泥压蒸试验合格，则水泥中氧化镁的含量（质量分数）允许放宽至6.0%。
[b] 如果水泥中氧化镁的含量（质量分数）大于6.0%时，需进行水泥压蒸安定性试验并合格。
[c] 当有更低要求时，该指标由买卖双方确定。

2）碱含量（选择性指标）：水泥中碱含量按 $Na_2O+0.658K_2O$ 计算值表示。若使用活性骨料，用户要求提供低碱水泥时，水泥中的碱含量应不大于0.60%或由买卖双方协商确定。
3）物理指标：
①凝结时间：硅酸盐水泥初凝时间不小于45 min，终凝时间不大于390 min；普通硅酸盐水泥、矿渣硅酸盐水泥、火山灰质硅酸盐水泥、粉煤灰硅酸盐水泥和复合硅酸盐水泥初凝不小于45 min，终凝不大于600 min。
②安定性：沸煮法合格。
③强度：不同品种不同强度等级的通用硅酸盐水泥，其不同龄期的强度应符合表2的规定。
④细度（选择性指标）：硅酸盐水泥和普通硅酸盐水泥的细度以比表面积表示，其比表面积不小于 $300m^2/kg$；矿渣硅酸盐水泥、火山灰质硅酸盐水泥、粉煤灰硅酸盐水泥和复合硅酸盐水泥的细度以筛余表示，其 $80\mu m$ 方孔筛筛余不大于10%或 $45\mu m$ 方孔筛筛余不大于30%。

表2

品 种	强度等级	抗压强度（MPa）		抗折强度（MPa）	
		3d	28d	3d	28d
硅酸盐水泥	42.5	≥17.0	≥42.5	≥3.5	≥6.5
	42.5R	≥22.0		≥4.0	
	52.5	≥23.0	≥52.5	≥4.0	≥7.0
	52.5R	≥27.0		≥5.0	
	62.5	≥28.0	≥62.5	≥5.0	≥8.0
	62.5R	≥32.0		≥5.5	
普通硅酸盐水泥	42.5	≥17.0	≥42.5	≥3.5	≥6.5
	42.5R	≥22.0		≥4.0	
	52.5	≥23.0	≥52.5	≥4.0	≥7.0
	52.5R	≥27.0		≥5.0	
矿渣硅酸盐水泥 火山灰硅酸盐水泥 粉煤灰硅酸盐水泥 复合硅酸盐水泥	32.5	≥10.0	≥32.5	≥2.5	≥5.5
	32.5R	≥15.0		≥3.5	
	42.5	≥15.0	≥42.5	≥3.5	≥6.5
	42.5R	≥19.0		≥4.0	
	52.5	≥21.0	≥52.5	≥4.0	≥7.0
	52.5R	≥23.0		≥4.5	

（3）检验规则：

1）编号及取样：水泥出厂前按同品种、同强度等级编号和取样。袋装水泥和散装水泥应分别进行编号和取样。每一编号为一取样单位。

2）出厂检验：出厂检验项目为化学指标、凝结时间、安定性和强度。

3）判定规则：

检验结果符合化学指标、凝结时间、安定性和强度的规定为合格品；检验结果不符合化学指标、凝结时间、安定性和强度中的任何一项技术要求为不合格品。

4）检验报告：检验报告内容应包括出厂检验项目、细度、混合材料品种和掺加量、石膏和助磨剂的品种及掺加量、属旋窑或立窑生产及合同约定的其他技术要求。当用户需要时，生产者应在水泥发出之日起7d内寄发除28d强度以外的各项检验结果，32d内补报28d强度的检验结果。

在90d内，买方对水泥质量有疑问时，则买卖双方应将共同认可的试样送省级或省级以上国家认可的水泥质量监督检验机构进行仲裁检验。

5.3.4.2 道路硅酸盐水泥应用技术要求

执行标准：《道路硅酸盐水泥》（GB 13693—2005）（摘选）

1. 强度等级

道路硅酸盐水泥分32.5级、42.5级和52.5级三个等级。

2. 技术要求

（1）氧化镁：道路水泥中氧化镁含量应不大于5.0%。

(2) 三氧化硫：道路水泥中三氧化硫含量应不大于 3.5%。

(3) 烧失量：道路水泥中的烧失量应不大于 3.0%。

(4) 比表面积：比表面积为 300~450m²/kg。

(5) 凝结时间：初凝应不早于 1.5h，终凝不得迟于 10h。

(6) 安定性：用沸煮法检验必须合格。

(7) 干缩率：28 d 干缩率应不大于 0.10%。

(8) 耐磨性：磨耗量应不大于 3.00kg/m²。

(9) 强度：水泥的强度等级按规定龄期的抗压和抗折强度划分，各龄期的抗压强度和抗折应不低于表 1 数值。

(10) 碱含量：碱含量由供需双方商定。若使用活性骨料，用户要求提供低碱水泥时，水泥中碱含量应不超过 0.60%。碱含量按 ω（Na_2O）$+0.658\omega$（K_2O）计算值表示。

水泥的等级与各龄期强度（单位：MPa）　　　　　　　　　　　　表 1

强度等级	抗折强度		抗压强度	
	3 d	28 d	3 d	28 d
32.5	3.5	6.5	16.0	32.5
42.5	4.0	7.0	21.0	42.5
52.5	5.0	7.5	26.0	52.5

3. 检验规则

(1) 编号及取样：

水泥出厂前按同强度等级编号和取样。袋装水泥和散装水泥应分别进行编号和取样。每一编号为一取样单位，水泥出厂编号按水泥厂年产量规定：10 万 t 以上，不超过 400t 为一编号；10 万 t 以下，不超过 200t 为一编号。

取样应有代表性。可连续取，亦可从 20 个以上不同部位取等量样品，总量至少 14kg。

(2) 检验分类：

1) 出厂检验：出厂水泥检验项目应包括道路硅酸盐水泥第 6 章除干缩率和耐磨性以外的技术要求。

2) 出厂水泥：出厂水泥应保证出厂强度等级和干缩率及耐磨性指标，其余技术要求符合本标准的有关指标要求。

(3) 废品与不合格品：

1) 废品：凡氧化镁、三氧化硫、初凝时间、安定性中的任一项不符合本标准规定的指标时，均为废品。

2) 不合格品：凡比表面积、终凝时间、烧失量、干缩率和耐磨性的任一项不符合本标准规定，或强度低于商品等级规定的指标时，均为不合格品。水泥包装标志中水泥品种、等级、工厂名称和出厂编号不全的也属于不合格品。

(4) 试验报告：

试验报告内容应包括本标准规定除干缩率和耐磨性以外的各项技术要求及试验结果，助磨剂、工业副产石膏、混合材料名称和掺加量、属旋窑或立窑生产。水泥厂应在水泥发出日起7d内寄发除28d强度的各项试验结果，28d强度数值，应在水泥发出日起32d内补报。

（5）验收：

1）以抽取实物试样的检验结果为验收依据时，买卖双方应在发货前或交货地共同取样和签封。取样方法按（GB/T 12573—2008）进行，取样应在水泥发货前或到达地三日内进行，取样数量为22kg，缩分为两等份，一份由卖方保存40d，一份由买方按本标准规定的项目和方法进行检验。

在40d以内，买方检验认为产品质量不符合本标准要求，而卖方又有争议时，则双方应将卖方保存的另一份试样送省级或省级以上国家认可的水泥质量监督检验机构进行仲裁检验。

2）以水泥厂同编号水泥的检验报告为验收依据时，在发货前或交货时买方在同编号水泥中抽取试样，双方共同签封后保存三个月；或委托卖方在同编号水泥中抽取试样，签封后保存三个月。

在三个月内，买方对水泥质量有疑问时，则买卖双方应将共同签封的试样送省级或省级以上国家认可的水泥质量监督检验机构进行仲裁检验。

5.3.5　各类砌砖、砌块进场复试报告（C4-3-5）

1. 资料表式

各类砌砖、砌块进场复试报告　　　　　表C4-3-5

试验编号：_____

委托单位：_____　　试验委托人：_____

工程名称：_____　　部　　位：_____

种　　类：_____　强度等级：_____　厂　别：_____

代表数量：_____　来样日期：_____　试验日期：_____

试件处理日期	试压日期	抗压强度（N/mm²）			平均值	标准值
		单块值				
		1		6		
		2		7		
		3		8		
		4		9		
		5		10		

其他试验：_____

结论：_____

试验单位：　　　技术负责人：　　　审核：　　　试（检）验：

报告日期：　　年　　月　　日

2. 应用说明

(1) 各类砌砖、砌块进场复试报告是对用于道路工程中的砖类材料,根据标准规定测试相关检验项目,进行复试后由试验单位出具的质量证明文件。

(2) 各类砌砖、砌块进场复试报告出厂合格证、试验报告:

用于工程的各种品种、强度等级的砖、砌块,进场时应有出厂合格证明,进场砖不论有无出厂合格证均必须按(在工地取样)规定批量进行复试。"必试"项目为:尺寸偏差、外观质量、强度等级或力学物理性能、透水系数或吸水率。

(3) 批量与抽样应分别按各砖的材料标准规定的批量与抽样的相关规定执行。

(4) 填表说明:

1) 强度等级:例如《烧结普通砖》(GB 5101—2003) 标准规定烧结普通砖强度等级为 5 级,即 MU10、MU15、MU20、MU25 和 MU30,按设计要求的强度等级填写。

2) 厂别:填写砖生产厂的厂名,应填写全称。

3) 试件处理日期:指试件试压前按要求需进行试件处理的时日,按实际的处理日期填写。

4) 试压日期:指试件试压的日期,按实际的试压日期填写。

5) 抗压强度 (N/mm^2):是砖的"必试"项目之一。每组试验 5 块,按每块砖的实际长度、宽度计算得出承压面积、破坏荷载、极限强度和平均值,并分别填写。

①单块值:指单块砖的实际试验的强度值,照单块实际的试验结果填写。

②平均值:指每组砖的试件的实际试验的强度的平均值,照每组实际的试验结果的平均值填写。

③标准值:指不同品种砖的标准规定的砖的强度值,照实际的试验结果的填写。

6) 其他试验:指当设计或有特殊需要时进行的除抗压强度以外的试验,照实际试验的结果填写。

7) 结论:应全面、准确,核心是可用性及注意事项。

(5) 砖类应用技术要求应按不同砖类品种的现行标准执行。

5.3.5.1 混凝土路面砖应用技术要求

执行标准:《混凝土路面砖》(JC/T 446—2000)(摘选)

(1) 混凝土路面砖应符合表1~表3的规定。

外观质量(单位:mm) 表1

项 目		优等品	一等品	合格品
正面粘皮及缺损的最大投影尺寸 ≤		0	5	10
缺棱掉角的最大投影尺寸 ≤		0	10	20
裂纹	非贯穿裂纹长度最大投影尺寸 ≤	0	10	20
	贯穿裂纹	不允许		
分 层		不允许		
色差、杂色		不明显		

注:分层,色差、杂色均不不允许。

力学性能（单位：MPa） 表2

边长/厚度	<5		≥5		
抗压强度等级	平均值≥	单块最小值≥	抗折强度等级	平均值≥	单块最小值
C_c30	30.0	25.0	$C_f3.5$	3.50	3.00
C_c35	35.0	30.0	$C_f4.0$	4.00	3.20
C_c40	40.0	35.0	$C_f5.0$	5.00	4.20
C_c50	50.0	42.0	$C_f6.0$	6.00	5.00
C_c60	60.0	50.0	—	—	—

物理性能 表3

质量等级	耐磨性		吸水率（%）≤	抗冻性
	磨抗长度（mm）≤	耐磨度≥		
优等品	28.0	1.9	5.0	冻融循环试验后，外观质量必须符合表2的规定，强度损失不得大于20.0%
一等品	32.0	1.5	6.5	
合格品	35.5	1.2	8.0	

注：磨抗长度与耐磨度二项试验只做一项即可。

（2）出厂检验项目：外观质量、尺寸偏差、强度、吸水率。

（3）批量：每批路面砖应为同一类别、同一规格、同一等级，每20000块为一批；不足20000块，亦按一批计；超过20000块，批量由供需双方商定。

（4）抽样：

1）外观质量检验的试件，抽样前预先确定好抽样方法，按随机抽样法从每批产品中抽取50块路面砖，使所抽取的试件具有代表性。

2）规格尺寸检验的试件，从外观质量检验合格的试件中按随机抽样法抽取10块路面砖。

3）物理、力学性能检验的试件，按随机抽样法从外观质量及尺寸检验合格的试件中抽取30块路面砖（其中5块备用）。

物理、力学性能试验试件的龄期为不少于28d。

（5）判定规则：

1）外观质量：

在50块试件中，根据不合格试件的总数（K_1）及二次抽样检验中不合格（包括第一次检验不合格试件）的总数（K_2）进行判定。

若$K_1 \leq 3$，可验收；若$K_1 \geq 7$，拒绝验收；若$4 \leq K_1 \leq 6$，则允许按（4）抽样1）款规定进行第二次抽样检验。

若$K_2 \leq 8$，可验收；若$K_2 \geq 9$，拒绝验收。

2）尺寸偏差

在10块试件中，根据不合格试件的总数（K_1）及二次抽样检验中不合格（包括第一次检验不合格试件）的总数（K_2）进行判定。

若 $K_1 \leqslant 1$，可验收；若 $K_1 \geqslant 3$，拒绝验收；若 $1=2$，则允许按（4）抽样2）款规定进行第二次抽样检验。

若 $K_2 = 2$，可验收；若 $K_2 \geqslant 3$，拒绝验收。

3）物理、力学性能

经检验，各项物理、力学性能符合某一等级规定时，判该项为相应等级。

若两种耐磨性结果有争议，以（GB/T 12988—2009）试验结果为最终结果。

4）总判定

所有项目的检验结果都符合某一等级规定时，判为相应等级；有一项不符合合格品等级规定时，判为不合格品。

5.3.5.2 透水路面砖和透水路面板应用技术要求

执行标准：《透水路面砖和透水路面板》（GB/T 25993—2010）（摘选）

1. 技术要求

（1）透水块材的实际尺寸与公称尺寸之间的偏差值，每个测量读数值均应符合表1的规定。

尺寸偏差（单位：mm） 表1

分类标记	名称	公称尺寸	长度	宽度	厚度	对角线	厚度方向垂直度	直角度
PCB	透水混凝土路面砖	所有	±2	±2	±2	—	≤1.5	≤1.0
PCF	透水混凝土路面板	长度≤500	±2	±2	±3	±3	≤1.0	—
		长度>500	±3	±3	±3	±4		
PFB	透水烧结路面砖	所有	±2	±2	±2	—	≤2.0	≤2.0
PFF	透水烧结路面板	长度≤500	±3	±3	±3	±4	≤2.0	—
		长度>500	±3	±3	±3	±6		

注：1. 矩形透水块材对角线的公称尺寸，用公称长度和宽度，用几何学计算得到。计算精确至0.5mm。
2. 对角线、直角度的指标值，仅适用于矩形透水块材。

（2）单块透水块材的厚度差≤2mm。透水块材饰面层的平整度应符合表2的规定。

平整度 表2

产品名称及分类标识	最大凸面	最大凹面
透水混凝土路面砖　PCB	≤1.5	≤1.0
透水混凝土路面板　PCF	≤2.0	≤1.5
透水烧结路面砖　PFB	≤1.5	≤1.5
透水烧结路面板　PFF	≤3.0	≤2.5

（3）非矩形和经二次加工的透水块材的尺寸偏差限值，应由产品生产供应商与客户商定。

2. 外观质量

（1）透水块材的外观质量应符合表3的规定。

外 观 质 量　　　　　　　表3

项　目			顶面	其他面
裂纹	贯穿裂纹		不允许	不允许
	非贯穿裂纹	最大投影尺寸长度（mm）	≤10	≤15
		累计条数（投影尺寸长度≤2mm不计）（条）	≤1	≤2
缺棱掉角	沿所在棱边垂直方向投影尺寸的最大值（mm）		≤3	10
	沿所在棱边方向投影尺寸的最大值（mm）		≤10	20
	累计个数（三个方向投影尺寸最大值≤2mm不计）（个）		≤1	≤2
粘皮与缺损	深度≥1mm的最大投影尺寸（mm）	透水路面砖	≤8	10
		透水路面板	≤15	20
	累计个数（投影尺寸长度≤2mm不计）（个）	深度≥1mm、≤2.5mm	≤1	≤2
		深度>2.5mm	不允许	不允许

注：1. 经两次加工和有特殊装饰要求的透水块材，不受此规定限制。
　　2. 生产制造过程中，设计尺寸的倒棱不属于"缺棱掉角"。
　　3. 透水块材侧面的肋，不属于"黏皮"。

（2）透水块材侧向（厚度方面）有起连锁作用的肋条时，肋条上不宜有影响铺装的黏皮现象存在。

3. 饰面层的颜色、花纹

（1）铺装后顶面为单色的透水块材，其顶面应无明显的色差。

（2）铺装后顶面为双色或多色，或者表面经深加工处理的透水块材，应满足供需双方预先约定的要求。色质饱和度、混色程度、花纹和条纹等，应基本一致。

4. 强度等级

（1）透水混凝土路面板和透水烧结路面板的抗折强度应符合表4的规定。

抗折强度（单位：MPa）　　　　　　　表4

抗折强度等级	平均值	单块最小值
$R_t 3.0$	≥3.0	≥2.4
$R_t 3.5$	≥3.5	≥2.8
$R_t 4.0$	≥4.0	≥3.2
$R_t 4.5$	≥4.5	≥3.4

（2）透水混凝土路面砖和透水烧结路面砖的劈裂抗拉强度等级应符合表5的规定。单块的线性破坏荷载应不小于200N/mm。

劈裂抗拉强度（单位：MPa）　　　　　　　表5

劈裂抗拉强度等级	平均值	单块最小值
$f_{ts} 3.0$	≥3.0	≥2.4
$f_{ts} 3.5$	≥3.5	≥2.8
$f_{ts} 4.0$	≥4.0	≥3.2
$f_{ts} 4.5$	≥4.5	≥3.4

5. 透水系数

透水块材的透水系数应符合表 6 的规定。

透水系数（单位：cm/s）　　　　　　　　　表 6

透水等级	透水系数
A 级	$\geqslant 2.0 \times 10^{-2}$
B 级	$\geqslant 1.0 \times 10^{-2}$

6. 抗冻性

透水块材的抗冻性应符合表 7 的规定。

抗　冻　性　　　　　　　　　表 7

使用条件	抗冻指标	单块质量损失率	强度损失率/%
夏热冬暖地区	D15	$\leqslant 5\%$ 冻后顶面缺损深度$\leqslant 5$mm	$\leqslant 20$
夏热冬冷地区	D25		
寒冷地区	D35		
严寒地区	D50		

7. 耐磨性和防滑性

（1）透水块材顶面的耐磨性，应满足磨坑长度不大于 35mm 的要求。

（2）透水块材顶面的防滑性应满足检测 BPN 值不小于 60。透水块材顶面具有凸起纹路、凹槽饰面等其他阻碍进行防滑性检测时，则认为产品防滑性能符合要求。

8. 检验规则

（1）出厂检验项目为：尺寸偏差、外观质量、强度等级、透水系数。

（2）组批规则：以用同一批原材料、同一生产工艺生产、同标记的 1000m² 透水块材为一批，不足 1000m² 者亦按一批计。

（3）抽样规则：

1）每批随机抽取 32 块试件，进行外观质量、尺寸偏差检验。

2）每批随机抽取能组成约 1m² 铺装面数量的透水块材进行颜色、花纹检验。

3）从外观质量和尺寸偏差检验合格的透水块材中抽取如下数量进行其他项目检验：

①强度等级：5 块。

②透水系数：3 块。

③抗冻性：10 块。

④耐磨性：5 块。

⑤防滑性：3块。

强度等级试验后的试件，若能满足再次制样的尺寸大小要求，可以用于透水系数、耐磨性和防滑性项目的检验。

（4）判定规则：

1）32块受检的透水块材试件中，外观质量和尺寸偏差不符合本标准6.1、6.2的试件数量，应不超过3块，则判该批产品的尺寸偏差和外观质量合格，否则为不合格。

2）型式检验项目的检验结果均符合本标准第6章（即技术要求）各项要求时，则判定该批产品合格，否则为不合格；出厂检验项目的检验结果结合时效范围内其余检验项目综合判定，符合本标准第6章（即技术要求）各项要求时，则判定该批产品合格，有一项不合格，则判定该批产品不合格。

注：透水块材产品质量合格证书内容包括：厂名和商标；合格证编号、生产和出厂日期；产品标记；性能检验结果；批量编号与透水块材数量；检验部门与检验人员签字盖章。

5.3.5.3 预制混凝土砌块、路缘石、隔离墩等技术要求

1. 应用说明

（1）预制混凝土砌块、路缘石、隔离墩等的产品试验报告按当地建设行政主管部门或其委托单位批准的具有相应资质的试验室提供的复试报告表式执行。

（2）水泥混凝土预制人行道砌块的抗压强度应符合设计规定，设计未规定时，不宜低于30MPa。砌块应表面平整、粗糙、纹路清晰、棱角整齐，不得有蜂窝、露石、脱皮等现象；彩色道砖应色彩均匀。预制人行道砌块加工尺寸与外观质量允许偏差应符合表1的规定。

砌块加工尺寸与外观质量允许偏差　　　　　　　　　表1

项　　目		单　位	允许偏差
长度、宽度		mm	±2.0
厚　度			±3.0
厚度差①			≤3.0
平整度			≤2.0
垂直度			≤2.0
正面粘皮及缺损的最大投影尺寸			≤5
缺棱掉角的最大投影尺寸			≤10
裂纹	非贯穿裂纹最大投影尺寸		≤10
	贯穿裂纹		不允许
分　层		—	不允许
色差、杂色			不明显

①同一砌块的厚度差。

（3）预制混凝土路缘石应符合下列规定：

1）混凝土强度等级应符合设计要求。设计未规定时，不应小于C30。路缘石弯拉与抗压强度应符合表2的规定。

路缘石弯拉与抗压强度 表 2

直线路缘石			直线路缘石（含圆形、L形）		
弯拉强度（MPa）			抗压强度（MPa）		
强度等级 C_f	平均值	单块最小值	强度等级 C_c	平均值	单块最小值
$C_f 3.0$	≥3.00	2.40	$C_c 30$	≥30.0	24.0
$C_f 4.0$	≥4.00	3.20	$C_c 35$	≥35.0	28.0
$C_f 5.0$	≥5.00	4.00	$C_c 40$	≥40.0	32.0

注： 直线路缘石用弯拉强度控制，L形或弧形路缘石用抗压强度控制。

2）路缘石吸水率不得大于8%。有抗冻要求的路缘石经50次冻融试验（D50）后，质量损失率应小于3%，抗盐冻性路缘石经ND25次试验后，质量损失应小于$0.5kg/m^3$。

（4）预制混凝土路缘石加工尺寸允许偏差应符合表3的规定。

预制混凝土路缘石加工尺寸允许偏差 表 3

项 目	允许偏差（mm）
长度	+5 / −3
宽度	+5 / −3
高度	+5 / −3
平整度	≤3
垂直度	≤3

（5）预制混凝土路缘石外观质量允许偏差应符合表4的规定。

预制混凝土路缘石外观质量允许偏差 表 4

项 目	允许偏差
缺棱掉角影响顶面或正侧面的破坏最大投影尺寸（mm）	≤15
面层非贯穿裂纹最大投影尺寸（mm）	≤10
可视面粘皮（脱皮）及表面缺损最大面积（mm^2）	≤30
贯穿裂纹	不允许
分层	不允许
色差、杂色	不明显

（6）隔离墩应符合下列规定：

1）隔离墩宜由有资质的生产厂供货。现场预制时宜采用钢模板，拼装严密、牢固，混凝土拆模时的强度不得低于设计强度的75%。

2）隔离墩吊装时，其强度应符合设计规定，设计无规定时不应低于设计强度的75%。

3）安装必须稳固，坐浆饱满；当采用焊接连接时，焊缝应符合设计要求。

5.3.6 石材(料石、大理石、花岗石等)检(试)验报告(C4-3-6)

料石、预制砌块宜由预制厂生产，并应提供强度、耐磨性能试验报告及产品合格证。当工程用石材设计有强度要求时，应按设计要求委托具有相应资质实验室进行复试。

5.3.6.1 料石检（试）验报告（C4-3-6-1）

1. 资料表式

料石检（试）验报告按当地建设行政主管部门或其委托单位批准的具有相应资质的试验室提供的复试报告表式执行。

2. 应用说明

（1）料石应表面平整、粗糙，色泽、规格、尺寸应符合设计要求，其抗压强度不宜小于80MPa，且应符合表C4-3-6-1A的要求。料石加工尺寸允许偏差应符合表C4-3-6-1B的规定。

石材物理性能和外观质量　　　　　　　　　　　　　表 C4-3-6-1A

	项　目	单　位	允许值	注
物理性能	饱和抗压强度	MPa	≥80	
	饱和抗折强度	MPa	≥9	
	体积密度	g/cm³	≥2.5	
	磨耗率（狄法尔法）	%	<4	
	吸水率	%	<1	
	孔隙率	%	<3	
外观质量	缺　棱	个		面积不超过 5mm×10mm，每块板材
	缺　角	个	1	面积不超过 2mm×2mm，每块板材
	色　斑	个		面积不超过 15mm×15mm，每块板材
	裂　纹	条	1	长度不超过两端顺延至板边总长度的1/10（长度小于20mm不计），每块板
	坑　窝	—	不明显	粗面板材的正面出现坑窝

注：表面纹理垂直于板边沿，不得有斜纹、乱纹现象，边沿直顺、四角整齐，不得有凹、凸不平现象。

（2）料石加工尺寸允许偏差应符合表C4-3-6-1B的规定。

料石加工尺寸允许偏差　　　　　　　　　　　　　表 C4-3-6-1B

项　目	允许偏差（mm）	
	粗面材	细面材
长、宽	0 −2	0 −1.5
厚（高）	+1 −3	±1
对角线	±2	±2
平面度	±1	±0.7

注：料石设计有要求时应进行试验，并出具试验报告。

(3) 石质路缘石应采用质地坚硬的石料加工，强度应符合设计要求，宜选用花岗石。

1) 剁斧加工石质路缘石允许偏差应符合表 C4-3-6-1C 的规定。

剁斧加工石质路缘石允许偏差　　　　　　　表 C4-3-6-1C

项　目		允许偏差
外形尺寸（mm）	长	±5
	宽	±2
	厚（高）	±2
外露面细石面平整度（mm）		3
对角线长度差（mm）		±5
剁斧纹路		应直顺、无死坑

2) 机具加工石质路缘石允许偏差应符合表 C4-3-6-1D 的规定。

机具加工石质路缘石允许偏差　　　　　　　表 C4-3-6-1D

项　目		允许偏差（mm）
外形尺寸	长	±4
	宽	±1
	厚（高）	±2
对角线长度差		±4
外露面平整度		2

5.3.6.2　天然大理石、花岗石检（试）验报告（C4-3-6-2）

1. 资料表式

天然大理石、花岗石检（试）验报告按当地建设行政主管部门或其委托单位批准的具有相应资质的试验室提供的复试报告表式执行。

2. 应用说明

天然大理石、花岗石的技术等级、光泽度、外观等质量要求应符合建材行业标准《天然大理石建筑板材》（GB/T 19766—2005）、《天然花岗石建筑板材》（GB/T 18601—2009）的规定；预制板块的强度等级、规格、质量应符合设计要求；水磨石板块应符合国家现行行业标准《建筑水磨石制品》（JC 507—2012）的规定。

5.3.6.2-1　天然大理石建筑板材应用技术要求

执行标准：《天然大理石建筑板材》（GB/T 19766—2005）　　（摘选）

(1) 天然大理石技术要求

1) 普型板规格尺寸允许偏差，应符合表 1 的规定。圆弧板壁厚最小值应不小于 20mm，规格尺寸允许偏差应符合表 2 的规定。

普型板规格尺寸允许偏差（单位：mm）　　　　　　　　　　　　　　　　表1

项　目		允　许　偏　差		
		优等品	一等品	合格品
长度、宽度		0 −1.0	0 −1.0	0 −1.5
厚度	≤12	±0.5	±0.8	±1.0
	>12	±1.0	±1.5	±2.0
干挂板材厚度		+2.0 0	+2.0 0	+3.0 0

圆弧板规格尺寸允许偏差（单位：mm）　　　　　　　　　　　　　　　　表2

项　目	允　许　偏　差		
	优等品	一等品	合格品
弦长	0 −1.0	0 −1.0	0 −1.5
高度	0 −1.0	0 −1.0	0 −1.5

2）普型板平面度允许公差，应符合表3规定。圆弧板直线度与线轮廓度允许公差，应符合表4规定。

普型板平面度允许公差（单位：mm）　　　　　　　　　　　　　　　　　表3

项　目	允　许　偏　差		
	优等品	一等品	合格品
≤400	0.2	0.3	0.5
>400～≤800	0.5	0.6	0.8
>800	0.7	0.8	1.0

圆弧板直线度与线轮廓度允许公差（单位：mm）　　　　　　　　　　　　表4

项　目		允　许　偏　差		
		优等品	一等品	合格品
直线度 （按板材高度）	≤800	0.6	0.8	1.0
	>800	0.8	1.0	1.2
线轮廓度		0.8	1.0	1.2

3）角度允许公差：

① 普型板角度允许公差，应符合表5的规定。

普型板角度允许公差（单位：mm）　　　　　　　　　　　　　　　　　　表5

项　目	允　许　偏　差		
	优等品	一等品	合格品
≤400	0.3	0.4	0.5
>400	0.4	0.5	0.7

② 圆弧板角度允许公差：优等品为0.4mm，一等品为0.6mm，合格品为0.8mm。

③ 普型板拼缝板材正面与侧面的夹角不得大于90°；圆弧板侧面角α应不小于90°。

4）外观质量。同一批板材色调应基本调和，花纹应基本一致。板材正面的外观缺陷质量要求应符合表6规定。

板材正面的外观缺陷的质量要求 表6

名称	规定内容	优等品	一等品	合格品
裂纹	长度超过10mm的不允许条数（条）	0		
缺棱	长度不超过8mm，宽度不超过1.5mm（长度≤4mm，宽度≤1mm不计），每米长允许个数（个）	0	1	2
缺角	沿板材边长顺延方向，长度≤3mm，宽度≤3mm（长度≤2mm，宽度≤2mm不计），每块板允许个数（个）	0	1	2
色斑	面积不超过6cm^2（面积小于2cm^{2}不计），每块板允许个数（个）	0	1	2
砂眼	直径在2mm以下		不明显	有，不影响装饰效果

5）镜面板材的镜向光泽值应不低于70光泽单位。板材的其他物理性能指标应符合表7的规定。

板材的其他物理性能指标 表7

项目		指标
体积密度（g/cm^3）≥		2.30
吸水率（%）≤		0.50
干燥压缩强度（MPa）≥		50.0
干燥	弯曲强度（MPa）≥	7.0
水饱和		
耐磨度[a]（1/cm^3）≥		10

[a] 为了颜色和设计效果，以两块或多块大理石组合拼接时，耐磨度差异应不大于5，建议适用于经受严重踩踏的阶梯、地面和月台使用的石材耐磨度最小为12。

（2）检验规则

1）检验项目：

① 普型板：规格尺寸偏差，平面度公差，角度公差，镜向光泽度，外观质量。

② 圆弧板：规格尺寸偏差，角度公差，直线度公差，线轮廓度公差，镜向光泽度，外观质量。

2）组批：同一品种、类别、等级的板材为一批。

3）抽样：采用《计数抽样检验程序》（GB/T 2828）一次抽样正常检验方式，检查水平为Ⅱ。合格质量水平（AQL值）取为6.5；根据抽样判定表抽取样本见表8。

表8

批量范围（块）	样本数（块）	合格判定数（Ac）（块）	不合格判定数（Re）（块）
≤25	5	0	1
26～50	8	1	2

续表

批量范围（块）	样本数（块）	合格判定数（Ac）（块）	不合格判定数（Re）（块）
51～90	13	2	3
91～150	20	3	4
151～280	32	5	6
281～500	50	7	8
501～1200	80	10	11
1201～3200	125	14	15
≥3201	200	21	22

4) 判定：

① 单块板材的所有检验结果均符合技术要求中相应等级时，则判定该块板材符合该等级。

② 根据样本检验结果，若样本中发现的等级不合格品数小于或等于合格判定数（Ac），则判定该批符合该等级；若样本中发现的等级不合格品数大于或等于不合格判定数（Re），则判定该批不符合该等级。

5.3.6.2-2 天然花岗石建筑板材应用技术要求

执行标准：《天然花岗石建筑板材》（GB/T 18601—2009） （摘选）

（1）天然花岗石建筑板材技术要求

1）等级按加工质量和外观质量分为：

① 毛光板按厚度偏差、平面度公差、外观质量等将板材分为优等品（A）、一等品（B）、合格品（C）三个等级。

② 普型板按规格尺寸偏差、平面度公差、角度公差、外观质量等将板材分为优等品（A）、一等品（B）、合格品（C）三个等级。

③ 圆弧板按规格尺寸偏差，直线度公差，线轮廓度公差，外观质量等将板材分为优等品（A）、一等品（B）、合格品（C）三个等级。

2）要求：

① 一般要求：天然花岗石建筑板材的岩矿结构应符合商业花岗石的定义范畴。规格板的尺寸系列见表1，圆弧板、异型板和特殊要求的普型板规格尺寸由供需双方协商确定。

规格板的系列尺寸 表1

边长系列	300[a]、305[a]、400、500、600[a]、800、900、1000、1200、1500、1800
厚度系列	10[a]、12、15、18、20[a]、25、30、35、40、50

[a] 常用规格。

② 加工质量：

A. 毛光板的平面度公差和厚度偏差应符合表2的规定。普型板规格尺寸允许偏差见表3。

毛光板的平面度公差和厚度偏差（单位：mm）　　　　　　　　　　　表 2

项　目		技　术　指　标					
		镜面和细面板材			粗面板材		
		优等品	一等品	合格品	优等品	一等品	合格品
平面度		0.80	1.00	1.50	1.50	2.00	3.00
厚度	≤12	±0.5	±1.0	+1.0 −1.5			
	>12	±1.0	±1.5	±2.0	+1.0 −2.0	±2.0	+2.0 −3.0

普型板规格尺寸允许偏差　　　　　　　　　　　表 3

项　目		技　术　指　标					
		镜面和细面板材			粗面板材		
		优等品	一等品	合格品	优等品	一等品	合格品
长度、宽度		0 −1.0		0 −1.5	0 −1.0		0 −1.5
厚度	≤12	±0.5	±1.0	+1.0 −1.5	—		
	>12	±1.0	±1.5	±2.0	+1.0 −2.0	±2.0	+2.0 −3.0

B. 圆弧板壁厚最小值应不小于 18mm，规格尺寸允许偏差见表 4。普型板平面度允许公差见表 5。

圆弧板壁厚及规格尺寸允许偏差（单位：mm）　　　　　　　　　　　表 4

项　目	技　术　指　标					
	镜面和细面板材			粗面板材		
	优等品	一等品	合格品	优等品	一等品	合格品
弦长	0 −1.0	0 −1.5		0 −1.5	0 −2.0	0 −2.0
高度				0 −1.0	0 −1.0	0 −1.5

普型板平面度允许公差（单位：mm）　　　　　　　　　　　表 5

项　目	技　术　指　标					
	镜面和细面板材			粗面板材		
	优等品	一等品	合格品	优等品	一等品	合格品
L≤400	0.20	0.35	0.50	0.60	0.80	1.00
400<L≤800	0.50	0.65	0.80	1.20	1.50	1.80
L>800	0.70	0.85	1.00	1.50	1.80	2.00

③ 圆弧板直线度与线轮廓度允许公差见表 6。

圆弧板直线度与线轮廓度允许公差（单位：mm）　　　　　　　　　　　表 6

项　目		技　术　指　标					
		镜面和细面板材			粗面板材		
		优等品	一等品	合格品	优等品	一等品	合格品
直线度 (按板材高度)	≤800	0.8	1.00	1.20	1.00	1.20	1.50
	>800	1.00	1.20	1.50	1.50	1.50	2.00
线轮廓度		0.80	1.00	1.20	1.00	1.50	2.00

3) 角度允许公差：
① 普型板角度允许公差见表7。

普型板角度允许公差（单位：mm） 表7

板材长度（L）	技 术 指 标		
	优等品	一等品	合格品
L≤400	0.30	0.50	0.80
L>400	0.40	0.60	1.00

② 圆弧板端面角度允许公差：优等品为0.40mm，一等品为0.60mm，合格品为0.80mm。
③ 普型板拼缝板材正面与侧面的夹角不得大于90°；圆弧板侧面角α应不小于90°。
④ 镜面板材的镜向光泽度应不低于80光泽单位，特殊需要和圆弧板由供需双方协商确定。

4) 外观质量：
① 同一批板材的色调应基本调和，花纹应基本一致。
② 板材正面的外观缺陷应符合表8规定，毛光板外观缺陷不包括缺棱和缺角。

板材正面的外观缺陷 表8

缺陷名称	规 定 内 容	技 术 指 标		
		优等品	一等品	合格品
缺棱	长度≤10mm，宽度≤1.2mm（长度＜5mm，宽度＜1.0mm不计），周边每米长允许个数（个）	0	1	2
缺角	沿板材边长，长度≤3mm，宽度≤3mm（长度≤2mm，宽度≤2mm不计），每块板允许个数（个）		1	2
裂纹	长度不超过两端顺延至板边总长度的1/10（长度＜20mm不计），每块板允许条数（条）		2	3
色斑	面积≤15mm×30mm（面积＜10mm×10mm不计），每块板允许个数（个）		2	3
色线	长度不超过两端顺延至板边总长度的1/10（长度＜40mm不计），每块板允许条数（条）		2	3

注：干挂板材不允许有裂纹存在。

5) 天然花岗石建筑板材的物理性能应符合表9的规定；工程对石材物理性能项目及指标有特殊要求的，按工程要求执行。

天然花岗石建筑板材的物理性能 表9

项 目	技 术 指 标	
	一般用途	功能用途
体积密度/（g/cm³），≥	2.56	2.56
吸水率/%，≤	0.60	0.40

项目		技术指标	
		一般用途	功能用途
压缩强度/MPa，≥	干燥	100	131
	水饱和		
弯曲强度/MPa，≥	干燥	8.0	8.3
	水饱和		
耐磨性[a]（1/cm^3），≥		25	25

[a] 使用在地面、楼梯踏步、台面等严重踩踏或磨损部位的花岗石石材应检验此项。

6）放射性：天然花岗石建筑板材应符合《建筑材料放射性核素限量》（GB 6566—2010）的规定。

（2）检验规则

1）检验项目：

毛光板为厚度偏差、平面度公差、镜向光泽度、外观质量；普型板为规格尺寸偏差、平面度公差、角度公差、镜向光泽度、外观质量；圆弧板为规格尺寸偏差、角度公差、直线度公差、线轮廓度公差、外观质量。

2）组批：同一品种、类别、等级、同一供货批的板材为一批；或按连续安装部位的板材为一批。

3）抽样：采用《计数抽样检验程序第一部分：按接收质量限（AQL）检索的逐批检验抽样计划》（GB/T2828.1—2012）一次抽样正常检验方式，检查水平为Ⅱ，合格质量水平（AQL值）取为6.5；根据表10抽取样本。

4）判定：

① 单块板材的所有检验结果均符合技术要求中相应等级时，则判定该块板材符合该等级。

② 根据样本检验结果，若样本中发现的等级不合格数小于或等于合格判定数（Ac），则判定该批符合该等级；若样本中发现的等级不合格品数大于或等于不合格判定数（Re），则判定该批不符合该等级。

表10

批量范围（块）	样本数（块）	合格判定数（Ac）（块）	不合格判定数（Re）（块）
≤25	5	0	1
26～50	8	1	2
51～90	13	2	3
91～150	20	3	4
151～280	32	5	6
281～500	50	7	8
501～1200	80	10	11
1201～3200	125	14	15
≥3201	200	21	22

5.3.7 砂子、石子进场复试报告（C4-3-7）

5.3.7.1 砂子进场复试报告（C4-3-7-1）

1. 资料表式

砂子进场复试报告　　　　　　　　表 C4-3-7-1

试验编号：_____

委托单位：_____ 试验委托人：_____ 工程名称：_____

砂子产地：_____ 收样日期：_____ 试验日期：_____

代表数量：_____

一、筛分析　1、Mx _____	2. 颗粒级配 _____
二、表观密度 _____ g/cm³	三、紧密密度 _____
四、堆积密度 _____ g/cm³	五、含泥量 _____ %
六、泥块含量 _____ %	七、吸水率 _____ %
八、含水率 _____ %	九、轻物质含量 _____ %
十、坚固性（重量损失）_____ %	十一、有机物含量 _____ %
十二、云母含量 _____ %	十三、碱活性 _____ %
结论	

试验单位：　　　技术负责人：　　　审核：　　　试（检）验：

　　　　　　　　　　　　　　　　　　　　　　报告日期：　年　月　日

2. 应用说明

（1）砂试验报告是对用于城镇道路工程中的砂的筛分、含泥量、泥块含量等指标进行复试后由试验单位出具的质量证明文件。砂试验报告必须是经省级及其以上建设行政主管部门批准的试验室出具的试验报告单方为有效。

（2）砂应有在工地取样的试验报告单，应试项目齐全，试验编号必须填写，并应符合有关规范要求。

（3）重要工程混凝土使用的砂，应采用化学法和砂浆长度法进行骨料的碱活性检验。经检验判断为有潜在危害时，应采取下列措施：

1）使用含碱量小于0.6%的水泥或采取能制碱-骨料反映的掺合料。

2）当使用含钾、钠离子的外加剂时，必须进行专门试验。

（4）填表说明：

1）筛分析：按其不同筛孔尺寸的筛余量进行颗粒级配分析，经计算得出细度模数。砂子颗粒级配应合理，颗粒级配不合理时应由技术负责人签注技术处理意见后方准使用。

① Mx（细度模数）：指砂子试验结果，经计算得出的细度模数。是判别粗、中、细、特细砂的标准。细度模数为1.6～3.7。3.1～3.7为粗砂、2.3～3.0为中砂、1.6～2.2为细砂、0.7～1.5为特细砂。

② 颗粒级配：指各种粒径骨料所占的比例，一般用其在规定孔径的一组筛子上的筛余量表示。可分为：连续粒级、单粒级。

2）表观密度（g/cm^3）：指骨料颗粒单位体积（包括内部封闭空隙）的质量。照试验结果填写。

3）堆积密度（g/cm^3）：指骨料在自然堆积状态下单位体积的质量。照试验结果填写。

4）泥块含量（%）：指骨料中粒径大于5mm，经水洗、手捏后变成小于2.5mm的颗粒的含量。照试验结果填写。

5）含水率（%）：指骨料在自然堆放时所含水量与湿重或烘干重量之比。照试验结果填写。

6）坚固性（重量损失）（%）：是指以骨料经硫酸钠饱和溶液循环浸泡后的重量损失百分比。照试验结果填写。

7）云母含量（%）：指砂中云母的近似百分含量。照试验结果填写。

8）紧密密度（g/cm^3）：指骨料按规定方法颠实后单位体积的质量。照试验结果填写。

9）含泥量（%）：指砂中粒径小于0.8mm的尘屑、淤泥和黏土的总含量。照试验结果填写。

10）吸水率（%）：吸水率系指按规定方法测得的饱和面干状态下的吸水量与其烘干重量之比。照试验结果填写。

11）轻物质含量%：照试验结果填写。

12）有机物含量%：是指标准中规定的硫化物、硫酸盐及有机物的含量。照试验结果填写。

13）碱活性%：照试验结果填写。

14）结论：应全面、准确，核心是可用性及注意事项。

5.3.7.1-1　普通混凝土用砂质量应用技术要求

普通混凝土用砂（细骨料）子系指城镇道路工程中诸如人行地道结构、挡土墙等在（CJJ 1—2008）规范中规定执行建筑工程的《混凝土结构工程施工质量验收规范》（GB

50204—2002,2010年版)要求的混凝土工程。

执行标准:《普通混凝土用砂、石质量及检验方法标准》(JGJ 52—2006)   (摘选)

(1) 砂的粗细程度按细度模数 μ_f 分为粗、中、细、特细四级,其范围应符合下列规定:

粗砂:$\mu_f=3.7\sim3.1$ 中砂:$\mu_f=3.0\sim2.3$
细砂:$\mu_f=2.2\sim1.6$ 特细砂:$\mu_f=1.5\sim0.7$

(2) 除特细砂外,砂的颗粒级配可按公称直径 $630\mu m$ 筛孔的累计筛余量(以质量百分率计,下同),分成三个级配区,见表1,且砂的颗粒级配应处于表1中的某一区内。

砂的实际颗粒级配与表1中的累计筛余相比,除公称粒径为 $5.00mm$ 和 $630\mu m$ 的累计筛余外,其余公称粒径的累计筛余可稍有超出分界线,但总超出量不应大于5%。

砂的颗粒级配区   表1

累计筛余(%) 级配区 公称粒径	Ⅰ区	Ⅱ区	Ⅲ区
5.00mm	10~0	10~0	10~0
2.50mm	35~5	25~0	15~0
1.25mm	65~35	50~10	25~0
630μm	85~71	70~41	40~16
315μm	95~80	92~70	85~55
160μm	100~90	100~90	100~90

配制混凝土时宜优先选用Ⅱ区砂。当采用Ⅰ区砂时,应提高砂率,并保持足够的水泥用量,满足混凝土的和易性;当采用Ⅲ区砂时,宜适当降低砂率;当采用特细砂时,应符合相应的规定。

配制泵送混凝土,宜选用中砂。

(3) 天然砂中含泥量应符合表2的规定。

天然砂中含泥量   表2

混凝土强度等级	≥C60	C35~C30	≤C25
含泥量(按质量计,%)	≤2.0	≤3.0	≤5.0

对于有抗冻、抗渗或其他特殊要求的小于或等于C25混凝土用砂,其含泥量不应大于3.0%。

(4) 砂中泥块含量应符合表3的规定。

砂中的泥块含量   表3

混凝土强度等级	≥C60	C35~C30	≤C25
含泥量(按质量计,%)	≤0.5	≤1.0	≤2.0

对于有抗冻、抗渗或其他特殊要求的小于或等于C25混凝土用砂,其泥块含量不应大于1.0%。

(5) 人工砂或混合砂中石粉含量应符合表4的规定。

人工砂或混合砂中石粉含量　　　　　　　　　　　　　　　　　　　表 4

混凝土强度等级		≥C60	C35~C30	≤C25
石粉含量（%）	MB<1.4（合格）	≤5.0	≤7.0	≤10.0
	MB≥1.4（不合格）	≤2.0	≤3.0	≤5.0

（6）砂的坚固性应采用硫酸钠溶液检验，试样经5次循环后，其质量损失应符合表5的规定。

砂的坚固性指标　　　　　　　　　　　　　　　　　　　表 5

混凝土所处的环境条件及其性能要求	5次循环后的质量损失（%）
在严寒及寒冷地区室外使用并经常处于潮湿或干湿交替状态下的混凝土 对于有抗疲劳、耐磨、抗冲击要求的混凝土 有腐蚀介质作用或经常处于水位变化区的地下结构混凝土	≤8
其他条件下使用的混凝土	≤10

（7）人工砂的总压碎值指标应小于30%。

（8）当砂中含有云母、轻物质、有机物、硫化物及硫酸盐等有害物质时，其含量应符合表6的规定。

砂中的有害物质含量　　　　　　　　　　　　　　　　　　　表 6

项　　目	质　量　指　标
云母含量（按质量计，%）	≤2.0
轻物质含量（按质量计，%）	≤1.0
硫化物及硫酸盐含量（折算成SO_3按质量计，%）	≤1.0
有机物含量（用比色法试验）	颜色不应深于标准色，当颜色深于标准色时，应按水泥胶砂强度试验方法进行强度对比试验，抗压强度比不应低于0.95

对于有抗冻、抗渗要求的混凝土用砂，其云母含量不应大于1.0%。

当砂中含有颗粒状的硫酸盐或硫化物杂质时，应进行专门检验，确认能满足混凝土耐久性要求后，方可采用。

（9）对于长期处于潮湿环境的重要混凝土结构用砂，应采用砂浆棒（快速法）或砂浆长度法进行骨料的碱活性检验。经上述检验判断为有潜在危害时，应控制混凝土中的碱含量不超过$3kg/m^3$，或采用能抑制碱—骨料反应的有效措施。

（10）砂中氯离子含量应符合下列规定：

1）对于钢筋混凝土用砂，其氯离子含量不得大于0.06%（以干砂的质量百分率计）。

2）对于预应力混凝土用砂，其氯离子含量不得大于0.02%（以干砂的质量百分率计）。

（11）海砂中贝壳含量应符合表7的规定。

海砂中贝壳含量　　　　　　　　　　　　　　　　　　　表 7

混凝土强度等级	≥C40	C35~C30	C25~C15
贝壳含量（按质量计，%）	≤3	≤5	≤8

对于有抗冻、抗渗或其他特殊要求的小于或等于C25混凝土用砂,其贝壳含量不应大于5%。

(12)砂的取样规定

1)每验收批取样方法应按下列规定执行：

① 从料堆上取样时,取样部位应均匀分布。取样前应先将取样部位表层铲除,然后由各部位抽取大致相等的砂8份,石子为16份,组成各自一组样品。

② 从皮带运输机上取样时,应在皮带运输机机尾的出料处用接料器定时抽取砂4份、石8份组成各自一组样品。

③ 从火车、汽车、货船上取样时,应从不同部位和深度抽取大致相等的砂8份,石16份组成各自一组样品。

2)除筛分析外,当其余检验项目存在不合格项时,应加倍取样进行复验。当复验仍有一项不满足标准要求时,应按不合格品处理。

注： 如经观察,认为各节车皮间（汽车、货船间）所载的砂、石质量相差甚为悬殊时,应对质量有怀疑的每节列车（汽车、货船）分别取样和验收。

3)对于每一单项检验项目,砂、石的每组样品取样数量应分别满足表8的规定。当需要做多项检验时,可在确保样品经一项试验后不致影响其他试验结果的前提下,用同组样品进行多项不同的试验。

每一单项检验项目所需砂最少取样质量　　表8

试 验 项 目	最少取样质量（g）
筛分析	4400
表观密度	2600
吸水率	4000
紧密密度和堆积密度	5000
含 水 率	1000
含 泥 量	4400
泥块含量	20000
石粉含量	1600
人工砂压碎值指标	分成公称粒级5.00～2.50mm；2.50～1.25mm；1.25mm～630μm；630～315μm；315～160μm 每个粒级各需1000g
有机物含量	2000
云母含量	600
轻物质含量	3200
坚固性	分成公称粒级5.00～2.50mm；2.50～1.25mm；1.25mm～630μm；630～315μm；315～160μm 每个粒级各需100g
硫化物及硫酸盐含量	50
氯离子含量	2000
贝壳含量	10000
碱活性	20000

5.3.7.1-2 沥青混合料用细骨料质量应用技术要求

沥青混合料用细骨料质量要求按《城镇道路工程施工与质量验收规范》（CJJ 1—

2008）沥青混合料面层的质量要求执行，见表1～表5。

（1）细骨料质量要求见表1～表5。

细骨料质量要求　　　　　　　　　　　　　　　　　　　　　表1

项　　目	单位	城市快速路、主干路	其他等级道路	试验方法
表现相对密度	—	≥2.50	≥2.45	T0328
坚固性（>0.3mm部分）	%	≥12	—	T0340
含泥量（小于0.075mm的含量）	%	≤3	≤5	T0333
砂当量	%	≥60	≥50	T0334
亚甲蓝值	g/kg	≤25		T0346
棱角性（流动时间）	s	≥30	—	T0345

注：坚固性试验可根据需要进行。

（2）沥青混合料用天然砂规格见表2。

沥青混合料用天然砂规格　　　　　　　　　　　　　　　　　表2

筛孔尺寸 (mm)	通过各孔筛的质量百分率（%）		
	粗砂	中砂	细砂
9.5	100	100	100
4.75	90～100	90～100	90～100
2.36	65～95	75～90	85～100
1.18	35～65	50～90	75～100
0.6	15～30	30～60	60～84
0.3	5～20	8～30	15～45
0.15	0～10	0～10	0～10
0.075	0～5	0～5	0～5

（3）沥青混合料用机制砂或石屑规格见表3。

沥青混合料用机制砂或石屑规格　　　　　　　　　　　　　　表3

规格	公称粒径 (mm)	水洗法通过各筛孔的质量百分数（%）							
		9.5	4.75	2.36	1.18	0.6	0.3	0.15	0.075
S15	0～5	100	90～100	60～90	40～75	20～55	7～40	2～20	0～10
S16	0～3	—	100	80～100	50～80	25～60	8～45	0～25	0～15

注：当生产石屑采用喷水抑制扬尘工艺时，应特别注意含粉量不得超过表中要求。

（4）矿粉应用石灰岩等憎水性石料磨制。城市快速路与主干路的沥青面层不宜采用粉煤灰做填料。当次干路及以下道路用粉煤灰作填料时，其用量不应超过填料总量50%，粉煤灰的烧失量应小于12%。沥青混合料用矿粉质量要求应符合表4的规定。

沥青混合料用矿粉质量要求　　　　　　　　　　　　　　　　表4

项　　目	单位	城市快速路、主干路	其他等级道路	试验方法
表观密度	t/m³	≥2.50	≥2.45	T0352
含水量	%	≥1	≥1	T0103 烘干法

续表

项 目	单位	城市快速路、主干路	其他等级道路	试验方法
粒度范围<0.6mm	%	100	100	T0351
<0.15mm	%	90~100	90~100	
<0.075mm	%	75~100	70~100	
外观	—	无团粒结块		—
亲水系数	—	<1		T0353
塑性指数	%	<4		T0354
加热安定性	—	实测记录		T0355

（5）纤维稳定剂应在250℃条件下不变质。不宜使用石棉纤维。木质素纤维技术要求应符合表5的规定。

木质素纤维技术要求　　表5

项 目	单位	指 标	试验方法
纤维长度	mm	≤6	水溶液用显微镜观测
灰分含量	%	18±5	高温590~600℃燃烧后测定残留物
pH值	—	7.5±1.0	水溶液用pH试纸或pH计测定
吸油率	—	≥纤维质量的5倍	用煤油浸泡后放在筛上经振敲后称量
含水率（以质量计）	%	≤5	105℃烘箱烘2h后的冷却称量

5.3.7.1-3　水泥混凝土路面面层用细骨料质量应用技术要求

水泥混凝土面层用细骨料质量要求按《城镇道路工程施工与质量验收规范》（CJJ 1—2008）水泥混凝土面层的质量要求执行，见表1。

细集料应符合下列规定：

（1）宜采用质地坚硬、细度模数在2.5以上、符合级配规定的洁净粗砂、中砂。

注：细度模数是表征天然砂粒径的粗细程度及类别的指标。

（2）砂的技术要求应符合表1的规定。

砂的技术要求　　表1

	项 目		技 术 要 求					
颗粒配级	筛孔尺寸（mm）		粒　径					
			0.15	0.30	0.60	1.18	2.36	4.75
	累计筛余量（%）	粗砂	90~100	80~95	71~85	35~65	5~35	0~10
		中砂	90~100	70~92	41~70	10~50	0~25	0~10
		细砂	90~100	55~85	16~40	10~25	0~15	0~10
泥土杂物含量（冲洗法）（%）			一级		二级		三级	
			<1		<2		<3	
硫化物和硫酸盐含量（折算为SO$_3$）（%）			<0.5					
氯化物（氯离子质量计）			≤0.01		≤0.02		≤0.06	
有机物含量（比色法）			颜色不应深于标准溶液的颜色					
其他杂物			不得混有石灰、煤渣、草根等其他杂物					

5.3.7.2 石子进场复试报告（C4-3-7-2）

1. 资料表式

石子进场复试报告　　　　　　　　　　表 C4-3-7-2

试验编号：_____

委托单位：_____　试验委托人：_____　工程名称：_____

石子产地：_____　收样日期：_____　试验日期：_____

代表数量：_____　依据标准：_____

一、筛分析 _____	二、表观密度 _____ g/cm³
三、堆积密度 _____ g/cm³	四、紧密密度 _____ g/cm³
五、含泥量 _____ %	六、泥块含量 _____ %
七、有机物含量 _____ %	八、针片状含量 _____ %
九、压碎指标值 _____ %	十、坚固性（重量损失）_____ %
十一、含水率 _____ %	十二、吸水率 _____ %
十三、碱活性 _____ %	
结论	

试验单位：　　　　技术负责人：　　　　审核：　　　　试（检）验：

报告日期：　　年　月　日

2. 应用说明

（1）基本说明：

1）石子试验报告是对用于工程中的石子的表观密度、堆积密度、紧密密度、筛分析、含泥量、泥块含量、针片状含量、压碎指标以及石子有机物含量等进行复试后由试验单位出具的质量证明文件。

2）石子试验报告必须是经省及其以上建设行政主管部门或其委托单位批准的试验室出具的试验报告方为有效报告。

3）石子及其他骨料应有工地取样的试验报告单，应试项目齐全，试验编号必须填写，并应符合有关规范要求。

对重要工程混凝土使用的碎石或卵石应进行碱活性检验。

4) 当怀疑石中因含有活性二氧化硅而可能引起碱—骨料反映时，应根据混凝土结构构件的使用条件进行专门试验，以确定其是否可用。

5) 混凝土工程所使用的石按产地不同和批量要求进行试验，一般混凝土工程的石必须试验项目为颗粒级配、含水率、比重、容重、含泥量，对超过规定但仍可在某些部位使用的应由技术负责人签注，注明使用部位及处理方法。

6) 对C30及C30以上的混凝土、防水混凝土、特殊部位混凝土设计提出要求的或无可信质量证明依据的应加试有害杂质含量等。

7) 混凝土强度等级为C40及其以上混凝土或设计有要求时应对所用石子硬度进行试验。

（2）对有抗渗或其他特殊要求的混凝土，其所用碎石或卵石的含泥量不应大于1%。泥块含量不应大于0.5%；等于及小于C10的混凝土用碎石或卵石含泥量可放宽到2.5%，泥块含量可放宽到1%。

（3）石子使用注意事项：

1) 混凝土用石取样后，每组样品应妥善包装，避免细料散失及防止污染。并附样品卡片，标明样品的编号、取样时间、代表数量、产地、样品量、要求检验项目及取样方法等。

2) 对重要工程的混凝土所使用的碎石或卵石应进行碱活性检验。

进行碱活性检验时，首先应采用岩相法检验碱活性骨料的品种、类型和数量（也可由地质部门提供）。若骨料中含有活性二氧化硅时，应采用化学法和砂浆长度法进行检验；若含有活性碳酸盐骨料时，应采用岩石柱法进行检验。

经上述检验，骨料判定为有潜在危害时，属碱—碳酸盐反应的不宜作混凝土骨料，如必须使用，应以专门的混凝土试验结果作出最后评定。

潜在危害属碱—硅反应的，应遵守以下规定方可使用：

①使用含碱量小于0.6%的水泥或采用能抑制碱—骨料反应的掺合料。

②当使用含钾、钠离子的混凝土外加剂时，必须进行专门的试验。

3) 重视粗骨料的选择和使用。按工程需要合理选择粗骨料的级配、形状等。低强度等级的混凝土宜用卵石，高强度等级宜用碎石。

4) 必须重视粗骨料的质量。当前集料质量差，突出的表现是：材料脏、粉尘多、针片状颗粒含量高、级配不规格等。加上各料场质量、规格参差不齐，导致实际级配与配合比设计差异较大，应予注意。

（4）填表说明：

1) 筛分析：按其不同筛孔尺寸的筛余量进行颗粒级配分析，经计算得出是连续粒级或单粒级。

2) 表观密度（g/cm^3）：指骨料颗粒单位体积（包括内部封闭空隙）的质量。照试验结果填写。

3) 堆积密度（g/cm^3）：指骨料在自然堆积状态下单位体积的质量。照试验结果填写。

4) 紧密密度（g/cm^3）：指骨料按规定方法颠实后单位体积的质量。照试验结果填写。

5) 含泥量（%）：指石子中粒径小于0.8mm的尘屑、淤泥和黏土的总含量。照试验结果填写。

6）泥块含量（％）：指骨料中粒径大于5mm，经水洗、手捏后变成小于2.5mm的颗粒的含量。照试验结果填写。

7）有机物含量（％）：是指标准中规定石子中硫化物、硫酸盐及有机物的含量。照试验结果填写。

8）针片状含量（％）：指针状颗粒系指长度大于2.4倍平均粒径者，片状颗粒系指厚度小于0.4倍平均粒径者。是指其针片状物在石子中的含量。

9）压碎指标值（％）：指碎石或卵石抵抗压碎的能力。照试验结果填写。

10）坚固性（重量损失）（％）：是指以骨料经硫酸钠饱和溶液循环浸泡后的重量损失百分比。照试验结果填写。

11）含水率（％）：指骨料在自然堆放时所含水量与湿重或烘干重量之比。照试验结果填写。

12）吸水率（％）：吸水率系指按规定方法测得的饱和面干状态下的吸水量与其烘干重量之比。照试验结果填写。

13）碱活性（％）：照试验结果填写。

14）结论：应全面、准确，核心是可用性及注意事项。

5.3.7.2-1 普通混凝土用石质量应用技术要求

普通混凝土用石（粗集料）子系指城镇道路工程中诸如人行地道结构、挡土墙等在（CJJ 1—2008）规范中规定执行建筑工程的《混凝土结构工程施工质量验收规范》（GB 50204—2002，2010年版）要求的混凝土工程。

执行标准：《普通混凝土用砂、石质量及检验方法标准》（JGJ 52—2006）   （摘选）

（1）碎石或卵石的颗粒级配，应符合表1的要求。混凝土用石应采用连续粒级。

单粒级宜用于组合成满足要求的连续粒级；也可与连续粒级混合使用，以改善其级配或配成较大粒度的连续粒级。

当卵石的颗粒级配不符合本标准表1要求时，应采取措施并经试验证实能确保工程质量后，方允许使用。

碎石或卵石的颗粒级配范围　　　　　　　　表1

级配情况	公称粒级（mm）	累计筛余，按质量（％）										
		方孔筛筛孔边长尺寸（mm）										
		2.36	4.75	9.5	16.0	19.0	26.5	31.5	37.5	53	63	75	90
连续粒级	5～10	95～100	80～100	0～15	0	—	—	—	—	—	—	—	—
	5～16	95～100	85～100	30～60	0～10	0	—	—	—	—	—	—	—
	5～20	95～100	90～100	40～80	—	0～10	0	—	—	—	—	—	—
	5～25	95～100	90～100	—	30～70	—	0～5	0	—	—	—	—	—
	5～31.5	95～100	95～100	70～90	—	15～45	—	0～5	0	—	—	—	—
	5～40	—	95～100	70～90	—	30～65	—	—	0～5	0	—	—	—

续表

级配情况	公称粒级(mm)	累计筛余，按质量（%）									
		方孔筛筛孔边长尺寸（mm）									
		2.36	4.75	9.5	16.0	19.0	26.5	31.5	37.5	53	63	75	90
单粒级	10～20	—	95～100	85～100	—	0～15	0	—	—	—	—	—	—
	16～31.5	—	95～100	—	85～100	—	—	0～10	0	—	—	—	—
	20～40	—	—	95～100	—	80～100	—	—	0～10	—	—	—	—
	31.5～63	—	—	—	—	95～100	—	75～100	45～75	—	0～10	0	—
	40～80	—	—	—	—	—	95～100	—	70～100	30～60	—	0～10	0

注：公称粒级的上限为该粒级的最大粒径。

（2）碎石或卵石中针、片状颗粒含量应符合表2的规定。

针、片状颗粒含量　　　　　　　　　　　　　　表2

混凝土强度等级	≥C60	C55～C30	≤C25
针、片状颗粒含量（按质量计,%）	≤8	≤15	≤25

（3）碎石或卵石中含泥量应符合表3的规定。

碎石或卵石中的含泥量　　　　　　　　　　　　表3

混凝土强度等级	≥C60	C55～C30	≤C25
含泥量（按质量计,%）	≤0.5	≤1.0	≤2.0

对于有抗冻、抗渗或其他特殊要求的混凝土，其所用碎石或卵石中含泥量不应大于1.0%。当碎石或卵石的含泥是非黏土质的石粉时，其含泥量可由表3的0.5%、1.0%、2.0%，分别提高到1.0%、1.5%、3.0%。

（4）碎石或卵石中泥块含量应符合表4的规定。

碎石或卵石中的泥块含量　　　　　　　　　　　表4

混凝土强度等级	≥C60	C55～C30	≤C25
泥块含量（按质量计,%）	≤0.2	≤0.5	≤0.7

对于有抗冻、抗渗或其他特殊要求的强度等级小于C30的混凝土，其所用碎石或卵石中泥块含量不应大于0.5%。

（5）碎石的强度可用岩石的抗压强度和压碎值指标表示。岩石的抗压强度应比所配制的混凝土强度至少高20%。当混凝土强度等级大于或等于C60时，应进行岩石抗压强度检验。工程中可采用压碎值指标进行质量控制。碎石的压碎值指标宜符合表5的规定。

碎石的压碎值指标　　　　　　　　　　　　　　表5

岩石品种	混凝土强度等级	碎石压碎指标值（%）
沉积岩	C60～C40	≤10
	≤C35	≤16

续表

岩石品种	混凝土强度等级	碎石压碎指标值（%）
变质岩或深成的火成岩	C60～C40	≤12
	≤C35	≤20
喷出的火成岩	C60～C40	≤13
	≤C35	≤30

注：沉积岩包括石灰岩、砂岩等。变质岩包括片麻岩、石英岩等。深成的火成岩包括花岗岩、正长岩、闪长岩和橄榄岩等。喷出的火成岩包括玄武岩和辉绿岩等。

卵石的强度可用压碎值指标表示。其压碎值指标宜符合表6的规定。

卵石的压碎值指标 表6

混凝土强度等级	C60～C40	≤C35
压碎指标值（%）	≤12	≤16

（6）碎石或卵石的坚固性应用硫酸钠溶液法检验，试样经5次循环后，其质量损失应符合表7的规定。

碎石或卵石的坚固性指标 表7

混凝土所处的环境条件及其性能要求	5次循环后的质量损失（%）
在严寒及寒冷地区室外使用并经常处于潮湿或干湿交替状态下的混凝土；有腐蚀介质作用或经常处于水位变化区的地下结构或有抗疲劳、耐磨、抗冲击要求的混凝土	≤8
其他条件下使用的混凝土	≤12

（7）碎石或卵石中的硫化物和硫酸盐含量以及卵石中有机物等有害物质含量，应符合表8的规定。

碎石或卵石中的有害物质含量 表8

项 目	质量要求
硫化物及硫酸盐含量（折算成SO_3按质量计）（%）	≤1.0
卵石中有机质含量（用比色法试验）	颜色应不深于标准色。应颜色深于标准色时，应配制成混凝土进行强度对比试验，抗压强度比应不低于0.95。

（8）对于长期处于潮湿环境的重要结构混凝土，其所使用的碎石或卵石应进行碱活性检验。

进行碱活性检验时，首先应采用岩相法检验碱活性骨料的品种、类型和数量。当检验出骨料中含有活性二氧化硅时，应采用快速砂浆棒法和砂浆长度法进行碱活性检验；当检验出骨料中含有活性碳酸盐时，应采用岩石柱法进行碱活性检验。

经上述检验，当判定骨料存在潜在碱—碳酸盐反应危害时，不宜用作混凝土骨料；否则，应通过专门的混凝土试验，做最后评定。

当判定骨料存在潜在碱—硅反应危害时，应控制混凝土中的碱含量不超过$3kg/m^3$，或采用能抑制碱—骨料反应的有效措施。

（9）石子的取样规定

1) 每验收批取样方法应按下列规定执行:

① 从料堆上取样时,取样部位应均匀分布。取样前应先将取样部位表层铲除,然后由各部位抽取大致相等的砂 8 份,石子为 16 份,组成各自一组样品。

② 从皮带运输机上取样时,应在皮带运输机机尾的出料处用接料器定时抽取砂 4 份、石 8 份组成各自一组样品。

③ 从火车、汽车、货船上取样时,应从不同部位和深度抽取大致相等的砂 8 份,石 16 份组成各自一组样品。

2) 除筛分析外—当其余检验项目存在不合格项时,应加倍取样进行复验。当复验仍有一项不满足标准要求时,应按不合格品处理。

注:如经观察,认为各节车皮间(汽车、货船间)所载的砂、石质量相差甚为悬殊时,应对质量有怀疑的每节列车(汽车、货船)分别取样和验收。

3) 对于每一单项检验项目,砂、石的每组样品取样数量应分别满足表 9 的规定。当需要做多项检验时,可在确保样品经一项试验后不致影响其他试验结果的前提下,用同组样品进行多项不同的试验。

4) 每一单项检验项目所需碎石或卵石的最小取样质量见表 9。

每一单项检验项目所需碎石或卵石的最小取样质量(单位:kg)　　　表 9

试验项目	最大粒径(mm)							
	10	16	20	25	31.5	40	63	80
筛分析	10	15	16	20	25	32	50	64
表观密度	8	8	8	8	12	16	24	24
含水率	2	2	2	2	3	3	4	6
吸水率	8	8	16	16	16	24	24	32
堆积密度、紧密密度	40	40	40	40	80	80	120	120
含泥量	8	8	24	24	40	40	80	80
泥块含量	8	8	24	24	40	40	80	80
针、片状含量	1.2	4	8	12	20	40	—	—
硫化物、硫酸盐	1.0							

注:有机物含量、坚固性、压碎值指标及碱—骨料反应检验,应按试验要求的粒级及质量取样。

5.3.7.2-2 沥青混合料用粗骨料质量应用技术要求

沥青混合料用粗骨料质量要求按《城镇道路工程施工与质量验收规范》(CJJ 1—2008)沥青混合料面层的质量要求执行,见表 1~表 2。

注:沥青混合料是指由矿料与沥青结合料拌合而成的混合料的总称。混合料可有沥青混凝土混合料、密级配沥青混凝土混合料、半开级配沥青混合料、开级配沥青混合料、间断级配沥青混合料、乳化沥青碎石混合料、砂粒式混合料、中粒式混合料、粗粒式混合料等。

沥青混合料用粗骨料质量技术要求。

沥青混合料用粗骨料质量技术要求　　　　　　　　　　　　　　　　　　　表1

指　标	单位	城市快速路、主干路		其他等级道路	试验方法
		表面层	其他层次		
石料压碎值，≤	%	26	28	30	T0316
洛杉矶磨耗损失，≤	%	28	30	35	T0317
表观相对密度，≥	—	2.60	2.5	2.45	T0304
吸水率，≤	%	2.0	3.0	3.0	T0304
坚固性，≤	%	12	12	—	T0314
针片状颗粒含量（混合料），≤	%	15	18	20	T0312
其中粒径大于9.5mm，≤	%	12	15	—	
其中粒径小于9.5mm，≤	%	18	20	—	
水洗法＜0.075mm 颗粒含量，≤	%	1	1	1	T0310
软石含量，≤	%	3	5	5	T0320

注：1. 坚固性试验可根据需要进行。
　　2. 用于城市快速路、主干路时，多孔玄武岩的视密度可放宽至2.45t/m³，吸水率可放宽至3%，但必须得到建设单位的批准，且不得用于SMA路面。
　　3. 对S14即3～5规格的粗骨料，针片状颗粒含量可不予要求，小于0.075mm含量可放宽到3%。

沥青面层用粗骨料规格　　　　　　　　　　　　　　　　　　　　　　　　　表2

规格名称	公称粒径(mm)	通过下列筛孔（mm）的质量百分率（%）											
		106	75	63	53	37.5	31.5	26.5	19.0	13.2	9.5	4.75	2.36	0.6
S1	40～75	100	90～100	—	—	0～15	—	0～5						
S2	40～60		100	90～100	—	0～15	—	0～5						
S3	30～60		100	90～100	—	—	0～15	—	0～5					
S4	25～50			100	90～100	—	0～15	—	0～5					
S5	20～40				100	90～100	—	0～15	—	0～5				
S6	15～30					100	90～100	—	0～15	—	0～5			
S7	10～30					100	90～100	—	—	0～15	0～5			
S8	10～25						100	90～100	—	0～15	—	0～5		
S9	10～20							100	90～100	—	0～15	0～5		
S10	10～15								100	90～100	0～15	0～5		
S11	5～15								100	90～100	40～70	0～15	0～5	
S12	5～10									100	90～100	0～15	0～5	
S13	3～10										100	90～100	40～70	0～20	0～5
S14	3～5											100	90～100	0～15	0～3

5.3.7.2-3 水泥混凝土路面面层用粗骨料质量应用技术要求

水泥混凝土面层用粗骨料质量要求按《城镇道路工程施工质量验收规范》(CJJ 1—2008)水泥混凝土面层的质量要求执行，见表1。

(1) 水泥混凝土面层用粗骨料技术指标应符合表1、表2。

粗骨料技术指标　　　　　　　　　　　　　　　　　　　　　表1

项　目	技　术　要　求	
	Ⅰ级	Ⅱ级
碎石压碎指标（%）	<10	<15
砾石压碎指标（%）	<12	<14
坚固性（按质量损失计）（%）	<5	<8
针片状颗粒含量（按质量计）（%）	<5	<15
含泥量（按质量计）（%）	<0.5	<1.0
泥块含量（按质量计）（%）	<0	<0.2
有机物含量（比色法）	合格	合格
硫化物及硫酸盐（按SO_3质量计）（%）	<0.5	<1.0
空隙率	<47%	
碱骨料反应	经碱骨料反应试验后无裂缝、酥裂、胶倒外溢等现象，在规定试验龄期的膨胀率小于0.10%	
抗压强度（MPa）	火成岩，≥100；变质岩，≥80；水成岩，≥60	

(2) 粗骨料宜采用人工级配。其级配范围宜符合表2的规定。

人工合成级配范围　　　　　　　　　　　　　　　　　　　　　表2

粒径\级配	方筛孔尺寸(mm)							
	2.36	4.75	9.50	16.0	19.0	26.5	31.5	37.5
	累计筛余（以质量计）（%）							
4.75～16	95～100	85～100	40～60	0～10	—	—	—	—
4.75～19	95～100	85～95	60～75	30～45	0～5	0	—	—
4.75～26.5	95～100	90～100	70～90	50～70	25～40	0～5	0	—
4.75～31.5	95～100	90～100	75～90	60～75	40～60	20～35	0～5	0

(3) 粗骨料的最大公称粒径，碎砾石不应大于26.5mm，碎石不应大于31.5mm，砾石不宜大于19.0mm；钢纤维混凝土粗骨料最大粒径不宜大于19.0mm。

5.3.8 粉煤灰与钢渣进场复试报告（C4-3-8）

5.3.8.1 粉煤灰进场复试报告（C4-3-8-1）

1. 资料表式

粉煤灰进场复试报告　　　　　　　　　　　表 C4-3-8-1

样品名称＿＿＿＿＿＿＿　样品状态＿＿＿＿＿＿＿　报告编号＿＿＿＿＿＿＿
委托单位＿＿＿＿＿＿＿　建设单位＿＿＿＿＿＿＿　任务单编号＿＿＿＿＿＿
工程名称＿＿＿＿＿＿＿　委 托 人＿＿＿委托日期＿＿＿　委托单编号＿＿＿＿＿＿
抽样单位＿＿＿＿＿＿＿　抽样地点＿＿＿＿＿＿＿　检测类别＿＿＿＿＿＿＿
检测日期＿＿＿＿＿＿＿　检测标准＿＿＿＿＿＿＿＿＿＿＿＿＿＿＿＿＿＿＿
检测环境＿＿＿＿＿＿＿　检测依据＿＿＿＿＿＿＿＿＿＿＿＿＿＿＿＿＿＿＿

试件编号	试件尺寸（mm）		试件截面积（mm²）	极限荷载（N）	抗压强度（Mpa）		检验结论
	长	宽			单块值	平均值	
1							
2							
3							
4							
5							
6							
检测设备							

检测报告说明：1. 若对报告有异议，应于收到报告之日起十五日内，以书面形式向检测单位提出，逾期视为对报告无异议。
　　　　　　　2. 本报告未加盖公章及资质者，结果无效。

试验单位：　　　　技术负责人：　　　　审核：　　　　试（检）验：
　　　　　　　　　　　　　　　　　　　　　　　　报告日期：　　年　月　日

2. 应用说明

道路工程用粉煤灰的必试项目：化学成分、烧失量、细度和含水量等。
（1）粉煤灰应符合下列规定：

1）粉煤灰中的 SiO_2、Al_2O_3 和 Fe_2O_3 总量宜大于 70%；在温度为 700℃时的烧失量宜小于或等于 10%。

2）当烧失量大于 10%时，应经试验确认混合料强度符合要求时，方可采用。

3）细度应满足 90%通过 0.3mm 筛孔，70%通过 0.075mm 筛孔，比表面积宜大于 $2500cm^2/g$。

（2）粉煤灰应用注意事项：

1）粉煤灰应有合格证和试验报告。粉煤灰使用以复试报告为准。试验内容必须齐全且均应在使用前取得。

2）提供粉煤灰的合格试验单应满足工程使用粉煤灰的数量、品种、强度等级等要求，且粉煤灰的必试项目不得缺漏。

3）粉煤灰使用前必须复试，按粉煤灰做一般试验，同时应对其粉煤灰的有害成分含量根据要求另做试验。

4）设计有要求的粉煤灰品种必须符合设计要求。

5）试验报告单的试验编号必须填写。这是防止弄虚作假、备查试验室、核实报告试验数据正确性的重要依据。

6）粉煤灰试验报告单必须和配合比通知单上的粉煤灰品种、粉煤灰等级相一致。

7）必须实行见证取样，试验室应在见证取样人名单上加盖公章和经手人签字。

5.3.8.2 钢渣进场复试报告（C4-3-8-2）

1. 资料表式

钢渣复试报告按当地建设行政主管部门或其委托单位批准的具有相应资质的试验室提供的复试报告表式执行。

2. 应用说明

（1）钢渣稳定土类基层及底基层用钢渣质量，应进行试验并应符合下列要求：

钢渣破碎后堆存时间不应少于半年，且达到稳定状态，游离氧化钙（f_{CaO}）含量应小于 3%；粉化率不得超过 5%。钢渣最大粒径不应大于 37.5mm，压碎值不应大于 30%，且应清洁，不含废镁砖及其他有害物质；钢渣质量密度应以实际测试值为准。钢渣颗粒组成应符合表 C4-3-8-2A 的规定。

钢渣混合料中钢渣颗粒组成　　　　表 C4-3-8-2A

通过下列筛孔（mm，方孔）的质量（%）								
37.5	26.5	16	9.5	4.75	2.36	1.18	0.60	0.075
100	95~100	60~85	50~70	40~60	27~47	20~40	10~30	0~15

（2）石灰、粉煤灰、钢渣稳定土类混合料配合比设计步骤应依据《城镇道路工程施工与质量验收规范》（CJJ 1—2008）第 7.2.2 条的有关规定。根据试件的平均抗压强度 R 和设计抗压强度 R_d，选定配合比。配合比可按表 C4-3-8-2B 进行初选。

石灰、粉煤灰、钢渣稳定土类混合料常用配合比　　表 C4-3-8-2B

混合料种类	钢 渣	石 灰	粉煤灰	土
石灰、粉煤灰、钢渣	60～70	10～7	30～23	—
石灰、钢渣、土	50～60	10～8	—	40～32
石灰、钢渣	90～95	10～5	—	—

5.3.9　混凝土外加剂进场复试报告（C4-3-9）

外加剂试验报告是指施工单位根据设计要求的砂浆、混凝土强度等级等需掺加外加剂后才能达到要求而进行的试验，外加剂质量需要提请试验单位进行试验并出具的质量证明文件。

1. 资料表式

外加剂资料表式按当地建设行政主管部门批准的具有相应资质的试验单位出具的试验报告单表式执行。

5.3.9.1　外加剂应用技术要求

1. 应用说明

（1）混凝土外加剂应按相关规定进行品质复试和功能性检验。

（2）外加剂必须有质量证明书或合格证。提请试验单位进行试验的试验室应具有相应资质等级。

5.3.9.1-1　掺外加剂混凝土性能指标要求

混凝土外加剂：根据《混凝土外加剂》（GB 8076—2008），掺外加剂混凝土性能指标应符合表 5.3.9.1-1 的要求。

5.3.9.1-2　外加剂的取样规定和取样数量

（1）取样规定：

1）每批外加剂的取样数量一般按其最大掺量不少于 0.5t 水泥所需外加剂量，但膨胀剂的取样数量不应少于 10kg。

2）每批外加剂的取样应从 10 个以上的不同部位取等量样品，混合均匀分成两等份并密封保存。一份对其检验项目按相应标准进行试验，另一份封存半年以备有疑问时交国家指定的检验机构进行复验或仲裁。

（2）取样数量：

常用外加剂的代表批量如表 5.3.9.1-2 所示，不足此数量的也按一批计。

表 5.3.9.1-1 掺外加剂混凝土性能指标表

试验项目	普通减水剂 一等品	普通减水剂 合格品	高效减水剂 一等品	高效减水剂 合格品	早强减水剂 一等品	早强减水剂 合格品	缓凝高效减水剂 一等品	缓凝高效减水剂 合格品	缓凝减水剂 一等品	缓凝减水剂 合格品	引气减水剂 一等品	引气减水剂 合格品	早强剂 一等品	早强剂 合格品	缓凝剂 一等品	缓凝剂 合格品	引气剂 一等品	引气剂 合格品
减水率(%)不小于	8	5	12	10	8	5	12	10	8	5	10	10	—	—	—	—	6	6
泌水率比(%)不大于	95	100	90	95	95	100	100	100	100	100	70	80	100	100	100	110	70	80
含气量(%)	≤3.0	≤4.0	≤3.0	≤4.0	≤3.0	≤4.0	<4.5	<5.5	≤5.5	—	>3.0	>3.0	—	—	—	—	>3.0	>3.0
凝结时间之差(min) 初凝/终凝	-90~+120	—	-90~+120	-90~+120	-90~+120	-90~+120	>+90	>+90	>+90	>+90	-90~+120	-90~+120	-90~+90	-90~+90	>+90	>+90	-90~+120	-90~+120
抗压强度比(%)不小于 1d	—	—	140	130	140	130	—	—	—	—	—	—	135	125	—	—	—	—
3d	115	110	130	130	130	120	125	120	100	100	115	110	130	120	90	90	—	—
7d	115	110	125	115	115	115	125	115	110	100	110	110	110	105	100	90	95	80
28d	110	105	120	115	120	110	120	110	110	105	110	100	100	95	100	90	90	80
收缩率比(%)不大于 28d	135	135	135	135	135	135	135	135	135	135	135	135	135	135	135	135	135	135
相对耐久性指标(%) 200次,不小于	—	—	—	—	—	—	—	—	—	—	80	60	—	—	—	—	80	60
对钢筋锈蚀作用	应说明对钢筋有无锈蚀作用																	

注：1. 除含气量外，表中所列数据为掺外加剂混凝土与基准混凝土的差值或比值。
2. 凝结时间指标，"-"号表示提前，"+"号表示延缓。
3. 相对耐久性指标一栏中，"200次≥80和60"表示将28d龄期的掺外加剂混凝土试件冻融循环200次后，动弹性模量保留值≥80%；或≥60%。
4. 对于可以用高频振捣排除的，由外加剂所引入的气泡的产品，允许用高频振捣，达到某类型性能指标要求的外加剂，可按本表进行命名分类，但须在产品说明书和包装上注明"用于高频振捣的××剂"。

外加剂取样代表批量 表 5.3.9.1-2

序 号	名 称	代表批量
1	减水剂、早强剂、缓凝剂、引气剂	50t
2	泵送剂	50t
3	防冻剂	50t
4	防水剂	50t
5	膨胀剂	60t

5.3.9.2 混凝土外加剂的应用选择与质量控制

（1）外加剂的选择：

1）外加剂的品种应根据工程设计和施工要求选择，通过试验及技术经济比较确定。

2）严禁使用对人体产生危害、对环境产生污染的外加剂。

3）掺外加剂混凝土所用水泥，宜采用硅酸盐水泥、普通硅酸盐水泥、矿渣硅酸盐水泥、火山灰质硅酸盐水泥、粉煤灰硅酸盐水泥和复合硅酸盐水泥，并应检验外加剂与水泥的适应性，符合要求方可使用。

4）掺外加剂混凝土所用材料如水泥、砂、石、掺合料、外加剂均应符合国家现行的有关标准的规定。试配掺外加剂的混凝土时，应采用工程使用的原材料，检测项目应根据设计及施工要求确定，检测条件应与施工条件相同，当工程所用原材料或混凝土性能要求发生变化时，应再进行试配试验。

5）不同品种外加剂复合使用时，应注意其相容性及对混凝土性能的影响，使用前应进行试验，满足要求方可使用。

（2）外加剂掺量：

1）外加剂掺量应以胶凝材料总量的百分比表示，或以 mL/kg 胶凝材料表示。

2）外加剂的掺量应按供货单位推荐掺量、使用要求、施工条件、混凝土原材料等因素通过试验确定。

3）对含有氯离子、硫酸根等离子的外加剂应符合《混凝土外加剂应用技术规范》(GB 50119—2013) 规范及有关标准的规定。

4）处于与水相接触或潮湿环境中的混凝土，当使用碱活性骨料时，由外加剂带入的碱含量（以当量氧化钠计）不宜超过 $1kg/m^3$ 混凝土，混凝土总碱含量尚应符合有关标准的规定。

（3）外加剂的质量控制：

1）选用的外加剂应有供货单位提供的下列技术文件：

① 产品说明书，并应标明产品主要成分。

② 出厂检验报告及合格证。

③ 掺外加剂混凝土性能检验报告。

2）外加剂运到工地（或混凝土搅拌站）应立即取代表性样品进行检验，进货与工程试配时一致，方可入库、使用。若发现不一致时，应停止使用。

3）外加剂应按不同供货单位、不同品种、不同牌号分别存放，标识应清楚。

4）粉状外加剂应防止受潮结块，如有结块，经性能检验合格后应粉碎至全部通过0.63mm筛后方可使用。液体外加剂应放置阴凉干燥处，防止日晒、受冻、污染、进水或蒸发，如有沉淀等现象，经性能检验合格后方可使用。

5）外加剂配料控制系统标识应清楚、计量应准确，计量误差不应大于外加剂用量的2%。

5.3.10 沥青进场复试报告（C4-3-10）

1. 资料表式

沥青进场复试报告　　　　　　　　　　　　　　表 C4-3-10

试验编号：_____

委托单位：_____ 试验委托人：_____ 收样日期：_____

工程名称：_____ 部位：_____

品种及标号：_____ 产地：_____

代表数量：_____ 试样编号：_____ 试验日期：_____

试验结果：

_____

1. 软化点℃（环球法）_____

2. 延度（cm）15℃_____ 25℃_____

3. 25℃针入度（1/10mm）_____

4. 其他_____

_____

结论：_____

_____

_____

_____

试验单位：　　　技术负责人：　　　审核：　　　试（检）验：

报告日期：　　年　　月　　日

2. 应用说明

沥青进场复试报告是对用于工程中的沥青材料的针入度、软化点和延伸度等指标进行复试后由试验单位出具的质量证明文件。

（1）沥青是一种有机胶结料。沥青根据来源主要有石油沥青和煤沥青。石油沥青可分为固体石油沥青、半固体石油沥青和液体石油沥青（包括油渣）；煤沥青（焦油沥青）可分为软煤沥青和硬煤沥青。

（2）沥青的性质：

1）石油沥青：密度：近于 1.0；气味：加热后有松香或油味，无毒；温度稳定性：随着温度变化，稠度变化较小；大气稳定性：较好，老化慢；黏度及黏结力：黏度小，对物料黏结力较差；抗腐蚀性：较差；适用场合：公路路面、屋面等温度变化较大处。

2）煤沥青：密度：1.20 左右；气味：加热后有触鼻臭味，有毒；温度稳定性：随着温度变化，稠度变化大，冬季易脆，夏季易软化；大气稳定性：较差，老化快；黏度及黏结力：黏度较大，对物料黏结力较好；抗腐蚀性：较好；适用场合：地下防水工程、防腐材料。

（3）沥青的必试项目：延度、针入度、软化点等（其他指标视不同的道路等级而定）。

（4）沥青材料必须有出厂合格证和在工地取样的试验报告，试验单子项填写齐全，不得漏填或错填，复试单试验编号必须填写。不合格的沥青材料不得用于工程并必须通过技术负责人专项处理，签署退场处理意见。

（5）沥青材料应根据工程需要选用，可按《城镇道路工程施工与质量验收规范》（CJJ1—2008）对沥青材料的技术要求选用。

沥青等级及标号的选用是至关重要的，应认真对待，免于失误。

（6）必须实行见证取样，试验室应在见证取样人名单上加盖公章和经手人签字。

（7）试验的代表批量和使用数量的代表批量应一致。

（8）试验编号、报告日期、试验结论必须填写，责任制签字要齐全，不得漏签或代签。

（9）填表说明：

1）品种及标号：指沥青的品种和标号，按委托单的品种和标号填写。

2）试样编号：由试验室按收作试件的时间依序编号。

3）试验结果：按试验室的试验结果填写。

① 软化点（℃）（环球法）：由试验室按环球法测试的软化点的测试结果填写。

② 延度（cm）15℃、25℃：由试验室按延度的测试结果填写，分别测试 15℃、25℃条件下的延度值。

③ 25℃针入度（1/10mm）：试验室按 25℃针入度的条件试验测试的结果填写。

④ 其他：指设计或工程特殊需要进行的其他项目试验。

4）结论：应全面、准确，核心是可用性及注意事项。

5.3.10.1 道路工程用沥青复试报告（C4-3-10-1）

1. 资料表式

道路工程用沥青复试报告表式按"5.3.10 沥青进场复试报告"表式执行。

2. 应用说明

道路工程用沥青的技术要求与质量标准见"5.3.10.1-1 道路石油沥青的主要技术要求"；"5.3.10.1-2 道路用乳化沥青技术要求"；"5.3.10.1-3 道路用液体石油沥青质量要求"；"5.3.10.1-4 聚合物改性沥青技术要求"；"5.3.10.1-5 改性乳化沥青技术要求"。

5.3.10.1-1 道路石油沥青的主要技术要求

道路石油沥青的主要技术要求按表5.3.10.1-1执行。

道路石油沥青的主要技术要求

表5.3.10.1-1

指 标	单 位	等级	沥青标号							试验方法①
			160①	130①	110	90	70③	50③	30④	
针入度(25℃,5s,100g)	0.1mm	—	140~200	120~140	100~120	80~100	60~80	40~60	20~40	T0604
适用的气候分区⑥	—	—	注④	注④	2-1 2-2 2-3	1-1 1-2 1-3 2-2 2-3	1-1 1-2 1-3 1-4 2-2 2-3	1-1 1-2 1-3 1-4 2-2 2-3	1-1 1-2 1-3 1-4	附录A 注④
针入度指数PI②	—	A				−1.5~+1.0				0604
		B				−1.8~+1.0				
软化点(R&B),≥	℃	A	38	40	43	44	45	49	55	T0606
		B	36	39	42	42	43	46	53	
		C	35	37	41	42	43	45	50	
60℃动力黏度②,≥	Pa·s	A	—	60	120	160	160	200	260	T0620
10℃延度②,≥	cm	A	50	50	40	45	25	15	10	T0605
		B	30	30	30	30	20	15	10	
						20	20	15	10	
15℃延度,≥	cm	A,B	80	80	60	50	40	80	50	T0605
		C				100		30	20	

续表

指　标	单位	等级	沥　青　标　号							试验方法①
			160④	130④	110	90	70③	50③	30④	
蜡含量（蒸馏法），≤	%	A				2.2				T0615
		B				3.0				
		C				4.5				
闪点，≥	℃		230	230	245	245	260	260	260	T0611
溶解度，≥	%		99.5	99.5	99.5	99.5	99.5	99.5	99.5	T0607
密度（15℃）	g/m³		实测记录							T0603
TFOT（或RTFOT）后⑤										
质量变化，≤	%		±0.8							T0610或T0609
残留针入度比（25℃），≥	%	A	48	54	55	57	61	63	65	T0604
		B	45	50	52	54	58	60	62	
		C	40	45	48	50	54	58	60	
残留延度（10℃），≥	cm	A	12	12	10	8	6	4	—	T0605
		B	10	10	8	6	4	2	—	
残留延度（15℃），≥	cm	C	40	35	30	20	15	10	—	T0605

① 按照国家现行标准《公路工程沥青及沥青混合料试验规程》JTJ 052规定的方法执行。用于仲裁试验标求取 PI 时的 5 个温度的针入度关系的相关系数不得小于 0.997。

② 经建设单位同意，表中 PI 值、60℃动力黏度、10℃延度可作为选择性指标，也可不作为施工质量检验指标。

③ 70号沥青可根据需要要求供应商提供针入度范围为60～70或70～80的沥青，50号沥青可要求提供针入度范围为40～50或50～60的沥青。

④ 30号沥青仅适用于沥青稳定基层。130号和160号沥青除寒冷地区可直接在次干路以下道路上直接应用外，通常用作乳化沥青、稀释沥青、改性沥青的基质沥青。

⑤ 老化试验以TFOT为准，也可以RTFOT代替。

⑥ 系指《公路沥青路面施工技术规范》（JTG F40—2004）附录 A 沥青路面使用性能气候分区。

5.3.10.1-2 道路用乳化沥青技术要求

道路用乳化沥青技术要求按表5.3.10.1-2执行。

1. 资料表式

道路用乳化沥青技术要求

表 5.3.10.1-2

试验项目	单位	品种代号									试验方法
		阴离子							非离子		
		喷洒用			搅拌用	喷洒用			喷洒用	搅拌用	
		PC-1	PC-2	PC-3	BC-1	PA-1	PA-2	PA-3	PN-2	BN-1	
破乳速度	—	快裂	慢裂	快裂或中裂	慢裂或中裂	快裂	慢裂	快裂或中裂	慢裂	慢裂	T0653
粒子电荷	—	阳离子(+)				阴离子(-)			非离子		T0658
筛上残留物(1.18mm), ≤	%	0.1				0.1					T0652
黏度 恩格拉黏度计 E_{25}	—	2~10	1~6	1~6	2~30	2~10	1~6	1~6	1~6	2~30	T0622
黏度 沥青标准黏度计 $C_{25,3}$	s	10~25	8~20	8~20	10~60	10~25	8~20	8~20	8~20	10~60	T0621
蒸发残留物 溶解分含量, ≥	%	50	50	50	55	50	50	50	50	55	T0651
蒸发残留物 针入度(25℃)	0.1mm	50~200	50~300	45~150	45~150	50~200	50~300	45~150	50~300	60~300	T0607
蒸发残留物 延度(15℃), ≥	cm	40	40			40	40		40		T0605
与粗、细集料的黏附性、裹附面积, ≥	—	2/3				2/3					T0654
与粗粒式沥青矿料搅拌试验	—				均匀					均匀	T0659
水泥搅拌试验的筛上剩余, ≤	%				1					1	T0657
常温贮存稳定性: 1d, ≤	%	1	1	1	1	1	1	1	1	1	T0655
常温贮存稳定性: 5d, ≤	%	5	5	5	5	5	5	5	5	5	

注：
1. P为喷洒型，B为搅拌型。C、A、N分别表示阳离子、阴离子、非离子乳化沥青。
2. 黏度可选用恩格拉黏度计或沥青标准黏度计之一测定。
3. 表中的破乳速度与沥青料的黏附性、搅拌试验用的石料种类有关，所使用的石料应符合的要求。质量检验时应采用工程上实际使用的石料进行试验，质量评定时可不要求此三项指标。
4. 当乳化沥青需在低温冰冻条件下贮存或使用时，尚需按现行国家标准《公路工程沥青及沥青混合料试验规程》JTJ 052进行−5℃低温贮存稳定性试验，要求无粗颗粒、不结块。
5. 贮存稳定性试验根据施工实际情况选用试验时间，通常采用5d，乳液生产后能在当天使用时，也可用1d的稳定性。
6. 如果乳化沥青是将高浓度产品运到现场稀释后使用时，表中的蒸发残留物等各项指标指稀释前乳化沥青的要求。

5.3.10.1-3 道路用液体石油沥青质量要求

道路用液体石油沥青质量要求按表 5.3.10.1-3 执行。

道路用液体石油沥青质量要求　　　　表 5.3.10.1-3

试验项目		单位	快凝		中凝						慢凝						试验方法
			AL(R)-1	AL(R)-2	AL(M)-1	AL(M)-2	AL(M)-3	AL(M)-4	AL(M)-5	AL(M)-6	AL(S)-1	AL(S)-2	AL(S)-3	AL(S)-4	AL(S)-5	AL(S)-6	
黏度	$C_{25,5}$	S	<20	—	<20	—	—	—	—	—	<20	—	—	—	—	—	T0621
	$C_{60,5}$	S	—	5~15	—	5~15	16~25	26~40	41~100	101~200	—	5~15	16~25	26~40	41~100	101~200	
蒸馏体积	225℃	%	>20	>15	<10	<7	<3	<2	0	0	—	—	—	—	—	—	T0632
	315℃	%	>35	>30	<35	<25	<17	<14	<8	<5	—	—	—	—	—	—	
	360℃	%	>45	>35	<50	<35	<30	<25	<20	<15	<40	<35	<25	<20	<15	<5	
蒸馏后残留物	针入度(25℃)	0.1mm	60~200	60~200	100~300	100~300	100~300	100~300	100~300	100~300	—	—	—	—	—	—	T0604
	延度(25℃)	cm	>60	>60	>60	>60	>60	>60	>60	>60	—	—	—	—	—	—	T0605
	浮漂度(50℃)	S	—	—	—	—	—	—	—	—	<20	>20	>30	>40	>45	>50	T0631
闪点（TOC法）		℃	>30	>30	>65	>65	>65	>65	65	65	>70	>70	>100	>100	>120	>120	T0633
含水量≤		%	0.2	0.2	0.2	0.2	0.2	0.2	0.2	0.2	2.0	2.0	2.0	2.0	2.0	2.0	T0612

注：黏度使用道路沥青粘度计测定，C 脚标第 1 个数字代表测试温度（℃），第 2 个数字代表粘度计孔径（mm）。

5.3.10.1-4 聚合物改性沥青技术要求

聚合物改性沥青技术要求按表 5.3.10.1-4 执行。

聚合物改性沥青技术要求　　　　表 5.3.10.1-4

指标	单位	SBS类（Ⅰ类）				SBR类（Ⅱ类）			EVA,PE类（Ⅲ类）				试验方法
		Ⅰ—A	Ⅰ—B	Ⅰ—C	Ⅰ—D	Ⅱ—A	Ⅱ—B	Ⅱ—C	Ⅲ—A	Ⅲ—B	Ⅲ—C	Ⅲ—D	
针入度25℃，100g，5s	0.1mm	>100	80~100	60~80	30~60	>100	80~100	60~80	>80	60~80	40~60	30~40	T0604
针入度指数 PI，≥	—	-1.2	-0.8	-0.4	0	-1.0	-0.8	-0.6	-1.0	-0.8	-0.6	-0.4	T0604
延度5℃，5cm/min，≥	cm	50	40	30	20	60	50	40	—	—	—	—	T0605
软化点 $T_{R\&B}$，≥	℃	45	50	55	60	45	48	50	48	52	56	60	T0606
运动黏度① 135℃，≤	Pa·s	3											T0625 T0619
闪点，≥	℃	230				230			230				T0611
溶解度，≥	%	99				99			—				T0607
弹性恢复25℃，≥	%	55	60	65	75	—	—	—	—	—	—	—	T0662
黏韧性，≥	N·m	—				5			—				T0624
韧性，≥	N·m	—				2.5			—				T0624

续表

指标	单位	SBS类（I类）				SBR类（II类）			EVA，PE类（III类）				试验方法
		I-A	I-B	I-C	I-D	II-A	II-B	II-C	III-A	III-B	III-C	III-D	
贮存稳定性[2] 离析，48h，软化点差，≤	℃	2.5				—			无改性剂明显析出、凝聚				T0661
TFOT（或RTFOT）后残留物													
质量变化允许范围	%	±1.0											T0610或T0609
针入度比 25℃，≥	%	50	55	60	65	50	55	60	50	55	58	60	T0604
延度5℃，≥	cm	30	25	20	15	30	20	10	—				T0605

注：① 表中135℃运动黏度可采用国家现行标准《公路工程沥青及沥青混合料试验规程》JTJ 052中的"沥青布氏旋转黏度试验方法（布洛克菲尔德黏度计法）"进行测定。若在不改变改性沥青物理力学性质并符合安全条件的温度下易于泵送和搅拌，或经证明适当提高泵送和搅拌温度对能保证改性沥青的质量，容易施工，可不要求测定。

② 贮存稳定性指标适用于工厂生产的成品改性沥青。现场制作的改性沥青对贮存稳定性指标可不作要求，但必须在制作后，保持不间断的搅拌或泵送循环，保证使用前没有明显的离析。

5.3.10.1-5 改性乳化沥青技术要求

改性乳化沥青技术要求按表5.3.10.1-5执行。

改性乳化沥青技术要求　　表5.3.10.1-5

试验项目		单位	品种及代号		试验方法
			PCR	BCR	
破乳速度		—	快裂或中裂	慢裂	T0658
粒子电荷		—	阳离子（+）	阳离子（+）	T0653
筛上剩余量（1.18mm），≤		%	0.1	0.1	T0652
黏度	恩格拉黏度 E_{25}	—	1~10	3~30	T0622
	沥青标准黏度 $C_{25,3}$	S	8~25	12~60	T0621
蒸发残留物	含量，≥	%	50	60	T0651
	针入度（100g，25℃，5s）	0.1mm	40~120	40~100	T0604
	软化点，≥	℃	50	53	T0606
	延度（5℃），≥	cm	20	20	T0605
	溶解度（三氯乙烯），≥	%	97.5	97.5	T0607
与矿料的黏附性，裹覆面积，≥		—	2/3	—	T0654
贮存稳定性	1d，≤	%	1	1	T0655
	5d，≤	%	5	5	T0655

注：1. 破乳速度与骨料粘附性、搅拌试验、所使用的石料品种有关。工程上施工质量检验时应采用实际的石料试验，仅进行产品质量评定时可不对这些指标提出要求。
2. 当用于填补车辙时，BCR蒸发残留物的软化点宜提高至不低于55℃。
3. 贮存稳定性根据施工实际情况选择试验天数，通常采用5d，乳液生产后能在第二天使用完时也可选用1d。个别情况下改性乳化沥青5d的贮存稳定性难以满足要求，如果经搅拌后能达到均匀一致并不影响正常使用，此时要求改性乳化沥青运至工地后存放在附有搅拌装置的贮存罐内，并不断地进行搅拌，否则不准使用。
4. 当改性乳化沥青或特种改性乳化沥青需要在低温冰冻条件下贮存或使用时，尚需按国家现行标准《公路工程沥青及沥青混合料试验规程》JTJ 052进行-5℃低温贮存稳定性试验，要求无粗颗粒、不结块。

5.3.10.2 通用沥青复试报告（C4-3-10-2）

1. 资料表式

通用沥青复试报告表式按"5.3.10 沥青进场复试报告表式"执行。
（注："通用沥青"是试想可以用于"CJJ 1 规范规定的分部分项工程"的沥青，与用于道路工程的沥青材料有所区别，称谓为通用沥青材料。）

2. 应用说明

通用沥青复试报告是对用于工程中的沥青材料的针入度、软化点和延伸度等指标进行复试后由试验单位出具的质量证明文件。

（1）沥青材料必须有出厂合格证和在工地取样的试验报告，试验单子项填写齐全，不得漏填或错填，复试单试验编号必须填写。不合格的沥青材料不得用于工程并必须通过技术负责人专项处理，并应签署退场处理意见。

（2）试验的代表批量和使用数量的代表批量应相一致。

（3）沥青材料必试项目：针入度、软化点和延伸度；玛琋脂由试验室确定配合比，必试项目：耐热度、柔韧性和粘结力。

（4）必须实行见证取样，试验室应在见证取样人名单上加盖公章和经手人签字。

（5）建筑石油沥青物理性能见表 5.3.10.2。

建筑石油沥青物理性能　　　　表 5.3.10.2

项目		质量指标			试验方法
		10 号	30 号	40 号	
针入度（25℃，100g，5s）/（1/10mm）		10～25	26～35	36～50	GB/T 4509—2010
针入度（46℃，100g，5s）/（1/10mm）		报告[a]	报告[a]	报告[a]	
针入度（0℃，200g，5s）/（1/10mm）	不小于	3	6	6	
延度（25℃，5cm/min）/cm	不小于	1.5	2.5	3.5	GB/T 4508—2010
软化点（环球法）/℃	不低于	95	75	60	GB/T 4507—2014
溶解度（三氯乙烯）/%	不小于	99.0			GB/T 11148—2008
蒸发后质量变化（163℃，5h）/%	不大于	1			GB/T 11964—2008
蒸发后 25℃针入度比[b]/%	不小于	65			GB/T 4509—2010
闪点（开口杯法）/℃	不低于	260			GB/T 267—1988

a 报告应为实测值。
b 测定蒸发损失后样品的 25℃针入度与原 25℃针入度之比乘以 100 后，所得的百分比，称为蒸发后针入度比。

5.3.11 防水卷材进场复试报告（C4-3-11）

1. 资料表式

防水卷材进场复试报告　　　　　　表 C4-3-11

试验编号：_____

委托单位：_____　试验委托人：_____　试样编号：_____

工程名称：_____　部位：_____

种类牌号、标号：_____　生产厂：_____

代表数量：_____　来样日期：_____　试验日期：_____

结果：

一、拉伸 　　拉力_____ N 　　拉伸强度_____ N/mm² 二、断裂伸长率（延伸率）_____ ％ 三、耐热度_____ ℃ 四、不透水性（抗渗透性）_____	五、柔韧性 { 低温柔性 　　　　　　 低温弯折性 } 温度_____ ℃ _____ _____ 六、其他

结论：_____
_____
_____

试验单位：　　　技术负责人：　　　审核：　　　试（检）验：

　　　　　　　　　　　　　　　　　　　　　　　　报告日期：　年　月　日

2. 应用说明

（1）防水卷材复试报告是对用于工程中的防水卷材的耐热度、不透水性、拉力、柔度等指标进行复试后由试验单位出具的质量证明文件。

（2）基本要求：

防水材料的必试项目：拉伸性能、不透水性、黏结性能等。

1）防水卷材必须在使用前进行检验，并符合设计及有关规范、标准的质量要求。试样来源及名称应填写清楚。

2）新型防水材料性能必须符合设计要求并应有合格证和有效鉴定材料，进场后必须复试。

3）防水卷材必试项目：不透水性、吸水性、耐热度、纵向拉力和柔度。

4）必须实行见证取样，试验室应在见证取样人名单上加盖公章和经手人签字。

（3）防水材料的进场检查：

1）防水材料品种繁多，性能各异，应按各自标准要求进行外观检查，并应符合相应标准的规定。

2）检查出厂合格证，与进场材料分别对照检查商标品种、强度等级、各项技术指标。

3）检查不合格的防水材料应由专业技术负责人签发不合格防水材料处理使用意见书，提出降级使用或作他用退货等技术措施，确认必须退换的材料不得用于工程。

4）按规定在现场进行抽样复检，对试件进行编号后按见证取样规定送试验室复试。

（4）卷材防水层应采用高聚物改性沥青防水卷材、合成高分子防水卷材或沥青防水卷材。所选用的基层处理剂、接缝胶黏剂、密封材料等配套材料应与铺贴的卷材材性相容，使之黏结良好。

（5）取样要求：

各类防水材料的取样方法、数量、代表批量　　　　表 C4-3-11-1

序号	名　称	方　法　及　数　量	代　表　批　量
1	石油沥青纸胎油毡、油纸	在重量检查合格的10卷中取重量最轻的，外观、面积合格的无接头的一卷作为物理性能试样，若最轻的一卷不符合抽样条件时，可取次轻的一卷，切除距外层卷头2.5m后顺纵向截取0.5m长的全幅卷材两块	同品种、标号、等级1500卷
2	弹性体改沥青防水卷材	在卷重检查合格的样品中取重量最轻的，外观、面积、厚度合格的，无接头的一卷作为物理性能试验样品，若最轻的一卷不符合抽样条件时，可取次轻的一卷，切除距外层卷头2.5m后，顺纵向截取长度0.5m的全幅卷材两块。	同品种、标号、等级1000卷
3	塑性体改沥青防水卷材		
4	改性沥青聚乙烯胎防水卷材	从卷重、外观、尺寸偏差均合格的产品中任取一卷，在距端部2m处顺纵向取长度1m的全幅卷材两块	
5	聚氯乙烯防水卷材	外观、表面质量检验合格的卷材，任取一卷，在距端部0.3m处截取长度3m的全幅卷材两块	同类型、同规格5000m²
6	氯化聚乙烯防水卷材		
7	三元丁橡胶防水卷材	从规格尺寸、外观合格的卷材中任取一卷，在距端部3m处，顺纵向截取长度0.5m的全幅卷材两块	同规格、等级300卷

续表

序号	名称	方法及数量	代表批量
8	三元乙丙片材	从规格尺寸、外观合格的卷材中任取一卷,在距端部0.3m处,顺纵向截取长度1.5m的全幅卷材两块	同规格、等级3000m²
9	水性沥青基防水涂料	任取一桶,使之均匀,按上、中、下三个位置,用取样器取出4kg,等分两等份,分别置于洁净的瓶内,并密封置于5~35℃的室内	5t
10	水性聚氯乙烯焦油防水涂料		5t
11	聚氨酯防水涂料	取样方法同上,取样数量为甲、乙组分总量2kg两份	甲组分5t,乙组分按与甲组分重量比
12	沥青	取样时从每个取样单位的不同部位分五处取数量大致相等的洁净试样,共2kg,混合均匀等分成两等份	20t

(6)填表说明:

1)种类牌号、标号:指防水卷材的种类牌号和标号。照实际填写。

2)结果:应全面、准确,核心是可用性及注意事项。

① 拉伸:指卷材的拉伸试验。

拉力(N):试验室按拉力的试验结果填写。

拉伸强度(N/mm^2):试验室按拉力的试验结果填写。

② 断裂伸长率(延伸率)(%):试验室按断裂伸长率的试验结果填写。

③ 耐热度(℃):试验室按耐热度的试验结果填写。

④ 不透水性(抗渗透性):试验室按不透水性的试验结果填写。

⑤ 柔韧性:试验室按柔韧性的试验结果填写。

低温柔性:试验室按低温柔性的试验结果填写。

低温弯折性:试验室按低温弯折性的试验结果填写。

温度(℃):试验室按柔韧性试验室的温度填写。

⑥ 其他:指设计或工程特殊需要试验其他项目时进行。

5.3.11.1 石油沥青纸胎油毡物理性能应用技术要求

执行标准:《石油沥青纸胎油毡》(GB 326—2007) (摘选)

石油沥青纸胎油毡的卷重　　　　　表1

类型	Ⅰ型	Ⅱ型	Ⅲ型
卷重(kg/卷) ≥	17.5	22.5	28.5

石油沥青纸胎油毡的物理性能 表2

项目			指标		
			Ⅰ型	Ⅱ型	Ⅲ型
单位面积浸涂材料总量（g/m²）		≥	600	750	1000
不透水性	压力（MPa）	≥	0.02	0.02	0.10
	保持时间（min）	≥	20	30	30
吸水率（%）		≤	3.0	2.0	1.0
耐热度			(85±2)℃，2h涂盖层无滑动、流淌和集中性气泡		
拉力（纵向）（N/50mm）		≥	240	270	340
柔度			(18±2)℃，绕φ20mm棒或弯板无裂纹		

注：本标准Ⅲ型产品物理性能要求为强制性的，其余为推荐性的。

5.3.12 焊条（焊剂）进场复试报告（C4-3-12）

1. 资料表式

焊条（焊剂）进场复试报告资料表式按当地建设行政主管部门批准的具有相应资质的试验单位出具的试验表式执行。

2. 应用说明

（1）焊条（焊剂）应有与母材相同的可焊性试验报告。工程上使用的焊条、焊丝和焊剂，必须有出厂合格证或出厂检验报告。

（2）焊接材料（焊条、焊丝、焊剂、合成粉末及焊接用气体）管理。

1）焊接材料应由了解焊接材料用途和重要性并应按择优定点或指定供货单位原则进行采购。

2）焊接材料管理人员对烘干、保温、发放与回收应作详细记录。以达到焊接材料使用的可溯性。

3）焊丝、焊带表面必须光滑、整洁，对非镀铜或防腐处理的焊丝及焊带，使用前应除油、除锈及清洗处理。

4）使用过程中应保持焊接材料的识别标志，以保证正确使用，焊接材料的回收应满足：标记清楚、整洁、无污染。

5）焊剂一般不宜重复使用。当新、旧焊剂为同批号且旧焊剂的混合比在50%以下（一般控制在30%左右）；在混合前，旧焊剂的熔渣、杂质及粉尘已清除或混合焊剂的颗粒度符合规定要求时允许重复使用。

（3）焊条、焊剂的主要技术性能应分别符合相应标准的规定。

5.3.12.1 非合金钢及细晶粒钢焊条应用技术要求

执行标准：《非合金钢及细晶粒钢焊条》（GB/T 5117—2012） （摘选）

1. 范围

本标准适用于抗拉强度低于570MPa的非合金钢及细晶粒钢焊条。

2. 型号

（1）型号划分

焊条型号按熔敷金属力学性能、药皮类型、焊接位置、电流类型、熔敷金属化学成分和焊后状态等进行划分。

（2）型号编制方法

1）焊条型号由五部分组成：

A. 第一部分用字母"E"表示焊条。

B. 第二部分为字母"E"后面的紧邻两位数字，表示熔敷金属的最小抗拉强度代号，见表1。

C. 第三部分为字母"E"后面的第三和第四两位数字，表示药皮类型、焊接位置和电流类型，见表2。

D. 第四部分为熔敷金属的化学成分分类代号，可为"无标记"或短划"—"后的字母、数字或字母和数字的组合，见表3。

E. 第五部分为熔敷金属的化学成分代号之后的焊后状态代号，其中"无标记"表示焊态，"P"表示热处理状态，"AP"表示焊态和焊后热处理两种状态均可。

2）除以上强制分类代号外，根据供需双方协商，可在型号后依次附加可选代号：

A. 字母"U"，表示在规定试验温度下，冲击吸收能量可以达到47J以上，见"3. 技术要求项下（4）力学性能中的3）款"。

B. 扩散氢代号"HX"，其中X代表15、10或5，分别表示每100 g熔敷金属中扩散氢含量的最大值（mL），见"3. 技术要求项下（6）熔敷金属扩散氢含量"。

（3）型号示例

示例：

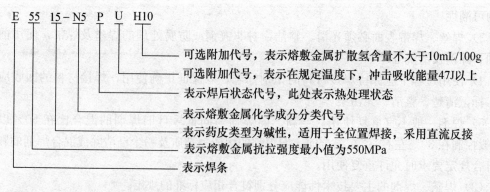

示例2：

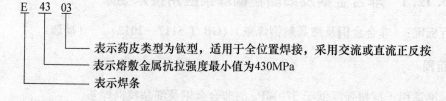

熔敷金属抗拉强度代号 表1

抗拉强度代号	最小抗拉强度值（MPa）
43	430
50	490
55	550
57	570

药皮类型代号 表2

代号	药皮类型	焊接位置[a]	电流类型
03	钛型	全位置[b]	交流和直流正、反接
10	纤维素	全位置	直流反接
11	纤维素	全位置	交流和直流反接
12	金红石	全位置[b]	交流和直流正接
13	金红石	全位置[b]	交流和直流正、反接
14	金红石＋铁粉	全位置[b]	交流和直流正、反接
15	碱性	全位置[b]	直流反接
16	碱性	全位置[b]	交流和直流反接
18	碱性＋铁粉	全位置[b]	交流和直流反接
19	钛铁矿	全位置[b]	交流和直流正、反接
20	氧化铁	PA、PB	交流和直流正接
24	金红石＋铁粉	PA、PB	交流和直流正、反接
27	氧化铁＋铁粉	PA、PB	交流和直流正、反接
28	碱性＋铁粉	PA、PB、PC	交流和直流反接
40	不做规定	由制造商确定	
45	碱性	全位置	直流反接
48	碱性	全位置	交流和直流反接

[a] 焊接位置见 GB/T16672，其中 PA＝平焊、PB＝平角焊、PC＝横焊、PG＝向下立焊。
[b] 此处"全位置"并不一定包含向下立焊，由制造商确定。

熔敷金属化学成分分类代号 表3

分类代号	主要化学成分的名义含量（质量分数）（%）				
	Mn	Ni	Cr	Mo	Cu
无标记、-1、-P1、-P2	1.0	—	—	—	—
-1M3	—	—	—	0.5	—
-3M2	1.5	—	—	0.4	—
-3M3	1.5	—	—	0.5	—
-N1	—	0.5	—	—	—
-N2	—	1.0	—	—	—

续表

分类代号	主要化学成分的名义含量（质量分数）（%）				
	Mn	Ni	Cr	Mo	Cu
—N3	—	1.5	—	—	—
—3N3	1.5	1.5	—	—	—
—N5	—	2.5	—	—	—
—N7	—	3.5	—	—	—
—N13	—	6.5	—	—	—
—N2M3	—	1.0	—	0.5	—
—NC	—	0.5	—	—	0.4
—CC	—	—	0.5	—	0.4
—NCC	—	0.2	0.6	—	0.5
—NCC1	—	0.6	0.6	—	0.5
—NCC2	—	0.3	0.2	—	0.5
—G	其他成分				

3. 技术要求

（1）药皮

1）焊条药皮应均匀、紧密地包覆在焊芯周围，焊条药皮上不应有影响焊接质量的裂纹、气泡、杂质及脱落等缺陷。

2）焊条引弧端药皮应倒角，焊芯端面应露出。焊条沿圆周的露芯应不大于圆周的1/2。碱性药皮类型焊条长度方向上露芯长度应不大于焊芯直径的1/2或1.6mm两者的较小值。其他药皮类型焊条长度方向上露芯长度应不大于焊芯直径的2/3或2.4mm两者的较小值。

3）焊条偏心度应符合如下规定：

A. 直径不大于2.5mm的焊条，偏心度应不大于7%。

B. 直径为3.2mm和4.0mm的焊条，偏心度应不大于5%。

C. 直径不小于5.0mm的焊条，偏心度应不大于4%。

偏心度计算方法见公式（1）及图1所示。

$$P = \frac{T_1 - T_2}{(T_1 + T_2)/2} \times 100\% \quad (1)$$

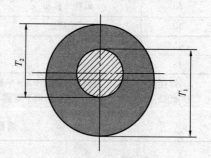

图1 焊条偏心度测量示意图

式中 P——焊条偏心度；

T_1——焊条断面药皮最大厚度+焊芯直径；

T_2——焊条同一断面药皮最小厚度+焊芯直径。

（2）T型接头角焊缝

角焊缝的试验要求应符合表4规定。两焊脚长度差及凸度要求应符合表5规定。

角焊缝要求 （单位：mm）   表 4

药皮类型	电流类型	焊条尺寸[a]	焊接位置[b]	试板厚度 t	试板宽度 w	试板长度[c] l	焊脚尺寸
03	交流和直流反接	5.0	PF、PD	10 或 12	≥75	≥300	≤10.0
		6.0	PB			≥400	≥8.0
10	直流反接	5.0	PF、PD	10 或 12	≥75	≥300	≤8.0
		6.0	PB			≥400	≥6.0
11	交流和直流反接	5.0	PF、PD	10 或 12	≥75	≥300	≤8.0
		6.0	PB			≥400	≥6.0
12	交流和直流正接	5.0	PF、PD	10 或 12	≥75	≥300	≤10.0
		6.0	PB			≥400	≥8.0
13	交流和直流正、反接	5.0	PF、PD	10 或 12	≥75	≥300	≤10.0
		6.0	PB			≥400	≥8.0
14	交流和直流正、反接	4.0	PF、PD	10 或 12	≥75	≥300	≤8.0
		6.0	PB			≥400	≥8.0
15	直流反接	4.0	PF、PD	10 或 12	≥75	≥300	≤8.0
		6.0	PB			≥400	≥8.0
16	交流和直流反接	4.0	PF、PD	10 或 12	≥75	≥300	≤8.0
		6.0	PB			≥400	≥8.0
18	交流和直流反接	4.0	PF、PD	10 或 12	≥75	≥300	≤8.0
		6.0	PB			≥400	≥8.0
19	交流和直流反接	5.0	PF、PD	10 或 12	≥75	≥300	≤10.0
		6.0	PB			≥400	≥8.0
20	交流和直流正接	6.0	PB	10 或 12	≥75	≥400	≥8.0
24	交流和直流正、反接	6.0	PB	10 或 12	≥75	≥400 或≥650[c]	≥8.0
27	交流和直流正接	6.0	PB	10 或 12	≥75	≥400 或≥650[c]	≥8.0
28	交流和直流反接	6.0	PB	10 或 12	≥75	≥400 或≥650[c]	≥8.0
40	供需双方协商			10 或 12	≥75	供需双方协商	
45	直流反接	4.0	PE、PG	10 或 12	≥75	≥300	≤8.0
		4.5	PE、PG				≥6.0
48	交流和直流反接	4.0	PD、PG	10 或 12	≥75	≥300	≤8.0
		5.0	PB、PG			≥300 或≥400[d]	≥6.5

a 当焊条尺寸小于规定尺寸时，应采用最大尺寸的焊条，并按比例调整要求。除非该焊条尺寸不要求试验。
b 焊接位置见《焊缝—工作位置—倾角和转角的定义》(GB/T 16672—1996)，其中 PB＝平角焊、PD＝仰角焊、PF＝向上立焊、PG＝向下立焊。
c 对于 450mm 长的焊条，试板长度 l 不小于 400mm；对于 700mm 长的焊条，试板长度 l 不小于 650mm。
d 对于 350mm 长的焊条，试板长度 l 不小于 300mm；对于 450mm 或 460mm 长的焊条，试板长度 l 不小于 400mm。

两焊脚长度差及凸度要求（单位：mm）   表 5

实测焊脚尺寸	两焊脚长度差	凸 度
≤4.0	≤1.0	≤2.0
4.5	≤1.5	≤2.0
5.0、5.5	≤2.0	≤2.0

续表

实测焊脚尺寸	两焊脚长度差	凸 度
6.0、6.5	≤2.5	≤2.0
7.0、7.5、8.0	≤3.0	≤2.5
8.5	≤3.5	≤2.5
≥9.0	≤4.0	≤2.5

（3）熔敷金属化学成分

焊条的熔敷金属化学成分应符合表6规定。

（4）力学性能

1）熔敷金属拉伸试验结果应符合表7规定。

2）焊缝金属夏比V型缺口冲击试验温度按表7要求，测定五个冲击试样的冲击吸收能量。在计算五个冲击吸收能量的平均值时，应去掉一个最大值和一个最小值。余下的三个值中有两个应不小于27J，另一个允许小于27J，但应不小于20J，三个值的平均值应不小于27J。

3）如果焊条型号中附加了可选择的代号"U"，焊缝金属夏比V型缺口冲击要求则按表7规定的温度，测定三个冲击试样的冲击吸收能量。三个值中仅有一个值允许小于47J，但应不小于32J，三个值的平均值应不小于47J。

（5）焊缝射线探伤

药皮类型12焊条不要求焊缝射线探伤试验，药皮类型15、16、18、19、20、45和48焊条的焊缝射线探伤应符合《金属熔化焊焊接接头射线照相》（GB/T 3323—2005）中的Ⅰ级规定，其他药皮类型焊条的焊缝射线探伤应符合（GB/T 3323—2005）中的Ⅱ级规定。

（6）熔敷金属扩散氢含量

熔敷金属扩散氢含量要求可由供需双方协商确定，扩散氢代号如表8所示。

熔敷金属化学成分　　　　　　表6

焊条型号	化学成分（质量分数）（%）									
	C	Mn	Si	P	S	Ni	Cr	Mo	V	其他
E4303	0.20	1.20	1.00	0.040	0.035	0.30	0.20	0.30	0.08	—
E4310	0.20	1.20	1.00	0.040	0.035	0.30	0.20	0.30	0.08	—
E4311	0.20	1.20	1.00	0.040	0.035	0.30	0.20	0.30	0.08	—
E4312	0.20	1.20	1.00	0.040	0.035	0.30	0.20	0.30	0.08	—
E4313	0.20	1.20	1.00	0.040	0.035	0.30	0.20	0.30	0.08	—
E4315	0.20	1.20	1.00	0.040	0.035	0.30	0.20	0.30	0.08	—
E4316	0.20	1.20	1.00	0.040	0.035	0.30	0.20	0.30	0.08	—
E4318	0.03	0.60	0.40	0.025	0.015	0.30	0.20	0.30	0.08	—
E4319	0.20	1.20	1.00	0.040	0.035	0.30	0.20	0.30	0.08	—
E4320	0.20	1.20	1.00	0.040	0.035	0.30	0.20	0.30	0.08	—
E4324	0.20	1.20	1.00	0.040	0.035	0.30	0.20	0.30	0.08	—
E4327	0.20	1.20	1.00	0.040	0.035	0.30	0.20	0.30	0.08	—

续表

焊条型号	化学成分（质量分数）（%）									
	C	Mn	Si	P	S	Ni	Cr	Mo	V	其他
E4328	0.20	1.20	1.00	0.040	0.035	0.30	0.20	0.30	0.08	—
E4340	—	—	—	0.040	0.035	—	—	—	—	—
E5003	0.15	1.25	0.90	0.040	0.035	0.30	0.20	0.30	0.08	—
E5010	0.20	1.25	0.90	0.035	0.035	0.30	0.20	0.30	0.08	—
E5011	0.20	1.25	0.90	0.035	0.035	0.30	0.20	0.30	0.08	—
E5012	0.20	1.20	1.00	0.035	0.035	0.30	0.20	0.30	0.08	—
E5013	0.20	1.20	1.00	0.035	0.035	0.30	0.20	0.30	0.08	—
E5014	0.15	1.25	0.90	0.035	0.035	0.30	0.20	0.30	0.08	—
E5015	0.15	1.60	0.90	0.035	0.035	0.30	0.20	0.30	0.08	—
E5016	0.15	1.60	0.75	0.035	0.035	0.30	0.20	0.30	0.08	—
E5016-1	0.15	1.60	0.75	0.035	0.035	0.30	0.20	0.30	0.08	—
E5018	0.15	1.60	0.90	0.035	0.035	0.30	0.20	0.30	0.08	—
E5018-1	0.15	1.60	0.90	0.035	0.035	0.30	0.20	0.30	0.08	—
E5019	0.15	1.25	0.90	0.035	0.035	0.30	0.20	0.30	0.08	—
E5024	0.15	1.25	0.90	0.035	0.035	0.30	0.20	0.30	0.08	—
E5024-1	0.15	1.25	0.90	0.035	0.035	0.30	0.20	0.30	0.08	—
E5027	0.15	1.60	0.75	0.035	0.035	0.30	0.20	0.30	0.08	—
E5028	0.15	1.60	0.90	0.035	0.035	0.30	0.20	0.30	0.08	—
E5048	0.15	1.60	0.90	0.035	0.035	0.30	0.20	0.30	0.08	—
E5716	0.12	1.60	0.90	0.03	0.03	1.00	0.30	0.35	—	—
E5728	0.12	1.60	0.90	0.03	0.03	1.00	0.30	0.35	—	—
E5010-P1	0.20	1.20	0.60	0.03	0.03	1.00	0.30	0.50	0.10	—
E5S10-P1	0.20	1.20	0.60	0.03	0.03	1.00	0.30	0.50	0.10	—
E5518-P2	0.12	0.90~1.70	0.80	0.03	0.03	1.00	0.20	0.50	0.05	—
E5545-P2	0.12	0.90~1.70	0.80	0.03	0.03	1.00	0.20	0.50	0.05	—
E5003-1M3	0.12	0.60	0.40	0.03	0.03	—	—	0.40~0.65	—	—
E5010-1M3	0.12	0.60	0.40	0.03	0.03	—	—	0.40~0.65	—	—
E5011-1M3	0.12	0.60	0.40	0.03	0.03	—	—	0.40~0.65	—	—
E5015-1M3	0.12	0.90	0.60	0.03	0.03	—	—	0.40~0.65	—	—
E5016-1M3	0.12	0.90	0.60	0.03	0.03	—	—	0.40~0.65	—	—
E5018-1M3	0.12	0.90	0.80	0.03	0.03	—	—	0.40~0.65	—	—
E5019-1M3	0.12	0.90	0.40	0.03	0.03	—	—	0.40~0.65	—	—
E5020-1M3	0.12	0.60	0.40	0.03	0.03	—	—	0.40~0.65	—	—

续表

焊条型号	化学成分（质量分数）（%）									
	C	Mn	Si	P	S	Ni	Cr	Mo	V	其他
E5027-1M3	0.12	1.00	0.40	0.03	0.03	—	—	0.40~0.65	—	—
E5518-3M2	0.12	1.00~1.75	0.80	0.03	0.03	0.90	—	0.25~0.45	—	—
E5515-3M3	0.12	1.00~1.80	0.80	0.03	0.03	0.90	—	0.40~0.65	—	—
E5516-3M3	0.12	1.00~1.80	0.80	0.03	0.03	0.90	—	0.40~0.65	—	—
E5518-3M3	0.12	1.00~1.80	0.80	0.03	0.03	0.90	—	0.40~0.65	—	—
E5015-N1	0.12	0.60~1.60	0.90	0.03	0.03	0.30~1.00	—	0.35	0.05	—
E5016-N1	0.12	0.60~1.60	0.90	0.03	0.03	0.30~1.00	—	0.35	0.05	—
E5028-N1	0.12	0.60~1.60	0.90	0.03	0.03	0.30~1.00	—	0.35	0.05	—
E5515-N1	0.12	0.60~1.60	0.90	0.03	0.03	0.30~1.00	—	0.35	0.05	—
E5516-N1	0.12	0.60~1.60	0.90	0.03	0.03	0.30~1.00	—	0.35	0.05	—
E5528-N1	0.12	0.60~1.60	0.90	0.03	0.03	0.30~1.00	—	0.35	0.05	—
E5015-N2	0.08	0.40~1.40	0.50	0.03	0.03	0.80~1.10	0.15	0.35	0.05	—
E5016-N2	0.08	0.40~1.40	0.50	0.03	0.03	0.80~1.10	0.15	0.35	0.05	—
E5018-N2	0.08	0.40~1.40	0.50	0.03	0.03	0.80~1.10	0.15	0.35	0.05	—
E5515-N2	0.12	0.40~1.25	0.80	0.03	0.03	0.80~1.10	0.15	0.35	0.05	—
E5516-N2	0.12	0.40~1.25	0.80	0.03	0.03	0.80~1.10	0.15	0.35	0.05	—
E5518-N2	0.12	0.40~1.25	0.80	0.03	0.03	0.80~1.10	0.15	0.35	0.05	—
E5015-N3	0.10	1.25	0.60	0.03	0.03	1.10~2.00	—	0.35	—	—
E5016-N3	0.10	1.25	0.60	0.03	0.03	1.10~2.00	—	0.35	—	—
E5515-N3	0.10	1.25	0.60	0.03	0.03	1.10~2.00	—	0.35	—	—
E5516-N3	0.10	1.25	0.60	0.03	0.03	1.10~2.00	—	0.35	—	—
E5516-3N3	0.10	1.60	0.60	0.03	0.03	1.10~2.00	—	—	—	—
E5518-N3	0.10	1.25	0.80	0.03	0.03	1.10~2.00	—	—	—	—

续表

焊条型号	化学成分（质量分数）（%）									
	C	Mn	Si	P	S	Ni	Cr	Mo	V	其他
E5015-N5	0.05	1.25	0.50	0.03	0.03	2.00~2.75	—	—	—	—
E5016-N5	0.05	1.25	0.50	0.03	0.03	2.00~2.75	—	—	—	—
E5018-N5	0.05	1.25	0.50	0.03	0.03	2.00~2.75	—	—	—	—
E5028-N5	0.10	1.00	0.80	0.025	0.020	2.00~2.75	—	—	—	—
E5515-N5	0.12	1.25	0.60	0.03	0.03	2.00~2.75	—	—	—	—
E5516-N5	0.12	1.25	0.60	0.03	0.03	2.00~2.75	—	—	—	—
E5518-N5	0.12	1.25	0.80	0.03	0.03	2.00~2.75	—	—	—	—
E5015-N7	0.05	1.25	0.50	0.03	0.03	3.00~3.75	—	—	—	—
E5016-N7	0.05	1.25	0.50	0.03	0.03	3.00~3.75	—	—	—	—
E5018-N7	0.05	1.25	0.50	0.03	0.03	3.00~3.75	—	—	—	—
E5515-N7	0.12	1.25	0.80	0.03	0.03	3.00~3.75	—	—	—	—
E5516-N7	0.12	1.25	0.80	0.03	0.03	3.00~3.75	—	—	—	—
E5518-N7	0.12	1.25	0.80	0.03	0.03	3.00~3.75	—	—	—	—
E5515-N13	0.06	1.00	0.60	0.025	0.020	6.00~7.00	—	—	—	—
E5516-N13	0.06	1.00	0.60	0.025	0.020	6.00~7.00	—	—	—	—
E5518-N2M3	0.10	0.80~1.25	0.60	0.02	0.02	0.80~1.10	0.10	0.40~0.65	0.02	Cu：0.10 Al：0.05
E5003-NC	0.12	0.30~1.40	0.90	0.03	0.03	0.25~0.70	0.30	—	—	Cu：0.20~0.60
E5016-NC	0.12	0.30~1.40	0.90	0.03	0.03	0.25~0.70	0.30	—	—	Cu：0.20~0.60
E5028-NC	0.12	0.30~1.40	0.90	0.03	0.03	0.25~0.70	0.30	—	—	Cu：0.20~0.60
E5716-NC	0.12	0.30~1.40	0.90	0.03	0.03	0.25~0.70	0.30	—	—	Cu：0.20~0.60
E5728-NC	0.12	0.30~1.40	0.90	0.03	0.03	0.25~0.70	0.30	—	—	Cu：0.20~0.60
E5003-CC	0.12	0.30~1.40	0.90	0.03	0.03	—	0.30~0.70	—	—	Cu：0.20~0.60
E5016-CC	0.12	0.30~1.40	0.90	0.03	0.03	—	0.30~0.70	—	—	Cu：0.20~0.60

续表

焊条型号	化学成分（质量分数）(%)									
	C	Mn	Si	P	S	Ni	Cr	Mo	V	其他
E5028-CC	0.12	0.30~1.40	0.90	0.03	0.03	—	0.30~0.70	—	—	Cu：0.20~0.60
E5716-CC	0.12	0.30~1.40	0.90	0.03	0.03	—	0.30~0.70	—	—	Cu：0.20~0.60
E5728-CC	0.12	0.30~1.40	0.90	0.03	0.03	—	0.30~0.70	—	—	Cu：0.20~0.60
E5003-NCC	0.12	0.30~1.40	0.90	0.03	0.03	0.05~0.45	0.45~0.75	—	—	Cu：0.30~0.70
E5016-NCC	0.12	0.30~1.40	0.90	0.03	0.03	0.05~0.45	0.45~0.75	—	—	Cu：0.30~0.70
E5028-NCC	0.12	0.30~1.40	0.90	0.03	0.03	0.05~0.45	0.45~0.75	—	—	Cu：0.30~0.70
E5716-NCC	0.12	0.30~1.40	0.90	0.03	0.03	0.05~0.45	0.45~0.75	—	—	Cu：0.30~0.70
E5728NCC	0.12	0.30~1.40	0.90	0.03	0.03	0.05~0.45	0.45~0.75	—	—	Cu：0.30~0.70
E5003-NCC1	0.12	0.50~1.30	0.35~0.80	0.03	0.03	0.40~0.80	0.45~0.70	—	—	Cu：0.30~0.75
E5016-NCC1	0.12	0.50~1.30	0.35~0.80	0.03	0.03	0.40~0.80	0.45~0.70	—	—	Cu：0.30~0.75
E5028-NCC1	0.12	0.50~1.30	0.35~0.80	0.03	0.03	0.40~0.80	0.45~0.70	—	—	Cu：0.30~0.75
E5516-NCC1	0.12	0.50~1.30	0.35~0.80	0.03	0.03	0.40~0.80	0.45~0.70	—	—	Cu：0.30~0.75
E5518-NCC1	0.12	0.50~1.30	0.35~0.80	0.03	0.03	0.40~0.80	0.45~0.70	—	—	Cu：0.30~0.75
E5716-NCC1	0.12	0.50~1.30	0.35~0.80	0.03	0.03	0.40~0.80	0.45~0.70	—	—	Cu：0.30~0.75
E5728-NCC1	0.12	0.50~1.30	0.35~0.80	0.03	0.03	0.40~0.80	0.45~0.70	—	—	Cu：0.30~0.75
E5016-NCC2	0.12	0.40~0.70	0.40~0.70	0.025	0.025	0.20~0.40	0.15~0.30	—	0.08	Cu：0.30~0.60
E5018-NCC2	0.12	0.40~0.70	0.40~0.70	0.025	0.025	0.20~0.40	0.15~0.30	—	0.08	Cu：0.30~0.60
E50××-G[a]	—	—	—	—	—	—	—	—	—	—
E55××-G[a]	—	—	—	—	—	—	—	—	—	—
E57××-G[a]	—	—	—	—	—	—	—	—	—	—

注：表中单值均为最大值。　a　焊条型号中"××"代表焊条的药皮类型，见表2。

力学性能　　表7

焊条型号	抗拉强度 R_m (MPa)	屈服强度[a] R_{el} (MPa)	断后伸长率 A (%)	冲击试验温度 (℃)
E4303	≥430	≥330	≥20	0
E4310	≥430	≥330	≥20	−30
E4311	≥430	≥330	≥20	−30

续表

焊条型号	抗拉强度 R_m (MPa)	屈服强度[a] R_{el} (MPa)	断后伸长率 A (%)	冲击试验温度 (℃)
E4312	≥430	≥330	≥16	—
E4313	≥430	≥330	≥16	—
E4315	≥430	≥330	≥20	−30
E4316	≥430	≥330	≥20	−30
E4318	≥430	≥330	≥20	−30
E4319	≥430	≥330	≥20	−20
E4320	≥430	≥330	≥20	—
E4324	≥430	≥330	≥16	—
E4327	≥430	≥330	≥20	−30
E4328	≥430	≥330	≥20	−20
E4340	≥430	≥330	≥20	0
E5003	≥490	≥400	≥20	0
E5010	490~650	≥400	≥20	−30
E5011	490~650	≥400	≥20	−30
E5012	≥490	≥400	≥16	—
E5013	≥490	≥400	≥16	—
E5014	≥490	≥400	≥16	—
E5015	≥490	≥400	≥20	−30
E5016	≥490	≥400	≥20	−30
E5016-1	≥490	≥400	≥20	−45
E5018	≥490	≥400	≥20	−30
E5018-1	≥490	≥400	≥20	−45
E5019	≥490	≥400	≥20	−20
E5024	≥490	≥400	≥16	—
E5024-1	≥490	≥400	≥20	−20
E5027	≥490	≥400	≥20	−30
E5028	≥490	≥400	≥20	−20
E5048	≥490	≥400	≥20	−30
E5716	≥570	≥490	≥16	−30
E5728	≥570	≥490	≥16	−20
E5010-P1	≥490	≥420	≥20	−30
E5510-P1	≥550	≥460	≥17	−30
E5518-P2	≥550	≥460	≥17	−30
E5545-P2	≥550	≥460	≥17	−30
E5003-1M3	≥490	≥400	≥20	—
E5010-1M3	≥490	≥420	≥20	—
E5011-1M3	≥490	≥400	≥20	—
E5015-1M3	≥490	≥400	≥20	—
E5016-1M3	≥490	≥400	≥20	—

续表

焊条型号	抗拉强度 R_m (MPa)	屈服强度[a] R_{el} (MPa)	断后伸长率 A (%)	冲击试验温度 (℃)
E5018-1M3	≥490	≥400	≥20	—
E5019-1M3	≥490	≥400	≥20	—
E5020-1M3	≥490	≥400	≥20	—
E5027-1M3	≥490	≥400	≥20	—
E5518-3M2	≥550	≥460	≥17	−50
E5515-3M3	≥550	≥460	≥17	−50
E5516-3M3	≥550	≥460	≥17	−50
E5518-3M3	≥550	≥460	≥17	−50
E5015-N1	≥490	≥390	≥20	−40
E5016-N1	≥490	≥390	≥20	−40
E5028-N1	≥490	≥390	≥20	−40
E5515-N1	≥550	≥460	≥17	−40
E5516-N1	≥550	≥460	≥17	−40
E5528-N1	≥550	≥460	≥17	−40
E5015-N2	≥490	≥390	≥20	−40
E5016-N2	≥490	≥390	≥20	−40
E5018-N2	≥490	≥390	≥20	−50
E5515-N2	≥550	470～550	≥20	−40
E5516-N2	≥550	470～550	≥20	−40
E5518-N2	≥550	470～550	≥20	−40
E5015-N3	≥490	≥390	≥20	−40
E5016-N3	≥490	≥390	≥20	−40
E5515-N3	≥550	≥460	≥17	−50
E5516-N3	≥550	≥460	≥17	−50
E5516-3N3	≥550	≥460	≥17	−50
E5518-N3	≥550	≥460	≥17	−50
E5015-N5	≥490	≥390	≥20	−75
E5016-N5	≥490	≥390	≥20	−75
E5018-N5	≥490	≥390	≥20	−75
E5028-N5	≥490	≥390	≥20	−60
E5515-N5	≥550	≥460	≥17	−60
E5516-N5	≥550	≥460	≥17	−60
E5518-N5	≥550	≥460	≥17	−60
E5015-N7	≥490	≥390	≥20	−100
E5016-N7	≥490	≥390	≥20	−100
E5018-N7	≥490	≥390	≥20	−100
E5515-N7	≥550	≥460	≥17	−75
E5516-N7	≥550	≥460	≥17	−75
E5518-N7	≥550	≥460	≥17	−75

续表

焊条型号	抗拉强度 R_m (MPa)	屈服强度[a] R_{el} (MPa)	断后伸长率 A (%)	冲击试验温度 (℃)
E5515-N13	≥550	≥460	≥17	-100
E5516-N13	≥550	≥460	≥17	-100
E5518-N2M3	≥550	≥460	≥17	-40
E5003-NC	≥490	≥390	≥20	0
E5016-NC	≥490	≥390	≥20	0
E5028-NC	≥490	≥390	≥20	0
E5716-NC	≥570	≥490	≥16	0
E5728-NC	≥570	≥490	≥16	0
E5003-CC	≥490	≥390	≥20	0
E5016-CC	≥490	≥390	≥20	0
E5028-CC	≥490	≥390	≥20	0
E5716-CC	≥570	≥490	≥16	0
E5728-CC	≥570	≥490	≥16	0
E5003-NCC	≥490	≥390	≥20	0
E5016-NCC	≥490	≥390	≥20	0
E5028-NCC	≥490	≥390	≥20	0
E5716-NCC	≥570	≥490	≥16	0
E5728-NCC	≥570	≥490	≥16	0
E5003-NCC1	≥490	≥390	≥20	0
E5016-NCC1	≥490	≥390	≥20	0
E5028-NCC1	≥490	≥390	≥20	0
E5516-NCC1	≥550	≥460	≥17	-20
E5518-NCC1	≥550	≥460	≥17	-20
E5716-NCC1	≥570	≥490	≥16	0
E5728-NCC1	≥570	≥490	≥16	0
E5016-NCC2	≥490	≥420	≥20	-20
E5018-NCC2	≥490	≥420	≥20	-20
E50××-G[b]	≥490	≥400	≥20	—
E55××-G[b]	≥550	≥460	≥17	—
E57×-G[b]	≥570	≥490	≥16	—

注：a 当屈服发生不明显时，应测定规定塑性延伸强度 $R_{p0.2}$。
　　b 焊条型号中"××"代表焊条的药皮类型，见表2。

熔敷金属扩散氢含量　　　　　　　　　　　　　表8

扩散氧代号	扩散氢含量 (mL/100g)
H15	≤15
H10	≤10
H5	≤5

4. 检验规则

成品焊条由制造厂质量检验部门按批检验。

(1) 取样方法

每批焊条检验时,按照需要数量至少在三个部位取有代表性的样品。

(2) 复验

任何一项检验不合格时,该项检验应加倍复验。对于化学分析,仅复验那些不满足要求的元素。当复验拉伸试验时,抗拉强度、屈服强度及断后伸长率同时作为复验项目。其试样可在原试件上截取,也可在新焊制的试件上截取。加倍复验结果均应符合该项检验的规定。

5.3.12.2 热强钢焊条应用技术要求

执行标准:《热强钢焊条》(GB/T 5118—2012)   (摘选)

1. 范围

本标准适用于焊条电弧焊用热强钢焊条。

2. 型号

(1) 型号划分

焊条型号按熔敷金属力学性能、药皮类型、焊接位置、电流类型、熔敷金属化学成分等进行划分。

(2) 型号编制方法

1) 焊条型号由四部分组成:

A. 第一部分用字母"E"表示焊条。

B. 第二部分为字母"E"后面的紧邻两位数字,表示熔敷金属的最小抗拉强度代号,见表1。

C. 第三部分为字母"E"后面的第三和第四两位数字,表示药皮类型、焊接位置和电流类型,见表2。

D. 第四部分为短划"—"后的字母、数字或字母和数字的组合,表示熔敷金属的化学成分分类代号,见表3。

2) 除以上强制分类代号外,根据供需双方协商,可在型号后附加扩散氢代号"HX",其中X代表15、10或5,分别表示每100g熔敷金属中扩散氢含量的最大值(mL),见"3. 技术要求项下(6) 熔敷金属扩散氧含量"。

(3) 型号示例

本标准中完整焊条型号示例如下:

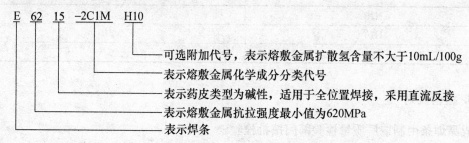

熔敷金属抗拉强度代号 表 1

抗拉强度代号	最小抗拉强度值（MPa）
50	490
52	520
55	550
62	620

药皮类型代号 表 2

代号	药皮类型	焊接位置[a]	电流类型
03	钛型	全位置[c]	交流和直流正、反接
10[b]	纤维素	全位置	直流反接
11[b]	纤维素	全位置	交流和直流反接
13	金红石	全位置[c]	交流和直流正、反接
15	碱性	全位置[c]	直流反接
16	碱性	全位置[c]	交流和直流反接
18	碱性＋铁粉	全位置（PG除外）	交流和直流反接
19[b]	钛铁矿	全位置[c]	交流和直流正、反接
20[b]	氧化铁	PA、PB	交流和直流正接
27[b]	氧化铁＋铁粉	PA、PB	交流和直流正接
40	不做规定	由制造商确定	

a 焊接位置见 GB/T 16672，其中 PA＝平焊、PB＝平角焊、PG＝向下立焊。
b 仅限于熔敷金属化学成分代号 1M3。
c 此处"全位置"并不一定包含向下立焊，由制造商确定。

熔敷金属化学成分分类代号 表 3

分类代号	主要化学成分的名义含量
－1M3	此类焊条中含有 Mo，Mo 是在非合金钢焊条基础上的唯一添加合金元素。数字 1 约等于名义上 Mn 含量两倍的整数，字母"M"表示 Mo，数字 3 表示 Mo 的名义含量，大约 0.5%
－XCXMX	对于含铬－钼的热强钢，标识"C"前的整数表示 Cr 的名义含量，"M"前的整数表示 Mo 的名义含量。对于 Cr 或者 Mo，如果名义含量少于 1%，则字母前不标记数字。如果在 Cr 和 Mo 之外还加入了 W、V、B、Nb 等合金成分，则按照此顺序，加于铬和钼标之后。标识末尾的"L"表示含碳量较低。最后一个字母后的数字表示成分有所改变
－G	其他成分

4. 技术要求

（1）药皮

1）焊条药皮应均匀、紧密地包覆在焊芯周围，焊条药皮上不应有影响焊接质量的裂纹、气泡、杂质及脱落等缺陷。

2）焊条引弧端药皮应倒角，焊芯端面应露出。焊条沿圆周的露芯应不大于圆周的 1/2。碱性药皮类型的焊条长度方向上露芯长度应不大于焊芯直径的 1/2 或 1.6 mm 两者的较小值。其他药皮类型的焊条长度方向上露芯长度应不大于焊芯直径的 2/3 或 2.4 mm 两者的较小值。

3）焊条偏心度应符合如下规定：

A. 直径不大于 2.5 mm 的焊条，偏心度应不大于 7%。

B. 直径为 3.2 mm 和 4.0 mm 的焊条，偏心度应不大于 5%。

C. 直径不小于 5.0 mm 的焊条，偏心度应不大于 4%。

偏心度计算方法见公式（1）及图 2 所示。

$$P = \frac{T_1 - T_2}{(T_1 + T_2)/2} \times 100\% \quad (1)$$

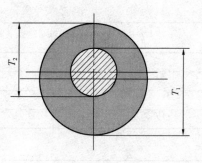

图 2 焊条偏心度测量示意图

式中 P——焊条偏心度；
T_1——焊条断面药皮最大厚度＋焊芯直径；
T_2——焊条同一断面药皮最小厚度＋焊芯直径。

（2）T 型接头角焊缝

角焊缝的试验要求、焊脚尺寸、两焊脚长度差及凸度应符合表 4 规定。

角焊缝要求 （单位：mm） 表 4

药皮类型	电流类型	焊条尺寸[a]	焊接位置[b]	试板厚度 t	试板宽度 w	试板长度[c] l	焊脚尺寸	两焊脚长度差	凸度
03	交流	5.0	PF、PD	10	≥75	≥300	≤10.0	≤2.0	≤1.5
		6.0	PB	12		≥400	≥8.0	≤3.5	≤2.0
10	直流反接	5.0	PF、PD	10	≥75	≥300	≥8.0	≤3.5	≤1.5
		6.0	PB	12		≥400	≥6.5	≤2.5	≤2.0
11	交流	5.0	PF、PD	10	≥75	≥300	≥8.0	≤3.5	≤1.5
		6.0	PB	12		≥400	≥6.5	≤2.5	≤2.0
13	交流	5.0	PF、PD	12	≥75	≥300	≤10.0	≤2.0	≤1.5
		6.0	PB	12		≥400	≥8.0	≤3.5	≤2.0
15	直流反接	4.0	PF、PD	10	≥75	≥300	≥8.0	≤3.5	≤2.0
		6.0	PB	12		≥400	≥8.0	≤3.5	≤2.0
16	交流	4.0	PF、PD	10	≥75	≥300	≥8.0	≤3.5	≤2.0
		6.0	PB	12		≥400	≥8.0	≤3.5	≤2.0
18	交流	4.0	PF、PD	10	≥75	≥300	≥8.0	≤3.5	≤2.0
		6.0	PB	12		≥400	≥8.0	≤3.5	≤2.0
19	交流	5.0	PF、PD	10	≥75	≥300	≤10.0	≤2.0	≤1.5
		6.0	PB	12		≥400	≥8.0	≤3.5	≤2.0
20	交流	6.0	PB	12	≥75	≥400	≥8.0	≤3.5	≤2.0
27	交流	6.0	PB	12	≥75	≥400 或≥650[d]	≥8.0	≤3.5	≤2.0
40	供需双方协商			10～12	≥75	供需双方协商			

a 当焊条尺寸小于规定尺寸时，应采用最大尺寸的焊条，并按比例调整要求。除非该焊条尺寸不要求试验。
b 焊接位置见（GB/T 16672—1996），其中 PB＝平角焊、PD＝仰角焊、PF＝向上立焊。
c 对于 300mm 长的焊条，试板长度 l 不小于 250mm；对于 350mm 长的焊条，试板长度 l 不小于 300mm。
d 对于 450mm 长的焊条，试板长度 l 不小于 400mm；对于 700mm 长的焊条，试板长度 l 不小于 650mm。

（3）熔敷金属化学成分
焊条的熔敷金属化学成分应符合表5规定。
（4）熔敷金属力学性能
熔敷金属拉伸试验结果应符合表6规定。
（5）焊缝射线探伤
药皮类型15、16、18、19和20焊条的焊缝射线探伤应符合（GB/T 3323—2005）中的Ⅰ级规定，其他药皮类型焊条的焊缝射线探伤应符合（GB/T 3323—2005）中的Ⅱ级规定。
（6）熔敷金属扩散氧含量
熔敷金属扩散氢含量要求可由供需双方协商确定，扩散氢代号如表7所示。

熔敷金属化学成分（质量分数）（%） 表5

焊条型号	C	Mn	Si	P	S	Cr	Mo	V	其他[a]
EXXXX-1M3	0.12	1.00	0.80	0.030	0.030	—	0.40~0.65	—	
EXXXX-CM	0.05~0.12	0.90	0.80	0.030	0.030	0.40~0.65	0.40~0.65	—	
EXXXX-C1M	0.07~0.15	0.40~0.70	0.30~0.60	0.030	0.030	0.40~0.60	100~1.25	0.05	
EXXXX-1CM	0.05~0.12	0.90	0.80	0.030	0.030	1.00~1.50	0.40~0.65	—	
EXXXX-1CML	0.05	0.90	1.00	0.030	0.030	1.00~1.50	0.40~0.65	—	
EXXXX-1CMV	0.05~0.12	0.90	0.60	0.030	0.030	0.80~1.50	0.40~0.65	0.10~0.35	
EXXXX-1CMVNb	0.05~0.12	0.90	0.60	0.030	0.030	0.80~1.50	0.70~1.00	0.15~0.40	Nb：0.10~0.25
EXXXX-1CMWV	0.05~0.12	0.70~1.10	0.60	0.030	0.030	0.80~1.50	0.70~1.00	0.20~0.35	W：0.25~0.50
EXXXX-2C1M	0.05~0.12	0.90	1.00	0.030	0.030	2.00~2.50	0.90~1.20	—	
EXXXX-2C1ML	0.05	0.90	1.00	0.030	0.030	2.00~2.50	0.90~1.20	—	
EXXXX-2CML	0.05	0.90	1.00	0.030	0.030	1.75~2.25	0.40~0.65	—	
EXXXX-2CMWVB	0.05~0.12	1.00	0.60	0.030	0.030	1.50~2.50	0.30~0.80	0.20~0.60	W：0.20~0.60 B：0.001~0.003
EXXXX-2CMVNb	0.05~0.12	1.00	0.60	0.030	0.030	2.40~3.00	0.70~1.00	0.25~0.50	Nb：0.35~0.65
EXXXX-ZC1MV	0.05~0.15	0.40~1.50	0.60	0.030	0.030	2.00~2.60	0.90~1.20	0.20~0.40	Nb：0.010~0.050
EXXXX-3C1MV	0.05~0.15	0.40~1.50	0.60	0.030	0.030	2.60~3.40	0.90~1.20	0.20~0.40	Nb：0.010~0.050
EXXXX-5CM	0.05~0.10	1.00	0.90	0.030	0.030	4.0~6.0	0.45~0.65	—	Ni：0.40
EXXXX-5CML	0.05	1.00	0.90	0.030	0.030	4.0~6.0	0.45~0.65	—	Ni：0.40

续表

焊条型号	C	Mn	Si	P	S	Cr	Mo	V	其他[a]
EXXXX-5CMV	0.12	0.5~0.9	0.50	0.030	0.030	4.5~6.0	0.40~0.70	0.10~0.35	Cu:0.5
EXXXX-7CM	0.05~0.10	1.00	0.90	0.030	0.030	6.0~8.0	0.45~0.65	Ni:0.40	
EXXXX-7CML	0.05	1.00	0.90	0.030	0.030	6.0~8.0	0.45~0.65	—	Ni:0.40
EXXXX-9C1M	0.05~0.10	1.00	0.90	0.030	0.030	8.0~10.5	0.85~1.20	—	Ni:0.40
EXXXX-9C1ML	0.05	1.00	0.90	0.030	0.030	8.0~10.5	0.85~1.20	Ni:0.40	
EXXXX-9C1MV	0.08~0.13	1.25	0.30	0.01	0.01	8.0~10.5	0.85~1.20	0.15~0.30	Ni:1.0 Mn+Ni≤1.50 Cu:0.25 Al:0.04 Nb:0.02~0.10 N:0.02~0.07
EXXXX-9C1MV1[b]	0.03~0.12	1.00~1.80	0.60	0.025	0.025	8.0~10.5	0.80~1.20	0.15~0.30	Ni:1.0 Cu:0.25 Al:0.04 Nb:0.02~0.10 N:0.02~0.07
EXXXX-G	其他成分								

注：表中单值均为最大值。

a 如果有意添加表中未列出的元素则应进行报告，这些添加元素和在常规化学分析中发现的其他元素的总量不应超过0.50%。

b Ni+Mn的化合物能降低AC1点温度，所要求的焊后热处理温度可能接近或超过了焊缝金属的AC1点。

熔敷金属力学性能 表6

焊条型号[a]	抗拉强度R_m（MPa）	屈服强度[b] R_{el}（MPa）	断后伸长率A（%）	预热和道间温度（℃）	焊后热处理[c] 热处理温度（℃）	保温时间[d]（min）
E50XX-1M3	≥490	≥390	≥22	90~110	605~645	60
E50YY-1M3	≥490	≥390	≥20	90~110	605~645	60
E55XX-CM	≥550	≥460	≥17	160~190	675~705	60
E5540-CM	≥550	≥460	≥14	160~190	675~705	60
E5503-CM	≥550	≥460	≥14	160~190	675~705	60
E55XX-C1M	≥550	≥460	≥17	160~190	675~705	60
E55XX-1CM	≥550	≥460	≥17	160~190	675~705	60
E5513-1CM	≥550	≥460	≥14	160~190	675~705	60
E52XX-1CML	≥520	≥390	≥17	160~190	675~705	60
E5540-1CMV	≥550	≥460	≥14	250~300	715~745	120
E5515-1CMV	≥550	≥460	≥15	250~300	715~745	120
E5515-1CMVNb	≥550	≥460	≥15	250~300	715~745	300
E5515-1CNWV	≥550	≥460	≥15	250~300	715~745	300
E62XX-2C1M	≥620	≥530	≥15	160~190	675~705	60

续表

焊条型号[a]	抗拉强度 R_m (MPa)	屈服强度[b] R_{el} (MPa)	断后伸长率 A (%)	预热和道间温度 (℃)	焊后热处理[c] 热处理温度 (℃)	焊后热处理[c] 保温时间[d] (min)
E6240-2C1M	≥620	≥530	≥12	160～190	675～705	60
E6213-2C1M	≥620	≥530	≥12	160～190	675～705	60
E55XX-2C1ML	≥550	≥460	≥15	160～190	675～705	60
E55XX-2CML	≥550	≥460	≥15	160～190	675～705	60
E5540-2CMWVB	≥550	≥460	≥14	250～300	745～775	120
E5515-2CMWVB	≥550	≥460	≥15	320～360	745～775	120
E5515-2CMVNb	≥550	≥460	≥15	250～300	715～745	240
E62XX-2C1MV	≥620	≥530	≥15	160～190	725～755	60
E62XX-3C1MV	≥620	≥530	≥15	160～190	725～755	60
E55XX-5CM	≥550	≥460	≥17	175～230	725～755	60
E55XX-5CML	≥550	≥460	≥17	175～230	725～755	60
E55XX-5CMV	≥550	≥460	≥14	175～230	740～760	240
E55XX-7CM	≥550	≥460	≥17	175～230	725～755	60
E55XX-7CML	≥550	≥460	≥17	175～230	725～755	60
E62XX-9C1M	≥620	≥530	≥15	205～260	725～755	60
E62XX-9C1ML	≥620	≥530	≥15	205～260	725～755	60
E62XX-9C1MV	≥620	≥530	≥15	200～315	745～775	120
E62XX-9C1MV1	≥620	≥530	≥15	205～260	725～755	60
EXXXX-G[e]	供需双方协商确认					

注：a 焊条型号中 XX 代表药皮类型 15、16 或 18，YY 代表药皮类型 10、11、19、20 或 27。
  b 当屈服发生不明显时，应测定规定塑性延伸强度 $R_{p0.2}$。
  c 试件放入炉内时．以 85～275℃/h 的速率加热到规定温度。达到保温时间后，以不大于 200℃/h 的速率随炉冷却至 300℃ 以下。试件冷却至 300℃ 以下的任意温度时，允许从炉中取出，在静态大气中冷却至室温。
  d 保温时间公差为 0～10min。
  e 熔敷金属抗拉强度代号见表 1，药皮类型代号见表 2。

熔敷金属扩散氢含量   表 7

扩散氢代号	扩散氢含量 (mL/100g)
H15	≤15
H10	≤10
H5	≤5

5. 检验规则

成品焊条由制造厂质量检验部门按批检验。

（1）取样方法

每批焊条检验时，按照需要数量至少在三个部位取有代表性的样品。

（2）复验

任何一项检验不合格时，该项检验应加倍复验。对于化学分析，仅复验那些不满足要求的元素。当复验拉伸试验时，抗拉强度、屈服强度及断后伸长率同时作为复验项目。其试样可在原试件上截取，也可在新焊制的试件上截取。加倍复验结果均应符合该项检验的规定。

5.3.12.3 碳素钢埋弧焊用焊剂应用技术要求

执行标准：《埋弧焊用碳素钢和焊剂》(GB 5293—1999)　　(摘选)

(1) 焊缝金属拉伸力学性能。

焊缝金属拉伸力学性能要求——第一位数字含义　　表1

焊剂型号	抗拉强度 (kgf/mm^2)	屈服强度 (kgf/mm^2)	伸长率 (%)
HJ3×$_2$×$_3$-H×××	42.0~56.0	≥31.0	≥22.0
HJ4×$_2$×$_3$-H×××	42.0~56.0	≥33.6	≥22.0
HJ5×$_2$×$_3$-H×××	49.0~66.0	≥40.6	≥22.0

注：HJ—表示埋弧焊用焊剂；×$_1$—表示焊缝金属的拉伸力学性能；×$_2$—表示拉伸试样和冲击试样的状态；×$_3$—表示焊缝金属冲击值不小于≥3.5 (kgf·m/cm^2) 时的最低试验温度；H×××—焊丝牌号。

(2) 焊缝金属的冲击值：所有焊剂型号内在试验温度 (℃) 0～-60℃情况下冲击值均≥3.5 (kgf·m/cm^2)。

(3) 碳素钢埋弧焊用焊剂使用说明：每批焊剂系指用批号不变的原材料、按同一配方、以相同的制造工艺所生产的焊剂而言，且每批焊剂的重量不得超过50t；在焊剂使用说明书中应注明焊剂的类型（熔炼型、陶质型或烧结型）、渣系、焊接电流种类及极性、使用前的烘干温度、使用注意事项等内容。

5.3.13 稳定土类道路基层材料配合比试验单 (C4-3-13)

稳定土类道路基层材料生产单位按规定应提供配合比试验单；连续供料时，生产单位出具检验报告的有效期最长不得超过7d。

5.3.13.1 石灰稳定土类基层材料配合比试验单 (C4-3-13-1)

1. 资料表式

石灰稳定土类基层材料配合比试验单表式按当地建设行政主管部门批准的试验室提供的表式执行。

2. 应用说明

(1) 稳定土类道路基层材料：生石灰、土和水。生石灰、土和水的主要技术性能。
1) 生石灰按"5.3.14 石灰进场复试报告"有关标准执行。
2) 道路基层材料用土的主要技术性能要求：
① 当采用石灰粉煤灰稳定土时，土的塑性指数宜为12~20。
② 土中的有机物含量宜小于10%。

3）水应符合国家现行标准《混凝土用水标准》（JGJ 63—2006）的规定。宜使用饮用水及不含油类等杂质的清洁中性水，pH 值宜为 6~8。

（2）磨细生石灰，可不经消解直接使用；块灰应在使用前 2~3d 完成消解，未能消解的生石灰块应筛除，消解石灰的粒径不得大于 10mm。

（3）对储存较久或经过雨期的消解石灰应先经过试验，根据活性氧化物的含量决定能否使用和使用办法。

（4）石灰、粉煤灰稳定土类基层材料必须进行配合比检验。

（5）石灰土配合比设计应符合下列规定：

1）每种土应按 5 种石灰掺量进行试配，试配石灰用量宜按表 C4-3-13-1A 选取。

石灰土试配石灰用量　　　　　　　　　　　　　　表 C4-3-13-1A

土壤类别	结构部位	石灰掺量（%）				
		1	2	3	4	5
塑性指数≤12 的黏性土	基层	10	12	13	14	16
	底基层	8	10	11	12	14
塑性指数>12 的黏性土	基层	5	7	9	11	13
	底基层	5	7	8	9	11
砂砾土、碎石土	基层		3	4	5	6	7

2）确定混合料的最佳含水量和最大干密度，应做最小、中间和最大 3 个石灰剂量混合料的击实试验，其余两个石灰剂量混合料的最佳含水量和最大干密度用内插法确定。

3）按规定的压实度，分别计算不同石灰剂量的试块应有的干密度。

4）强度试验的平行试验最少试件数量，不应小于表 C4-3-13-1B 的规定。如试验结果的偏差系数大于表中规定值，应重做试验。如不能降低偏差系数，则应增加试件数量。

最少试件数量（件）　　　　　　　　　　　　　　表 C4-3-13-1B

土壤类别	偏差系数	<10%	10%~15%	15%~20%
细粒土		6	9	—
中粒土		6	9	13
粗粒土		—	9	13

5）石灰剂量应根据设计要求强度值选定。试件试验结果的平均抗压强度 $\bar{R}$ 应符合下式要求：

$$\bar{R} \geqslant R_d / (1 - Z_a C_v)$$

式中　R_d——设计抗压强度；

　　　C_v——试验结果的偏差系数（以小数计）；

　　　Z_a——标准正态分布表中随保证率（试置信度口）而改变的系数，城市快速路和城市主干路应取保证率 95%，即 $Z_a=1.645$；其他道路应取保证率 90%，即 $Z_a=1.282$。

6）实际采用的石灰剂量应比室内试验确定的剂量增加0.5%～1.0%。采用集中厂拌时可增加0.5%。

（6）配合比设计注意事项：

1）在城镇人口密集区，应使用厂拌石灰土，不得使用路拌石灰土。

2）厂拌石灰土应符合下列规定：

① 石灰土搅拌前，应先筛除集料中不符合要求的颗粒，使集料的级配和最大粒径符合要求。

② 宜采用强制式搅拌机进行搅拌。配合比应准确，搅拌应均匀；含水量宜略大于最佳值；石灰土应过筛（20mm方孔）。

③ 应根据土和石灰的含水量变化、集料的颗粒组成变化，及时调整搅拌用水量。

④ 拌成的石灰土应及时运送到铺筑现场。运输中应采取防止水分蒸发和防扬尘措施。

⑤ 搅拌厂应向现场提供石灰土配合比，R_7强度标准值及石灰中活性氧化物含量的资料。

3）采用人工搅拌石灰土应符合下列规定：

① 所用土应预先打碎、过筛（20mm方孔），集中堆放、集中拌合。

② 应按需要量将土和石灰按配合比要求，进行掺配。掺配时土应保持适宜的含水量，掺配后过筛（20mm方孔），至颜色均匀一致为止。

③ 作业人员应佩戴劳动保护用品，现场应采取防扬尘措施。

5.3.13.2　石灰、粉煤灰稳定砂砾基层及底基层材料配合比试验单（C4-3-13-2）

1. 资料表式

石灰、粉煤灰稳定砂砾基层及底基层材料配合比试验单表式按当地建设行政主管部门批准的试验室出具的试验报告表式执行。

2. 应用说明

（1）石灰、粉煤灰、砂砾（碎石）产品生产厂家必须提供出厂质量检验报告。

（2）原材料应符合下列规定：

1）石灰应符合"5.3.14　石灰进场复试报告"有关标准执行。

2）粉煤灰应符合下列规定：

① 粉煤灰中的SiO_2、Al_2O_3和Fe_2O_3总量宜大于70%；在温度为700℃时的烧失量宜小于或等于10%。

② 当烧失量大于10%时，应经试验确认混合料强度符合要求时，方可采用。

③ 细度应满足90%通过0.3mm筛孔，70%通过0.075mm筛孔，比表面积宜大于2500cm²/g。

3）砂砾应经破碎、筛分，级配宜符合表C4-3-13-2A的规定，破碎砂砾中最大粒径不应大于37.5mm。

筛孔尺寸 (mm)	通过质量百分率（%）			
	级配砂砾		级配碎石	
	次干路及以下道路	城市快速路、主干路	次干路及以下道路	城市快速路、主干路
37.5	100	—	100	—
31.5	85～100	100	90～100	100
19.0	65～85	85～100	72～90	81～98
9.50	50～70	55～75	48～68	52～70
4.75	35～55	39～59	30～50	30～50
2.36	25～45	27～47	18～38	18～38
1.18	17～35	17～35	10～27	10～27
0.60	10～27	10～25	6～20	8～20
0.075	0～15	0～10	0～7	0～7

砂砾、碎石级配　　表C4-3-13-2A

4）水应符合5.3.13.1应用说明（1）中的3）要求执行。

（3）石灰、粉煤灰稳定砂砾（碎石）基层及底基层材料必须经试验室试配，并提供配合比试验单。

（4）石灰、粉煤灰稳定砂砾（碎石）基层及底基层材料配合比试验按5.3.13.1应用说明中的（5）执行。

（5）混合料应由搅拌厂集中拌制且应符合下列规定：

1）宜采用强制式搅拌机拌制，并应符合下列要求：

① 搅拌时应先将石灰、粉煤灰搅拌均匀，再加入砂砾（碎石）和水搅拌均匀。混合料含水量宜略大于最佳含水量。

② 拌制石灰粉煤灰砂砾均应做延迟时间试验，以确定混合料在贮存场存放时间及现场完成作业时间。

③ 混合料含水量应视气候条件适当调整。

2）搅拌厂应向现场提供产品合格证及石灰活性氧化物含量、粒料级配、混合料配合比及R_7强度标准值的资料。

3）运送混合料应覆盖，防止遗撒、扬尘。

5.3.13.3　石灰、粉煤灰、钢渣稳定土类基层及底基层材料配合比试验单（C4-3-13-3）

1. 资料表式

石灰、粉煤灰、钢渣稳定土类基层及底基层材料配合比试验单表式按当地建设行政主管部门批准的试验室出具的试验报告表式执行。

2. 应用说明

（1）钢渣破碎后堆存时间不应少于半年，且达到稳定状态，游离氧化钙（f_{CaO}）含量应小于3%；粉化率不得超过5%。钢渣最大粒径不应大于37.5mm，压碎值不应大于30%，且应清洁，不含废镁砖及其他有害物质；钢渣质量密度应以实际测试值为准。钢渣颗粒组成应符合表C4-3-13-3A的规定。

钢渣混合料中钢渣颗粒组成　　　表 C4-3-13－3A

通过下列筛孔（mm，方孔）的质量（%）								
37.5	26.5	16	9.5	4.75	2.36	1.18	0.60	0.075
100	95～100	60～85	50～70	40～60	27～47	20～40	10～30	0～15

（2）土应符合下列要求：
1）当采用石灰粉煤灰稳定土时，土的塑性指数宜为12～20。
2）当采用石灰与钢渣稳定土时，土的塑性指数不应小于6，且不应大于30，宜为7～17。
（3）水应符合国家现行标准《混凝土用水标准》（JGJ 63—2006）的规定。宜使用饮用水及不含油类等杂质的清洁中性水，pH 值宜为6～8。
（4）石灰、粉煤灰、钢渣稳定土类基层及底基层材料必须经试验室试配，并提供配合比试验单。
（5）石灰、粉煤灰、钢渣稳定土类混合料配合比设计步骤应按 5.3.13.1 应用说明中的（5）执行。根据试件的平均抗压强度 R 和设计抗压强度 R_d，选定配合比。配合比可按表 C4-3-13-3B 进行初选。

石灰、粉煤灰、钢渣稳定土类混合料常用配合比　　　表 C4-3-13-3B

混合料种类	钢渣	石灰	粉煤灰	土
石灰、粉煤灰、钢渣	60～70	10～7	30～23	—
石灰、钢渣、土	50～60	10～8	—	40～32
石灰、钢渣	90～95	10～5	—	—

5.3.13.4　水泥稳定土类基层材料配合比试验单（C4-3-13-4）

1. 资料表式

水泥稳定土类基层材料配合比试验单表式按当地建设行政主管部门批准的试验室出具的试验报告表式执行。

2. 应用说明

（1）水泥稳定土类基层材料产品生产厂家必须提供出厂质量检验报告。
（2）水泥应符合下列要求：
1）应选用初凝时间大于 3h、终凝时间不小于 6h 的 32.5 级、42.5 级普通硅酸盐水泥、矿渣硅酸盐、火山灰硅酸盐水泥。水泥应有出厂合格证与生产日期，复验合格方可使用。
2）水泥贮存期超过 3 个月或受潮，应进行性能试验，合格后方可使用。
（3）土应符合下列要求：
1）土的均匀系数不应小于 5，宜大于 10，塑性指数宜为 10～17。
2）土中小于 0.6mm 颗粒的含量应小于 30%。
3）宜选用粗粒土、中粒土。
（4）粒料应符合下列要求：
1）级配碎石、砂砾、未筛分碎石、碎石土、砾石和煤矸石、粒状矿渣等材料均可做粒料原材。

2) 当作基层时,粒料最大粒径不宜超过 37.5mm。

3) 当作底基层时,粒料最大粒径:对城市快速路、主干路不应超过 37.5mm;对次干路及以下道路不应超过 53mm。

4) 各种粒料,应按其自然级配状况,经人工调整使其符合《城镇道路工程施工与质量验收规范》(CJJ 1—2008)水泥稳定土类的规程范围及技术指标的规定。

5) 碎石、砾石、煤矸石等的压碎值:对城市快速路、主干路基层与底基层不应大于 30%;对其他道路基层不应大于 30%,对底基层不应大于 35%。

6) 骨料中有机质含量不应超过 2%。

7) 骨料中硫酸盐含量不应超过 0.25%。

8) 钢渣尚应符合《城镇道路工程施工与质量验收规范》(CJJ 1—2008)第 7.4.1 条的有关规定。

(5) 水泥稳定土类道路基层材料必须经试验室试配,并提供配合比试验单。

(6) 水泥稳定土类材料的配合比设计步骤应按 5.3.13.1 应用说明中的(5)执行,且应符合下列规定:

1) 试配时水泥掺量宜按表 C4-3-13-4 选取。

水泥稳定土类材料试配水泥掺量　　　　　表 C4-3-13-4

土壤、粒料种类	结构部位	水泥掺量(%)				
		1	2	3	4	5
塑性指数小于 12 的细粒土	基层	5	7	8	9	11
	底基层	4	5	6	7	9
其他细粒土	基层	8	10	12	14	16
	底基层	6	8	9	10	12
中粒土、粗粒土	基层①	3	4	5	6	7
	底基层	3	4	5	6	7

注:①当强度要求较高时,水泥用量可增加 1%。

2) 确定混合料的最佳含水量和最大干密度,应做最小、中间和最大 3 个石灰剂量混合料的击实试验,其余两个石灰剂量混合料的最佳含水量和最大干密度用内插法确定。

3) 当采用厂拌法生产时,水泥掺量应比试验剂量增加 0.5%,水泥最小掺量对粗粒土、中粒土应为 3%,对细粒土应为 4%。

4) 水泥稳定土类材料 7d 抗压强度:对城市快速路、主干路基层为 3~4MPa,对底基层为 1.5~2.5MPa;对其他等级道路基层为 2.5~3MPa,底基层为 1.5~2.0MPa。

(7) 城镇道路中使用水泥稳定土类材料,宜采用搅拌厂集中拌制。

(8) 集中搅拌水泥稳定土类材料应符合下列规定:

1) 骨料应过筛,级配应符合设计要求。

2) 混合料配合比应符合要求,计量准确;含水量应符合施工要求,并搅拌均匀。

3) 搅拌厂应向现场提供产品合格证及水泥用量、粒料级配、混合料配合比、R_7 强度标准值。

4) 水泥稳定土类材料运输时,应采取措施防止水分损失。

(9) 配合比设计注意事项:

1) 城镇道路中使用水泥稳定土类材料,宜采用搅拌厂集中拌制。

2) 集中搅拌水泥稳定土类材料应符合下列规定：

① 骨料应过筛，级配应符合设计要求。

② 混合料配合比应符合要求，计量准确；含水量应符合施工要求，并搅拌均匀。

③ 搅拌厂应向现场提供产品合格证及水泥用量、粒料级配、混合料配合比、R_7 强度标准值。

④ 水泥稳定土类材料运输时，应采取措施防止水分损失。

5.3.13.5 级配砂砾及级配砾石基层材料产品出厂质量检验报告 (C4-3-13-5)

1. 资料表式

级配砂砾及级配砾石基层材料产品出厂质量检验报告表式按当地建设行政主管部门批准的试验室出具的试验报告表式执行。

2. 应用说明

(1) 级配砂砾及级配砾石基层材料产品生产厂家必须提供出厂质量检验报告。

(2) 级配砂砾及级配砾石应符合下列要求：

1) 天然砂砾应质地坚硬，含泥量不应大于砂质量（粒径小于5mm）的10%，砾石颗粒中细长及扁平颗粒的含量不应超过20%。

2) 级配砾石做次干路及其以下道路底基层时，级配中最大粒径宜小于53mm，做基层时最大粒径不应大于37.5mm。

3) 级配砂砾及级配砾石的颗粒范围和技术指标宜符合表C4-3-13-5A的规定。

级配砂砾及级配砾石的颗粒范围及技术指标　　表C4-3-13-5A

项目		通过质量百分率（%）		
		基 层	底 基 层	
		砾石	砾石	砂砾
筛孔尺寸 (mm)	53		100	100
	37.5	100	90～100	80～100
	31.5	90～100	81～94	
	19.0	73～88	63～81	
	9.5	49～69	45～66	40～100
	4.75	29～54	27～51	25～85
	2.36	17～37	16～35	
	0.60	8～20	8～20	8～45
	0.075	0～7②	0～7②	0～15
液限（%）		<28	<28	<28
塑性指数		<6（或9①）	<6（或9①）	<9

注：① 示潮湿多雨地区塑性指数宜小于6，其他地区塑性指数宜小于9。

② 示对于无塑性的混合料，小于0.075mm的颗粒含量接近高限。

4) 集料压碎值应符合《城镇道路工程施工与质量验收规范》（CJJ 1—2008）表C4-3-13-5B的规定。

级配碎石及级配碎砾石压碎值　　　　　　表 C4-3-13-5B

项　目	压　碎　值	
	基层	底基层
城市快速路、主干路	＜26％	＜30％
次干路	＜30％	＜35％
次干路以下道路	＜35％	＜40％

5.3.13.6 级配碎石及级配碎砾石基层材料产品出厂质量检验报告 (C4-3-13-6)

1. 资料表式

级配碎石及级配碎砾石基层材料产品出厂质量检验报告表式按当地建设行政主管部门批准的试验室出具的试验报告表式执行。

2. 应用说明

(1) 级配碎石及级配碎砾石基层材料产品生产厂家必须提供出厂质量检验报告。

(2) 级配碎石及级配碎砾石材料应符合下列规定：

1) 轧制碎石的材料可为各种类型的岩石（软质岩石除外）、砾石。轧制碎石的砾石粒径应为碎石最大粒径的3倍以上，碎石中不应有黏土块、植物根叶、腐殖质等有害物质。

2) 碎石中针片状颗粒的总含量不应超过20％。

3) 级配碎石及级配碎砾石颗粒范围和技术指标应符合表C4-3-13-6A的规定。

级配碎石及级配碎砾石的颗粒范围及技术指标　　　　表 C4-3-13-6A

项　目		通过质量百分率（％）			
		基层		底基层③	
		次干路及以下道路	城市快速路、主干路	次干路及以下道路	城市快速路、主干路
筛孔尺寸 (mm)	53	—	—	100	—
	37.5	100	—	85～100	100
	31.5	90～100	100	69～88	83～100
	19.0	73～88	85～100	40～65	54～84
	9.5	49～69	52～74	19～43	29～59
	4.75	29～54	29～54	10～30	17～45
	2.36	17～37	17～37	8～25	11～35
	0.60	8～20	8～20	6～18	6～21
	0.075	0～7②	0～7②	0～10	0～10
液限（％）		＜28	＜28	＜28	＜28
塑性指数		＜6（或9①）	＜6（或9①）	＜6（或9①）	＜6（或9①）

① 示潮湿多雨地区塑性指数宜小于6，其他地区塑性指数宜小于9。
② 示对于无塑性的混合料，小于0.075mm的颗粒含量接近高限。
③ 示底基层所列为未筛分碎石颗粒组成范围。

4) 碎石或碎砾石应为多棱角块体，软弱颗粒含量应小于5％；扁平细长碎石含量应小于20％。

(3) 级配碎石及级配碎砾石压碎值应符合表 C4-3-13-5B 的规定。

5.3.14 石灰进场复试报告 (C4-3-14)

1. 资料表式

石灰进场复试报告 表 C4-3-14

样品名称_____ 样品状态_____ 报告编号_____
委托单位_____ 建设单位_____ 任务单编号_____
工程名称_____ 委托人_____委托日期_____ 检测类别_____
抽样单位_____ 抽样地点_____
检测日期_____ 检测标准_____
检测环境_____ 检测依据_____

任务单编号	取样部位	盐酸耗量(ml)	(CaO+MgO)(%)含量	平均含量(%)	石灰等级	仪器设备	备注

检测报告说明：1. 若对报告有异议，应于收到报告之日起十五日内，以书面形式向检测单位提出，逾期视为对报告无异议。
2. 本报告未加盖公章及资质者，结果无效。

试验单位：　　　　技术负责人：　　　　审核：　　　　试（检）验：

报告日期：　　年　月　日

2. 应用说明

(1) 石灰在使用前应按批次取样，检测石灰的氧化钙和氧化镁含量。石灰的必试项目：有效氧化钙加氧化镁及残渣含量等。

(2) 石灰应有合格证和试验报告。石灰使用以复试报告为准。试验内容必须齐全且均应在使用前取得。

(3) 提供石灰的合格试验单应满足工程使用石灰的数量要求，且石灰的必试项目不得缺漏。

(4) 试验报告单的试验编号必须填写。这是核实报告试验数据正确性的重要依据。

(5) 石灰应符合下列要求：

1) 宜用1～3级的新灰，石灰的技术指标应符合表C4-3-14-1的规定。

石灰技术指标 表C4-3-14-1

项目 \ 类别	钙质生石灰 Ⅰ	钙质生石灰 Ⅱ	钙质生石灰 Ⅲ	镁质生石灰 Ⅰ	镁质生石灰 Ⅱ	镁质生石灰 Ⅲ	钙质消石灰 Ⅰ	钙质消石灰 Ⅱ	钙质消石灰 Ⅲ	镁质消石灰 Ⅰ	镁质消石灰 Ⅱ	镁质消石灰 Ⅲ
有效钙加氧化镁含量（%）	≥85	≥80	≥70	≥80	≥75	≥65	≥65	≥60	≥55	≥60	≥55	≥50
未消化残渣含量5mm圆孔筛的筛余（%）	≤7	≤11	≤17	≤10	≤14	≤20	—	—	—	—	—	—
含水量（%）	—	—	—	—	—	—	≤4	≤4	≤4	≤4	≤4	≤4
细度 0.71mm方孔筛的筛余（%）							0	≤1	≤1	0	≤1	≤1
细度 0.125mm方孔筛的筛余（%）							—	≤13	≤20	—	≤13	≤20
钙镁石灰的分类界限，氧化镁含量（%）	≤5			>5			≤4			>4		

注：硅、铝、镁氧化物含量之和大于5%的生石灰，有效钙加氧化镁含量指标，Ⅰ等≥75%，Ⅱ等≥70%，Ⅲ等≥60%；未消化残渣含量指标均与镁质生石灰指标相同。

2) 磨细生石灰，可不经消解直接使用；块灰应在使用前2～3d完成消解，未能消解的生石灰块应筛除，消解石灰的粒径不得大于10mm。

3) 对储存较久（一般为3个月）或经过雨期的消解石灰应先经过试验，根据活性氧化物的含量决定能否使用和使用办法。

(6) 石灰土所用石灰，若石灰的CaO+MgO含量小于30%时，不宜采用。

5.3.15 沥青混合料试验报告（C4-3-15）

1. 资料表式

沥青混合料试验报告表式按当地建设行政主管部门或其委托单位批准的具有相应资质的试验单位提供的试验报告表式执行。

2. 应用说明

(1) 热拌沥青混合料：

1）沥青混合料面层集料的最大粒径应与分层压实层厚度相匹配。密级配沥青混合料，每层的压实厚度不宜小于集料公称最大粒径的 2.5～3 倍；对 SMA 和 OGFC 等嵌挤型混合料不宜小于公称最大粒径的 2～2.5 倍。

2）各层沥青混合料应满足所在层位的功能性要求，便于施工，不得离析。各层应连续施工并连结成一体。

（2）冷拌沥青混合料：

1）冷拌沥青混合料宜采用乳化沥青或液体沥青拌制，也可采用改性乳化沥青。各原材料类型及规格应符合《城镇道路工程施工与质量验收规范》（CJJ 1—2008）第 8.1 节的有关规定。

2）冷拌沥青混合料宜采用密级配，当采用半开级配的冷拌沥青碎石混合料路面时，应铺筑上封层。

3）冷拌沥青混合料宜采用厂拌，施工时，应采取防止混合料离析的措施。

4）当采用阳离子乳化沥青搅拌时，宜先用水湿润骨料。

5）混合料的搅拌时间应通过试拌确定。机械搅拌时间不宜超过 30s，人工搅拌时间不宜超过 60s。

6）已拌好的混合料应立即运至现场摊铺，并在乳液破乳前结束。在搅拌与摊铺过程中已破乳的混合料，应予废弃。

5.3.16 预制小型构件复检报告（C4-3-16）

预制小型构件复检是指道路工程用混凝土小型预制构件与金属构件。复检应按设计和规范要求对预制小型构件进行外观、强度复检，复检结果应符合设计和规范要求。

5.3.16.1 混凝土预制构件复检报告（C4-3-16-1）

1. 资料表式

混凝土预制构件复检报告表式按当地建设行政主管部门或其委托单位批准的具有相应资质单位提供的复检报告表式执行。

2. 应用说明

城镇道路工程用混凝土预制构件主要用于人行地道结构。主要包括：装配式钢筋混凝土墙板、顶板、梁、柱等构件；装配式钢筋混凝土挡土墙板；预制混凝土栏杆；固定隔离栅的预制混凝土柱；排水沟或截水沟的盖板沟的预制盖板等。

（1）混凝土预制构件出厂质量合格证明与相关质量保证资料及检查验收资料由生产厂家提供。不同混凝土预制构件的出厂质量合格证明与相关质量保证资料应齐全，混凝土预制构件的品种、规格、数量和强度均应符合设计要求。

（2）城镇道路工程用混凝土预制构件应符合下列规定：

1）预制钢筋混凝土墙板、顶板、梁、柱等构件应有生产日期、出厂检验合格标识与产品合格证及相应的钢筋、混凝土原材料检测、试验资料。安装前应进行检验，确认合格。

2）预制构件运输应支撑或紧固稳定，不应损伤构件。构件混凝土强度不应低于设计规定，且不得低于设计强度的70%。

3）预制构件的存放场地，应平整坚实，排水顺畅。构件应分类存放，支垫正确、稳固，方便吊运。

4）起吊点应符合设计规定，设计未规定时，应经计算确定。构件起吊时，绳索与构件水平面所成角度不宜小于60°。

5.3.16.2 预制金属构件复检报告（C4-3-16-2）

1. 资料表式

预制金属构件复检报告表式按当地建设行政主管部门或其委托单位批准的具有相应资质单位提供的复检报告表式执行。

2. 应用说明

预制金属构件应由出厂质量合格证明与相关质量保证资料及检查验收资料，相关资料由生产厂家提供。不同预制金属构件的出厂质量合格证明与相关质量保证资料应齐全，预制金属构件的品种、规格、数量和强度均应符合设计要求。预制金属构件用材的物理性能和化学成分以及外观质量均应符合设计要求。

设计需要对构件进行有关试验时应按设计要求进行。

5.3.17 其他材料复试或复检报告（C4-3-17）

其他材料复试或复检报告是指为设计用于工程的新材料、新工艺或因故需要对构件进行复试时提出的，其他材料复试报告应符合设计要求。

6 施工记录（C5）

6.1 _____施工记录（通用）（C5-1）

（1）城镇道路路面（路基、基层、面层）、人行地道结构、挡土墙等分部、分项工程施工实施过程中应根据规范要求应填记施工记录。对没有专业施工记录表式的施工记录，均可用_____施工记录（通用）。

（2）重要部位和关键工序的施工记录均必须有监理签认。

（3）施工记录均应参照相关标准规范规定的材料、施工工艺、工程质量以及工程检测等，并结合工程实际进行记录。

1. 资料表式

_____施工记录表（通用） 表C5-1

分部分项或部位			记录日期		
施工班组人数			主要施工机具		
依据标准			强制性条文执行		
施工内容：					
检查结果：					
参加人员	监理（建设）单位	施工 单 位			
		项目技术负责人	专职质检员	施工员	记 录

2. 应用说明

施工记录（通用）表式是为未定专项施工记录表式而又需在施工过程中进行必要记录

的施工项目时采用。

(1) 凡相关专业技术施工质量验收规范中主控项目或一般项目的检查方法中要求进行检查施工记录的项目均应按资料的要求对该项施工过程或成品质量进行检查并填写施工记录。存在问题时应有处理建议。

(2) 施工记录（通用）表式由项目经理部的专职质量检查员或施工员实施记录由项目技术负责人审定。

(3) 施工记录是施工过程的记录，记录施工过程中执行设计文件、操作工艺、质量标准和技术管理等的各自执行手段的实际完成情况记录。

施工记录是验收的原始记录。必须强调施工记录的真实性和准确性，且不得任意涂改。

担任施工记录的人员应具有一定的业务素质，借以确保做好施工记录的记录工作。

(4) 填表说明：
1) 施工内容：指该施工子项或部位的施工内容。
2) 检查结果：指该施工子项或部位的施工结果的质量状况。

6.2 工程测量与复测记录（C5-2）

道路工程测量与复测通常包括：平面控制测量、高程控制测量和施工放线测量。平面控制测量应按当地城市统一的坐标系统实施。应进行三角测量、导线测量、边角测量、水平角观测以及内业计算等。

平面控制测量、高程控制测量和施工放线测量均必须进行复测。复测结果必须符合设计和规范要求。

6.2.1 测量交接桩记录（C5-2-1）

1. 资料表式

测量交接桩记录按当地建设行政主管部门或其委托单位批准应用的表式执行。

2. 应用说明

(1) 交桩是建设单位的责任。一般应通过监理或设计单位一起交桩，交桩后施工单位必须进行复测，并对所交的桩进行确认。

(2) 对交桩进行检查，交桩不论建设单位交，还是委托设计或监理单位交桩，一定要确保施工单位复测无误才可认桩。如有问题必须请建设单位处理。确认无误后由施工单位建立施工控制网，并妥善保管。

(3) 当施工单位对交验的桩位通过复测提出质疑时，应通过建设单位邀请当地建设行政主管部门认定的规划勘察部门或勘察设计单位复核红线桩及水准点引测的成果；最终完成交桩过程，并通过会议纪要的方式予以确认。

6.2.2 工程平面控制测量记录（C5-2-2）

1. 资料表式

工程平面控制测量记录　　　　　　　表C5-2-2

工程名称		施工单位	
复核部位		施测日期	
使用仪器		室外温度	
原施测人		测量复核人	
测量复核情况			
附　图			
复核结论			
参加人员	监理（建设）单位	施　工　单　位			
	施工项目技术负责人	测　量	复　测	计　算

2. 应用说明

（1）工程平面控制测量记录是指建设工程根据当地建设行政主管部门给定总图范围内的道路工程及其他构（建）筑物的位置、标高进行的测量与复测，以保证其标高、位置。

（2）平面测量，应按当地城市统一的坐标系统实施。当采用当地城市统一坐标系统确有困难时，小测区所采用的假设坐标系应经上级建设行政主管、规划部门批准。

（3）平面控制网的布设，应因地制宜、确保精度，满足施工实际需要，且方便应用。

（4）国家有关标准规定的各种精度的三角点、一级、二级、三级导线点以及相应精度的GPS点，根据施工需要均宜作为施工测量的首级控制。施工图提供的首级控制点（交桩点）点位中误差（相对起算点）不得大于5cm。首级控制点应满足施工复核和施工控制需要，首级控制点应为2个以上，间距不宜大于700m。控制点宜为控制道路施工图的相交道路交点、中线上点、折点及附近点、控制施工点等。

（5）施工测量应作好起点、终点、转折点、道路相交点及其他重要设施的位置、方向的控制及校核。

（6）三角测量应符合下列规定：

1）城镇道路工程施工首级控制（交桩点）、复核的小三角测量的主要技术指标，应符合表 C5-2-2-1 的规定。

三角测量的主要技术指标　　　　　　　　　　表 C5-2-2-1

控制等级	平均边长 (m)	测角中误差 (″)	起始边边长相对中误差	最弱边边长相对中误差	测回数 DJ$_2$	测回数 DJ$_6$	三角形最大闭合差 (″)
一级小三角	1000	±5	≤1/40000	≤1/20000	2	4	±15
二级小三角	500	±10	≤1/20000	≤1/10000	1	2	±30

2）城镇道路工程施工控制网的三角测量的主要技术指标不得低于表 C5-2-2-2 的规定精度。

施工控制三角测量的主要技术指标　　　　　　表 C5-2-2-2

控制等级	边长 (m)	测角中误差 (″)	锁的三角形个数	测回数 DJ$_6$	三角形最大闭合差 (″)	方位角闭合差 (″)
施工控制	≤150	±20	≤13	1	±60	±40$\sqrt{n}$

3）三角测量的网（锁）布设应符合下列要求：

①各等级的首级控制网，宜布设成近似等边三角形的网（锁），且其三角形的最大内角不应大于 100°，最小内角不宜小于 30°，个别角受条件限制时可为 25°。

②加密的控制网，可采用插网、线形锁或插点等形式。各等级的插点宜采用坚强图形布设。插点的内交会方向数不应少于 4 个或外交会方向数不应少于 3 个。

③三角网的布设，可采用线形锁。线形锁的布设，宜近于直伸形状。狭窄地区布设线形锁控制时，按传距角计算的图形强度的总和值，应以对数 6 位取值，并不应小于 60。

（7）边角测量应符合下列规定：

1）各等级边角组合网的设计应与三角网的规格取得一致，也应重视图形结构，各边边长宜近似相等，各三角形内角宜为 30°～100°；个别角受条件限制时不应小于 25°。

2）城镇道路的各等级边角组合网中边长测量的主要技术指标应符合表 C5-2-2-3 的规定。

边长测量的主要技术指标　　　　　　　　　　表 C5-2-2-3

控制等级	平均边长（m）	测距中误差（mm）	测距相对中误差
一级	1000	±16	≤1/60000
二级	500	±16	≤1/30000

3）边角组合网的角度测量的主要技术指标应符合《城镇道路工程施工与质量验收规范》（CJJ 1—2008）的三角测量的主要技术指标的有关规定。

4）对于由测边组成的中点多边形、大地四边形或扇形，应根据经各项改正后的边长观测值进行圆周角条件及组合条件的检核。

（8）水平角观测应符合下列规定：

1）水平角观测所用的仪器在使用前，应进行检验确认完好，各项技术性能、指标应符合相关的技术要求。

2）水平角观测应采用方向观测法。当方向数不多于 3 个时，可不归零。方向观测法的技术指标应符合表 C5-2-2-4 的规定。

方向观测法的技术指标　　　　　表 C5-2-2-4

控制等级	仪器类型	测回数	光学测微器两次重合读数差（″）	半测回归零差（″）	一测回中2倍照准差变动范围（″）	同一方向值各测回较差（″）
一级及以下	DJ_2	2	≤3①	≤12	≤18	≤12
	DJ_6	4	—	≤18	—	≤24

注：①只用于光学经纬仪。

3）水平角观测结束后，应计算三角形闭合差、导线闭合差及测角中误差。

（9）距离测量宜优先采用Ⅰ级或Ⅱ级电磁波测距仪（含全站仪），并应符合下列规定：

1）当采用电磁波测距仪时，应符合下列要求：

①当测距长度小于等于1km时，仪器精度应分别为：

Ⅰ级：$m_D \leq 5mm$

Ⅱ级：$5mm < m_D \leq 10mm$

Ⅲ级：$10mm < m_D \leq 20mm$

仪器标准精度计算应符合下式要求：

$$m_D = (a + b \cdot D) \quad (mm) \tag{C5-2-2}$$

式中：m_D——测距中误差（mm）；

　　　a——固定误差（mm）；

　　　b——比例误差系数（mm/km）；

　　　D——测距长度（km）。

②测距边宜选在地面覆盖物相同、无强电磁场与强热源地段。仪器架设高度应距地面1.3m以上，应便于观测并避开强电磁干扰。

③操作仪器时，应符合仪器使用规定。

④测距边的水平距离应按规定进行计算、修正。

⑤电磁波测距仪测距的主要技术指标，应符合表 C5-2-2-5 的规定。

电磁波测距仪测距的主要技术指标　　　　　表 C5-2-2-5

仪器等级	测回数	一测回读数较差（mm）	测回间较差（mm）	往返测或不同时间所测较差（mm）
Ⅰ级	≥2	≤5	≤7	$2(a+b \cdot D)$
Ⅱ级	≥2	≤10	≤15	$2(a+b \cdot D)$

2）当采用普通钢尺测距时，应符合国家现行标准《城市测量规范》（CJJ/T 8—2011）的有关规定。普通钢尺测距的主要技术指标，应符合表 C5-2-2-6 的规定。

普通钢尺测距的主要技术指标　　　　　　表 C5-2-2-6

控制精度	边长丈量较差的相对误差	作业尺数	丈量总次数	尺段高差较差（mm）	估读数值至（mm）	温度读数值至（℃）	读尺次数	同尺各次或同段各尺的较差（mm）
一级	≤1/30000	2	4	≤5	0.5	0.5	3	≤2
二级	≤1/20000	1~2	2	≤10	0.5	0.5	3	≤2
	≤1/10000	1~2	2	≤10	0.5	0.5	2	≤3

3) 施工控制直线丈量测距的允许偏差应符合表 C5-2-2-7 的规定。

直线丈量测距的允许偏差　　　　　　表 C5-2-2-7

固定测桩间距离（m）	允许偏差 Δ
<200	≤1/5000
200~500	≤1/10000
>500	≤1/20000

（10）内业计算应符合下列规定：

1) 计算所用全部外业资料与起算数据，应经两人独立检核，确认无误后方可使用。

2) 各级平面控制点的计算，可根据需要采用严密平差法或近似平差法，计算时应采用两人对算或验算方式。

3) 使用电子计算机平差计算时，应对所用程序进行确认，对输入数据进行校对、检验。

4) 经平差后的坐标值应作为控制的依据，对方位角、夹角和距离应按平差结果反算求得。

6.2.3 导线测量与复测记录（C5-2-3）

1. 资料表式

导线测量与复测记录　　　　　　表 C5-2-3

工程名称		施工单位		复测部位			日期	
测点	测角（° ′ ″）	方位角（° ′ ″）	距离（mm）	纵坐标增量 ΔX（m）	横坐标增量 ΔY（m）	纵坐标 X（m）	横坐标 Y（m）	备注

计算（另附简图）：　　　　　　　　　　　　　结论：
1. 角度闭合差：　　$f_{测}=$　　　　$f_{容}=$
2. 坐标增量闭合差：$f_X=$　　　　$f_Y=$
3. 导线相对闭合差：$f=$　　　　　$K=$

参加人员	监理（建设）单位	施工单位			
		施工项目技术负责人	测量	复测	计算

2. 应用说明

(1) 导线测量应符合下列规定：

1) 城镇道路工程施工首级控制（交桩点）测量、复核的主要技术指标，应符合表 C5-2-3-1 的规定。

导线测量的主要技术指标　　　　　　　　　　　　　表 C5-2-3-1

控制等级	导线长度(m)	平均边长(km)	测角中误差(″)	测距中误差(″)	测距相对中误差	测回数 DJ$_2$	测回数 DJ$_6$	方位角闭合差(″)	相对闭合差
一级	4.0	0.5	±5	±15	≤1/30000	2	4	±10$\sqrt{n}$	≤1/15000
二级	2.4	0.25	±8	±15	≤1/14000	1	3	±16$\sqrt{n}$	≤1/10000
三级	1.2	0.1	±12	±15	≤1/7000	1	2	±24$\sqrt{n}$	≤1/5000

2) 城镇道路工程施工控制网的导线测量、复核的主要技术指标，应符合表 C5-2-3-2 的规定。

施工控制导线测量的主要技术指标　　　　　　　　　表 C5-2-3-2

控制等级	导线长度(m)	相对闭合差	边长(m)	测距中误差(mm)	测回数 DJ$_6$	方位角闭合差(″)
施工控制	1000	≤1/4000	150	±20	1	±40$\sqrt{n}$

3) 当导线平均边长较短时，应控制导线的边数，但不应超过 C5-2-3-1 中相应等级导线平均长度和平均边长算得的边数；当导线长度小于 C5-2-3-1 中规定的长度的 1/3 时，导线全长的绝对闭合差不应大于 13cm。

4) 导线宜布设成直伸形状，相邻边长不宜相差过大。当附合导线长度超过规定时，应布设成结点网形。结点与结点、结点与高级点之间的导线长度，不应大于规定长度的 70%。

(2) 填表说明：

1) 工程名称：按施工企业和建设单位签订的施工合同的工程名称或图注的工程名称，照实际填写。

2) 施工单位：指建设与施工单位合同书中的施工单位，填写合同书中定名的施工单位名称。

3) 测设与复测部位：指测设与复测的水准点的部位。

4) 日期：指测设与复测的水准点的复测日期。

5) 测点：指水准点测设与复测的测点数量，按现场实际的测点数依序填写。

6) 备注：某测点的测设与复测需要说明的事宜。

7) 计算：按若干测点的复测结果计算。

8) 结论：按表列各测点的计算结果是否满足规范要求确认其水准点测设与复测的结论，照确认的水准点复测结果填写合格或不合格的结论意见。

9) 施工项目技术负责人：一般指施工单位项目经理部的技术负责人，签字有效。

6.2.4 高程测量与复测记录（C5-2-4）

1. 资料表式

高程测量与复测记录　　　　　　　　表 C5-2-4

工程名称		施工单位		测设与复测部位		日期	
测点	后视（m）(1)	前视（m）(2)	高差（3）		高程（m）(4)	备注	
			＋ (3)＝(1)－(2)	－ (3)＝(1)－(2)			

计算：
　　实测闭合差＝　　　　　　　　容许闭合差＝
结论：

参加人员	监理（建设）单位	施工单位			
		施工项目技术负责人	测量	复测	计算

2. 应用说明

（1）高程测量与复测记录是指建设工程根据当地建设行政主管部门给定总图范围内的构（建）筑物及其他建设物的位置、标高进行的测设与复测，以保证其标高、位置。

为了统一全国高程测量系统和满足各种工程建设需要，国家在各地埋设的很多固定的标志，并按国家水准测量控制次序和施测精度及方法统一测出的它们的高程，这些高程控制点称为水准点。国家水准测量分为一、二、三、四个等级。一、二等水准测量是国家高程控制网的骨干，三、四等水准测量以一、二等水准测量为依据，进一步加密以直接提供各种工程建设需要的高程控制点的测量。一般普通建筑施工用的为等外水准点测量，也称普通水准点测量。

（2）水准测量是高程测量中精度高、用途广的一种方法。水准点是用水准测量方法，测定其高程达到一定精度的高程控制点。水准点是经测定高程的固定标点，作为水准测量的根据点。水准点测量是测量各点高程的作业。高程（标高）是某点沿铅垂线方向到绝对基面的距离，称为绝对高程，简称高程。某点沿铅垂线方向到某假定水准基面的距离，称假定高程。水准点复测是对以完成的水准测量进行校核的测量作业。

（3）高程控制测量：

1）高程控制应在当地城市建立的高程系统下进行。当小测区采用独立高程系统时，应经上级行政主管和规划部门批准。

高程控制测量应采用直接水准测量。城镇道路工程应按二、三等级水准测量方法建立首级工程控制。高程控制测量应起闭于设计施工图给定的城镇水准点。

2）水准测量的主要技术指标，应符合表 C5-2-4-1 的规定。

水准测量的主要技术指标　　　　表 C5-2-4-1

等级	每千米高差全中误差 (mm)	路线长度 (km)	水准仪型号	水准尺	观测次数		往返较差、闭合或环线闭合差 (mm)
					与已知点联测	附合或环线	
二等	≤2	—	DS_1	铟瓦	往返各一次	往返各一次	$±4\sqrt{n}$
三等	≤6	≤50	DS_1	铟瓦	往返各一次	往返各一次	$±12\sqrt{n}$
			DS_3	双面		往一次	

注：1. 节点之间或节点与高级点之间，其线路的长度不得大于表中规定的 0.7 倍。
　　2. L 为往返测段、附合或环线的水准路线长度（km）。
　　3. 三等水准测量可采用双仪高法单面尺施测；每站观测顺序为后—前—前—后。

3）水准测量所使用的仪器及水准尺，应符合下列规定：

①水准仪视准轴与水准管轴的夹角，DS_1 不得超过 15″，DS_3 不得超过 20″。

②水准尺上的米间隔平均真长与名义长之差，对于铟瓦水准尺不得超过 0.15mm，对于双面水准尺不得超过 0.5mm。

③当二等水准测量采用补偿式自动安平水准仪时，其补偿误差（$\Delta\alpha$）不得超过 0.2″。

④水准观测应按照操作规程、仪器使用说明书的规定进行。

4）水准观测的主要技术指标，应符合表 C5-2-4-2 的规定。

水准观测的主要技术指标　　　　　表 C5-2-4-2

等级	水准仪型号	视线长度（m）	前后视距较差（m）	前后视距累计差（mm）	视线距地面最低高度（m）	基本分划、辅助分划或黑面、红面的读数较差（mm）	基本分划、辅助分划或黑面、红面的所测高差较差（mm）
二等	DS$_1$	≤50	≤1	≤3	0.5	≤0.5	≤0.7
三等	DS$_1$	≤100	≤3	≤6	0.3	≤1.0	≤1.5
三等	DS$_3$	≤75	≤3	≤6	0.3	≤2.0	≤3.0

注：1. 二等水准视线长度小于 20m 时，其视线高度不应低于 0.3m。
　　2. 三等水准采用变动仪器高度观测单面水准尺时，所测两次高差较差，应与黑面、红面所测高差的要求相同。

5）光电测距三角高程测量可代替四等水准测量。具体测量方法可按国家现行标准《城市测量规范》（CJJ/T 8—2011）的有关规定进行。

6）对高程控制网应进行平差计算，高程控制点的高程应以单差后的结果为准。

（4）填表说明：

1）工程名称：按施工企业和建设单位签订的施工合同的工程名称或图注的工程名称，照实际填写。

2）施工单位：指建设与施工单位合同书中的施工单位，填写合同书中定名的施工单位名称。

3）测设与复测部位：指测设与复测的水准点的部位。

4）日期：指测设与复测的水准点的复测日期。

5）测点：指水准点测设与复测的测点数量，按现场实际的测点数依序填写。

①后视（1）：填写某测点的后视水准点的复测高程值。

②前视（2）：填写某测点的前视水准点的复测高程值。

③高差（3）：填写某测点的水准点的复测高程的高差值，为正值（＋）时，高差值为（3）＝（1）－（2）；为负值（－）时，（3）＝（1）－（2）。

④高程（m）（4）：填写某测点的水准点的复测高程值。

⑤备注：某测点的水准点测设与复测需要说明的事宜。

6）计算：按若干测点的水准点复测结果计算：①实测闭合差＝　　　；②容许闭合差＝　　　。

7）结论：按表列各测点的计算结果是否满足规范要求确认其水准点测设与复测的结论，照确认的水准点复测结果填写合格或不合格的结论意见。

8）观测：指水准点复测的观测人，本人签字有效。

9）复测：指水准点复测的复测人，本人签字有效。

10）计算：指水准点复测的计算人，签字有效。

11）施工项目技术负责人：一般指施工单位项目经理部的技术负责人，签字有效。

6.3 测量复核记录（C5-3）

1. 资料表式

测量复核记录　　　　　　　　　　　　　　　　表 C5-3

工程名称		施工单位	
复核部位		日　　期	
原施测人		测量复核人	
测量复核情况（示意图）			
施工负责人：　　　　　　年　月　日			
监理复核意见：			
监理工程师：　　　　　　年　月　日			

2. 应用说明

工程平面控制测量记录、水准点复测记录均应对测量结果进行复核，以保证测量结果的正确性。测量复核记录包括：桥梁工程的工程平面控制测量的测量复测记录和水准点的测量复测记录。

测量复核的内容要求：

(1) 工程平面位置定位：根据场地上构（建）筑物主轴线控制点或其他控制点，将其轴线的交点，用经纬仪投测至地面木桩顶面为标志的小钉上。

(2) 工程的标高定位：根据施工现场水准控制点标高（或从附近引测的大地水准点标高），推算±0.000标高，或根据±0.000标高与某构（建）筑物、某处标高的相对关系，用水准仪和水准尺（或刨光的直木杆）在供放线用的龙门桩上标出标高的定位工作。

(3) 测设点位：是将已经设计好的各种不同的构（建）筑物的几何尺寸和位置，按照设计要求，运用测量仪器和工具标定到地面及楼层上，并设置相应的标志，作为施工的依据。

(4) 提供施工技术资料：是在工程竣工后，将施工中各项测量数据及构（建）筑物的实际位置、尺寸和地下设施位置等资料，按规定格式，整理或编绘技术资料。

6.4 沉降观测记录（C5-4）

1. 资料表式

沉 降 观 测 记 录　　　　　　　　表 C5-4

施工单位				编号		
工 程 名 称				观测点布置简图		
水 准 点 编 号						
水准点所在位置						
水准点高程（m）						
观测日期： 自　　年　　月　　日起 至　　年　　月　　日止						
观测点	观测时间			初始标高 （m）	实测标高 （m）	本期沉降量 （mm）	累计沉降量 （mm）	备　注
	月	日	时					
施工负责人				质量检查员		检测人		

2. 应用说明

为保证道路、构（建）筑物质量满足设计对建筑使用年限的要求而对道路、构（建）筑物进行的沉降观测，以保证道路、构（建）筑物的正常使用。

（1）沉降观测的各项记录，必须注明观测时的气象情况和荷载变化情况。

（2）沉降观测资料应绘制：沉降量、地基荷载与连续时间三者关系曲线图及沉降量分布曲线图；计算出建筑物、构筑物的平均沉降量、相对弯曲和相对倾斜；水准点平面布置图和构造图。

（3）水准基点的设置：

1）水准基点应引自城市固定水准点。基点的设置以保证其稳定、可靠、方便观测为原则。对于安全等级为一级的建筑物，宜设置在基岩上。安全等级为二级的建筑物，可设在压缩性较低的土层上。

2）水准基点的位置应靠近观测对象，但必须在被测物的地基变形影响范围以外，并避免交通车辆等因素对水准基点的影响。

3）观测水准点是沉降观测的基本依据，应设置在沉降或振动影响范围之外，并符合工程测量规范的规定。

4）沉降点的布设应根据被测物的体型、结构、工程地质条件、沉降规律等因素综合考虑，要求便于观测和不易遭到损坏，标志应稳固、明显、结构合理，不影响被测物的美观和使用。观测点的位置应避开障碍物，便于观测和长期保存。

5）观测点可设置在地面以上或地面以下。观测点的埋设高度应方便观测，也应考虑沉降对观测点的影响。观测点应采取保护措施，避免在施工和使用期间受到破坏。

（4）观测的时间和次数应按设计规定。

（5）沉降观测资料应及时整理和妥善保存，并应附有下列各项资料：

1）根据水准点测量得出的每个观测点高程和其逐次沉降量。

2）根据被测路平面图绘制的观测点的位置图，根据沉降观测结果绘制的沉降量，地基荷载与连续时间三者的关系曲线图及沉降量分布曲线图。

3）计算出路的平均沉降量，对弯曲和相对倾斜值。

4）水准点的平面布置图和构造图，测量沉降的全部原始资料。

6.5 路基、基层与面层、人行地道、挡土墙、雨水口及倒虹管施工记录（C5-5）

6.5.1 路基施工记录（C5-5-1）

1. 资料表式

路基施工记录　　　　　　　　　　表 C5-5-1

工程名称		施工单位			
分部名称		桩　号			
回填土层次、碾压、路基顶面施工情况：					
检查结果：					
参加人员	监理（建设）单位	施工单位			
		项目技术负责人	专职质检员	施工员	记录

2. 应用说明

路基是指按路线位置和一定技术要求修筑的作为路面基础的带状构造物。

路基施工记录应主要记录：道路路基工程的填方施工的回填、碾压以及路基顶面施工情况。

(1) 填方施工应符合下列规定：

1) 填方前应将地面积水、积雪（冰）和冻土层、生活垃圾等清除干净。

2) 填方材料的强度（CBR）值应符合设计要求，其最小强度值应符合表 C5-5-1-1 规定。不应使用淤泥、沼泽土、泥炭土、冻土、有机土以及含生活垃圾的土做路基填料。对液限大于 50%、塑性指数大于 26、可溶盐含量大于 5%、700℃有机质烧失量大于 8%的土，未经技术处理不得用作路基填料。

路基填料强度（CBR）的最小值　　　　表 C5-5-1-1

填方类型	路床顶面以下深度（cm）	最小强度（%）	
		城市快速路、主干路	其他等级道路
路床	0～30	8.0	6.0
路基	30～80	5.0	4.0
路基	80～150	4.0	3.0
路基	>150	3.0	2.0

3) 填方中使用房渣土、工业废渣等需经过试验，确认可靠并经建设单位、设计单位同意后方可使用。

4) 路基填方高度应按设计标高增加预沉量值。预沉量应根据工程性质、填方高度、填料种类、压实系数和地基情况与建设单位、监理工程师、设计单位共同商定确认。

5) 不同性质的土应分类、分层填筑，不得混填，填土中大于 10cm 的土块应打碎或剔除。

6) 填土应分层进行。下层填土验收合格后，方可进行上层填筑。路基填土宽度每侧应比设计规定宽 50cm。

7) 路基填筑中宜做成双向横坡，一般土质填筑横坡宜为 2‰～3‰，透水性小的土类填筑横坡宜为 4‰。

8) 透水性较大的土壤边坡不宜被透水性较小的土壤所覆盖。

9) 受潮湿及冻融影响较小的土壤应填在路基的上部。

10) 在路基宽度内，每层虚铺厚度应视压实机具的功能确定。人工夯实虚铺厚度应小于 20cm。

11) 路基填土中断时，应对已填路基表面土层压实并进行维护。

12) 原地面横向坡度在（1:10～1:5）时，应先翻松表土再进行填土；原地面横向坡度陡于1:5时应做成台阶形，每级台阶宽度不得小于1m，台阶顶面应向内倾斜；在沙土地段可不作台阶，但应翻松表层土。

（2）压实应符合下列要求：

1）路基压实度应符合表C5-5-1-2的规定。

路基压实度标准　　　　　　　　表C5-5-1-2

填挖类型	路床顶面以下深度(cm)	道路类别	压实度(%)（重型击实）	检验频率		检验方法
				范围	点数	
挖方	0~30	城市快速路、主干路	≥95	1000m²	每层3点	环刀法、灌水法、或灌砂法
		次干路	≥93			
		支路及其他小路	≥90			
填方	0~80	城市快速路、主干路	≥95			
		次干路	≥93			
		支路及其他小路	≥90			
	>80~150	城市快速路、主干路	≥93			
		次干路	≥90			
		支路及其他小路	≥90			
	>150	城市快速路、主干路	≥90			
		次干路	≥90			
		支路及其他小路	≥87			

2）压实应先轻后重、先慢后快、均匀一致。压路机最快速度不宜超过4km/h。

3）填土的压实遍数，应按压实度要求，经现场试验确定。

4）压实过程中应采取措施保护地下管线、构筑物安全。

5）碾压应自路基边缘向中央进行，压路机轮外缘距路基边应保持安全距离，压实度应达到要求，且表面应无显著轮迹、翻浆、起皮、波浪等现象。

6）压实应在土壤含水量接近最佳含水量值时进行。其含水量偏差幅度经试验确定。

7）当管道位于路基范围内时，其沟槽的回填土压实度应符合现行国家标准《给水排水管道工程施工及验收规范》（GB 50268—2008）的有关规定，且管顶以上50cm范围内不得用压路机压实。当管道结构顶面至路床的覆土厚度不大于50cm时，应对管道结构进行加固。当管道结构顶面至路床的覆土厚度在50~80cm时，路基压实过程中应对管道结构采取保护或加固措施。

6.5.2 基层/面层施工记录（C5-5-2）

1. 资料表式

基层/面层施工记录　　　　　　　　　　　　　　　表 C5-5-2

年　月　日

工程名称		施工单位		
分部名称		桩　号		
推铺、碾压及基层施工情况：				
检查结果：				
参加人员	监理（建设）单位	施　工　单　位			
		项目技术负责人	专职质检员	施工员	记　录

2. 应用说明

道路的基层《城镇道路工程与质量验收规范》（CJJ 1—2008）共规定了6种基层类型包括：石灰稳定土类基层，石灰、粉煤灰稳定砂砾基层，石灰、粉煤灰、钢渣稳定土类基层，水泥稳定土类基层，级配砂砾及级配砾石基层，级配碎石及级配碎砾石基层。

不同类别基层的施工应记录的要点应包括：基层的配合比设计、石灰土的质量、石灰土的摊铺、石灰土的压实及养护。

Ⅰ　石灰稳定土类基层

（1）石灰土配合比设计应符合下列规定：

1）每种土应按5种石灰掺量进行试配，试配石灰用量宜按表C5-5-2-1选取。

石灰土试配石灰用量　　　　　　　　表 C5-5-2-1

土壤类别	结构部位	石灰掺量（%）				
		1	2	3	4	5
塑性指数≤12的黏性土	基层	10	12	13	14	16
	底基层	8	10	11	12	14
塑性指数>12的黏性土	基层	5	7	9	11	13
	底基层	5	7	8	9	11
砂砾土、碎石土	基层	3	4	5	6	7

2) 确定混合料的最佳含水量和最大干密度,应做最小、中间和最大 3 个石灰剂量混合料的击实试验,其余两个石灰剂量混合料的最佳含水量和最大干密度用内插法确定。

3) 按规定的压实度,分别计算不同石灰剂量的试块应有的干密度。

4) 强度试验的平行试验最少试件数量,不应小于表 C5-5-2-2 的规定。如试验结果的偏差系数大于表中规定值,应重做试验。如不能降低偏差系数,则应增加试件数量。

最少试件数量(件) 表 C5-5-2-2

土壤类别	偏差系数	<10%	10%~15%	15%~20%
细粒土		6	9	—
中粒土		6	9	13
粗粒土		—	9	13

5) 试件应在规定温度下制作和养护,进行无侧限抗压强度试验,应符合国家现行标准《公路工程无机结合料稳定材料试验规程》JTJ 057 有关要求。

6) 石灰剂量应根据设计要求强度值选定。试件试验结果的平均抗压强度 $\overline{R}$ 应符合下式要求:

$$\overline{R} \geqslant R_d / (1 - Z_\alpha C_v)$$

式中:R_d——设计抗压强度;

C_v——试验结果的偏差系数(以小数计);

Z_α——标准正态分布表中随保证率(试置信度口)而改变的系数,城市快速路和城市主干路应取保证率 95%,即 $Z_\alpha = 1.645$;其他道路应取保证率 90%,即 $Z_\alpha = 1.282$。

7) 实际采用的石灰剂量应比室内试验确定的剂量增加 0.5%~1.0%。采用集中厂拌时可增加 0.5%。

(2) 在城镇人口密集区,应使用厂拌石灰土,不得使用路拌石灰土。

(3) 厂拌石灰土应符合下列规定:

1) 石灰土搅拌前,应先筛除骨料中不符合要求的颗粒,使骨料的级配和最大粒径符合要求。

2) 宜采用强制式搅拌机进行搅拌。配合比应准确,搅拌应均匀;含水量宜略大于最佳值;石灰土应过筛(20mm 方孔)。

3) 应根据土和石灰的含水量变化、集料的颗粒组成变化,及时调整搅拌用水量。

4) 拌成的石灰土应及时运送到铺筑现场。运输中应采取防止水分蒸发和防扬尘措施。

5) 搅拌厂应向现场提供石灰土配合比、R_7 强度标准值及石灰中活性氧化物含量的资料。

(4) 采用人工搅拌石灰土应符合下列规定:

1) 所用土应预先打碎、过筛(20mm 方孔),集中堆放、集中拌合。

2) 应按需要量将土和石灰按配合比要求,进行掺配。掺配时土应保持适宜的含水量,掺配后过筛(20mm 方孔),至颜色均匀一致为止。

3) 作业人员应佩戴劳动保护用品,现场应采取防扬尘措施。

(5) 厂拌石灰土摊铺应符合下列规定：
1) 路床应湿润。
2) 压实系数应经试验确定。现场人工摊铺时，压实系数宜为1.65～1.70。
3) 石灰土宜采用机械摊铺。每次摊铺长度宜为一个碾压段。
4) 摊铺掺有粗骨料的石灰土时，粗骨料应均匀。
(6) 碾压应符合下列规定：
1) 铺好的石灰土应当天碾压成活。
2) 碾压时的含水量宜在最佳含水量的允许偏差范围内。
3) 直线和不设超高的平曲线段，应由两侧向中心碾压；设超高的平曲线段，应由内侧向外侧碾压。
4) 初压时，碾速宜为20～30m/min，灰土初步稳定后，碾速宜为30～40m/min。
5) 人工摊铺时，宜先用6～8t压路机碾压，灰土初步稳定，找补整形后，方可用重型压路机碾压。
6) 当采用碎石嵌丁封层时，嵌丁石料应在石灰土底层压实度达到85%时撒铺，然后继续碾压，使其嵌入底层，并保持表面有棱角外露。
(7) 纵、横接缝均应设直茬。接缝应符合下列规定：
1) 纵向接缝宜设在路中线处。接缝应做成阶梯形，梯级宽不应小于1/2层厚。
2) 横向接缝应尽量减少。
(8) 石灰土养护应符合下列规定：
1) 石灰土成活后应立即洒水（或覆盖）养护，保持湿润，直至上层结构施工为止。
2) 石灰土碾压成活后可采取喷洒沥青透层油养护，并宜在其含水量为10%左右时进行。
3) 石灰土养护期应封闭交通。

Ⅱ 石灰、粉煤灰稳定砂砾基层

(1) 石灰、粉煤灰、砂砾（碎石）配合比设计应符合"Ⅰ 石灰稳定土类基层中的(1) 石灰土配合比设计应符合下列规定"的有关规定。
(2) 混合料应由搅拌厂集中拌制且应符合下列规定：
1) 宜采用强制式搅拌机拌制，并应符合下列要求：
①搅拌时应先将石灰、粉煤灰搅拌均匀，再加入砂砾（碎石）和水搅拌均匀。混合料含水量宜略大于最佳含水量。
②拌制石灰粉煤灰砂砾均应做延迟时间试验，以确定混合料在贮存场存放时间及现场完成作业时间。
③混合料含水量应视气候条件适当调整。
2) 搅拌厂应向现场提供产品合格证及石灰活性氧化物含量、粒料级配、混合料配合比及R_7强度标准值的资料。
3) 运送混合料应覆盖，防止遗撒、扬尘。
(3) 摊铺除遵守"Ⅰ 石灰稳定土类基层中的(5) 厂拌石灰土摊铺应符合下列规定"的有关规定外，尚应符合下列规定：

1）混合料在摊铺前其含水量宜在最佳含水量的允许偏差范围内。

2）混合料每层最大压实厚度应为20cm，且不宜小于10cm。

3）摊铺中发生粗、细骨料离析时，应及时翻拌均匀。

（4）碾压应符合"Ⅰ 石灰稳定土类基层中的（6）碾压应符合下列规定"的有关规定。

（5）养护应符合下列规定：

1）混合料基层，应在潮湿状态下养护。养护期视季节而定，常温下不宜少于7d。

2）采用洒水养护时，应及时洒水，保持混合料湿润；采用喷洒沥青乳液养护时，应及时在乳液面撒嵌丁料。

3）养护期间宜封闭交通。需通行的机动车辆应限速，严禁履带车辆通行。

Ⅲ 石灰、粉煤灰、钢渣稳定土类基层

（1）石灰、粉煤灰、钢渣稳定土类混合料配合比设计步骤应依据"Ⅰ 石灰稳定土类基层中的（1）石灰土配合比设计应符合下列规定"的有关规定。根据试件的平均抗压强度R和设计抗压强度R_d，选定配合比。配合比可按表C5-5-2-3进行初选。

石灰、粉煤灰、钢渣稳定土类混合料常用配合比　　　表C5-5-2-3

混合料种类	钢　渣	石　灰	粉煤灰	土
石灰、粉煤灰、钢渣	60～70	10～7	30～23	—
石灰、钢渣、土	50～60	10～8	—	40～32
石灰、钢渣	90～95	10～5	—	—

（2）混合料应由搅拌厂集中拌制且应符合下列规定：

1）宜采用强制式搅拌机拌制，并应符合下列要求：

①搅拌时应先将石灰、粉煤灰搅拌均匀，再加入砂砾（碎石）和水搅拌均匀。混合料含水量宜略大于最佳含水量。

②拌制石灰粉煤灰砂砾均应做延迟时间试验，以确定混合料在贮存场存放时间及现场完成作业时间。

③混合料含水量应视气候条件适当调整。

2）搅拌厂应向现场提供产品合格证及石灰活性氧化物含量、粒料级配、混合料配合比及R_7强度标准值的资料。

3）运送混合料应覆盖，防止遗撒、扬尘。

（3）混合料摊铺、碾压、养护应符合"Ⅱ 石灰、粉煤灰稳定砂砾基层中的（1）、（2）、（3）、（4）、（5）"的相关规定。

Ⅳ 水泥稳定土类基层

（1）水泥稳定土类材料的配合比设计步骤，应按"Ⅰ 石灰稳定土类基层中的（1）石灰土配合比设计应符合下列规定："的有关规定进行，且应符合下列规定：

1）试配时水泥掺量宜按表C5-5-2-4选取。

水泥稳定土类材料试配水泥掺量　　　　　　　　　　　表 C5-5-2-4

土壤、粒料种类	结构部位	水泥掺量（%）				
		1	2	3	4	5
塑性指数小于 12 的细粒土	基层	5	7	8	9	11
	底基层	4	5	6	7	9
其他细粒土	基层	8	10	12	14	16
	底基层	6	8	9	10	12
中粒土、粗粒土	基层①	3	4	5	6	7
	底基层	3	4	5	6	7

注：①当强度要求较高时，水泥用量可增加 1%。

2) 当采用厂拌法生产时，水泥掺量应比试验剂量增加 0.5%，水泥最小掺量对粗粒土、中粒土应为 3%，对细粒土应为 4%。

3) 水泥稳定土类材料 7d 抗压强度：对城市快速路、主干路基层为 3～4MPa，对底基层 1.5～2.5MPa；对其他等级道路基层为 2.5～3MPa，底基层为 1.5～2.0MPa。

（2）城镇道路中使用水泥稳定土类材料，宜采用搅拌厂集中拌制。

（3）集中搅拌水泥稳定土类材料应符合下列规定：

1) 骨料应过筛，级配应符合设计要求。

2) 混合料配合比应符合要求，计量准确；含水量应符合施工要求，并搅拌均匀。

3) 搅拌厂应向现场提供产品合格证及水泥用量、粒料级配、混合料配合比、R_7 强度标准值。

4) 水泥稳定土类材料运输时，应采取措施防止水分损失。

（4）摊铺应符合下列规定：

1) 施工前应通过试验确定压实系数。水泥土的压实系数宜为 1.53～1.58；水泥稳定砂砾的压实系数宜为 1.30～1.35。

2) 宜采用专用摊铺机械摊铺。

3) 水泥稳定土类材料自搅拌至摊铺完成，不应超过 3h。应按当班施工工度计算用料量。

4) 分层摊铺时，应在下层养护 7d 后，方可摊铺上层材料。

（5）碾压应符合下列规定：

1) 应在含水量等于或略大于最佳含水量时进行。碾压找平应符合"Ⅰ 石灰稳定土类基层中的（6）碾压应符合下列规定"的有关规定。

2) 宜采用 12～18t 压路机作初步稳定碾压，混合料初步稳定后用大于 18t 的压路机碾压，压至表面平整、无明显轮迹，且达到要求的压实度。

3) 水泥稳定土类材料，宜在水泥初凝前碾压成活。

4) 当使用振动压路机时，应符合环境保护和周围建筑物及地下管线、构筑物的安全要求。

（6）接缝应符合下列规定：

纵、横接缝均应设直茬。接缝应符合下列规定：

1) 纵向接缝宜设在路中线处。接缝应做成阶梯形，梯级宽不应小于 1/2 层厚。

2）横向接缝应尽量减少。

（7）养护应符合下列规定：

1）基层宜采用洒水养护，保持湿润。采用乳化沥青养护，应在其上撒布适量石屑。

2）养护期间应封闭交通。

3）常温下成活后应经7d养护，方可在其上铺筑面层。

V 级配砂砾及级配砾石基层

（1）级配砂砾及级配砾石应符合下列要求：

1）天然砂砾应质地坚硬，含泥量不应大于砂质量（粒径小于5mm）的10%，砾石颗粒中细长及扁平颗粒的含量不应超过20%。

2）级配砾石做次干路及其以下道路底基层时，级配中最大粒径宜小于53mm，做基层时最大粒径不应大于37.5mm。

3）级配砂砾及级配砾石的颗粒范围和技术指标宜符合表C5-5-2-5的规定。

级配砂砾及级配砾石的颗粒范围及技术指标　　表C5-5-2-5

项目		通过质量百分率（%）		
		基层	底基层	
		砾石	砾石	砂砾
筛孔尺寸(mm)	53		100	100
	37.5	100	90～100	80～100
	31.5	90～100	81～94	
	19.0	73～88	63～81	
	9.5	49～69	45～66	40～100
	4.75	29～54	27～51	25～85
	2.36	17～37	16～35	
	0.60	8～20	8～20	8～45
	0.075	0～7②	0～7②	0～15
液限（%）		<28	<28	<28
塑性指数		<6（或9①）	<6（或9①）	<9

注：①示潮湿多雨地区塑性指数宜小于6，其他地区塑性指数宜小于9。
②示对于无塑性的混合料，小于0.075mm的颗粒含量接近高限。

4）集料压碎值应符合表C5-5-2-6的规定。

级配碎石及级配碎砾石压碎值　　表C5-5-2-6

项目	压碎值	
	基层	底基层
城市快速路、主干路	<26%	<30%
次干路	<30%	<35%
次干路以下道路	<35%	<40%

（2）摊铺应符合下列规定：

1）压实系数应通过试验段确定。每层摊铺虚厚不宜超过30cm。

2）砂砾应摊铺均匀一致，发生粗、细骨料集中或离析现象时，应及时翻拌均匀。

3）摊铺长度至少为一个碾压段30～50m。

（3）碾压成活应符合下列规定：

1）碾压前应洒水，洒水量应使全部砂砾湿润，且不导致其层下翻浆。

2）碾压过程中应保持砂砾湿润。

3）碾压时应自路边向路中倒轴碾压。采用12t以上压路机进行，初始碾速宜为25～30m/min；砂砾初步稳定后，碾速宜控制在30～40m/min。碾压至轮迹不应大于5mm，砂石表面应平整、坚实，无松散和粗、细骨料集中等现象。

4）上层铺筑前，不得开放交通。

Ⅵ 级配碎石及级配碎砾石基层

（1）级配碎石及级配碎砾石材料应符合下列规定：

1）轧制碎石的材料可为各种类型的岩石（软质岩石除外）、砾石。轧制碎石的砾石粒径应为碎石最大粒径的3倍以上，碎石中不应有黏土块、植物根叶、腐殖质等有害物质。

2）碎石中针片状颗粒的总含量不应超过20%。

3）级配碎石及级配碎砾石颗粒范围和技术指标应符合表C5-5-2-7的规定。

细配碎石及级配碎砾石的颗粒范围及技术指标　　　表 C5-5-2-7

项　目		通过质量百分率（%）			
		基　层		底基层③	
		次干路及以下道路	城市快速路、主干路	次干路及以下道路	城市快速路、主干路
筛孔尺寸（mm）	53	—	—	100	—
	37.5	100	—	85～100	100
	31.5	90～100	100	69～88	83～100
	19.0	73～88	85～100	40～65	54～84
	9.5	49～69	52～74	19～43	29～59
	4.75	29～54	29～54	10～30	17～45
	2.36	17～37	17～37	8～25	11～35
	0.60	8～20	8～20	6～18	6～21
	0.075	0～7②	0～7②	0～10	0～10
液限（%）		<28	<28	<28	<28
塑性指数		<6（或9①）	<6（或9①）	<6（或9①）	<6（或9①）

①示潮湿多雨地区塑性指数宜小于6，其他地区塑性指数宜小于9。
②示对于无塑性的混合料，小于0.075mm的颗粒含量接近高限。
③示底基层所列为未筛分碎石颗粒组成范围。

4）级配碎石及级配碎砾石石料的压碎值应符合表C5-5-2-8的规定。

级配碎石及级配碎砾石压碎值　　　　　　　　表 C5-5-2-8

项　目	压　碎　值	
	基层	底基层
城市快速路、主干路	<26%	<30%
次干路	<30%	<35%
次干路以下道路	<35%	<40%

5）碎石或碎砾石应为多棱角块体，软弱颗粒含量应小于5%；扁平细长碎石含量应小于20%。

检查数量：按不同材料进场批次，每批次抽检不应少于1次。

检验方法：查检验报告。

(2) 摊铺应符合下列规定：

1）宜采用机械摊铺符合级配要求的厂拌级配碎石或级配碎砾石。

2）压实系数应通过试验段确定，人工摊铺宜为1.40~1.50；机械摊铺宜为1.25~1.35。

3）摊铺碎石每层应按虚厚一次铺齐，颗粒分布应均匀，厚度一致，不得多次找补。

4）已摊平的碎石，碾压前应断绝交通，保持摊铺层清洁。

(3) 碾压除应遵守"Ⅰ　石灰稳定土类基层"的有关规定外，尚应符合下列规定：

1）碾压前和碾压中应适量洒水。

2）碾压中对有过碾现象的部位，应进行换填处理。

(4) 成活应符合下列规定：

1）碎石压实后及成活中应适量洒水。

2）视压实碎石的缝隙情况撒布嵌缝料。

3）宜采用12t以上的压路机碾压成活，碾压至缝隙嵌挤应密实，稳定坚实，表面平整，轮迹小于5mm。

4）未铺装上层前，对已成活的碎石基层应保持养护，不得开放交通。

6.5.3　人行地道结构施工记录（C5-5-3）

1. 资料表式

人行地道结构施工记录表式按"6.1　　　　　施工记录（通用）"表式执行。

2. 应用说明

人行地道结构施工记录除应按"6.1　　　　　施工记录（通用）"表式的相关要求外，尚应对如下内容予以满足，并对重点实施内容与结果予以记录。

(1) 基础结构下应设混凝土垫层。垫层混凝土宜为C15级，厚度宜为10~15cm。

(2) 人行地道外防水层作业应符合下列规定：

1）材料品质、规格、性能应符合设计要求。

2）结构底部防水层应在垫层混凝土强度达到5MPa后铺设，且与地道结构黏结牢固。

3）防水材料纵横向搭接长度不应小于10cm，应黏结密实、牢固。

4）人行地道基础施工不得破坏防水层。地道侧墙与顶板防水层铺设完成后，应在其外侧做保护层。

（3）拌制混凝土最大水灰比与最小水泥用量应符合表C5-5-3-1的规定。

混凝土的最大水灰比与最小水泥用量　　　　　　　　　　　表 C5-5-3-1

环境条件及工程部位	无筋混凝土		钢筋混凝土	
	最大水灰比	最小水泥用量（kg/m³）	最大水灰比	最小水泥用量（kg/m³）
在普通地区受自然条件影响的混凝土	0.65	250	0.60	275
在严寒地区受自然条件影响的混凝土	0.60	270	0.55	300

注：表中水泥用量适用于机械搅拌与机械振捣的水泥混凝土；采用人工捣实时，需增加水泥25kg/m³。

（4）浇筑混凝土应分层进行，浇筑厚度应符合表C5-5-3-2的规定。

混凝土浇筑层的厚度　　　　　　　　　　　表 C5-5-3-2

捣实水泥混凝土的方法		浇筑层厚度（cm）
插入式振捣		振捣器作用部分长度的1.25倍
表面振动	在元筋或配筋稀疏时	25
	配筋较密时	20
人工捣实	在无筋或配筋稀疏时	20
	配筋较密时	15

（5）混凝土运输与浇筑的全部时间不得超过表C5-5-3-3的规定。

混凝土运输与浇筑的全部时间（min）　　　　　　　　　　表 C5-5-3-3

混凝土的入模温度（℃）	时间要求	
	使用普通硅酸盐水泥	使用矿渣水泥、火山灰水泥或粉煤灰水泥
20～30	≤90	≤120
10～19	≤120	≤150
5～9	≤150	≤180

注：当混凝土中掺有促凝剂或缓凝型外加剂时，其允许时间应根据试验结果确定。

6.5.4 挡土墙施工记录（C5-5-4）

1. 资料表式

挡土墙施工记录表式按"6.1 _____ 施工记录（通用）"表式执行。

2. 应用说明

挡土墙施工记录除应按"6.1 _____ 施工记录（通用）"表式的相关要求外，尚应对如下内容予以满足，并对重点实施内容与结果予以记录。

（1）挡土墙基础地基承载力必须符合设计要求，且经检测验收合格后方可进行后续工序施工。

（2）施工中应按设计规定施作挡土墙的排水系统、泄水孔、反滤层和结构变形缝。

（3）墙板灌缝应插捣密实，板缝外露面宜用相同强度的水泥砂浆勾缝，勾缝应密实、平顺。

（4）筋带位置、数量必须符合设计规定。填土中设有土工布时，土工布搭接宽度宜为30～40cm，并应按设计要求留出折回长度。

（5）挡土墙投入使用后，应对墙体变形进行观测，确认符合要求。

6.5.5 雨水支管与雨水口施工记录（C5-5-5）

1. 资料表式

雨水支管与雨水口施工记录表式按"6.1 ＿＿＿＿＿施工记录（通用）"表式执行。

2. 应用说明

雨水支管与雨水口施工记录除应按"6.1 ＿＿＿＿＿施工记录（通用）"表式的相关要求外，尚应对如下内容予以满足，并对重点实施内容与结果予以记录。

（1）砌筑雨水口应符合下列规定：

1）雨水管端面应露出井内壁，其露出长度不应大于2cm。

2）雨水口井壁，应表面平整，砌筑砂浆应饱满，勾缝应平顺。

3）雨水管穿井墙处，管顶应砌砖券。

4）井底应采用水泥砂浆抹出雨水口泛水坡。

（2）雨水支管敷设应直顺，不应错口、反坡、凹兜。检查井、雨水口内的外露管端面应完好，不应将断管端置入雨水口。

（3）雨水支管与雨水口四周回填应密实。处于道路基层内的雨水支管应做360°混凝土包封，且在包封混凝土达至设计强度75%前不得放行交通。

（4）雨水支管与既有雨水干线连接时，宜避开雨期。施工中，需进入检查井时，必须采取防缺氧、防有毒和有害气体的安全措施。

6.5.6 倒虹管及涵洞施工记录（C5-5-6）

1. 资料表式

倒虹管及涵洞施工记录表式按"6.1 ＿＿＿＿＿施工记录（通用）"表式执行。

2. 应用说明

倒虹管及涵洞施工记录除应按"6.1 ＿＿＿＿＿施工记录（通用）"表式的相关要求外，尚应对如下内容予以满足，并对重点实施内容与结果予以记录。

（1）倒虹管及涵洞质量检验应符合下列规定：

1）地基承载力应符合设计要求。

2）砂浆平均抗压强度等级应符合设计规定，任一组试件抗压强度最低值不应低于设计强度的85%。

（2）倒虹管闭水试验应符合《城镇道路工程施工与质量验收规范》(CJJ 1—2008)第16.4.2条第2款的规定。

第16.4.2条第2款：

2 主体结构建成后，闭水试验应在倒虹管充水24h后进行，测定30min渗水量。渗水量不应大于计算值。

渗水量应按下式计算：

$$Q=\frac{W}{T \cdot L} \times 1440$$

式中：Q——实测渗水量（$m^3/24h \cdot km$）；

W——补水量（L）；

T——实测渗水量观测时间（min）；

L——倒虹管长度（m）。

（3）回填土压实度应符合路基压实度要求。

6.6 混凝土施工记录（C5-6）

6.6.1 混凝土浇筑申请书（C5-6-1）

1. 资料表式

混凝土浇筑申请书　　　　　　　　　　　表 C5-6-1

工程名称：　　　　　　　　　　　　　　施工单位：

申请浇灌时间：		申请浇灌混凝土的部位：			
混凝土强度等级：		混凝土配比单编号：			
材料用量	水泥	水	砂	石	掺加剂
干料用量/m³	kg	kg	kg	kg	
每盘用量	kg	kg	kg	kg	
准备工作情况					
批准意见	施工单位（章）　　　　　　　　　　批准人：				
监理（建设）单位意见	批准人：				
申请单位：				年　月　日	

2. 应用说明

（1）混凝土浇筑申请书是指为保证混凝土工程质量，对混凝土施工前进行的检查与批准的申请。

（2）凡进行混凝土施工，不论工程量大小或为保证混凝土施工质量、保证后续工序正常进行，施工单位应填写《混凝土浇筑申请书》，根据工程及单位管理实际情况履行混凝土浇筑手续，均必须填报混凝土浇灌申请。

1）凡结构混凝土、防水混凝土和特殊要求的混凝土进行施工，不论工程量大小均必须填报混凝土浇筑申请。

2）混凝土浇筑申请由施工班组填写申报。应按表列内容准备完毕并经批准后，方可浇筑混凝土。

3）混凝土浇筑申请填报之前，混凝土施工的各项准备工作均应齐备，特别是混凝土用材料已满足施工要求。并已经施工单位的技术负责人签章批准，方可提出申请。

4）提请混凝土浇筑申请书，专业监理工程师和施工技术负责人应核查混凝土施工用材料的出厂合格质量证明文件和试验报告。同时提供混凝土开盘鉴定资料。

（3）混凝土浇灌申请由施工班组填写、申报。由监理（建设）单位批准。应按表列内容准备完毕并经批准后，方可浇灌混凝土。

（4）填表说明：

1）申请浇灌混凝土的部位：照实际填写。

2）申请浇灌时间：填写混凝土浇灌的开始时间

3）混凝土配合比通知单编号：按试验室试配单的混凝土配合比通知单编号填写。

4）混凝土强度等级：按实际试配的混凝土强度等级填写，不得低于设计的混凝土强度等级。

5）材料用量：

①水泥：应按每立方米干料用量、每盘用量分别填写水泥的用量。

②水：应按每立方米干料用量、每盘用量分别填写水的用量。

③砂：应按每立方米干料用量、每盘用量分别填写砂的用量。

④石：应按每立方米干料用量、每盘用量分别填写石的用量。

⑤掺加剂：应按每立方米干料用量、每盘用量分别填写掺加剂的使用量。

6）准备工作情况：应按表列6项详细检查后填写，存在问题必须处理。

7）批准意见：指施工单位的技术负责人经核实《混凝土浇灌申请书》后，同意施工时签署的批准意见。批准人应为项目经理部的专业技术负责人。

8）监理（建设）单位意见：指项目监理机构核查《混凝土浇灌申请书》后，同意施工时签署的意见。批准人应为专业监理工程师。

6.6.2 混凝土开盘鉴定（C5-6-2）

1. 资料表式

混凝土开盘鉴定 表 C5-6-2

工程名称： 施工单位：

混凝土施工部位						混凝土配合比编号				
混凝土设计强度						鉴 定 日 期				
混凝土配合比	水灰比	砂率	水泥(kg)	水(kg)	砂(kg)	石(kg)			坍落度（工作度）	
试配配合比										
实际使用施工配合比	砂子含水率： %				石子含水率： %					

鉴定结果：

鉴定项目	混凝土拌合物			原材料检验				
	坍落度	保水性		水泥	砂	石	掺合料	外加剂
设计								
实际								

鉴定意见：

参加开盘鉴定各单位代表签字或盖章			
监理（建设）单位代表	施工单位项目负责人	混凝土试配单位代表	施工单位技术负责人

注：该表用于执行（GB 50204—2002，2010 年版）类混凝土用（如：人行地道结构、挡土墙等工程）。

2. 应用说明

混凝土开盘鉴定是确保混凝土质量的重要措施之一。混凝土开盘鉴定是指对于首次使用的混凝土配合比，不论混凝土灌筑工程量大小，浇筑前均必须对混凝土配合比、拌合物和易性及原材料准确度等进行的鉴定。

混凝土配合比首次使用进行开盘鉴定，其工作性应满足设计要求。开始生产时应至少留置一组标准养护试件作为验证的依据。

(1) 混凝土开盘鉴定资料应按不同混凝土配比分别进行鉴定。必须在施工现场进行，并详细记录混凝土开盘鉴定的有关内容。

(2) 开盘鉴定应进行核查的工作：认真进行开盘鉴定并填写鉴定结果；实际施工配合比不得小于试配配合比；进行拌合物和易性试拌，检查坍落度，并制作试块，按龄期试压，并应对试拌检查过程予以记录。

(3) 混凝土开盘鉴定的基本要求：

1) 混凝土施工应做开盘鉴定，不同配合比的混凝土都要有开盘鉴定。

混凝土开盘鉴定要有施工单位、监理单位、搅拌单位的主管技术部门和质量检验部门参加，做试配的试验室也应派人参加鉴定，混凝土开盘鉴定一般在施工现场浇筑点进行。

2) 混凝土开盘鉴定内容：

①混凝土所用原材料检验，包括水泥、砂、石、外加剂等，应与试配所用的原材料相符合。

②试配配合比换算为施工配合比。根据现场砂、石材料的实际含水率，换算出实际单方混凝土加水量，计算每罐和实际用料的称重。

实际加水量＝配合比中用水量－砂用量×砂含水率－石子用量×石子含水率

砂、石实际用量＝配合比中砂、石用量×（1＋砂、石含水率）

每罐混凝土用料量＝单方混凝土用料量×每罐混凝土的方量值

实际用料的称重值＝每罐混凝土用料量＋配料容器或车辆自重＋磅秤盖重。

③混凝土拌合物的检验，即鉴定拌合物的和易性。应用坍落度法或维勃稠度试验。

④混凝土计量、搅拌和运输的检验。水泥、砂、石、水、外加剂等的用量必须进行严格控制，每盘均必须严格计量，否则混凝土的强度波动是很大的。

3) 不设置混凝土搅拌站，在施工现场拌制混凝土时，搅拌设备应按一机二磅设置计量器具，计量器具应标注计量材料的品种，运料车辆应做好配备，并注明用量、品种，必须盘盘过磅。

(4) 原材料计量允许偏差的规定：

混凝土原材料每盘称量偏差不得超过：水泥、掺合材料±2%；粗、细骨料±3%；水、外加剂溶液±2%。

注：1. 各种衡器应定期校验，保持准确。

2. 骨料含水率应经常测定，雨天施工应增加测定次数。

3. 原材料、施工管理过程中的失误都会对混凝土强度造成不良影响。例如：

(1) 用水量增大即水灰比变大，会带来混凝土强度的降低，如表C5-6-2-1所示。

(2) 施工中砂石骨料称量误差也会影响混凝土强度，例如砂骨料总用量为1910kg，砂骨料称量出现负误差5%，将少称砂石1910×5%＝95.5kg，以砂石表面密度均为2.65g/cm³计，折合绝对体积V＝95.5/2650＝0.036m³，从而多用水泥0.036（按第一例的水泥用量）×300＝10.8kg。砂石重量如出现正偏差5%，则多称95.5kg，由于砂吸水率将降低混凝土和易性，不易操作，工人也会增加用水量，从而降低混凝土强度。

保证混凝土质量，严格计量，对混凝土搅拌、运输严加控制，做好混凝土开盘鉴定，是保证混凝土质量的一项有效措施，对分析混凝土标准差好差会有一定的作用。

用水量增加 5％时混凝土强度降低值　　　　　表 C5-6-2-1

配合比	水泥标号	水泥用量（kg）	用水量（kg）	水灰比	实测强度（MPa）	混凝土强度（MPa）	强度降低值（％）
原配合比	525	300	190	1.58	55	26.82	
变更后的配合比	525	300	199.5	1.46	66	23.78	11.3％

注：1. 表内混凝土强度值为碎石集料的计算值。
　　2. 强度计算公式：$R_{28}=0.46R_c(C/W-0.52)$……（碎石骨料）$R_{28}=0.48R_c(C/W-0.6)$……（卵石骨料）

（5）混凝土中掺用外加剂的质量及应用技术应符合现行国家标准《混凝土外加剂》（GB 8076—2006）、《混凝土外加剂应用技术规范》（GB 50119—2013）等和有关环境保护的规定。

（6）混凝土中氯化物和碱的总含量应符合现行国家标准《混凝土结构设计规范》（GB 50010—2010）和设计的要求。

（7）混凝土中掺用矿物掺合料的质量应符合现行国家标准《用于水泥和混凝土中的粉煤灰》（GB 1596—2005）等的规定。矿物掺合料的掺量应通过试验确定。

（8）混凝土搅拌的最短时间。

混凝土搅拌的最短时间可按表 C5-6-2-2 采用。

混凝土搅拌的最短时间（s）　　　　　表 C5-6-2-2

混凝土坍落度（mm）	搅拌机机型	搅拌机出料量（L）		
		＜250	250～500	＞500
≤30	强制式	60	90	120
	自落式	90	120	150
＞30	强制式	60	60	90
	自落式	90	90	120

注：1. 混凝土搅拌的最短时间系指自全部材料装入搅拌筒中起，到开始卸料止的时间。
　　2. 当掺有外加剂时，搅拌时间应适当延长。
　　3. 全轻混凝土宜采用强制式搅拌机搅拌，砂轻混凝土可采用自落式搅拌机搅拌，但搅拌时间应延长 60～90s。
　　4. 采用强制式搅拌机搅拌轻骨料混凝土的加料顺序是：当轻骨料在搅拌前预湿时，先加粗、细骨料和水泥搅拌 30s，再加水继续搅拌；当轻骨料在搅拌前未预湿时，先加 1/2 的总用水量和粗、细骨料搅拌 60s，再加水泥和剩余用水量继续搅拌。
　　5. 当采用其他形式的搅拌设备时，搅拌的最短时间应按设备说明书的规定或经试验确定。

6.6.3 混凝土浇筑记录（C5-6-3）

1. 资料表式

混凝土浇筑记录　　　　　　　　　　　表 C5-6-3

施工单位						
工程名称				浇注部位		
浇注日期			天气情况		室外气温	℃
设计强度等级（MPa）			钢筋模板验收负责人			
混凝土拌制方法	商品混凝土	供料厂名				
		强度等级（MPa）		配合比编号		
	现场拌合	强度等级（MPa）		配合比编号		
实测坍落度（cm）			出盘温度℃		入模温度℃	
混凝土完成数量（m³）				完成时间		
试块留置		数量（组）		编号		
标　养						
见　证						
同条件						
混凝土浇注中出现的问题及处理方法						
参加人员	监理（建设）单位			施　工　单　位		
			项目技术负责人	专职质检员	施工员	记录

注：本记录每浇注一次混凝土，记录一张。

6.6.3.1 普通混凝土浇筑记录（C5-6-3-1）

普通混凝土系指 CJJ 1 规范规定道路工程中的混凝土工程执行（GB 50204—2002，2011 年版）类混凝土工程，如《城镇道路工程施工与质量验收规范》（CJJ 1—2008）中的人行地道结构、挡土墙、附属构筑物等工程。

1. 资料表式

普通混凝土浇筑记录表式按"6.6.3 混凝土浇筑记录"表式的相关要求执行。

2. 应用说明

现场浇筑 C15（含 C15）强度等级以上混凝土，应填写《混凝土浇筑记录》。

混凝土浇筑施工应做好以下工作：检查混凝土配合比，如有调整应填报调整配合比；按标准规定留置好试块，分别做好同条件养护和标准养护工作，并予以记录。

是为保证混凝土质量而对混凝土施工状况进行记录，借以权衡混凝土施工过程正确性的措施之一。C15 及其以上等级的混凝土工程，不论混凝土浇筑工程量大小，对环境条件、混凝土配合比、浇筑部位、坍落度、试块留置结果等对混凝土施工进行的全面的真实记录。

混凝土拌制前，应测定砂、石的含水率，并根据测试结果调整材料用量，提出施工配合比。

Ⅰ 现场拌制混凝土

（1）混凝土浇注前的检查：

1）检查混凝土用材料的品种、规格、数量等核实无误，并经试拌检查认可后发出了混凝土开工令。

2）现场安装的搅拌机、计量设备及堆放材料的场地满足混凝土阶段性浇筑量的要求；设备符合性能要求。混凝土搅拌机应有可靠的加水计时装置及降尘和沉淀排水系统。对水泥和骨材料应经过校准的衡器计量；检查各种衡器的灵活性及可用程度，不得使用失灵的衡器。

各种衡器应定期校验，应定期测定骨料的含水率，当遇雨天施工或其他原因致使含水率发生显著变化时，应增加测定次数，以便及时调整用水量和骨料用量。

3）基本检查要求

①机具准备是否齐全，搅拌运输机具以及料斗、串筒、振捣器等设备应按需要准备充足，并考虑发生故障时的应急修理或采用备用机具。

②检查模板支架、钢筋、预埋件，已办理完成隐检及预检手续。

③浇筑混凝土的架子及通道已支搭完毕并检查合格。

④应了解天气状况并考虑防雨、防寒或抽水等措施。

⑤浇筑期间水电供应及照明必须保证不应中断。

⑥已向操作者进行了技术交底。

⑦自动计量时应检查其自动计量设备的灵敏度、使用程度。

⑧检查参加混凝土施工人员：班组、人员数量，并记录班组长姓名。

（2）做好混凝土生产配比、计量与投料顺序检查：

1）混凝土配合比和技术要求，应向操作人员交底；悬挂配合比标示牌，牌上应标明配合比和各种材料的每盘用量。

2）各种投料的计量应准确（水泥、水、外加剂±2%、骨料±3%）。

3）投料顺序和搅拌时间应符合规定。投料顺序：石子→水泥→砂子→水。如有外加剂与水泥同时加入，如有添加剂应与水同时加入。400L自落式搅拌机拌合时间通常应≥1.5min。

（3）混凝土的运输和浇筑：

1）混凝土运至浇筑地点，应符合浇筑时规定的坍落度，当有离析现象时，必须在浇筑前进行二次搅拌。

2）混凝土应以最少的转载次数和最短的时间，从搅拌地点运至浇筑地点。

混凝土从搅拌机中卸出到浇筑完毕的延续时间不宜超过表1的规定。

混凝土从搅拌机中卸出到浇筑完毕的延续时间（单位：min）　　　表1

混凝土强度等级	气　　温	
	不高于25℃	高于25℃
不高于C30	120	90
高　于C30	90	60

注： 对掺用外加剂或采用快硬水泥拌制的混凝土，其延续时间应按试验确定。

（4）采用泵送混凝土应符合下列规定：

1）混凝土的供应，必须保证输送混凝土的泵能连续工作。

2）输送管线宜直，转弯宜缓，接头应严密，如管道向下倾斜，应防止混入空气产生阻塞。

3）泵送前应先用适量的与混凝土内成分相同的水泥浆或水泥砂浆润滑输送管内壁；预计泵送间歇时间超过45min或当混凝土出现离析现象时，应立即用压力水或其他方法冲洗管内残留的混凝土。

4）在泵送过程中，受料斗内应具有足够的混凝土，以防止吸入空气产生阻塞。

5）混凝土泵宜与混凝土搅拌运输车配套使用，应使混凝土搅拌站的供应和混凝土搅拌运输车的运输能力大于混凝土泵的泵送能力，以保证混凝土泵能连续工作，保证不堵塞。

混凝土泵排量大，在进行浇筑建筑物时，最好用布料机进行布料。

6）泵送结束要及时进行清洗泵体和管道，用水清洗时将管道拆开，放入海绵球及清洗活塞，再通过法兰使高压水软管与管道连接，高压水推动活塞和海绵球，将残存的混凝土压出并清洗管道。

7）用混凝土泵浇筑的结构物，要加强养护，防止因水泥用量较大而引起龟裂。如混凝土浇筑速度快，对模板的侧压力大，模板和支撑应保证稳定和有足够的强度。

（5）在地基或基土上浇筑混凝土时，应清除淤泥和杂物，并应有排水和防水措施。

对于干燥的非黏性土，应用水湿润；对未风化的岩石，应用水清洗，但其表面不得留有积水。

（6）对模板及其支架、钢筋和预埋件必须进行检查，并作好记录，符合设计要求后方能浇筑混凝土。

（7）在浇筑混凝土前，对模板内的杂物和钢筋上的油污等应清理干净；对模板的缝隙和孔洞应予堵严；对木模板应浇水湿润，但不得有积水。

(8)混凝土自高处倾落的自由高度,不应超过2m。

(9)在浇筑竖向结构混凝土前,应先在底部填以50～100mm厚与混凝土内砂浆成分相同的水泥砂浆;浇筑中不得发生离析现象;当浇筑高度超过3m时,应采用串筒、溜管或振动溜管使混凝土下落。

(10)混凝土浇筑层的厚度,应符合表2的规定。

(11)浇筑混凝土应连续进行。当必须间歇时,其间歇时间宜缩短,并应在前层混凝土凝结之前,将次层混凝土浇筑完毕。

混凝土运输、浇筑及间歇的全部时间不得超过表3的规定,当超过时应留置施工缝。

(12)采用振捣器捣实混凝土应符合下列规定:

1)每一振点的振捣延续时间,应使混凝土表面呈现浮浆和不再沉落。

2)当采用插入式振捣器时,捣实普通混凝土的移动间距,不宜大于振捣器作用半径的1.5倍。捣实轻骨料混凝土的移动间距,不宜大于其作用半径;振捣器与模板的距离,不应大于其作用半径的0.5倍,并应避免碰撞钢筋、模板、芯管、吊环、预埋件或空心胶囊等;振捣器插入下层混凝土内的深度应不小于50mm。

混凝土浇筑层厚度(单位:mm)　　　　表2

捣实混凝土的方法		浇筑层的厚度
插入式振捣		振捣器作用部分长度的1.35倍
表面振动		200
人工捣固	在基础、无筋混凝土或配筋稀疏的结构中	250
	在梁、墙板、柱结构中	200
	在配筋密列的结构中	150
轻骨料混凝土	插入式振捣	300
	表面振动(振动时需加荷)	200

混凝土运输、浇筑和间歇的允许时间(单位:min)　　　　表3

混凝土强度等级	气温	
	不高于25℃	高于25℃
不高于C30	210	180
高于C30	180	150

注:当混凝土中掺有促凝或缓凝型外加剂时,其允许时间应根据试验结果确定。

3)当采用表面振动器时,其移动间距应保证振动器的平板能覆盖已振实部分的边缘。

4)当采用附着式振动器时,其设置间距应通过试验确定,并应与模板紧密连接。

5)当采用振动台振实干硬性混凝土和轻骨料混凝土时,宜采用加压振动的方法,压力为$1\sim3kN/m^2$。

(13)在混凝土浇筑过程中,应经常观察模板、支架、钢筋、预埋件和预留孔洞的情况,当发现有变形、移位时,应及时采取措施进行处理。

(14)混凝土自然养护:

1)应在浇筑完毕后的12h以内对混凝土加以覆盖和浇水养护。

2) 混凝土的浇水养护时间，对采用硅酸盐水泥、普通硅酸盐水泥或矿渣硅酸盐水泥拌制的混凝土，不得少于 7d，对掺用缓凝型外加剂或有抗渗性要求的混凝土，不得少于 14d。

3) 浇水次数应能保持混凝土处于润湿状态。

4) 混凝土的养护用水应与拌制用水相同。

注：1. 当日平均气温低于 5℃ 时，不得浇水。
2. 当采用其他品种水泥时，混凝土的养护应根据所采用水泥的技术性能确定。

5) 采用塑料布覆盖养护的混凝土，其敞露的全部表面应用塑料布覆盖严密，并应保持塑料布内有凝结水。

注：混凝土的表面不便浇水或使用塑料布养护时，宜涂刷保护层（如薄膜养生液等），防止混凝土内部水分蒸发。

对大体积混凝土的养护，应根据气候条件采取控温措施，并按需要测定浇筑后的混凝土表面和内部温度，将温差控制在设计要求的范围以内；当设计无具体要求时，温差不宜超过 25℃。

6) 现浇板养护期间，当混凝土强度小于 12MPa 时，不得进行后续施工。当混凝土强度小于 10MPa 时，不得在现浇板上吊运、堆放重物。吊运重物时，应减轻对现浇板的冲击影响。

注：1. 混凝土施工记录每台班记录一张，注明开始及终止浇注时间。
2. 拆模日期及试块试压结果应记录在施工日志中。

Ⅱ 预拌混凝土复试报告

预拌混凝土是施工单位根据设计文件要求，向商品混凝土生产厂购置成品混凝土，由生产厂用专用混凝土运输车，送至施工现场，按混凝土工艺要求进行混凝土浇筑施工。购置混凝土需完成确认预拌混凝土出厂质量证书内的相关标准与要求、完成预拌混凝土订货与交货工作。

1. 资料表式

预拌混凝土出厂质量证书及相关试（检）验报告的表式按当地建设行政主管部门批准的表式执行。

2. 应用说明

（1）预拌混凝土出厂质量证书是指预拌混凝土生产厂家提供的质量合格证明文件。
执行标准：《预拌混凝土》(GB/T 14902—2012)
（2）分类、性能等级及标记
1) 分类：预拌混凝土分为常规品和特制品。
①常规品
常规品应为除表 1 特制品以外的普通混凝土，代号 A，混凝土强度等级代号 C。
②特制品
特制品代号 B，包括的混凝土种类及其代号应符合表 1 的规定。

特制品的混凝土种类及其代号   表1

混凝土种类	高强混凝土	自密实混凝土	纤维混凝土	轻骨料混凝土	重混凝土
混凝土种类代号	H	S	F	L	W
强度等级代号	C	C	C（合成纤维混凝土） CF（钢纤维混凝土）	LC	C

2）性能等级

①混凝土强度等级应划分为：C10、C15、C20、C25、C30、C35、C40、C45、C50、C55、C60、C65、C70、C75、C80、C85、C90、C95和C100。

②混凝土拌合物坍落度和扩展度的等级划分应符合表2和表3的规定。

混凝土拌合物的坍落度等级划分 表2

等级	坍落度
S1	10~40
S2	50~90
S3	100~150
S4	160~210
S5	≥220

混凝土拌合物的扩展度等级划分 表3

等级	扩展直径
F1	≤340
F2	350~410
F3	420~480
F4	490~550
F5	560~620
F6	≥630

③预拌混凝土耐久性能的等级划分应符合表4、表5、表6和表7的规定。

混凝土抗冻性能、抗水渗透性能和抗硫酸盐侵蚀性能的等级划分   表4

抗冻等级（快冻法）	抗冻标号（慢冻法）	抗渗等级	抗硫酸盐等级
F50	F250	D50	P4	KS30
F100	F300	D100	P6	KS60
F150	F350	D150	P8	KS90
F200	F400	D200	P10	KS120
			P12	KS150
>F400	>D200	>P12	>KS150

混凝土抗氯离子渗透性能（84d）的等级划分（RCM法）   表5

等级	RCM-Ⅰ	RCM-Ⅱ	RCM-Ⅲ	RCM-Ⅳ	RCM-Ⅴ
氯离子迁移系数 D_{RCM}（RCM法）/（$\times 10^{-12} m^2/s$）	≥4.5	≥3.5，<4.5	≥2.5，<3.5	≥1.5，<2.5	<1.5

混凝土抗氯离子渗透性能的等级划分（电通量法）   表6

等级	Q-Ⅰ	Q-Ⅱ	Q-Ⅲ	Q-Ⅳ	Q-Ⅴ
电通量 Q_s/C	≥4000	≥2000，<4000	≥1000，<2000	≥500，<1000	<500

注：混凝土试验龄期宜为28d。当混凝土中水泥混合材与矿物掺合料之和超过胶凝材料用量的50%时，测试龄期可为56d。

混凝土抗碳化性能的等级划分　　表7

等　级	T-Ⅰ	T-Ⅱ	T-Ⅲ	T-Ⅳ	T-Ⅴ
碳化深度 d,mm	≥30	≥20, <30	≥10, <20	≥0.1, <10	<0.1

（3）预拌混凝土的原材料和配合比：骨料、水、外加剂、矿物掺合料、纤维（钢纤维和合成纤维等）、配合比等均应符合《预拌混凝土》（GB/T 14902—2012）的规定和要求。

（4）质量要求

1）强度

混凝土强度应满足设计要求，检验评定应符合《混凝土强度检验评定标准》（GB/T 50107—2010）的规定。

2）坍落度和坍落度经时损失

混凝土坍落度实测值与控制目标值的允许偏差应符合表8的规定。常规品的泵送混凝土坍落度控制目标值不宜于大于180mm，并应满足施工要求，坍落度经时损失不宜于大于30mm/h，特制品混凝土坍落度应满足相关标准规定和施工要求。

混凝土拌合物稠度允许偏差（mm）　　表8

项　目	控制目标值	允许偏差
坍落度	≤40	±10
	50～90	±20
	≥100	±30
扩展度	≥350	±30

3）扩展度

扩展度实测值与控制目标值的允许偏差宜于符合表8的规定。自密度混凝土扩展度控制目标值不宜小于550mm，并应满足施工要求。

4）含气量

混凝土含气量实测值不宜大于7%，并与合同规定值的允许偏差不宜超过±1.0%。

5）水溶性氯离子含量

混凝土拌合物中水溶性氯离子最大含量实测值应符合表9的规定。

混凝土拌合物中水溶性氯离子最大含量（单位为水泥用量的质量百分比）　　表9

环境条件	水溶性氯离子最大含量		
	钢筋混凝土	预应力混凝土	素混凝土
干燥环境	0.3	0.06	1.0
潮湿但不含氯离子的环境	0.2		
潮湿而含有氯离子的环境、盐渍土环境	0.1		
除冰盐等侵蚀性物质的腐蚀环境	0.06		

6）耐久性能

混凝土耐久性能应满足设计要求，检验评定应符合《混凝土耐久性检验评定标准》（JGJ/T 193—2009）的规定。

7）其他性能

当需方提出其他混凝土性能要求时，应按国家现行有关标准规定进行试验，无相应标准时应按合同规定进行试验；试验结果应满足标准或合同的要求。

（5）运输

①混凝土搅拌运输车应符合《混凝土搅拌运输车》（JG/T 5094—1997）的规定；翻斗车应仅限用于运送坍落度小于 80mm 的混凝土拌合物。运输车在运输时应能保证混凝土拌合物均匀并不产生分层、离析。对于寒冷、严寒或炙热的天气情况，搅拌运输车的搅拌罐应有保温和隔热措施。

②搅拌运输车在装料前应将搅拌罐内积水排尽，装料后严禁向搅拌罐内的混凝土拌合物中加水。

③当卸料前需要在混凝土拌合物中掺入外加剂时，应在外加剂掺入后采用快档旋转搅拌罐进行搅拌；外加剂掺量和搅拌时间应有经试验确定的预案。

④预拌混凝土从搅拌机入搅拌运输车至卸料时的运输时间不宜大于 90min，如需延长运送时间，则应采取相应的有效技术措施，并应通过试验验证；当采用翻斗车时，运输时间不应大于 45min。

（6）检验规则

1）一般规定

①预拌混凝土质量检验分为出厂检验和交货检验。出厂检验的取样和试验工作应由供方承担；交货检验的取样和试验工作应由需方承担，当需方不具备试验和人员的技术资质时，供需双方可协商确定并委托有检验资质的单位承担，并应在合同中予以明确。

②交货检验的试验结果应在试验结束后 10d 内通知供方。

③预拌混凝土质量验收应以交货检验结果作为依据。

2）检验项目

①常规品应检验混凝土强度、拌合物坍落度和设计要求的耐久性能；掺有引气型外加剂的混凝土还应检验拌合物的含气量。

②特制品除应检验 2）检验项目下①款的所列项目外，还应按相关标准和合同规定检验其他项目。

3）取样与检验频率

①混凝土出厂检验应在搅拌地点取样；混凝土交货检验应在交货地点取样，交货检验试样应随机从同一运输车卸料量的（1/4）～（3/4）之间抽取。

②混凝土交货检验取样及坍落度试验应在混凝土运到交货地点时开始算起 20min 内完成，试件制作应在混凝土运到交货地点时开始算起 40min 内完成。

③混凝土强度检验的取样频率应符合下列规定：

A. 出厂检验时，每 100 盘相同配合比混凝土取样不应少于 1 次，每一个工作班相同配合比混凝土达不到 100 盘时应按 100 盘计，每次取样应至少进行一组试验；

B. 交货检验的取样频率应符合《混凝土强度检验评定标准》（GB/T 50107—2010）的规定。

④混凝土坍落度检验的取样频率应与强度检验相同。

⑤同一配合比混凝土拌合物中的水溶性氯离子含量检验应至少取样检验 1 次。海砂混凝土拌合物中的水溶性氯离子含量检验的取样频率应符合《海砂混凝土应用技术规范》

(JGJ 206—2010) 的规定。

⑥混凝土耐久性能检验的取样频率应符合《混凝土耐久性检验评定标准》JGJ/T 193—2009) 的规定。

⑦混凝土的含气量、扩展度及其他项目检验的取样频率应符合国家现行有关标准和合同的规定。

4) 评定

①混凝土强度检验结果符合（4）质量要求项下 1) 款规定时为合格。

②混凝土坍落度、扩展度和含气量的检验结果分别符合（4）质量要求项下 2)、3) 和 4) 款的规定时为合格；若不符合要求，则应立即用试样余下部分或重新取样进行复检，当复检结果分别符合（4）质量要求项下 2)、3) 和 4) 款的规定时，应评定为合格。

③混凝土拌合物中水溶性氯离子含量检验结果符合（4）质量要求项下 5) 款的规定时为合格。

④混凝土耐久性能检验结果符合（4）质量要求项下 5) 款的规定时为合格。

⑤其他的混凝土性能检验结果符合（4）质量要求项下 7) 款规定时为合格。

(7) 订货与交货

1) 供货量

①预拌混凝土供货量应以体积计，计算单位为立方米（m^3）。

②预拌混凝土体积应由运输车实际装载的混凝土拌合物质量除以混凝土拌合物的表观密度求得。

（注：一辆运输车实际装载量可由用于该车混凝土中全部原材料的质量之和求得，或可由运输车卸料前后的重量差求得。）

③预拌混凝土供货量应以运输车的发货总量计算。如需要以工程实际量（不扣除混凝土结构中的钢筋所占体积）进行复核时，其误差应不超过±2%。

2) 订货

①购买预拌混凝土时，供需双方应先签订合同。

②合同签订后，供方应按订货单组织生产和供应。订货单应至少包括以下内容：A. 订货单位及联系人。B. 施工单位及联系人。C. 工程名称。D. 浇筑部位及浇筑方式。E. 混凝土标记。F. 标记内容以外的技术要求。G. 订货量（m^3）。H. 交货地点。I. 供货起止时间。

3) 交货

①供方应按分部工程向需方提供同一配合比混凝土的出厂合格证。出厂合格证应至少包括以下内容：A. 出厂合格证编号。B. 合同编号。C. 工程名称。D. 需方。E. 供方。F. 供货日期。G. 浇筑部位。H. 混凝土标记。I. 标记内容以外的技术要求。J. 供货量（m^3）。K. 原材料的品种、规格、级别及检验报告编号。L. 混凝土配合比编号。M. 混凝土质量评定。

②交货时，需方应指定专人及时对供方所供预拌混凝土的质量、数量进行确认。

③供方应随每一辆运输车向需方提供该车混凝土的发货单，发货单应至少包括以下内容：A. 合同编号。B. 发货单编号。C. 需方。D. 供方。E. 工程名称。F. 浇筑部位。G.

混凝土标记。H. 本车的供货量（m³）。I. 运输车号。J. 交货地点。K. 交货日期。L. 发车时间和到达时间。M. 供需（含施工方）双方交接人员签字。

一、预拌混凝土订货单

1. 资料表式

预拌混凝土订货单　　　　　　　　　　　表10

合同编号：　　　　　　　　供货起止时间：　　年　月　日～　　年　月　日
订货单位及联系人：　　　　　　　　　　　工程名称：
施工单位及联系人：　　　　　　　　　　　混凝土订货量：
交货地点：　　　　运距：　　　　公里　　泵车：用　　；不用
订货单位对混凝土的技术要求：　　　　　　混凝土标记：

浇筑部位				
浇筑方式				
浇筑时间				
浇筑数量				
强度等级				
坍落度（mm）				
水泥品种				
骨　　料				
外加剂				
其他要求				

混凝土强度评定方法：

混凝土单价（元/m³）：
运　　费（元/m³）：　　　泵车费（元/m³）：　　　泵车管加长费：
外加剂费（元/m³）：　　　总合价：

订　货　单　位	混凝土生产单位：　　　　站（厂）
代表人：　　　　电话： 现场联系人：　　电话：	代表人：　　　　　电话： 技术负责人：　　　电话：

217

二、预拌混凝土发货单

1. 资料表式

预拌混凝土发货单　　　　　　　　表11

工程名称：		合同编号：	
供方名称：			
需方名称：			
交货地点：		交货日期：　　　年　月　日	
运输车号：		发车：　　时　　分 到达：　　时　　分	
本车供应量（m³）		累计供应量（m³）：	
混凝土标记：			
浇筑部位：		强度等级：	
坍落度（mm）：	水泥：	集料：	外加剂：
收货人：	供货人：		
		司　机：	

6.6.3.2 混凝土坍落度检查记录（C5-6-3-2）

1. 资料表式

混凝土坍落度检查记录　　　　　　　　表C5-6-3-2

混凝土强度等级			搅拌方式	
时间（年 月 日 时）	施工部位	要求坍落度	坍落度	备注

参加人员	监理（建设）单位	施　工　单　位		
		专业技术负责人	质检员	施工员

2. 应用说明

为保证混凝土工程质量，对混凝土拌合物稠度在混凝土施工的浇筑过程中进行实施的坍落度实测并予以记录，是保证和正确评价混凝土质量的措施之一。

（1）坍落度试验是混凝土工作性能试验方法的一种，目前被国内施工现场测试混凝土拌合物的工作性能，划分混凝土稠度级别所广泛采用。适用于坍落度值不小于 10mm 的混凝土。

（2）记录混凝土坍落度施工应检查以下内容：

1）检查拌制混凝土所用材料、规格和用量，每一工作班至少应检查 2 次。检查混凝土配合比，如有调整应填报调整配合比。

2）检查记录表内有关内容的填写必须齐全。

3）按标准规定留置好标准养护和同条件养护试块，分别进行同条件和标准养护。

（3）浇筑混凝土应连续进行。并应定时连续根据规范要求检查坍落度（每工作班检查不少于两次）。

（4）混凝土浇筑坍落度：

混凝土浇筑时的坍落度宜按表 C5-6-3-2A 选用。

混凝土浇筑坍落度 表 C5-6-3-2A

结 构 种 类	坍落度（mm）
基础或地面等的垫层，无配筋的大体积结构（挡土墙、基础等）或配筋稀疏的结构	10～30
板、梁和大型及中型截面的柱子等	30～50
配筋密列的结构（薄壁、斗仓、筒仓、细柱等）	50～70
配筋特密的结构	70～90

注：1. 本表系采用机械振捣时的混凝土坍落度，当采用人工捣实时，其值可适当增大。
2. 当需要配制大坍落度混凝土（如泵送混凝土）的坍落度一般应为 80～180mm 时，应掺用外加剂。
3. 曲面或斜面结构混凝土坍落度，应根据实际需要另行选定。
4. 轻骨料混凝土坍落度，宜比表中数值减少 10～20mm。

（5）坍落度的测定方法：

坍落度测定方法应符合《普通混凝土拌合物性能试验方法标准》（GB/T 50080—2002）规定。详图 1 所示。

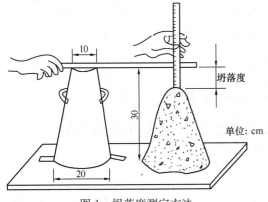

图 1 坍落度测定方法

1）湿润坍落度筒及其他用具，并把筒放在吸水的刚性水平底板上，然后用脚踩住两边的脚踏板，使坍落度筒在装料时，保持位置固定。

2）将混凝土试样，用小铲分三层均匀地装入筒内，使捣实后每层高度约为筒高的 1/3 左右。每层用捣棒应沿螺旋方向在截面上由外向中心均匀插捣 25 次。各次插捣应在截面上均匀分布；插捣筒边混凝土时，捣棒可稍稍倾斜；插底层时，捣棒应贯穿整层深度；插捣第二层和顶层时，捣棒应插透本层至一层的表面。

浇灌顶层时，混凝土应灌到高出筒口。插捣过程中，如混凝土沉落到低于筒口，则应随时添加。顶层插捣完后，应刮去多余混凝土，并用抹刀抹平。

3）将筒边底板上混凝土清除后，垂直而平稳地上提坍落度筒，坍落度筒的提离过程应在5～10s内完成。

从开始装料到提起坍落度筒的全过程应连续进行，并应在150s内完成。

4）提起坍落度筒后，量测筒高与坍落后混凝土试体最高点之间的高度差以mm为单位（精确至5mm），即为该混凝土拌合物的坍落度值。坍落度筒提离后，如混凝土发生崩坍或一边剪坏现象，则应重新取样另行测定。如第二次试验仍出现上述现象，则表示该混凝土和易性不好，应记录备查。

5）观察坍落后混凝土试体的黏聚性及保水性。

黏聚性的检查方法是：用捣棒在已坍落的混凝土锥体侧面轻轻敲打，此时，如果锥体逐渐下沉，则表示黏聚性良好；如果锥体倒塌，部分崩裂或出现离析现象，则表示黏聚性不好。

保水性是以混凝土拌合物中的稀浆析出的程度来评定。坍落度筒提起后，如有较多稀浆从底部析出，锥体部分混凝土拌合物也因失浆而骨料外露，则表明混凝土拌合物的保水性能不好。如坍落度筒提起后无稀浆或仅有少量稀浆自底部析出，则表示此混凝土拌合物保水性良好。

(6) 坍落度的控制原则：

1）预拌混凝土进场时，应按检验批检查入模坍落度，高层建筑应控制在180mm以内为宜，其他建筑应控制在150mm以内为宜。

2）现场搅拌混凝土的坍落度，应按施工组织设计根据试配报告确定的水灰比，严格控制。其允许偏差不应超过表C5-6-3-2B。

混凝土实测坍落度与要求坍落度的允许偏差详表C5-6-3-2B。

混凝土坍落度与要求坍落度之间的允许偏差（单位：mm）　　表 C5-6-3-2B

要 求 坍 落 度	允 许 偏 差
<50	±10
50～90	±20
>90	±30

(7) 填表说明：

1）要求坍落度：指混凝土试配确定的坍落度。

2）坍落度：指混凝土施工时，现场检查实际测得的坍落度。

6.6.3.3　水泥混凝土路面面层用混凝土浇筑记录（C5-6-3-3）

1. 资料表式

水泥混凝土路面面层用混凝土浇筑记录表式按"6.6.3　混凝土浇筑记录"表式的相

关要求执行。

2. 应用说明

(1) 施工准备：

1) 施工前，应按设计规定划分混凝土板块，板块划分应从路口开始，必须避免出现锐角。曲线段分块，应使横向分块线与该点法线方向一致。直线段分块线应与面层胀、缩缝结合，分块距离宜均匀。分块线距检查井盖的边缘，宜大于1m。

2) 混凝土摊铺前，应完成下列准备工作：

①混凝土施工配合比已获监理工程师批准，搅拌站经试运转，确认合格。

②模板支设完毕，检验合格。

③混凝土摊铺、养护、成形等机具试运行合格。专用器材已准备就绪。

④运输与现场浇筑通道已修筑，且符合要求。

(2) 混凝土搅拌与运输：

1) 面层用混凝土宜选择具备资质、混凝土质量稳定的搅拌站供应。

2) 现场自行设立搅拌站应符合下列规定：

①搅拌站应具备供水、供电、排水、运输道路和分仓堆放砂石料及搭建水泥仓的条件。

②搅拌站管理、生产和运输能力，应满足浇筑作业需要。

③搅拌站宜设有计算机控制数据信息采集系统。搅拌设备配料计量偏差应符合表C5-6-3-3A的规定。

搅拌设备配料的计量允许偏差（％）　　表C5-6-3-3A

材料名称	水泥	掺合料	钢纤维	砂	粗骨料	水	外加剂
城市快速路、主干路每盘	±1	±1	±2	±2	±2	±1	±1
城市快速路、主干路累计每车	±1	±1	±1	±2	±2	±1	±1
其他等级道路	±2	±2	±2	±3	±3	±2	±2

3) 混凝土搅拌应符合下列规定：

①混凝土的搅拌时间应按配合比要求与施工对其工作性要求经试拌确定最佳搅拌时间。每盘最长总搅拌时间宜为80～120s。

②外加剂宜稀释成溶液，均匀加入进行搅拌。

③混凝土应搅拌均匀，出仓温度应符合施工要求。

④搅拌钢纤维混凝土，除应满足上述要求外，尚应符合下列要求：

A. 当钢纤维体积率较高，搅拌物较干时，搅拌设备一次搅拌量不宜大于其额定搅拌量的80％。

B. 钢纤维混凝土的投料次序、方法和搅拌时间，应以搅拌过程中钢纤维不产生结团和满足使用要求为前提，通过试拌确定。

C. 钢纤维混凝土严禁用人工搅拌。

4) 施工中应根据运距、混凝土搅拌能力、摊铺能力确定运输车辆的数量与配置。

5) 不同摊铺工艺的混凝土搅拌物从搅拌机出料到运输、铺筑完毕的允许最长时间应符合表C5-6-3-3B的规定。

混凝土拌合物出料到运输、铺筑完毕允许最长时间（单位：h）　　表C5-6-3-3B

施工气温*	到运输完毕允许最长时间		到铺筑完毕允许最长时间	
(℃)	滑模、轨道	三辊轴、小机具	滑模、轨道	三辊轴、小机具
5～9	2.0	1.5	2.5	2.0
10～19	1.5	1.0	2.0	1.5
20～29	1.0	0.75	1.5	1.25
30～35	0.75	0.50	1.25	1.0

注：表中*指施工时间的日间平均气温，使用缓凝剂延长凝结时间后，本表数值可增加0.25～0.5h。

（3）混凝土铺筑：

1）混凝土铺筑前应检查下列项目：

①基层或砂垫层表面、模板位置、高程等符合设计要求。模板支撑接缝严密、模内洁净、隔离剂涂刷均匀。

②钢筋、预埋胀缝板的位置正确，传力杆等安装符合要求。

③混凝土搅拌、运输与摊铺设备，状况良好。

2）三辊轴机组铺筑应符合下列规定：

①三辊轴机组铺筑混凝土面层时，辊轴直径应与摊铺层厚度匹配，且必须同时配备一台安装插入式振捣器组的排式振摘捣机，振捣器的直径宜为50～100mm，间距不应大于其有效作用半径的1.5倍，且不得大于50cm。

②当面层铺装厚度小于15cm时，可采用振捣梁。其振捣频率宜为50～100Hz，振捣加速度宜为4～59（g为重力加速度）。

③当一次摊铺双车道面层时，应配备纵缝拉杆插入机，并配有插入深度控制和拉杆间距调整装置。

④铺筑作业应符合下列要求：

A. 卸料应均匀，布料应与摊铺速度相适应。

B. 设有接缝拉杆的混凝土面层，应在面层施工中及时安设拉杆。

C. 三辊轴整平机分段整平的作业单元长度宜为20～30m，振捣机振实与三辊轴整平工序之间的时间间隔不宜超过15min。

D. 在一个作业单元长度内，应采用前进振动、后退静滚方式作业，最佳滚压遍数应经过试铺确定。

3）采用轨道摊铺机铺筑时，最小摊铺宽度不宜小于3.75m，并应符合下列规定：

①应根据设计车道数按表C5-6-3-3C的技术参数选择摊铺机。

轨道摊铺机的基本技术参数　　表C5-6-3-3C

项　目	发动机功率(kW)	最大摊铺宽度(m)	摊铺厚度(mm)	摊铺速度(m/min)	整机质量(t)
三车道轨道摊铺机	33～45	11.75～18.3	250～600	1～3	13～38
双车道轨道摊铺机	15～33	7.5～9.0	250～600	1～3	7～13
单车道轨道摊铺机	8～22	3.5～4.5	250～450	1～4	≤7

②坍落度宜控制在 20～40mm。不同坍落度时的松铺系数 K 可参考表 C5-6-3-3D 确定，并按此计算出松铺高度。

松铺系数 K 与坍落度 S_L 的关系　　　　　表 C5-6-3-3D

坍落度 S_L（mm）	5	10	20	30	40	50	60
松铺系数 K	1.30	1.25	1.22	1.19	1.17	1.15	1.12

③当施工钢筋混凝土面层时，宜选用两台箱型轨道摊铺机分两层两次布料。下层混凝土的布料长度应根据钢筋网片长度和混凝土凝结时间确定，且不宜超过 20m。

④振实作业应符合下列要求：

A. 轨道摊铺机应配备振捣器组，当面板厚度超过 150mm、坍落度小于 30mm 时，必须插入振捣。

B. 轨道摊铺机应配备振动梁或振动板对混凝土表面进行振捣和修整。使用振动板振动提浆饰面时，提浆厚度宜控制在（4±1）mm。

⑤面层表面整平时，应及时清除余料，用抹平板完成表面整修。

4）人工小型机具施工水泥混凝土路面层，应符合下列规定：

①混凝土松铺系数宜控制在 1.10～1.25。

②摊铺厚度达到混凝土板厚的 2/3 时，应拔出模内钢钎，并填实钎洞。

③混凝土面层分两次摊铺时，上层混凝土的摊铺应在下层混凝土初凝前完成，且下层厚度宜为总厚的 3/5。

④混凝土摊铺应与钢筋网、传力杆及边缘角隅钢筋的安放相配合。

⑤一块混凝土板应一次连续浇筑完毕。

⑥混凝土使用插入式振捣器振捣时，不应过振，且振动时间不宜少于 30s，移动间距不宜大于 50cm。使用平板振捣器振捣时应重叠 10～20cm，振捣器行进速度应均匀一致。

⑦真空脱水作业应符合下列要求：

A. 真空脱水应在面层混凝土振捣后、抹面前进行。

B. 开机后应逐渐升高真空度，当达到要求的真空度，开始正常出水后，真空度应保持稳定，最大真空度不宜超过 0.085MPa，待达到规定脱水时间和脱水量时，应逐渐减小真空度。

C. 真空系统安装与吸水垫放置位置，应便于混凝土摊铺与面层脱水，不得出现未经吸水的脱空部位。

D. 混凝土试件，应与吸水作业同条件制作、同条件养护。

E. 真空吸水作业后，应重新压实整平，并拉毛、压痕或刻痕。

⑧成活应符合下列要求：

A. 现场应采取防风、防晒等措施；抹面拉毛等应在跳板上进行，抹面时严禁在板面上洒水、撒水泥粉。

B. 采用机械抹面时，真空吸水完成后即可进行。先用带有浮动圆盘的重型抹面机粗抹，再用带有振动圆盘的轻型抹面机或人工细抹一遍。

C. 混凝土抹面不宜少于 4 次，先找平抹平，待混凝土表面无泌水时再抹面，并依据水泥品种与气温控制抹面间隔时间。

5）混凝土面层应拉毛、压痕或刻痕，其平均纹理深度应为1～2mm。

6）横缝施工应符合下列规定：

①胀缝间距应符合设计规定，缝宽宜为20mm。在与结构物衔接处、道路交叉和填挖土方变化处，应设胀缝。

②胀缝上部的预留填缝空隙，宜用提缝板留置。提缝板应直顺，与胀缝板密合、垂直于面层。

③缩缝应垂直板面，宽度宜为4～6mm。切缝深度：设传力杆时，不应小于面层厚的1/3，且不得小于70mm；不设传力杆时不应小于面层厚的1/4，且不应小于60mm。

④机切缝时，宜在水泥混凝土强度达到设计强度25%～30%时进行。

7）当施工现场的气温高于30℃、搅拌物温度在30～35℃、空气相对湿度小于80%时，混凝土中宜掺缓凝剂、保塑剂或缓凝减水剂等。切缝应视混凝土强度的增长情况，比常温施工适度提前。铺筑现场宜设遮阳棚。

8）当混凝土面层施工采取人工抹面、遇有5级及以上风时，应停止施工。

6.7 沥青混合料施工记录（C5-7）

6.7.1 热拌沥青混合料摊铺碾压施工记录（C5-7-1）

1. 资料表式

热拌沥青混合料摊铺碾压施工记录表式"按6.1＿＿＿＿施工记录（通用）"表式的相关要求执行。

2. 应用说明

保证沥青混合料施工质量控温是保证其质量的关键。由于沥青混合料的到场与摊铺规范有规定的温度要求，故沥青混合料到场及摊铺必须进行沥青混合料到场及摊铺测温记录，借以保证沥青混合料的摊铺施工质量。

沥青混合料摊铺应记录施工过程中相关质量、工艺及管理等事宜。

热拌沥青混合料的摊铺：

（1）沥青混合料搅拌及施工温度应根据沥青标号及黏度、气候条件、铺装层的厚度、下卧层温度确定。

1）普通沥青混合料搅拌及压实温度宜通过在135～175℃条件下测定的黏度—温度曲线，按表C5-7-1-1确定。当缺乏黏温曲线数据时，可按表C5-7-1-2的规定，结合实际情况确定混合料的搅拌及施工温度。

沥青混合料搅拌及压实时适宜温度相应的黏度　　　表C5-7-1-1

粘度	适宜于搅拌的沥青混合料黏度	适宜于压实的沥青混合料黏度	测定方法
表观黏度	(0.17±0.02) Pa·s	(0.28±0.03) Pa·s	T0625
运动黏度	(170±20) mm²/s	(280±30) mm²/s	T0619
赛波特黏度	(85±10) s	(140±15) s	T0623

热拌沥青混合料的搅拌及施工温度（℃） 表C5-7-1-2

施工工序		石油沥青的标号			
		50号	70号	90号	110号
沥青加热温度		160~170	155~165	150~160	145~155
矿料加热温度	间隙式搅拌机	骨料加热温度比沥青温度高10~30			
	连续式搅拌机	矿料加热温度比沥青温度高5~10			
沥青混合料出料温度①		150~170	145~165	140~160	135~155
混合料贮料仓贮存温度		贮料过程中温度降低不超过10			
混合料废弃温度，高于		200	195	190	185
运输到现场温度，不低于①		145~165	140~155	135~145	130~140
混合料摊铺温度，不低于①		140~160	135~150	130~140	125~135
开始碾压的混合料内部温度，不低于①		135~150	130~145	125~135	120~130
碾压终了的表面温度，不低于②		80~85	70~80	65~75	60~70
		75	70	60	55
开放交通的路表面温度，不高于		50	50	50	45

注：1. 沥青混合料的施工温度采用具有金属探测针的插入式数显温度计测量。表面温度可采用表面接触式温度计测定。当用红外线温度计测量表面温度时，应进行标定。
2. 表中未列入的130号、160号及30号沥青的施工温度由试验确定。
3. ①常温下宜用低值，低温下宜用高值。
4. ②视压路机类型而定。轮胎压路机取高值，振动压路机取低值。

2）聚合物改性沥青混合料搅拌及施工温度应根据实践经验经试验确定。通常宜较普通沥青混合料温度提高10·~20℃。

3）SMA混合料的施工温度应经试验确定。

（2）热拌沥青混合料宜由有资质的沥青混合料集中搅拌站供应。

（3）自行设置集中搅拌站应符合下列规定：

1）搅拌站的设置必须符合国家有关环境保护、消防、安全等规定。

2）搅拌站与工地现场距离应满足混合料运抵现场时，施工对温度的要求，且混合料不离析。

3）搅拌站贮料场及场内道路应做硬化处理，具有完备的排水设施。

4）各种骨料（含外掺剂、混合料成品）必须分仓贮存，并有防雨设施。

5）搅拌机必须设二级除尘装置。矿粉料仓应配置振动卸料装置。

6）采用连续式搅拌机搅拌时，使用的集料料源应稳定不变。

7）采用间歇式搅拌机搅拌时，搅拌能力应满足施工进度要求。冷料仓的数量应满足配合比需要，通常不宜少于5～6个。

8）沥青混合料搅拌设备的各种传感器必须按规定周期检定。

9）骨料与沥青混合料取样应符合现行试验规程的要求。

（4）搅拌机应配备计算机控制系统。生产过程中应逐盘采集材料用量和沥青混合料搅拌量、搅拌温度等各种参数指导生产。

（5）沥青混合料搅拌时间应经试拌确定，以沥青均匀裹覆集料为度。间歇式搅拌机每盘的搅拌周期不宜少于45s，其中干拌时间不宜少于5～10s。改性沥青和SMA混合料的搅拌时间应适当延长。

（6）用成品仓贮存沥青混合料，贮存期混合料降温不得大于10℃。贮存时间普通沥青混合料不得超过72h；改性沥青混合料不得超过24h；SMA混合料应当日使用；OGFC应随拌随用。

（7）生产添加纤维的沥青混合料时，搅拌机应配备同步添加投料装置，搅拌时间宜延长5s以上。

（8）沥青混合料出厂时，应逐车检测沥青混合料的质量和温度，并附带载有出厂时间的运料单。不合格品不得出厂。

（9）热拌沥青混合料的运输应符合下列规定：

1）热拌沥青混合料宜采用与摊铺机匹配的自卸汽车运输。

2）运料车装料时，应防止粗细骨料离析。

3）运料车应具有保温、防雨、防混合料遗撒与沥青滴漏等功能。

4）沥青混合料运输车辆的总运力应比搅拌能力或摊铺能力有所富余。

5）沥青混合料运至摊铺地点，应对搅拌质量与温度进行检查，合格后方可使用。

（10）热拌沥青混合料的摊铺应符合下列规定：

1）热拌沥青混合料应采用机械摊铺。摊铺温度应符合表C5-7-1-2的规定。城市快速路、主干路宜采用两台以上摊铺机联合摊铺。每台机器的堆铺宽度宜小于6m。表面层宜采用多机全幅摊铺，减少施工接缝。

2）摊铺机应具有自动或半自动方式调节摊铺厚度及找平的装置、可加热的振动熨平板或初步振动压实装置、摊铺宽度可调整等功能，且受料斗斗容应能保证更换运料车时连续摊铺。

3）采用自动调平摊铺机摊铺最下层沥青混合料时，应使用钢丝或路缘石、平石控制高程与摊铺厚度，以上各层可用导梁引导高程控制，或采用声纳平衡梁控制方式。经摊铺机初步压实的摊铺层应符合平整度、横坡的要求。

4）沥青混合料的最低摊铺温度应根据气温、下卧层表面温度、摊铺层厚度与沥青混合料种类经试验确定。城市快速路、主干路不宜在气温低于10℃条件下施工。

5）沥青混合料的松铺系数应根据混合料类型、施工机械和施工工艺等应通过试验段确定，试验段长不宜小于100m。松铺系数可按照表C5-7-1-3进行初选。

沥青混合料的松铺系数　　　　　　　　　表 C5-7-1-3

种　类	机 械 摊 铺	人 工 摊 铺
沥青混凝土混合料	1.15～1.35	1.25～1.50
沥青碎石混合料	1.15～1.30	1.20～1.45

6）摊铺沥青混合料应均匀、连续不间断，不得随意变换摊铺速度或中途停顿。摊铺速度宜为 2～6m/min。摊铺时螺旋送料器应不停顿地转动，两侧应保持有不少于送料器高度 2/3 的混合料，并保证在摊铺机全宽度断面上不发生离析。熨平板按所需厚度固定后不得随意调整。

7）摊铺层发生缺陷应找补，并停机检查，排除故障。

8）路面狭窄部分、平曲线半径过小的匝道小规模工程可采用人工摊铺。

（11）热拌沥青混合料的压实应符合下列规定：

1）应选择合理的压路机组合方式及碾压步骤，以达到最佳碾压结果。沥青混合料压实宜采用钢筒式静态压路机与轮胎压路机或振动压路机组合的方式压实。

2）压实应按初压、复压、终压（包括成形）三个阶段进行。压路机应以慢而均匀的速度碾压，压路机的碾压速度宜符合表 C5-7-1-4 的规定。

压路机碾压速度（单位：km/h）　　　　　表 C5-7-1-4

压路机类型	初 压		复 压		终 压	
	适 宜	最 大	适 宜	最 大	适 宜	最 大
钢筒式压路机	1.5～2	3	2.5～3.5	5	2.5～3.5	5
轮胎压路机	—	—	3.5～4.5	6	4～6	8
振动压路机	1.5～2（静压）	5（静压）	1.5～2（振动）	1.5～2（振动）	2～3（静压）	5（静压）

3）初压应符合下列要求：

①初压温度应符合《城镇道路工程施工与质量验收规范》（CJJ 1—2008）表 8.2.5-2 的有关规定，以能稳定混合料，且不产生推移、发裂为度。

②碾压应从外侧向中心碾压，碾速稳定均匀。

③初压应采用轻型钢筒式压路机碾压 1～2 遍。初压后应检查平整度、路拱，必要时应修整。

④复压应紧跟初压连续进行，并应符合下列要求：

a. 复压应连续进行。碾压段长度宜为 60～80m。当采用不同型号的压路机组合碾压时，每一台压路机均应做全幅碾压。

b. 密级配沥青混凝土宜优先采用重型的轮胎压路机进行碾压，碾压到要求的压实度为止。

c. 对大粒径沥青稳定碎石类的基层，宜优先采用振动压路机复压。厚度小于 30mm 的沥青层不宜采用振动压路机碾压。相邻碾压带重叠宽度宜为 10～20cm。振动压路机折返时应先停止振动。

　　d. 采用三轮钢筒式压路机时，总质量不宜小于12t。

　　e. 大型压路机难于碾压的部位，宜采用小型压实工具进行压实。

　　⑤终压温度应符合表C5-7-1-4的有关规定。终压宜选用双轮钢筒式压路机，碾压至无明显轮迹为止。

　　(12) SMA和OGFC混合料的压实应符合下列规定：

　　1) SMA混合料宜采用振动压路机或钢筒式压路机碾压。

　　2) SMA混合料不宜采用轮胎压路机碾压。

　　3) OGFC混合料宜用12t以上的钢筒式压路机碾压。

　　(13) 碾压过程中碾压轮应保持清洁，可对钢轮涂刷隔离剂或防黏剂，严禁刷柴油。当采用向碾压轮喷水（可添加少量表面活性剂）方式时，必须严格控制喷水量应成雾状，不得漫流。

　　(14) 压路机不得在未碾压成形路段上转向、调头、加水或停留。在当天成形的路面上，不得停放各种机械设备或车辆，不得散落矿料、油料等杂物。

　　(15) 接缝应符合下列规定：

　　1) 沥青混合料面层的施工接缝应紧密、平顺。

　　2) 上、下层的纵向热接缝应错开15cm；冷接缝应错开30～40cm。相邻两幅及上、下层的横向接缝均应错开1m以上。

　　3) 表面层接缝应采用直茬，以下各层可采用斜接茬，层较厚时也可做阶梯形接茬。

　　4) 对冷接茬施作前，应在茬面涂少量沥青并预热。

6.7.2　冷拌沥青混合料摊铺碾压施工记录（C5-7-2）

1. 资料表式

冷拌沥青混合料摊铺碾压施工记录表式"按6.1　　　　　　施工记录（通用）"表式的相关要求执行。

2. 应用说明

　　(1) 沥青混合料摊铺应记录施工过程中相关质量、工艺及管理等事宜。

　　(2) 冷拌沥青混合料的摊铺：

　　1) 已拌好的混合料应立即运至现场摊铺，并在乳液破乳前结束。在搅拌与摊铺过程中已破乳的混合料，应予废弃。

　　2) 冷拌沥青混合料摊铺后宜采用6t压路机初压初步稳定，再用中型压路机碾压。当乳化沥青开始破乳，混合料由褐色转变成黑色时，应改用12～15t轮胎压路机复压，将水分挤出后暂停碾压，待水分基本蒸发后继续碾压至轮迹小于5mm，表面平整，压实度符合要求为止。

　　3) 冷拌沥青混合料路面的上封层应在混合料压实成型，且水分完全蒸发后施工。

6.8 混凝土测温及沥青混合料测温记录（C5-8）

6.8.1 _____混凝土测温记录（C5-8-1）

1. 资料表式

_____混凝土测温记录　　　　　　　　　　表 C5-8-1

工程名称													施工单位				
部　位													养护方法				
测温日期				大气温度（℃）	各 测 孔 温 度（℃）											平均温度（℃）	间隔时间	成熟度（M）	
年	月	日	时		1	2	3	4	5	6	7	8	9	10	11	12			本次	累计

参加人员	监理（建设）单位	施 工 单 位			
		项目技术负责人	专职质检员	施工员	检测人

2. 应用说明

（1）_____混凝土测温记录是指标准养护、大体积混凝土测温、设计要求或工程特殊需要进行混凝土测温的均用此表。

（2）基本要求：

1) 室外日平均气温连续 5d 低于 5℃时起，至室外日平均气温连续 5d 高于 5℃冬施结束这期间浇筑养护的混凝土均需测温观察。

2) 对于采用磊模板工艺施工和滑模工艺施工的结构工程，由于施工工艺对拆模的要求，当大气平均温度低于15℃转入低温施工时就应开始测温。

3）采用综合蓄热法，未掺抗冻剂的一般间隔6h测一次，若掺加抗冻剂的混凝土达到受冻临界强度之前，每隔2h测一次，达到受冻临界强度以后每隔6h测一次，若采用蒸汽养护法、干热养护则在升温、降温阶段每隔1h测一次，恒温阶段每隔2h测一次。

4）全部测温均应在现场技术部门编号，并绘制布置图（包括位置和深度）。测温时，测温仪表应采取与外界气温隔离措施，并留置在测温孔内不少于3mm。

（3）大体积混凝土浇筑后应测试混凝土表面和内部温度，将温差控制在设计要求的范围之内，当设计无要求时，温差应符合规范规定。新浇筑的大体积混凝土应进行表面保护，减少表面温度的频繁变化，防止或减少因内外温差过大导致混凝土开裂。

（4）冬期施工混凝土和大体积混凝土在浇筑时，根据规范规定设置温孔。测温应编号，并绘制测温孔布置图。大体积混凝土的测温孔应在表面及内部分别设置。

（5）测温的时间、点数以及日次数根据不同的保温方式而不同，但均需符合规范要求。

（6）采用热电偶测温时按表C5-8-1-1要求记录。

热电偶测温记录　　　　　　　　　　　　　　　　　表C5-8-1-1

测点号	测点位置	恒温点温度（℃）	工作点		校核点			备注
			热电势（μV）	换算温度（℃）	实测温度（℃）	热电势（μV）	换算温度	
参加人员	监理（建设）单位		施 工 单 位					
		项目技术负责人	专职质检员		施工员		记 录	

（7）关于混凝土的临界强度：

1）混凝土临界强度是人们把混凝土期获得一定强度后，在继续增长期间受冻，但性能不再受到影响的这种早期强度，统一称为临界强度。该临界强度值是混凝土在降至规定温度以下时或受到冻结之前，必须达到的最低强度，达到这个最低强度后，混凝土受冻后才不致降低其最终强度和损害耐久性。

2）混凝土允许受冻的临界强度：在冬季条件下养护的混凝土，在冻结之前混凝土强度不应低于设计强度的40%，也不得低于$50kg/cm^2$（5MPa）。这个数据至今仍被采用。

（8）填表说明：

1) 平均温度：按不同测温点温度的加数平均值；
2) 各测孔温度：每测温一次均应按不同时、分，不同测温孔的温度分别记录；
3) 大气温度：系指混凝土浇捣后，暴露于正常环境中的实测温度；
4) 间隔时间：系指本次测温和上次测温的时间间隔。

6.8.2 混凝土同条件养护测温记录（C5-8-2）

1. 资料表式

混凝土同条件养护测温记录　　　　　　　　　表 C5-8-2

工程名称：　　　　　　　　　　　　　　　　　　施工单位：

部 位		养护方法				测试方法		
测温时间	大气温度（℃）				平均温度（℃）	间隔时间（S）	温差（℃）	
	2点	8点	14点	20点				
年 月 日								
年 月 日								
年 月 日								
……								

专业技术负责人：　　　　　施工员：　　　　　试验员：

2. 应用说明

混凝土同条件养护测温记录是为保证常温施工条件下的混凝土质量，对常温施工条件下的混凝土养护进行的测温，对表列的大气温度、浇筑温度等的测试记录。必须保证温度记录、间隔时间、记录频次等的正确性。

（1）混凝土同条件养护测温必须填写混凝土同条件养护测温记录。认真做好同条件施工条件下的测温时间、大气温度、浇筑温度、测温间隔时间等的记录。

（2）同条件混凝土试件养护测温记录应满足等效龄期600℃/天时的要求。混凝土试件应以见证送样方式送交试验室进行了抗压强度试验，以保证混凝土试件的真实性。

（3）填表说明：

1) 部位：指同条件养护混凝土所在的工程部位。
2) 养护方法：如蓄热养护法、蒸汽养护法等，照实际。
3) 测试方法：指用何种方法测试同条件混凝土试件，如温度计。
4) 测温时间：指实际测温时间。如：2点、8点、14点、20点等。
5) 大气温度（℃）：指当日实际的大气温度，可按天气预报或实测的大气温度记录。
6) 平均温度（℃）：按不同测温点温度的加数平均值。
7) 间隔时间（S）：系指本次测温和上次测温的时间间隔。
8) 温差（℃）：指混凝土浇筑后内部和表面温度之差，不宜超过25℃。

6.8.3 冬期施工混凝土搅拌测温记录（C5-8-3）

1. 资料表式

冬施混凝土搅拌测温记录　　表C5-8-3

工程名称				部位				搅拌方式		
混凝土强度等级				坍落度		cm		水泥品种强度等级		
配合比（水泥：砂：石：水）								外加剂名称及掺量		
测温时间				大气温度（℃）	原材料温度（℃）				出罐温度（℃）	入模温度（℃）	备注
年	月	日	时		水泥	砂	石	水			
参加人员	监理（建设）单位			施 工 单 位							
				施工项目技术负责人		专职质检员		施工员		记 录	

2. 应用说明

冬期施混凝土搅拌测温记录是指为保证冬期施工条件下的混凝土质量而对冬期施工条件下的混凝土进行的测温、大气温度、浇筑温度等的测试记录。

混凝土施工必须填写混凝土测温记录。混凝土测温记录项目技术负责人、质检员、记录人必须签字。

（1）冬期施工混凝土管理：

1）防冻剂的配置：

冬期施工的混凝土，应对外加剂的质量及掺量进行检查，当防冻剂为粉剂时，可按试配要求掺量直接撒在水泥上面和水泥同时投入；当防冻剂为液体时，应先配制成规定浓度溶液，然后再根据使用要求，用规定浓度溶液再配制成施工溶液。各溶液应分别置于明显标志的容器内，不得混淆，每班使用的外加剂溶液应一次配成。

2）冬期施工混凝土测温项目：

冬期进行混凝土工程施工时，混凝土应进行测温，测温内容包括：室外气温及环境温度，搅拌机棚温度，水、砂、石、外加剂溶液的温度，混凝土出罐及浇筑时温度，混凝土从入模到拆除保温层或保温模板期间的温度。测温具体要求应满足表C5-8-3-1的规定。

混凝土冬期施工测温项目及次数　　　　　　　　　表 C5-8-3-1

测 温 项 目	测 温 次 数
室外气温及环境温度	每昼夜不少于4次及每日最高、最低气温
搅拌机棚温度	每工作班不少于4次
水、水泥、砂、石及外加剂溶液温度	每工作班不少于4次
混凝土出罐、浇筑、入模温度	每工作班不少于4次
混凝土养护期间的温度	①蓄热法或综合蓄热法养护从混凝土入模开始至混凝土达到受冻临界强度，或混凝土温度降到0℃或设计温度以前，应至少每隔6h测量一次； ②掺防冻剂的混凝土在强度未达到混凝土临界强度前应每隔2h测量一次

注：1. 大气温度、环境温度：气温测量每昼夜8、12、20、4点共测4次。其他每昼夜测2～4次。
　　2. 拌合物出机温度每两小时测一次。
　　3. 温度变化时应加强抽测次数。

3）冬期施工混凝土测温孔布置要求：

测温孔深度对梁、板宜为10～15cm，或为板厚的1/2或墙厚的1/2，竖向结构测温孔与结构面应成30°角设置，测温时，测温仪应放置在测温管内，并用棉花将测温管上口封闭，待测温仪在测温管中留置不少于3min后取出读数。

4）冬期施工混凝土试件留置要求：

冬期施工的混凝土除应按常温施工要求留置试件外，尚应增加留置两组与结构同条件养护的试件，一组用于检验受冻前的混凝土强度，另一组用于检验同条件养护28d再标准养护28d的混凝土强度。

5）应对混凝土配合比定时进行检查且应符合设计要求；对坍落度、材料品种、名称、配合比、外加剂掺量等定时进行检查。

（2）填表说明：

1）混凝土浇筑日期：照实际混凝土浇注日期填写。

2）混凝土入模温度（℃）：即混凝土入模时的温度。

3）混凝土浇筑时大气温度（℃）：指混凝土浇注时的气温，照测温时、分的实际测得值填写。

4）混凝土养护方法：照实际填写，如加盖草袋、白灰锯末、蒸养、暖棚等。

5）测温记录：

①测温日期：照实际的测温日期，按月、日填写。

②测温时间：照实际的测温时间，按日、时、分填写。

③测温孔温度（℃）：分别按不同编号的测温孔，各自的实测温度填写，以℃计。

④大气温度（℃）：指混凝土浇注时的气温，照测温时、分的实际测得值填写。

6）测温孔布置图：按施工组织设计编制的测温孔布置附图。

6.8.4 水泥混凝土路面混凝土测温记录（C5-8-4）

1. 资料表式

水泥混凝土路面混凝土测温记录按"6.8.1 ＿＿＿＿＿混凝土测温记录"表式执行。

2. 应用说明

面层养护与填缝：

（1）水泥混凝土面层成活后，应及时养护。可选用保湿法和塑料薄膜覆盖等方法养护。气温较高时，养护不宜少于14d；低温时，养护期不宜少于21d。

（2）昼夜温差大的地区，应采取保温、保湿的养护措施。

（3）养护期间应封闭交通，不应堆放重物；养护终结，应及时清除面层养护材料。

（4）混凝土板在达到设计强度的40%以后，方可允许行人通行。

（5）填缝应符合下列规定：

1）混凝土板养护期满后应及时填缝，缝内遗留的砂石、灰浆等杂物，应剔除干净。

2）应按设计要求选择填缝料，并根据填料品种制定工艺技术措施。

3）浇注填缝料必须在缝槽干燥状态下进行，填缝料应与混凝土缝壁粘附紧密，不渗水。

4）填缝料的充满度应根据施工季节而定，常温施工应与路面平，冬期施工，宜略低于板面。

（6）当施工现场的气温高于30℃、搅拌物温度在30～35℃、空气相对湿度小于80%时，混凝土中宜掺缓凝剂、保塑剂或缓凝减水剂等。切缝应视混凝土强度的增长情况，比常温施工适度提前。铺筑现场宜设遮阳棚。

（7）在面层混凝土弯拉强度达到设计强度，且填缝完成前，不得开放交通。

6.8.5 沥青混合料到场摊铺及压实测温记录（C5-8-5）

1. 资料表式

沥青混合料到场摊铺及压实测温记录　　　　　　表 C5-8-5

工程名称：　　　　　　部位：　　　　　　施工单位：

日期	沥青混合料生产厂家	碾压段落	初压（℃）	复压（℃）	终压（℃）	备注

参加人员	监理（建设）单位	施 工 单 位			
		项目技术负责人	专职质检员	施工员	记录

2. 应用说明

（1）保证沥青混合料碾压施工质量控温是保证其质量的关键。我国沥青混合料多采用热铺法，规范规定沥青混合料加热拌合后，应在规定温度下摊铺，故沥青混合料碾压必须进行沥青混合料碾压测温记录，借以保证沥青混合料的碾压施工质量。

（2）沥青混合料碾压温度必须填写沥青混合料碾压温度检测记录。

（3）热拌沥青混合料的压实应符合下列规定：

1）应选择合理的压路机组合方式及碾压步骤，以达到最佳碾压结果。沥青混合料压实宜采用钢筒式静态压路机与轮胎压路机或振动压路机组合的方式压实。

2）压实应按初压、复压、终压（包括成形）三个阶段进行。压路机应以慢而均匀的速度碾压，压路机的碾压速度宜符合表 C5-8-5-1 的规定。

压路机碾压速度（km/h）　　　　　表 C5-8-5-1

压路机类型	初压		复压		终压	
	适宜	最大	适宜	最大	适宜	最大
钢筒式压路机	1.5～2	3	2.5～3.5	5	2.5～3.5	5
轮胎压路机	—	—	3.5～4.5	6	4～6	8
振动压路机	1.5～2（静压）	5（静压）	1.5～2（振动）	1.5～2（振动）	2～3（静压）	5（静压）

3) 初压应符合下列要求：

①初压温度应符合《城镇道路工程施工与质量验收规范》(CJJ 1—2008)中表 8.2.5-2 的有关规定，以能稳定混合料，且不产生推移、发裂为度。

②碾压应从外侧向中心碾压，碾速稳定均匀。

③初压应采用轻型钢筒式压路机碾压 1～2 遍。初压后应检查平整度、路拱，必要时应修整。

4) 复压应紧跟初压连续进行，并应符合下列要求：

①复压应连续进行。碾压段长度宜为 60～80m。当采用不同型号的压路机组合碾压时，每一台压路机均应做全幅碾压。

②密级配沥青混凝土宜优先采用重型的轮胎压路机进行碾压，碾压到要求的压实度为止。

③对大粒径沥青稳定碎石类的基层，宜优先采用振动压路机复压。厚度小于 30mm 的沥青层不宜采用振动压路机碾压。相邻碾压带重叠宽度宜为 10～20cm。振动压路机折返时应先停止振动。

④采用三轮钢筒式压路机时，总质量不宜小于 12t。

⑤大型压路机难于碾压的部位，宜采用小型压实工具进行压实。

5) 终压温度应符合表 C5-8-5-2 的有关规定。终压宜选用双轮钢筒式压路机，碾压至无明显轮迹为止。

热拌沥青混合料的搅拌及施工温度（℃）　　　　　表 C5-8-5-2

施工工序		石油沥青的标号			
		50 号	70 号	90 号	110 号
沥青加热温度		160～170	155～165	150～160	145～155
矿料加热温度	间隙式搅拌机	骨料加热温度比沥青温度高 10～30			
	连续式搅拌机	矿料加热温度比沥青温度高 5～10			
沥青混合料出料温度①		150～170	145～165	140～160	135～155
混合料贮料仓贮存温度		贮料过程中温度降低不超过 10			
混合料废弃温度，高于		200	195	190	185
运输到现场温度，不低于①		145～165	140～155	135～145	130～140
混合料摊铺温度，不低于①		140～160	135～150	130～140	125～135
开始碾压的混合料内部温度，不低于①		135～150	130～145	125～135	120～130

续表

施工工序	石油沥青的标号			
	50号	70号	90号	110号
碾压终了的表面温度,不低于②	80~85	70~80	65~75	60~70
	75	70	60	55
开放交通的路表面温度,不高于	50	50	50	45

注:1. 沥青混合料的施工温度采用具有金属探测针的插入式数显温度计测量。表面温度可采用表面接触式温度计测定。当用红外线温度计测量表面温度时,应进行标定。
　　2. 表中未列入的130号、160号及30号沥青的施工温度由试验确定。
　　3. ①常温下宜用低值,低温下宜用高值。
　　4. ②视压路机类型而定。轮胎压路机取高值,振动压路机取低值。

(4) SMA和OGFC混合料的压实应符合下列规定:

1) SMA混合料宜采用振动压路机或钢筒式压路机碾压。

2) SMA混合料不宜采用轮胎压路机碾压。

3) OGFC混合料宜用12t以上的钢筒式压路机碾压。

(5) 碾压过程中碾压轮应保持清洁,可对钢轮涂刷隔离剂或防黏剂,严禁刷柴油。当采用向碾压轮喷水(可添加少量表面活性剂)方式时,必须严格控制喷水量应成雾状,不得漫流。

(6) 压路机不得在未碾压成形路段上转向、调头、加水或停留。在当天成形的路面上,不得停放各种机械设备或车辆,不得散落矿料、油料等杂物。

(7) 接缝应符合下列规定:

1) 沥青混合料面层的施工接缝应紧密、平顺。

2) 上、下层的纵向热接缝应错开15cm;冷接缝应错开30~40cm。相邻两幅及上、下层的横向接缝均应错开1m以上。

3) 表面层接缝应采用直茬,以下各层可采用斜接茬,层较厚时也可做阶梯形接茬。

4) 对冷接茬施作前,应在茬面涂少量沥青并预热。

(8) 沥青混合料面层完成后应加强保护,控制交通,不得在面层上堆土或拌制砂浆。

(9) 沥青混合料应对:沥青混合料进场、沥青混合料摊铺、沥青混合料初压与复压、沥青混合料筛补等施工过程进行测温,沥青混合料应保证在上述环节施工时的温度符合设计和规范要求。

(10) 填表说明:

1) 工程名称:按施工企业和建设单位签订的施工合同的工程名称或图注的工程名称,照实际填写。

2) 部位:指沥青混合料碾压区段所在桩位号的部位。

3) 施工单位:指建设与施工单位合同书中的施工单位名称,填写施工单位名称。

4) 日期:指沥青混合料碾压的实际日期。

5) 沥青混合料生产厂家:按实际沥青混合料生产厂家的名称填写。

7) 碾压段落:指沥青混合料碾压区段所在桩位号的碾压段落。

8) 初压(℃):指开始碾压时的初压温度,以摄氏度计。

9）复压（℃）：指开始碾压时的复压温度，以摄氏度计。
10）终压（℃）：指开始碾压时的终压温度，以摄氏度计。
11）备注：填写需要说明的其他事宜。

6.9 地基及基槽检验与地基钎探（C5-9）

6.9.1 地基及基槽检验记录（C5-9-1）

1. 资料表式

地基及基槽检验记录　　　　　表 C5-9-1

工程名称：　　　　　　　　　　　　　施工单位：

建 筑 面 积		项 目 经 理	
开 挖 时 间		项目技术负责人	
完 成 时 间		质 检 员	
验 收 时 间		记 录 人	
项 次	项 目	查验情况	附图或说明
1	土壤类别		
2	基槽几何尺寸		
3	地基情况		
4	地表水情况		
5	基坑底水情况		
6	放坡要求		
7	基坑底标高		
8	基底是否为老土层		
9	其　　他		
检验情况			
检验结果			
建设单位	监理单位	设计单位	勘察单位	施工单位

2. 应用说明

（1）所有人行地道结构、挡土墙以及成地基及基槽者均应进行施工验槽。遇到下列情况之一时，应进行专门的施工勘察或处理。

1）工程地质条件复杂，详勘阶段难以查清时。

2）开挖基槽发现土质、土层结构与勘察资料不符时。
3）施工中边坡失稳，需查明原因，进行观察处理时。
4）施工中，地基土受扰动，需查明其性状及工程性质时。
5）为地基处理，需进一步提供勘察资料时。

（2）施工勘察或处理应针对需要解决的岩土工程问题布置工作量，应根据具体条件和情况选用适应方法处之。施工验槽、钻探取样和原位测试等。

（3）当需要进行施工勘察时，施工勘察报告的主要内容：
1）工程概况。
2）目的和要求。
3）原因分析。
4）工程安全性评价。
5）处理措施及建议。

（4）天然地基础基槽检验要点：
1）基槽开挖后，应检验下列内容：
①核对基坑的位置、平面尺寸、坑底标高。
②核对基坑土质和地下水情况。
③空穴、古墓，古井、防空掩体及地下埋设物的位置、深度、性状。
2）在进行直接观察时，可用袖珍式贯入仪作为辅助手段。
3）遇到下列情况之一时，应在基坑底普遍进行轻型动力触探：
①持力层明显不均匀。
②浅部有软弱下卧层。
③有浅埋的坑穴、古墓、古井等，直接观察难以发现时。
④勘查报告或设计文件规定应进行轻型动力触探时。
4）采用轻型动力触深进行基槽检验时，检验深度及间距可按表C5-9-1-1执行：

轻型动力触探检验深度及间距表　　　　表 C5-9-1-1

排列方式	基坑宽度	检验深度	检验间距
中心一排	<0.8	1.2	1.0～1.5m 视地质复杂情况
两排错开	0.8～2.0	1.5	
梅花型	>2.0	2.1	

注：轻型动力触探对基槽进行检验的深度和检验间距本表可供参考。应注意当地对此有规定时应以地方规定为好，地方经验更具有区域性指导意义。

5）遇下列情况之一时，可不进行轻型动力触探：
①基坑不深处有承压水层，触探可造成冒水涌砂时。
②持力层为砾石或卵石层，且其厚度满足设计要求时。

（5）地基验槽的基本要求：
1）地基验槽记录必须能反映验槽的主要程序，地基的主要质量特征。且必须经土方工程质量验收合格后，方准提请有关单位进行验槽。必须应提交地基质量验收资料供验槽时参考。

2) 地基土的钎探已经完成并对钎探结果作出分析。钎孔必须用砂灌实。验槽时对分析结果作出判定。核查内容包括下面三点：

①按基础平面设计的钎探点平面图，检查是否满足钎探布孔和孔深的要求，孔深范围内基土坚硬程度是否一致。

②打钎记录单上，锤重、落距、钎径是否符合规范要求，钎探日期应填写清楚、真实并有项目经理部级的工程技术负责人、打钎人签字。

③根据打钎记录分析，地基需要处理时要有处理意见，并在打钎点平面布置图上标明部位、区段、标高及处理方法（锤击数一定要描述在平面上以后再进行分析，才能从总体上发现有无问题）。

3) 参加验槽的人员，必须对已开挖的基槽按顺序详细的、严肃认真的、全部的进行踏勘与分析，不可带有丝毫的随意性。观察基土的土质概况；槽壁走向、分布、基土特征；检查地基持力层是否与勘察设计资料相符，地基土的颜色是否均匀一致，是否为老土，属何种土壤类别，表层土的坚硬程度、有无局部软硬不均；检查基槽的几何尺寸、标高、挖土深度（是否满足最小埋置深度）、机械开挖施工预留高度、基土是否被扰动等。

注：机械开挖施工应注意槽底标高（基土预留厚度）。

4) 如发现有文物、古迹遗址、化石等，应及时报告文物管理部门处理。对旧基础、管道、旧检查井、人防工事、古墓、坑、穴、菜窖、电缆沟道等，应在有关人员指挥下挖露出原始形状，以便及时研究处理。

5) 雨期施工，开挖基槽被雨水浸后，应配合设计、勘察、质监部门专题研究，决定是否需要进行处理。

6) 验槽：

①初验：由项目经理部级的专业技术负责人会同施工人员初验后，经分析作出，并提出初验结论。

②复验：由参加验槽的单位和人员分析后作出，若有异常尚应另附有关资料，并应做出复验结论。

7) 工程地质的施工结果应符合工程地质报告要求。验槽须有建设、设计、施工、监理部门各方有关人员参加并签字，并应提出结论意见，质监部门监督实施。不请求质量监督部门监督地基验槽为不符合要求。

(6) 地基验槽完成后采取地基处理时：

1) 地基验收时经参加验收的有关方认为确需地基处理时，地基处理方案应由设计、勘察部门提出，经监理单位同意后由施工单位实施。或由施工单位根据参加人员提出的方案整理成书面地基处理方案，经设计方签字后实施。

2) 地基处理方案中原有工程名称、验收时间、钎探记录分析、实际地基与地质勘察报告是否符合，需处理的部位及地基实际情况，处理的具体方法和质量要求。

3) 建设、设计、勘察、施工、监理等部门参加验收人员必须签字。

(7) 填表说明：

1) 建筑面积：按施工图设计根据建筑面积计算规定计算的实际面积填写。

2) 验槽内容：

①土壤类别：与地质报告对照后按实际填写。如粉土、亚黏土、黏土等。

②基底是否为老土层：基底必须是老土层，由参加验槽人员根据验槽实际确定。不是老土层时应继续开挖或进行其他处理。

③地基土的均匀密实程度：检查钎探记录，核查地质报告经分析得出，照实际填写。

④地下水情况：说明槽底在地下水位的什么位置。

⑤有无坑、穴、洞、窑：根据钎探、洛阳铲探或其他方法判定。

⑥定位检查：一般指1～5m以内下卧层的土质变化的定位检查情况。

基槽土方工程必须经过质量验收后，方准提请有关单位进行基槽检验。验槽前，施工单位应核对持力层基土与《地质报告》提供的土质是否一致，不论是否一致均应在初验结论栏内予以说明。

6.9.2 地基钎探记录（C5-9-2）

1. 资料表式

地基钎探记录　　　　　　　　　　　　　表 C5-9-2

工程名称：
施工单位：　　　　　　　工程数量：
检验部位：　　　　　　　　　　　　　　　　年　月　日

桩号或井号	点 号	锤 击 数					应检点	实检点
		0～30 (cm)	30～60 (cm)	60～90 (cm)	90～120 (cm)	120～150 (cm)		
地基高程								
示意图（可另附图）								
参加人员	监理（建设）单位		施 工 单 位					
			项目技术负责人		专职质检员		施工员	

241

2. 应用说明

地基钎探是为了探明基底下对沉降影响最大的一定深度内的土层情况而进行的工作记录，因此，基槽完成后，一般均应按照设计和规范要求进行钎探。

钎探应有结论分析，如发现软弱层、土质不均、墓穴、古井或其他异常情况等，应有设计提出处理意见并在钎探图中标明位置。

钎探用工具一般锤重用 N_{10}、落距 50cm、钎探杆直径 $\phi25$、钎头 $\phi40$、成 60°锥体。如施工方有其他成熟经验的施工钎探工具也可使用，但应达到钎探目的。

（1）钎探点布置：

1）基槽完成后，一般均应按照设计要求进行钎探，设计无要求时可按下列规则布置。

2）槽宽小于 800mm 时，在槽中心布置探点一排，间距一般为 1∶1～1.5m，应视地层复杂情况而定。

3）槽宽 800～2000mm 时，在距基槽两边 200～500mm 处，各布置探点一排，间距一般为 1∶1～1.5m，应视地层复杂情况而定。

4）槽宽 2000mm 以上者，应在槽中心及两槽边 200～500mm 处，各布置探点一排，每排探点间距一般为：1～1.5m，应视地层复杂情况而定。

5）矩形基础：按梅花形布置，纵向和横向探点间距均为 1～2m，一般为 1.5m，较小基础至少应在四角及中心各布置一个探点。

（**注**：基槽转角处应再补加一个点。）

（2）钎探记录分析：

1）钎探应绘图编号，并按编号顺序进行击打，应固定打钎人员，锤击高度离钎顶 500～700mm 为宜，用力均匀，垂直打入土中，记录每贯入 300mm 钎段的锤击次数，钎探完成后应对记录进行分析比较，锤击数过多、过少的探点应标明与检查，发现地质条件不符合设计要求时应会同设计、勘察人员确定处理方案。

2）钎探结果，往往出现开挖后持力层的基土 60cm 范围内钎探击数偏低，可能与土的卸载、含水量或灵敏度有关，应做全面分析。

3）基础验槽时，持力层基土钎探击数偏低，与地质勘察报告给定的地基容许承载力有差异。综合其原因大概为：基土卸荷、含水量高、搅动或是土的灵敏度偏高。

4）钎探孔应用砂土罐实，钎探记录应存档。同一工程使用的钎锤规格、型号必须一致。

（3）填表说明：

1）工程名称：按施工企业和建设单位签订的施工合同的工程名称或图注的工程名称，照实际填写。

2）施工单位：指建设与施工单位合同书中的施工单位及其代表，填写合同定名的施工单位名称的全称。

3）工程数量：指按地基钎探布置图确定的钎探孔的总数量。

4）检验部位：指地基钎探的深度范围，照实际填写。

5）桩号或井号：指道路工程桩的编号或井号的编号。

6）点号。

7)锤击数:指每30cm深度的锤击数,钎探深度一般不小于1.5m。
8)应检点。
9)实检点。
10)地基高程:指被钎探地基实测的地基的高程,填写平均值,最低标高和最高标高点值。
11)示意图(可另附图):指地基钎探的布置图,桩号或井号区间均必须绘制钎探孔布置图。
12)驻地监理:指监理单位派驻施工现场的项目监理机构的专业监理工程师或其代表人员,签字有效。
13)施工项目技术负责人:指负责该单位工程项目经理部级的技术负责人,本人签字有效。
14)专职质检员:指负责该单位工程项目经理部级的专职质检员,本人签字有效。

6.10 地基处理施工记录(C5-10)

6.10.1 软土地基处理施工记录(C5-10-1)

6.10.1.1 _____地基施工记录(C5-10-1-1)

1. 资料表式

_____地基施工记录(通用) 表 C5-10-1-1

记录项目或部位			记录日期		
施工班组人数			主要施工机具		
技术交底时间			交 底 人		
依据标准			强制性条文执行		
施工内容					
重要部位和关键工序					
质量验收与评定					
问题记录与处理意见					
参加人员	监理(建设)单位	施工单位			
		项目技术负责人	专职质检员	施工员	

2. 应用说明

（1）地基处理工程施工前，必须具备完善的地质勘察资料及工程附近管线、构（建）筑物和其他公共设施的构造情况，必要时应作施工勘察和调查以确保工程质量及临近构（建）筑物的安全。

（2）从事地基与基础工程检测及见证试验的单位，必须具备省（直辖市）级以上（含省、直辖市级）建设行政主管部门颁发的资质证书和计量行政主管部门颁发的计量认证合格证书。

（3）不同的地基处理（或加固）工程，应在正式施工前进行试验段施工，以论证设定的施工参数及加固效果。为验证加固效果进行的载荷试验，其施加载荷应不低于设计载荷的 2 倍。

（4）地基处理应认真记录施工过程的材料使用、操作工艺执行情况以及地基处理的测试结果，地基处理结果应符合设计要求。

6.10.1.2 土工合成材料地基施工记录（C5-10-1-2）

应用说明

（1）土工合成材料地基施工记录表式按"C5-10-1-1"执行。

（2）土工合成材料的品种与性能和填料土类应根据工程特性和地基土条件，通过现场试验确定，垫层材料宜用黏性土、中砂、粗砂、砾砂、碎石等内摩阻力高的材料。如工程要求垫层排水，垫层材料应具有良好的透水性。

（3）施工前应对土工合成材料的物理性能（单位面积的质量、厚度、比重）、强度、延伸率以及土、砂石料等作检验。材料强度试验：置于夹具上做拉伸试验（结果与设计标准相比）≤5%。材料延伸率试验：置于夹具上做拉伸试验（结果与设计标准相比）≤3%。

（4）土工合成材料以 $100m^2$ 为一批；每批抽查 5%。砂石料有机质含量≤5%。

（5）施工过程中应检查清基、回填料铺设厚度（每层铺设厚度±25mm）及平整度（层面平整度≤20mm）、土工合成材料的铺设方向、接缝搭接长度（土工合成材料搭接长度≥300mm）或缝接状况、土工合成材料与结构的连接状况等。

（6）施工结束后，应进行承载力检验。其竣工后的结果（地基强度或承载力）必须达到设计要求的标准，检验数量，每单位工程应不应少于 3 点，$1000m^2$ 以上工程，每 $100m^2$ 至少应有 1 点；$3000m^2$ 以上工程，每 $300m^2$ 至少应有 1 点。每一独立基础下至少应有 1 点，基槽每 20 延米应有 1 点。

（7）采用土工材料处理软土路基应符合下列要求：

1）土工材料应由耐高温、耐腐蚀、抗老化、不易断裂的聚合物材料制成。其抗拉强度、顶破强度、负荷延伸率等均应符合设计及有关产品质量标准的要求。

2）土工材料铺设前，应对基面压实整平。宜在原地基上铺设一层 30～50cm 厚的砂垫层。铺设土工材料后，运、铺料等施工机具不得在其上直接行走。

3）每压实层的压实度、平整度经检验合格后，方可于其上铺设土工材料。土工材料应完好，发生破损应及时修补或更换。

4）铺设土工材料时，应将其沿垂直于路轴线展开，并视填土层厚度选用符合要求的锚固钉固定、拉直，不得出现扭曲、折皱等现象。土工材料纵向搭接宽度不应小于30cm，采用锚接时其搭接宽度不得小于15cm；采用胶结时胶接宽度不得小于5cm，其胶结强度不得低于土工材料的抗拉强度。相邻土工材料横向搭接宽度不应小于30cm。

5）路基边坡留置的回卷土工材料，其长度不应小于2m。

6）土工材料铺设完后，应立即铺筑上层填料，其间隔时间不应超过48h。

7）双层土工材料上、下层接缝应错开，错缝距离不应小于50cm。

6.10.1.3 袋装砂井、塑料排水板地基施工记录（C5-10-1-3）

6.10.1.3-1 袋装砂井地基施工记录（C5-10-1-3-1）

应用说明

（1）袋装砂井地基施工记录表式按"表C5-10-1-1"执行。

（2）采用袋装砂井排水应符合下列要求：

1）宜采用含泥量小于3%的粗砂或中砂做填料。砂袋的渗透系数应大于所用砂的渗透系数。

2）砂袋存放使用中不应长期曝晒。

3）砂袋安装应垂直入井，不应扭曲、缩颈、断割或磨损，砂袋在孔口外的长度应能顺直伸入砂垫层不小于30cm。

4）袋装砂井的井距、井深、井径等应符合设计要求。

（3）袋装砂井路基质量检验规定：

1）砂的规格和质量、砂袋织物质量必须符合设计要求。检查数量：按不同材料进场批次，每批检查1次。

2）砂井直径（mm）、井竖直度、井深不小于设计要求，砂袋在井口外应伸入砂垫层30cm以上；砂井的灌砂量，应按井孔的体积和砂在中密状态时的干密度计算，实际灌砂量不得小于计算值的95%。

（4）灌入砂袋中的砂宜用干砂，并应灌制密实。

（5）堆载预压加载过程中，应满足地基承载力和稳定控制要求，并应进行竖向变形、水平位移及孔隙水压力的监测，堆载预压加载速率应满足下列要求：

1）竖井地基最大竖向变形量不应超过15mm/d。

2）天然地基最大竖向变形量不应超过10mm/d。

3）堆载预压边缘处水平位移不应超过5mm/d。

4）根据上述观测资料综合分析、判断地基的承载力和稳定性。

6.10.1.3-2 塑料排水板地基施工记录（C5-10-1-3-2）

应用说明

（1）塑料排水板地基施工记录表式按"表C5-10-1-1"执行。

（2）采用塑料排水板应符合下列要求：

1）塑料排水板应具有耐腐性、柔韧性，其强度与排水性能应符合设计要求。

2) 塑料排水板贮存与使用中不得长期曝晒，并应采取保护滤膜措施。

3) 塑料排水板敷设应直顺，深度符合设计规定，超过孔口长度应伸入砂垫层不小于50cm。

(3) 不同型号塑料排水带的厚度应符合表C5-10-1-3-2A。

不同型号塑料排水带的厚度（单位：mm）　　　表C5-10-1-3-2A

型 号	A	B	C	D
厚 度	>3.5	>4.0	>4.5	>6

(4) 塑料排水带的性能应符合表C5-10-1-3-2B。

塑料排水带的性能　　　表C5-10-1-3-2B

项 目		单位	A型	B型	C型	条 件
纵向通水量		cm³/s	≥15	≥25	≥40	侧压力
滤膜渗透系数		cm/s	≥5×10⁻⁴			试件在水中浸泡24h
滤膜等效孔径		μm	<75			以D_{98}计，D为孔径
复合体抗拉强度（干态）		kN/10cm	≥1.0	≥1.3	≥1.5	延伸率10%时
滤膜抗拉强度	干态	N/cm	≥15	≥25	≥30	延伸率10%时
	湿态		≥10	≥20	≥25	延伸率15%时，试件在水中浸泡24h
滤膜重度		N/m²	—	0.8	—	

注：1. A型排水带适用于插入深度小于15m。
　　2. B型排水带适用于插入深度小于25m。
　　3. C型排水带适用于插入深度小于35m。

(5) 塑料排水带的性能指标应符合设计要求，并应在现场妥善保护，防止阳光照射、破损或污染。破损或污染的塑料排水带不得在工程中使用。

(6) 塑料排水带和袋装砂井施工时，宜配置深度检测设备。

(7) 塑料排水带需接长时，应采用滤膜内芯带平搭接的连接方法，搭接长度宜大于200mm。

(8) 塑料排水带施工所用套管应保证插入地基中的带子不扭曲。袋装砂井施工所用套管内径应大于砂井直径。

(9) 塑料排水带和袋装砂井施工时，平面井距偏差不应大于井径，垂直度允许偏差应为±1.5%，深度应满足设计要求。

(10) 塑料排水带和袋装砂井砂袋埋入砂垫层中的长度不应小于500mm。

6.10.1.4 砂桩法地基施工记录（C5-10-1-4）

6.10.1.4-1 砂桩法地基桩孔施工记录（C5-10-1-4-1）

1. 资料表式

砂桩法地基桩孔施工记录　　　　　　　　　　表 C5-10-1-4-1

施工单位_____ 工程名称_____
施工班组_____ 地面标高_____
机械型号_____ 设计孔径_____ 孔深_____

序号	施工日期	基础编号	桩孔编号	桩孔深度（m）	锤击次数		成孔时间（min）		成孔质量检查	备注
					总数	最后1m内	总计	最后1m内		

参加人员	监理（建设）单位	施 工 单 位		
		专业技术负责人	质检员	记录人

注：采用锤击沉管时，记录"锤击次数"一栏；采用振动沉管成孔时，记录"成孔时间"一栏。

2. 应用说明

（1）成孔质量检查内容：桩径、垂直度、孔深、缩颈、坍孔和回淤等。

（2）为了随时掌握土层变化情况，"锤击次数"也可详细分段记录。

（3）砂桩桩孔及桩孔间距应通过现场试验确定。

1）桩孔应根据成孔机械，工艺和场地土质相适应的原则确定桩径的大小，一般为300～450mm，通过试验确定设计桩孔直径的适用性。

2）桩孔间距：对重要工程或缺乏经验的地区，应通过现场成孔挤密试验，按照不同桩距时的实际挤密效果确定桩孔间距。

6.10.1.4-2 砂桩法地基桩孔分填施工记录（C5-10-1-4-2）

1. 资料表式

砂桩法地基桩孔分填施工记录　　　　　　表 C5-10-1-4-2

施工单位_____ 工程名称_____
施工班组_____ 地面标高_____
夯填机械_____ 填料类别_____

序号	施工日期	基础编号	桩孔编号	桩孔深度(m)	桩孔直径(m)	设计填料量(m^3)	实际填料量(m^3)	夯填时间(min)	质量检查	备注

参加人员	监理（建设）单位	施 工 单 位		
		专业技术负责人	质检员	记录人

2. 应用说明

（1）施工前应检查砂料的含泥量及有机质含量、样桩的位置等。砂质量的检验项目、批量和检验方法应符合国家现行标准规定（含泥量≤3%、有机质含量≤5%）。

（2）砂桩施工：
砂桩施工应从外围或两侧向中间进行，成孔宜用振动沉管工艺。

（3）施工中检查每根砂桩的桩位（允许偏差≤50mm）、灌砂量（≥95%）、标高（允许偏差±150mm）、垂直度（允许偏差≤1.5%）等。

（4）应用砂桩地基注意事项：

1）砂桩施工工艺可采用冲击成孔挤密法、振动成孔挤密法或旋转成孔挤密法。

2）应用砂桩处理地基，应注意如何针对不同的土质，选用合适的桩径、桩距和施工工艺，使砂桩起复合地基和排水作用，减少挤压扰动影响，是砂桩地基加固效果好或不好的关键。

3）砂桩可以起排水作用，加速地基的固结。为便于孔隙水压力消散，宜选用级配良好、含泥量小的砂料，施工时采用间隔跳打的施工工艺。

4）砂桩法处理地基土，在提高地基的抗液化能力方面效果良好。

5）不宜用扩大直径的桩头，因为这严重扰动地基土。

6）宜用直径较大的桩管。宜用500mm及其以上的桩管。

（5）砂桩的质量检测：

1）施工结束后，应检验被加固地基的强度或承载力。承载力检验应采用复合地基载荷试验。并符合设计要求。

2）砂桩地基的承载力检验：数量为总数的0.5‰~1‰，但不应少于3处。有单桩强度检验要求时，数量为总数的0.5‰~1‰，但不应少于3根。

（6）采用砂桩处理软土地基应符合下列要求：

1）砂宜采用含泥量小于3%的粗砂或中砂。

2）应根据成桩方法选定填砂的含水量。

3）砂桩应砂体连续、密实。

4）桩长、桩距、桩径、填砂量应符合设计规定。

6.10.1.5 振冲碎石桩地基施工记录（C5-10-1-5）

1. 资料表式

振冲碎石桩地基施工记录表　　　　表C5-10-1-5

造　　孔					填　　料					
作业时间	深度(m)	电流(A)	水压(N/cm²)	备注	作业时间	深度(m)	填料数量(m³)	电流(A)	水压(N/cm²)	备注

参加人员	监理（建设）单位	施　工　单　位		
		专业技术负责人	质检员	记录人

2. 应用说明

振冲地基是利用振冲器水冲成孔（即振动水冲法），填以砂石骨料，借振冲器的水平振动及垂直振动，振密填料，形成碎石桩体（称碎石桩法）与原地基土构成复合地基，提高地基承载力和改善土体的排水降压通道，并对可能发生液化的土产生预振效应，防止液化。

振冲法分为振冲置换法和振冲密实法两类。振冲法适用于处理砂土、粉土、粉质黏土、素填土和杂填土地基等地基。对于处理不排水抗剪强度不小于20kPa的饱和黏性土和饱和黄土地基，应在施工前通过现场试验确定其适用性。

不加填料的振冲密实法仅适用于处理粘粒含量小于10%的粗砂、中砂地基。

振冲碎石桩对不同性质的土层分别具有置换、挤密和振动密实等作用。对黏性土主要起置换作用，对砂土和粉土除置换作用外还有振实挤密作用。

（1）对散体材料复合地基增强体应进行密实度检验；对有黏结强度复合地基增强体应进行强度及桩身完整性检验。

（2）复合地基承载力的验收检验应采用复合地基静载荷试验，对有黏结强度的复合地基增强体尚应进行单桩静载荷试验。

（3）振冲碎石桩复合地基处理应符合下列规定：

1）适用于挤密处理松散砂土、粉土、粉质黏土、素填土、杂填土等地基，以及用于处理可液化地基。饱和黏土地基，如对变形控制不严格，可采用砂石桩置换处理。

2）对大型的、重要的或场地地层复杂的工程，以及对于处理不排水抗剪强度不小于20kPa的饱和黏性土和饱和黄土地基，应在施工前通过现场试验确定其适用性。

3）不加填料振冲挤密法适用于处理黏粒含量不大于10%的中砂、粗砂地基，在初步设计阶段宜进行现场工艺试验，确定不加填料振密的可行性，确定孔距、振密电流值、振冲水压力、振后砂层的物理力学指标等施工参数；30kW振冲器振密深度不宜超过7m，75kW振冲器振密深度不宜超过15m。

（4）振冲碎石桩复合地基设计应符合下列规定：

1）地基处理范围应根据建筑物的重要性和场地条件确定，宜在基础外缘扩大（1～3）排桩。对可液化地基，在基础外缘扩大宽度不应小于基底下可液化土层厚度的1/2，且不应小于5m。

2）桩位布置，对大面积满堂基础和独立基础，可采用三角形、正方形、矩形布桩；对条形基础，可沿基础轴线采用单排布桩或对称轴线多排布桩。

3）桩径可根据地基土质情况、成桩方式和成桩设备等因素确定，桩的平均直径可按每根桩所用填料量计算。振冲碎石桩桩径宜为800～1200mm；沉管砂石桩桩径宜为300～800mm。

4）桩间距应通过现场试验确定，并应符合下列规定：

①振冲碎石桩的桩间距应根据上部结构荷载大小和场地土层情况，并结合所采用的振冲器功率大小综合考虑；30kW振冲器布桩间距可采用1.3～2.0m；55kW振冲器布桩间距可采用1.4～2.5m；75kW振冲器布桩间距可采用1.5～3.0m；不加填料振冲挤密孔距可为2～3m。

②沉管砂石桩的桩间距，不宜大于砂石桩直径的4.5倍；初步设计时，对松散粉土和砂土地基，应根据挤密后要求达到的孔隙比确定，可按下列公式估算：

等边三角形布置：

$$s = 0.95 \xi d \sqrt{\frac{1+e_0}{e_0-e_1}}$$

正方形布置：

$$s = 0.89\xi d \sqrt{\frac{1+e_0}{e_0-e_1}}$$

$$e_1 = e_{max} - D_{rl}(e_{max} - e_{min})$$

式中： s——砂石桩间距（m）；

d——砂石桩直径（m）；

ξ——修正系数，当考虑振动下沉密实作用时，可取 $1.1 \sim 1.2$；不考虑振动下沉密实作用时，可取 1.0；

e_0——地基处理前砂土的孔隙比，可按原状土样试验确定，也可根据动力或静力触探等对比试验确定；

e_1——地基挤密后要求达到的孔隙比；

$e_{max} - e_{min}$——砂土的最大、最小孔隙比，可按现行国家标准《土工试验方法标准（2007版）》（GB/T 50123—1999）的有关规定确定；

D_{rl}——地基挤密后要求砂土达到的相对密实度，可取 $0.70 \sim 0.85$。

5）桩长可根据工程要求和工程地质条件，通过计算确定并应符合下列规定：

①当相对硬土层埋深较浅时，可按相对硬层埋深确定。

②当相对硬土层埋深较大时，应按建筑物地基变形允许值确定。

③对按稳定性控制的工程，桩长应不小于最危险滑动面以下 2.0m 的深度。

④对可液化的地基，桩长应按要求处理液化的深度确定。

⑤桩长不宜小于 4m。

6）振冲桩桩体材料可采用含泥量不大于 5% 的碎石、卵石、矿渣或其他性能稳定的硬质材料，不宜使用风化易碎的石料。对 30kW 振冲器，填料粒径宜为 $20 \sim 80$mm；对 55kW 振冲器，填料粒径宜为 $30 \sim 100$mm；对 75kW 振冲器，填料粒径宜为 $40 \sim 150$mm。沉管桩桩体材料可用含泥量不大于 5% 的碎石、卵石、角砾、圆砾、砾砂、粗砂、中砂或石屑等硬质材料，最大粒径不宜大于 50mm。

7）桩顶和基础之间宜铺设厚度为 $300 \sim 500$mm 的垫层，垫层材料宜用中砂、粗砂、级配砂石和碎石等，最大粒径不宜大于 30mm，其夯填度（夯实后的厚度与虚铺厚度的比值）不应大于 0.9。

8）复合地基的承载力初步设计可按《建筑地基处理技术规范》（JGJ 79—2012）规范（7.1.5-1）式估算，处理后桩间土承载力特征值，可按地区经验确定，如无经验时，对于一般黏性土地基，可取天然地基承载力特征值，松散的砂土、粉土可取原天然地基承载力特征值的（$1.2 \sim 1.5$）倍；复合地基桩土应力比 n，宜采用实测值确定，如无实测资料时，对于黏性土可取 $2.0 \sim 4.0$，对于砂土、粉土可取 $1.5 \sim 3.0$。

附第 7.1.5-1 公式：

1 对散体材料增强体复合地基应按下式计算：

$$f_{spk} = [1+m(n-1)]f_{sk}$$

式中：f_{spk}——复合地基承载力特征值（kPa）；

f_{sk}——处理后桩间土承载力特征值（kPa），可按地区经验确定；

n——复合地基桩土应力比，可按地区经验确定；

m——面积置换率，$m=d^2/d_e^2$；d 为桩身平均直径（m），d_e 为一根桩分担的处理地基面积的等效圆直径（m）；等边三角形布桩 $d_e=1.05s$，正方形布桩 $d_e=1.13s$，矩形布桩 $d_e=1.13\sqrt{s_1s_2}$，s、s_1、s_2 分别为桩间距、纵向桩间距和横向桩间距。

9）复合地基变形计算应符合（JGJ 79—2012）规范的第 7.1.7、第 7.1.8 有关规定。

附第 7.1.7、第 7.1.8 条：

7.1.7 复合地基变形计算应符合现行国家标准《建筑地基基础设计规范》（GB 50007—2011）的有关规定，地基变形计算深度应大于复合土层的深度。复合土层的分层与天然地基相同，各复合土层的压缩模量等于该层天然地基压缩模量的 ζ 倍，ζ 值可按下式确定：

$$\zeta = \frac{f_{spk}}{f_{ak}}$$

式中：f_{ak}——基础底面下天然地基承载力特征值（kPa）。

7.1.8 复合地基的沉降计算经验系数 ψ_s 可根据地区沉降观测资料统计值确定，无经验取值时，可采用表 7.1.8 的数值。

沉降计算经验系数 ψ_s　　　　　表 7.1.8

$\overline{E}_s$ （MPa）	4.0	7.0	15.0	20.0	35.0
ψ_s	1.0	0.7	0.4	0.25	0.2

注：$\overline{E}_s$ 为变形计算深度范围内压缩模量的当量值，应按下式计算：

$$\overline{E}_s = \frac{\sum\limits_{i=1}^{n}A_i + \sum\limits_{j=1}^{m}A_j}{\sum\limits_{i=1}^{n}\dfrac{A_i}{E_{spi}} + \sum\limits_{j=1}^{m}\dfrac{A_j}{E_{sj}}} \tag{7.1.8}$$

式中：A_i——加固土层第 i 层土附加应力系数沿土层厚度的积分值；

A_j——加固土层下第 j 层土附加应力系数沿土层厚度的积分值。

10）对处理堆载场地地基，应进行稳定性验算。

（5）振冲碎石桩施工应符合下列规定：

1）振冲施工可根据设计荷载的大小、原土强度的高低、设计桩长等条件选用不同功率的振冲器。施工前应在现场进行试验，以确定水压、振密电流和留振时间等各种施工参数。

2）升降振冲器的机械可用起重机、自行井架式施工平车或其他合适的设备。施工设备应配有电流、电压和留振时间自动信号仪表。

3）振冲施工可按下列步骤进行：

①清理平整施工场地，布置桩位；

②施工机具就位，使振冲器对准桩位；

③启动供水泵和振冲器，水压宜为 200～600kPa，水量宜为 200～400L/min，将振冲器徐徐沉入土中，造孔速度宜为 0.5～2.0m/min，直至达到设计深度；记录振冲器经各深度的水压、电流和留振时间；

④造孔后边提升振冲器，边冲水直至孔口，再放至孔底，重复（2～3）次扩大孔径并使孔内泥浆变稀，开始填料制桩；

⑤大功率振冲器投料可不提出孔口，小功率振冲器下料困难时，可将振冲器提出孔口填料，每次填料厚度不宜大于 500mm；将振冲器沉入填料中进行振密制桩，当电流达到

规定的密实电流值和规定的留振时间后,将振冲器提升300~500mm;

⑥重复以上步骤,自下而上逐段制作桩体直至孔口,记录各段深度的填料量、最终电流值和留振时间;

⑦关闭振冲器和水泵。

4) 施工现场应事先开设泥水排放系统,或组织好运浆车辆将泥浆运至预先安排的存放地点,应设置沉淀池,重复使用上部清水。

5) 桩体施工完毕后,应将顶部预留的松散桩体挖除,铺设垫层并压实。

6) 不加填料振冲加密宜采用大功率振冲器,造孔速度宜为8~10m/min,到达设计深度后,宜将射水量减至最小,留振至密实电流达到规定时,上提0.5m,逐段振密直至孔口,每米振密时间约1min。在粗砂中施工,如遇下沉困难,可在振冲器两侧增焊辅助水管,加大造孔水量,降低造孔水压。

7) 振密孔施工顺序,宜沿直线逐点逐行进行。

(6) 振冲碎石桩、沉管砂石桩复合地基的质量检验应符合下列规定:

1) 检查各项施工记录,如有遗漏或不符合要求的桩,应补桩或采取其他有效的补救措施。

2) 施工后,应间隔一定时间方可进行质量检验。对粉质黏土地基不宜少于21d,对粉土地基不宜少于14d,对砂土和杂填土地基不宜少于7d。

3) 施工质量的检验,对桩体可采用重型动力触探试验;对桩间土可采用标准贯入、静力触探、动力触探或其他原位测试等方法;对消除液化的地基检验应采用标准贯入试验。桩间土质量的检测位置应在等边三角形或正方形的中心。检验深度不应小于处理地基深度,检测数量不应少于桩孔总数的2%。

(7) 竣工验收时,地基承载力检验应采用复合地基静载荷试验,试验数量不应少于总桩数的1%,且每个单体建筑不应少于3点。

(8) 采用碎石桩处理软土地基应符合下列要求:

1) 宜选用含泥砂量小于10%、粒径19~63mm的碎石或砾石作桩料。

2) 应进行成桩试验,确定控制水压、电流和振冲器的振留时间等参数。

3) 应分层加入碎石(砾石)料,观察振实挤密效果,防止断桩、缩颈。

4) 桩距、桩长、灌石量等应符合设计规定。

(9) 填表说明

1) 填料规格:指桩身填料的规格,填料粒径一般为5~50mm,按实际使用的规格填写。

2) 造孔:

①作业时间:指单桩孔自振冲器开始喷水至完成单桩孔的时间。

②作业深度:指单桩孔的造孔深度,按实际成孔的实测深度填写。

③电流:指单桩孔自振冲器开始喷水至完成单桩孔的时间内,控制电流操作台电流表的最低读数及最高读数。

④水压:指单桩孔自振冲器开始喷水至完成单桩孔的时间内,供水压力表的平均读数。

3) 填料:

①作业时间：指开始填料至完成填料的全部时间。
②作业深度：指单桩孔填料的总深度。
③填料数量：指单桩孔的实际填料总量。
④电流：单桩孔填料自开始至完成时间内，控制电流操作台电流表的最低读数及最高读数。按实际结果填写。
⑤水压：单桩孔填料自开始至完成时间内，供水压力表的平均读数。

6.10.1.6 水泥土搅拌桩地基施工记录（C5-10-1-6）

6.10.1.6-1 水泥土搅拌桩施工记录（C5-10-1-6-1）

1. 资料表式

水泥土搅拌桩施工记录　　　　　表 C5-10-1-6-1

工程名称：　　　水泥品种标号：　　　水灰比：　　　第　页　共　页　年　月　日

日期	序号	施工工序	每米下沉或提升时间																开始时间	终止时间	工艺时间	来浆时间	停浆时间	总喷浆时间	总施工时间	材料用量	备注
			1	2	3	4	5	6	7	8	9	10	11	12	13	14	15									
		预搅下沉																									
		喷浆提升																									
		重复下沉																									
		重复提升																									
		预搅下沉																									
		喷浆提升																									
		重复下沉																									
		重复提升																									

参加人员	监理（建设）单位	施 工 单 位		
		专业技术负责人	质检员	记录人

2. 应用说明

（1）水泥土搅拌法分为深层搅拌法（湿法）和粉体搅拌法（干法）。水泥土搅拌加固是旋喷方式处理地基土的一种方法。利用水泥、石灰等材料作为固化剂（也称硬化剂）为主剂，通过特制的水泥土搅拌机械，在地基深处就地将软土和固化剂强制拌合，利用固化剂和软土之间所产生的一系列物理、化学反应，使软土硬结成具有整体性、水稳定性和一定强度的优质地基或地下挡土构筑物，形成的桩柱是一种介于刚性桩和柔性桩之间具有一定压缩性的桩。水泥土搅拌桩法适用于处理正常固结的淤泥质土、淤泥、黏性土、粉土、饱和黄土、素填土以及无流动地下水的饱和松散砂土等地基的加固。当地基土的天然含水量小于30%（黄土含水量小于25%）、大于70%或地下水的pH值小于4时不宜采用干法。冬期施工时，应注意负温对处理效果的影响。

（2）水泥土搅拌桩复合地基处理应符合下列规定：

1）适用于处理正常固结的淤泥、淤泥质土、素填土、黏性土（软塑、可塑）、粉土（稍密、中密）、粉细砂（松散、中密）、中粗砂（松散、稍密）、饱和黄土等土层。不适用于含大孤石或障碍物较多且不易清除的杂填土、欠固结的淤泥和淤泥质土、硬塑及坚硬的黏性土、密实的砂类土，以及地下水渗流影响成桩质量的土层。当地基土的天然含水量小于30%（黄土含水量小于25%）时不宜采用粉体搅拌法。冬期施工时，应考虑负温对处理地基效果的影响。

2）水泥土搅拌桩的施工工艺分为浆液搅拌法（以下简称湿法）和粉体搅拌法（以下简称干法）。可采用单轴、双轴、多轴搅拌或连续成槽搅拌形成柱状、壁状、格栅状或块状水泥土加固体。

3）对采用水泥土搅拌桩处理地基，除应按现行国家标准《岩土工程勘察规范（2009年版）》（GB 50021—2001）要求进行岩土工程详细勘察外，尚应查明拟处理地基土层的pH值、塑性指数、有机质含量、地下障碍物及软土分布情况、地下水位及其运动规律等。

4）设计前，应进行处理地基土的室内配比试验。针对现场拟处理地基土层的性质，选择合适的固化剂、外掺剂及其掺量，为设计提供不同龄期、不同配比的强度参数。对竖向承载的水泥土强度宜取90d龄期试块的立方体抗压强度平均值。

5）增强体的水泥掺量不应小于12%，块状加固时水泥掺量不应小于加固天然土质量的7%；湿法的水泥浆水灰比可取0.5～0.6。

6）水泥土搅拌桩复合地基宜在基础和桩之间设置褥垫层，厚度可取200～300mm。褥垫层材料可选用中砂、粗砂、级配砂石等，最大粒径不宜大于20mm。褥垫层的夯填度不应大于0.9。

（3）水泥土搅拌桩用于处理泥炭土、有机质土、pH值小于4的酸性土、塑性指数大于25的黏土。或在腐蚀性环境中以及无工程经验的地区使用时，必须通过现场和室内试验确定其适用性。

（4）用于地基处理的水泥土搅拌桩施工设备，其湿法施工配备注浆泵的额定压力不宜小于5.0MPa；干法施工的最大送粉压力不应小于0.5MPa。

（5）水泥土搅拌桩施工应符合下列规定：

1）水泥土搅拌桩施工现场施工前应予以平整，清除地上和地下的障碍物。

2）水泥土搅拌桩施工前，应根据设计进行工艺性试桩，数量不得少于3根，多轴搅拌施工不得少于3组。应对工艺试桩的质量进行检验，确定施工参数。

3）搅拌头翼片的枚数、宽度、与搅拌轴的垂直夹角、搅拌头的回转数、提升速度应相互匹配，干法搅拌时钻头每转一圈的提升（或下沉）量宜为10～15mm，确保加固深度范围内土体的任何一点均能经过 20 次以上的搅拌。

4) 搅拌桩施工时，停浆（灰）面应高于桩顶设计标高 500mm。在开挖基坑时，应将桩顶以上土层及桩施工质量较差的桩段，采用人工挖除。

5) 施工中，应保持搅拌桩机底盘的水平和导向架的竖直，搅拌桩的垂直度允许偏差和桩位偏差应满足下列规定：

①对条形基础的边桩沿轴线方向应为桩径的 $\pm 1/4$。
②沿垂直轴线方向应为桩径的 $\pm 1/6$。
③其他情况桩位的施工允许偏差应为桩径的 $\pm 40\%$。
④桩身的垂直度允许偏差应为 $\pm 1\%$。
⑤搅拌桩成桩直径和桩长不得小于设计值。

6) 水泥土搅拌桩施工应包括下列主要步骤：

①搅拌机械就位、调平。
②预搅下沉至设计加固深度。
③边喷浆（或粉），边搅拌提升直至预定的停浆（或灰）面。
④重复搅拌下沉至设计加固深度。
⑤根据设计要求，喷浆（或粉）或仅搅拌提升直至预定的停浆（或灰）面。
⑥关闭搅拌机械。

在预（复）搅下沉时，也可采用喷浆（粉）的施工工艺，确保全桩长上下至少再重复搅拌一次。

对地基土进行干法咬合加固时，如复搅困难，可采用慢速搅拌，保证搅拌的均匀性。

7) 水泥土搅拌湿法施工应符合下列规定：

①施工前，应确定灰浆泵输浆量、灰浆经输浆管到达搅拌机喷浆口的时间和起吊设备提升速度等施工参数，并应根据设计要求，通过工艺性成桩试验确定施工工艺。
②施工中所使用的水泥应过筛，制备好的浆液不得离析，泵送浆应连续进行。拌制水泥浆液的罐数、水泥和外掺剂用量以及泵送浆液的时间应记录；喷浆量及搅拌深度应采用经国家计量部门认证的监测仪器进行自动记录。
③搅拌机喷浆提升的速度和次数应符合施工工艺要求，并设专人进行记录。
④当水泥浆液到达出浆口后，应喷浆搅拌 30s，在水泥浆与桩端土充分搅拌后，再开始提升搅拌头。
⑤搅拌机预搅下沉时，不宜冲水，当遇到硬土层下沉太慢时，可适量冲水。
⑥施工过程中，如因故停浆，应将搅拌头下沉至停浆点以下 0.5m 处，待恢复供浆时，再喷浆搅拌提升；若停机超过 3h，宜先拆卸输浆管路，并妥加清洗。
⑦壁状加固时，相邻桩的施工时间间隔不宜超过 12h。

8) 水泥土搅拌干法施工应符合下列规定：

①喷粉施工前，应检查搅拌机械、供粉泵、送气（粉）管路、接头和阀门的密封性、可靠性，送气（粉）管路的长度不宜大于 60m。
②搅拌头每旋转一周，提升高度不得超过 15mm。
③搅拌头的直径应定期复核检查，其磨耗量不得大于 10mm。
④当搅拌头到达设计桩底以上 1.5m 时，应开启喷粉机提前进行喷粉作业；当搅拌头

提升至地面下 500mm 时，喷粉机应停止喷粉。

⑤成桩过程中，因故停止喷粉，应将搅拌头下沉至停灰面以下 1m 处，待恢复喷粉时，再喷粉搅拌提升。

(6) 水泥土搅拌桩干法施工机械必须配置经国家计量部门确认的具有能瞬时检测并记录出粉体计量装置及搅拌深度自动记录仪。

(7) 水泥土搅拌桩复合地基质量检验应符合下列规定：

1) 施工过程中应随时检查施工记录和计量记录。

2) 水泥土搅拌桩的施工质量检验可采用下列方法：

①成桩 3d 内，采用轻型动力触探（N_{10}）检查上部桩身的均匀性，检验数量为施工总桩数的 1%，且不少于 3 根。

②成桩 7d 后，采用浅部开挖桩头进行检查，开挖深度宜超过停浆（灰）面下 0.5m，检查搅拌的均匀性，量测成桩直径，检查数量不少于总桩数的 5%。

3) 静载荷试验宜在成桩 28d 后进行。水泥土搅拌桩复合地基承载力检验应采用复合地基静载荷试验和单桩静载荷试验，验收检验数量不少于总桩数的 10，复合地基静载荷试验数量不少于 3 台（多轴搅拌为 3 组）。

4) 对变形有严格要求的工程，应在成桩 28d 后，采用双管单动取样器钻取芯样作水泥土抗压强度检验，检验数量为施工总桩数的 0.50，且不少于 6 点。

(8) 基槽开挖后，应检验桩位、桩数与桩顶桩身质量，如不符合设计要求，应采取有效补强措施。

(9) 填表说明：

1) 水灰比：照实际水灰比填写，应与水泥土试块配方的水灰比相一致。

2) 施工工序：指涂层搅拌桩施工，预搅下沉、喷浆提升、重复下沉、重复提升的操作程序。

3) 每米下沉或提升时间：指水泥土搅拌施工设备施工时下沉、提升的时间，应按预搅下沉、喷浆提升、重复下沉、重复提升分别记录。

4) 开始时间：指预搅下沉、喷浆提升、重复下沉、重复提升各环节开始时间分别记录。

5) 终止时间：指预搅下沉、喷浆提升、重复下沉、重复提升各环节的终止时间分别记录。

6) 工艺时间：指预搅下沉、喷浆提升、重复下沉、重复提升各环节实际供浆的时间。

7) 来浆时间：指喷浆提升和重复提升环节的来浆时间，照实际填写。

8) 停浆时间：指喷浆提升和重复提升环节的停浆时间，照实际填写。

9) 总喷浆时间：指喷浆提升和重复提升喷浆的总喷浆时间。

10) 总承包时间：指预搅下沉、喷浆提升、重复下沉、重复提升的施工的总承包时间。

附：1. 水泥土搅拌桩施工属于水泥土试块试验部分应由企业试验室负责进行，应用表式执行试验室现行表式。

2. 水泥土搅拌桩的供灰记录、轻便触探检验记录可参照表 C5-10-1-6-2 进行。

6.10.1.6-2 水泥土搅拌桩供灰记录（C5-10-1-6-2）

1. 资料表式

水泥土搅拌桩供灰记录表　　　　　表 C5-10-1-6-2

工程名称：　　　　　　　　　　　　　　　　　　　　　　　　　第　页　共　页

日期	桩号	输浆管道走浆时间	水泥品种强度等级	拌灰罐数	每罐用量	水泥总用量（t）	外掺剂总用量（t）	开泵时间	停泵时间	总喷浆时间	泵前管内状态	泵后管内状态	备注

参加人员	监理（建设）单位	施　工　单　位		
		专业技术负责人	质检员	记录人

2. 应用说明

（1）水泥土搅拌桩复合地基：

以水泥作为固化剂的主要材料，通过深层搅拌机械，将固化剂和地基土强制搅拌形成竖向增强体的复合地基。

水泥土搅拌桩供灰记录是为保证固化剂和水泥土搅拌桩复合地基质量，而提出的按设计规定的水泥数量确认的供灰仪表记录的供灰数量实施的记录。供灰数量不得少于设计的水泥用量，水泥宜采用普通硅酸盐水泥。

（2）填表说明：

1）输浆管道走浆时间：按输浆管理道走浆的供浆表的走浆时间填写。

2）水泥品种及标号：照实际使用的品种、标号填写，应与水泥土试块用水泥的配方相一致。

3）拌灰罐数：照实际的拌灰罐数填记。

4）每罐用量：照实际，核算后应和设计的供灰数量相一致。

5）水泥总用量：照实际，应不低于设计的水泥总数量或相一致。

6）外掺剂总用量：照实际，应和设计的外加剂总用量相一致。

7）总喷浆时间：指喷浆提升和重复提升喷浆的总喷浆时间。

8）泵前管内状态：指供灰泵前输浆管的畅通情况，照实际。

9）泵后管内状态：指供灰泵后输浆管的畅通情况，照实际。

6.10.1.6-3 水泥土搅拌轻便触探检测记录（C5-10-1-6-3）

1. 资料表式

轻便触探检测记录表　　　　　　　　　　　　　　表 C5-10-1-6-3

工程名称：　　　　　　　　　　　　　　　　　　第　页　共　页

序号	成桩日期	触探日期	桩身龄期	轻便触探击数 N_{10}								加固土土样描述
				0.0~0.3 m	0.5~0.8 m	1.0~1.3 m	1.5~1.8 m	2.0~2.3 m	2.5~2.8 m	3.0~3.3 m	3.5~3.8 m	

参加人员	监理（建设）单位	施　工　单　位		
		专业技术负责人	质检员	记录人

2. 应用说明

（1）水泥土搅拌桩轻便触探检测记录是为检测水泥土搅拌桩质量而进行的检测方法之一。

（2）成桩后 3d 内，可用轻型动力触探器中附带的钻头，在搅拌桩身中钻（N_{10}）检查每米桩身的均匀性。检验数量为施工总桩数的 1％，且不少于 3 根。

（3）填表说明：

1）桩身龄期：指施工图设计的某桩号的桩身龄期，照实际填写。

2）轻便触探击数：指施工图设计的某桩号进行轻便触探试验时轻便触探击数，用 N_{10} 的轻便触探器触探，分别照 0.0~0.3、0.5~0.8、1.0~1.3、1.5~1.8、2.0~2.3、2.5~2.8、3.0~3.3、3.5~3.8 填写。

3）加固土土样描述：按轻便触探取出的加固土土样进行描述，照实际加固土土样进行描述。

6.10.2 湿陷性黄土地基处理施工记录（C5-10-2）

6.10.2.1 换填法地基处理施工记录（C5-10-2-1）

1. 资料表式

换填地基施工记录　　　　　　　　　　　表 C5-10-2-1

记录项目或部位		记录日期	
施工班组人数		主要施工机具	
依据标准		强制性条文执行	
施工内容			
重要部位和关键工序			
质量验收与评定			
问题记录与处理意见			
参加人员	监理（建设）单位	施工　单　位		
		项目技术负责人	专职质检员	施工员

2. 应用说明

（1）一般规定：

1）换填垫层适用于浅层软弱土层或不均匀土层的地基处理。

2）应根据建筑体型、结构特点、荷载性质、场地土质条件、施工机械设备及填料性质和来源等综合分析后，进行换填垫层的设计，并选择施工方法。

3）对于工程量较大的换填垫层，应按所选用的施工机械、换填材料及场地的土质条件进行现场试验，确定换填垫层压实效果和施工质量控制标准。

4）换填垫层的厚度应根据置换软弱土的深度以及下卧土层的承载力确定，厚度宜为 0.5~3.0m。

（2）垫层（材料）的压力扩散角（°），宜通过试验确定。无试验资料时，可按表 C5-10-2-1A 采用。

土和砂石材料压力扩散角 θ（单位：°）　　　表 C5-10-2-1A

z/b	换填材料 中砂、粗砂、砾砂、圆砾、角砾、石屑、卵石、碎石、矿渣	粉质黏土、粉煤灰	灰土
0.25	20	6	28
≥0.50	30	23	

注：1. 当 $z/b<0.25$ 时，除灰土取 $\theta=28°$ 外，其他材料均取 $\theta=0°$，必要时宜由试验确定。
　　2. 当 $0.25<z/b<0.5$ 时，θ 值可以内插。
　　3. 土工合成材料加筋垫层其压力扩散角宜由现场静载荷试验确定。

（3）各种垫层的压实标准可按表 C5-10-2-1B 选用。

各种垫层的压实标准　　　　　　　表 C5-10-2-1B

施工方法	换填材料类别	压实系数 λ_c
碾压振密或夯实	碎石、卵石	≥0.97
	砂夹石（其中碎石、卵石占全重的 30%~50%）	
	土夹石（其中碎石、卵石占全重的 30%~50%）	
	中砂、粗砂、砾砂、角砾、圆砾、石屑	
	粉质黏土	≥0.97
	灰土	≥0.95
	粉煤灰	≥0.95

注：1. 压实系数 λ_c 为土的控制干密度 ρ_d 与最大干密度 ρ_{dmax} 的比值；土的最大干密度宜采用击实试验确定；碎石或卵石的最大干密度可取 2.1~2.2t/m³；

　　2. 表中压实系数 λ_c 系使用轻型击实试验测定土的最大干密度 ρ_{dmax} 时给出的压实控制标准，采用重型击实试验时，对粉质黏土、灰土、粉煤灰及其他材料压实标准应为压实系数 λ_c≥0.94。

（4）垫层施工：

1）垫层施工应根据不同的换填材料选择施工机械。粉质黏土、灰土垫层宜采用平碾、振动碾或羊足碾，以及蛙式夯、柴油夯。砂石垫层等宜用振动碾。粉煤灰垫层宜采用平碾、振动碾、平板振动器、蛙式夯。矿渣垫层宜采用平板振动器或平碾，也可采用振动碾。

2）垫层的施工方法、分层铺填厚度、每层压实遍数宜通过现场试验确定。除接触下卧软土层的垫层底部应根据施工机械设备及下卧层土质条件确定厚度外，其他垫层的分层铺填厚度宜为 200~300mm。为保证分层压实质量，应控制机械碾压速度。

3）粉质黏土和灰土垫层土料的施工含水量宜控制在 $W_{op}\pm2\%$ 的范围内，粉煤灰垫层的施工含水量宜控制在 $W_{op}\pm4\%$ 的范围内。最优含水量 W_{op} 可通过击实试验确定，也可按当地经验选取。

4）当垫层底部存在古井、古墓、洞穴、旧基础、暗塘时，应根据建筑物对不均匀沉降的控制要求予以处理，并经检验合格后，方可铺填垫层。

5）基坑开挖时应避免坑底土层受扰动，可保留 180~220mm 厚的土层暂不挖去，待铺填垫层前再由人工挖至设计标高。严禁扰动垫层下的软弱土层，应防止软弱垫层被践踏、受冻或受水浸泡。在碎石或卵石垫层底部宜设置厚度为 150~300mm 的砂垫层或铺一层土工织物，并应防止基坑边坡塌土混入垫层中。

6）换填垫层施工时，应采取基坑排水措施。除砂垫层宜采用水撼法施工外，其余垫层施工均不得在浸水条件下进行。工程需要时应采取降低地下水位的措施。

7）垫层底面宜设在同一标高上，如深度不同，坑底土层应挖成阶梯或斜坡搭接，并按先深后浅的顺序进行垫层施工，搭接处应夯压密实。

8）粉质黏土、灰土垫层及粉煤灰垫层施工，应符合下列规定：

①粉质黏土及灰土垫层分段施工时，不得在柱基、墙角及承重窗间墙下接缝。

②垫层上下两层的缝距不得小于 500mm，且接缝处应夯压密实。

③灰土拌合均匀后，应当日铺填夯压；灰土夯压密实后，3d 内不得受水浸泡。

④粉煤灰垫层铺填后，宜当日压实，每层验收后应及时铺填上层或封层，并应禁止车辆碾压通行。

⑤垫层施工竣工验收合格后,应及时进行基础施工与基坑回填。

9) 土工合成材料施工,应符合下列要求:

①下铺地基土层顶面应平整。

②土工合成材料铺设顺序应先纵向后横向,且应把土工合成材料张拉平整、绷紧,严禁有皱折。

③土工合成材料的连接宜采用搭接法、缝接法或胶接法,接缝强度不应低于原材料抗拉强度,端部应采用有效方法固定,防止筋材拉出。

④应避免土工合成材料暴晒或裸露,阳光暴晒时间不应大于8h。

(5) 垫层质量检验:

1) 对粉质黏土、灰土、砂石、粉煤灰垫层的施工质量可选用环刀取样、静力触探、轻型动力触探或标准贯入试验等方法进行检验;对碎石、矿渣垫层的施工质量可采用重型动力触探试验等进行检验。压实系数可采用灌砂法、灌水法或其他方法进行检验。

2) 换填垫层的施工质量检验应分层进行,并应在每层的压实系数符合设计要求后铺填上层。

3) 采用环刀法检验垫层的施工质量时,取样点应选择位于每层垫层厚度的2/3深度处。检验点数量,条形基础下垫层每10~20m不应少于1个点,独立柱基、单个基础下垫层不应少于1个点,其他基础下垫层每50~100m² 不应少于1个点。采用标准贯入试验或动力触探法检验垫层的施工质量时,每分层平面上检验点的间距不应大于4m。

4) 竣工验收应采用静载荷试验检验垫层承载力,且每个单体工程不宜少于3个点;对于大型工程应按单体工程的数量或工程划分的面积确定检验点数。

附:砂石铺填资料

1. 垫层的每层铺填厚度及压实遍数

垫层的每层铺填厚度及压实遍数　　　　　　　　表1

施工设备	每层铺填厚度(m)	每层压实遍数
平碾(8~12t)	0.2~0.3	6~8(矿渣10~12)
羊足碾(5~16t)	0.2~0.35	8~16
蛙式夯(200kg)	0.2~0.25	3~4
振动碾(8~15t)	0.6~1.3	6~8
插入式振动器	0.2~0.5	
平板式振动器	0.15~0.25	

2. 砂和砂石垫层每层铺筑厚度及最优含水量

砂和砂石垫层每层铺筑厚度及最优含水量　　　　　　　　表2

项次	压实方法	每层铺筑厚度(mm)	施工时最优含水量 w(%)	施工说明	备注
1	平振法	200~250	15~20	用平板式振捣器往复振捣	
2	插振法	振捣器插入深度	饱和	1. 用插入式振捣器; 2. 插入间距可根据机械振幅大小决定; 3. 不应插至下卧黏性土层; 4. 插入振捣器完毕后所留的孔洞,应用砂填实	不宜使用干细砂或含泥量较大的砂所铺筑的砂垫层

续表

项次	压实方法	每层铺筑厚度（mm）	施工时最优含水量w（%）	施 工 说 明	备 注
3	水撼法	250	饱和	1. 注水高度应超过每次铺筑面； 2. 钢叉摇撼捣实，插入点间距为100mm； 3. 钢叉分四齿，齿的间距80mm，长300mm，木柄长90mm，重40N	湿陷性黄土、膨胀土地区不得使用
4	夯实法	150～200	8～12	1. 用木夯或机械夯； 2. 木夯重400N落距400～500mm； 3. 一夯压半夯，全面夯实	
5	碾压法	250～350	8～12	60～100kN压路机往复碾压	1. 适用于大面积砂垫层； 2. 不宜用于地下水位以下的砂垫层

注：在地下水位以下的垫层其最下层的铺筑厚度可比上表增加50mm。

6.10.2.2 强夯（或强夯置换）施工记录（C5-10-2-2）

6.10.2.2-1 强夯（或强夯置换）地基现场试夯记录（C5-10-2-2-1）

1. 资料表式

强夯（或强夯置换）地基现场试夯记录　　　表 C5-10-2-2-1

施工单位_____

工程名称_____施工日期_____年_____月_____日

建筑物名称_____夯击遍数_____第_____遍

夯击坑编号	夯击次数	落距(m)	锤顶面距地面高（cm）					时间
			一	二	三	四	平均	

备注	锤体高度： (cm)		
参加人员	监理（建设）单位	施 工 单 位	
		专业技术负责人	质检员	记录人

注：当设计要求试夯时可按此表执行。

2. 应用说明

(1) 强夯地基处理应符合下列规定：

1) 强夯和强夯置换施工前，应在施工现场有代表性的场地选取一个或几个试验区，进行试夯或试验性施工。每个试验区面积不宜小于 20m×20m，试验区数量应根据建筑场地复杂程度、建筑规模及建筑类型确定。

注：小区试夯应选在施工现场有代表性的地段，试夯面积应根据布点要求确定，包括各批各遍夯击的作用，以使试夯区内部的检验有代表性。测试内容除单点夯内容外，应记录计算各遍的填料量及各遍的场地下沉量，以便正式施工时预留下沉量及校核加固效果。测试应包括夯点及夯间，最好能每遍夯后均进行测试。

2) 场地地下水位高，影响施工或夯实效果时，应采取降水或其他技术措施进行处理。

(2) 强夯处理地基的设计应符合下列规定：

1) 强夯的有效加固深度，应根据现场试夯或地区经验确定。在缺少试验资料或经验时，可按表 C5-10-2-2-1A 进行预估。

强夯的有效加固深度　　　　表 C5-10-2-2-1A

单击夯击能 E （kN·m）	碎石土、砂土等粗颗粒土 （m）	粉土、粉质黏土、湿陷性黄土等细颗粒土 （m）
1000	4.0～5.0	3.0～4.0
2000	5.0～6.0	4.0～5.0
3000	6.0～7.0	5.0～6.0
4000	7.0～8.0	6.0～7.0
5000	8.0～8.5	7.0～7.5
6000	8.5～9.0	7.5～8.0
8000	9.0～9.5	8.0～8.5
10000	9.5～10.0	8.5～9.0
12000	10.0～11.0	9.0～10.0

注：强夯法的有效加固深度应从最初起夯面算起；单击夯击能 E 大于 12000kN·m 时，强夯的有效加固深度应通过试验确定。

2) 夯点的夯击次数，应根据现场试夯的夯击次数和夯沉量关系曲线确定，并应同时满足下列条件：

①最后两击的平均夯沉量，宜满足表 C5-10-2-2-1B 的要求，当单击夯击能 E 大于 12000kN·m 时，应通过试验确定；

强夯法最后两击平均夯沉量　　　　表 C5-10-2-2-1B

单击夯击能 E（kN·m）	最后两击平均夯沉量不大于（mm）
$E<4000$	50
$4000 \leqslant E<6000$	100
$6000 \leqslant E<8000$	150
$8000 \leqslant E<12000$	200

②夯坑周围地面不应发生过大的隆起；

③不因夯坑过深而发生提锤困难。

3）夯击遍数应根据地基土的性质确定，可采用点夯（2~4）遍，对于渗透性较差的细颗粒土，应适当增加夯击遍数；最后以低能量满夯2遍，满夯可采用轻锤或低落距锤多次夯击，锤印搭接。

4）两遍夯击之间，应有一定的时间间隔，间隔时间取决于土中超静孔隙水压力的消散时间。当缺少实测资料时，可根据地基土的渗透性确定，对于渗透性较差的黏性土地基，间隔时间不应少于（2~3）周；对于渗透性好的地基可连续夯击。

5）夯击点位置可根据基础底面形状，采用等边三角形、等腰三角形或正方形布置。第一遍夯击点间距可取夯锤直径的（2.5~3.5）倍，第二遍夯击点应位于第一遍夯击点之间。以后各遍夯击点间距可适当减小。对处理深度较深或单击夯击能较大的工程，第一遍夯击点间距宜适当增大。

6）强夯处理范围应大于建筑物基础范围，每边超出基础外缘的宽度宜为基底下设计处理深度的(1/2)~(2/3)，且不应小于3m；对可液化地基，基础边缘的处理宽度，不应小于5m；对湿陷性黄土地基，应符合现行国家标准《湿陷性黄土地区建筑规范》(GB 50025—2004)的有关规定。

7）根据初步确定的强夯参数，提出强夯试验方案，进行现场试夯。应根据不同土质条件，待试夯结束一周至数周后，对试夯场地进行检测，并与夯前测试数据进行对比，检验强夯效果，确定工程采用的各项强夯参数。

8）根据基础埋深和试夯时所测得的夯沉量，确定起夯面标高、夯坑回填方式和夯后标高。

9）强夯地基承载力特征值应通过现场静载荷试验确定。

10）强夯地基变形计算，应符合现行国家标准《建筑地基基础设计规范》（GB 50007—2011)有关规定。夯后有效加固深度内土的压缩模量，应通过原位测试或土工试验确定。

（3）强夯置换处理地基的设计，应符合下列规定：

1）强夯置换墩的深度应由土质条件决定。除厚层饱和粉土外，应穿透软土层，到达较硬土层上，深度不宜超过10m。

2）强夯置换的单击夯击能应根据现场试验确定。

3）墩体材料可采用级配良好的块石、碎石、矿渣、工业废渣、建筑垃圾等坚硬粗颗粒材料，且粒径大于300mm的颗粒含量不宜超过30%。

4）夯点的夯击次数应通过现场试夯确定，并应满足下列条件：

①墩底穿透软弱土层，且达到设计墩长。

②累计夯沉量为设计墩长的（1.5~2.0）倍。

③最后两击的平均夯沉量可按表C5-10-2-2-1B确定。

5）墩位布置宜采用等边三角形或正方形。对独立基础或条形基础可根据基础形状与宽度作相应布置。

6）墩间距应根据荷载大小和原状土的承载力选定，当满堂布置时，可取夯锤直径的（2~3）倍。对独立基础或条形基础可取夯锤直径的（1.5~2.0）倍。墩的计算直径可取夯锤直径的（1.1~1.2）倍。

7）强夯置换处理范围应符合《建筑地基处理技术规范》（JGJ 79-2012）规范第6.3.3条第6款的规定。

> **附：第6.3.3条第6款**
> 第6款 强夯处理范围应大于建筑物基础范围，每边超出基础外缘的宽度宜为基底下设计处理深度的（1/2）~（2/3），且不应小于3m；对可液化地基，基础边缘的处理宽度，不应小于5m；对湿陷性黄土地基，应符合现行国家标准《湿陷性黄土地区建筑规范》（GB 50025—2004）的有关规定。

8）墩顶应铺设一层厚度不小于500mm的压实垫层，垫层材料宜与墩体材料相同，粒径不宜大于100mm。

9）强夯置换设计时，应预估地面抬高值，并在试夯时校正。

10）强夯置换地基处理试验方案的确定，应符合《建筑地基处理技术规范》（JGJ 79—2012）规范第6.3.3条第7款的规定。除应进行现场静载荷试验和变形模量检测外，尚应采用超重型或重型动力触探等方法，检查置换墩着底情况，以及地基土的承载力与密度随深度的变化。

> **附：第6.3.3条第7款**
> 第7款 根据初步确定的强夯参数，提出强夯试验方案，进行现场试夯。应根据不同土质条件，待试夯结束一周至数周后，对试夯场地进行检测，并与夯前测试数据进行对比，检验强夯效果，确定工程采用的各项强夯参数。

11）软黏性土中强夯置换地基承载力特征值应通过现场单墩静载荷试验确定；对于饱和粉土地基，当处理后形成2.0m以上厚度的硬层时，其承载力可通过现场单墩复合地基静载荷试验确定。

12）强夯置换地基的变形宜按单墩静载荷试验确定的变形模量计算加固区的地基变形，对墩下地基土的变形可按置换墩材料的压力扩散角计算传至墩下土层的附加应力，按现行国家标准《建筑地基基础设计规范》（GB 50007—2011）的有关规定计算确定；对饱和粉土地基，当处理后形成2.0m以上厚度的硬层时，可按《建筑地基处理技术规范》（JGJ 79—2012）规范第7.1.7条的规定确定。

> **附：第7.1.7条**
> 第7.1.7条 复合地基变形计算应符合现行国家标准《建筑地基基础设计规范》（GB 50007—2011）的有关规定，地基变形计算深度应大于复合土层的深度。复合土层的分层与天然地基相同，各复合土层的压缩模量等于该层天然地基压缩模量的ζ倍，ζ值可按下式确定：
> $$\zeta = \frac{f_{spk}}{f_{ak}}$$
> 式中：f_{ak}——基础底面下天然地基承载力特征值（kPa）。

（4）填表说明：

1）夯击遍数：按正方形或梅花形网格排列，根据夯击坑形状、孔隙水压力及建筑基础特点确定的间距，布置的夯击点依次夯击完成为第×遍，以下各遍均在中间补点，最后一遍锤印彼此搭接，使表面平整。夯击遍数由设计确定，第一遍按实际填写。

2）夯击坑编号：按强夯施工图设计的坑位编号填写。

3）夯击次数：指每个夯击坑点的夯击数，按每个夯击坑点的实际夯击数填写。

4）落距：按施工时的实际落距填写，规范规定落距不宜小于6m。

5）锤顶面距地面高：指夯锤每次夯击落地后锤顶面距实际地面高度，照每次实测数填写。

6.10.2.2-2 强夯（或强夯置换）地基施工记录（C5-10-2-2-2）

1. 资料表式

强夯（或强夯置换）地基施工记录　　　　表 C5-10-2-2-2

施工单位＿＿＿＿＿＿＿＿＿＿施工日期＿＿＿＿＿＿＿＿＿＿至＿＿＿＿＿＿＿＿＿＿
工程名称＿＿＿＿＿＿＿＿＿＿＿＿＿＿＿＿＿＿＿＿＿＿＿＿＿＿＿＿＿＿＿＿＿＿
建筑物名称＿＿＿＿＿＿＿＿＿＿＿占地面积＿＿＿＿＿＿＿＿＿＿＿＿＿＿ m^2
场地标高＿＿＿＿＿＿＿＿＿＿＿＿＿m　地下水位标高＿＿＿＿＿＿＿＿＿＿＿m
地层土质＿＿＿＿＿＿＿＿＿＿＿＿＿＿＿＿＿＿＿＿＿＿＿＿＿＿＿＿＿＿＿＿
起重设备＿＿＿＿＿＿＿＿夯锤规格＿＿＿＿＿＿＿＿＿重量＿＿＿＿＿＿＿＿＿t
夯击遍数：第＿＿＿＿＿＿＿＿＿遍　本遍每个夯击坑击数＿＿＿＿＿＿＿＿击
本遍夯击数＿＿＿＿＿＿＿＿＿＿＿个　本遍总夯击击数＿＿＿＿＿＿＿＿＿＿击
本遍夯击坑遍数＿＿＿＿＿＿＿＿＿遍　总夯击坑数＿＿＿＿＿＿＿＿＿＿＿击
平均夯击能＿＿＿＿＿＿＿＿＿＿ $t \cdot m/m^2$　总夯击击数＿＿＿＿＿＿＿＿＿个
场地平均沉降量＿＿＿＿＿＿＿＿＿＿cm 累计＿＿＿＿＿＿＿＿＿＿＿＿cm

建筑物基础夯击坑布置简图			
参加人员	监理（建设）单位	施　工　单　位	
		专业技术负责人	质检员	记录人

2. 应用说明

（1）强夯置换处理地基。必须通过现场试验确定其适用性和处理效果。

（2）强夯处理地基的施工，应符合下列规定：

1）强夯夯锤质量宜为10t～60t，其底面形式宜采用圆形，锤底面积宜按土的性质确定，锤底静接地压力值宜为25～80kPa，单击夯击能高时，取高值，单击夯击能低时，取低值，对于细颗粒土宜取低值。锤的底面宜对称设置若干个上下贯通的排气孔，孔径宜为300～400mm。

2）强夯法施工，应按下列步骤进行：

①清理并平整施工场地。

②标出第一遍夯点位置，并测量场地高程。

③起重机就位，夯锤置于夯点位置。

④测量夯前锤顶高程。

⑤将夯锤起吊到预定高度,开启脱钩装置,夯锤脱钩自由下落,放下吊钩,测量锤顶高程;若发现因坑底倾斜而造成夯锤歪斜时,应及时将坑底整平。

⑥重复步骤⑤,按设计规定的夯击次数及控制标准,完成一个夯点的夯击;当夯坑过深,出现提锤困难,但无明显隆起,而尚未达到控制标准时,宜将夯坑回填至与坑顶齐平后,继续夯击。

⑦换夯点,重复步骤③~⑥,完成第一遍全部夯点的夯击。

⑧用推土机将夯坑填平,并测量场地高程。

⑨在规定的间隔时间后,按上述步骤逐次完成全部夯击遍数;最后,采用低能量满夯,将场地表层松土夯实,并测量夯后场地高程。

(3) 强夯置换处理地基的施工应符合下列规定:

1) 强夯置换夯锤底面宜采用圆形,夯锤底静接地压力值宜大于 80kPa。

2) 强夯置换施工应按下列步骤进行:

①清理并平整施工场地,当表层土松软时,可铺设 1.0~2.0m 厚的砂石垫层。

②标出夯点位置,并测量场地高程。

③起重机就位,夯锤置于夯点位置。

④测量夯前锤顶高程。

⑤夯击并逐击记录夯坑深度;当夯坑过深,起锤困难时,应停夯,向夯坑内填料直至与坑顶齐平,记录填料数量;工序重复,直至满足设计的夯击次数及质量控制标准,完成一个墩体的夯击;当夯点周围软土挤出,影响施工时,应随时清理,并宜在夯点周围铺垫碎石后,继续施工。

⑥按照"由内而外、隔行跳打"的原则,完成全部夯点的施工。

⑦推平场地,采用低能量满夯,将场地表层松土夯实,并测量夯后场地高程。

⑧铺设垫层,分层碾压密实。

(4) 夯实地基宜采用带有自动脱钩装置的履带式起重机,夯锤的质量不应超过起重机械额定起重质量。履带式起重机应在臂杆端部设置辅助门架或采取其他安全措施,防止起落锤时,机架倾覆。

(5) 当场地表层土软弱或地下水位较高,宜采用人工降低地下水位或铺填一定厚度的砂石材料的施工措施。施工前,宜将地下水位降低至坑底面以下 2m。施工时,坑内或场地积水应及时排除。对细颗粒土,尚应采取晾晒等措施降低含水量。当地基土的含水量低,影响处理效果时,宜采取增湿措施。

(6) 施工前,应查明施工影响范围内地下构筑物和地下管线的位置,并采取必要的保护措施。

(7) 当强夯施工所引起的振动和侧向挤压对邻近建构筑物产生不利影响时。应设置监测点,并采取挖隔振沟等隔振或防振措施。

(8) 施工过程中的监测应符合下列规定:

1) 开夯前,应检查夯锤质量和落距,以确保单击夯击能量符合设计要求。

2) 在每一遍夯击前,应对夯点放线进行复核,夯完后检查夯坑位置,发现偏差或漏夯应及时纠正。

3) 按设计要求,检查每个夯点的夯击次数、每击的夯沉量、最后两击的平均夯沉量和总夯沉量、夯点施工起止时间。对强夯置换施工，尚应检查置换深度。

4）施工过程中，应对各项施工参数及施工情况进行详细记录。

（9）夯实地基施工结束后，应根据地基土的性质及所采用的施工工艺，待土层休止期结束后，方可进行基础施工。

（10）强夯处理后的地基竣工验收，承载力检验应根据静载荷试验、其他原位测试和室内土工试验等方法综合确定。强夯置换后的地基竣工验收，除应采用单墩静载荷试验进行承载力检验外，尚应采用动力触探等查明置换墩着底情况及密度随深度的变化情况。

（11）夯实地基的质量检验应符合下列规定：

1）检查施工过程中的各项测试数据和施工记录，不符合设计要求时应补夯或采取其他有效措施。

2）强夯处理后的地基承载力检验，应在施工结束后间隔一定时间进行，对于碎石土和砂土地基，间隔时间宜为7～14d；粉土和黏性土地基，间隔时间宜为14～28d；强夯置换地基，间隔时间宜为28d。

3）强夯地基均匀性检验，可采用动力触探试验或标准贯入试验、静力触探试验等原位测试，以及室内土工试验。检验点的数量，可根据场地复杂程度和建筑物的重要性确定，对于简单场地上的一般建筑物，按每400m^2不少于1个检测点，且不少于3点；对于复杂场地或重要建筑地基，每300m^2不少于1个检验点，且不少于3点。强夯置换地基，可采用超重型或重型动力触探试验等方法，检查置换墩着底情况及承载力与密度随深度的变化，检验数量不应少于墩点数的3%，且不少于3点。

4）强夯地基承载力检验的数量，应根据场地复杂程度和建筑物的重要性确定，对于简单场地上的一般建筑，每个建筑地基载荷试验检验点不应少于3点；对于复杂场地或重要建筑地基应增加检验点数。检测结果的评价，应考虑夯点和夯间位置的差异。强夯置换地基单墩载荷试验数量不应少于墩点数的1%，且不少于3点；对饱和粉土地基，当处理后墩间土能形成2.0m以上厚度的硬层时，其地基承载力可通过现场单墩复合地基静载荷试验确定，检验数量不应少于墩点数的1%，且每个建筑载荷试验检验点不应少于3点。

（12）填表说明：

1）场地标高：指强夯施工区内未夯击前的场地标高，按经实际复测的场地标高填写。

2）地下水位标高：指强夯施工区内未夯击前的地下水位标高，按工程地质报告或实际复测的地下水位标高填写。

3）地层土质：一般按工程地质报告测得的地层土质填写，应填写至强夯设计影响深度以下5～8m的实际地层土质。

4）起重设备：照实际选定的起重设备填写、一般多使用起重能力为15t、30t和50t的履带式起重机或其他起重设备。也可采用专用三脚架或龙门架作为起重设备。

5）夯锤规格：按夯锤的实际直径和高度填写。

6）重量：指夯锤重量，一般不宜小于8t。

7）夯击遍数，第＿＿＿＿＿遍：照实际施工的夯击遍数填写。

8）本遍每个夯击坑的夯击数：照本遍实际施工的每个夯击坑的夯击数量填写。

9）本遍的夯击坑数＿＿＿＿＿个：照本遍实际施工的夯击坑个数填写。

10）本遍总夯击击数：指若干夯击坑击数的总和。

11) 总夯击遍数：指若干夯击坑的夯击遍数的总和。

12) 总夯击坑数：按实际夯击的夯击坑总数填写。

13) 平均夯击能：夯击能的总和（由锤重、落距、夯击坑数和每一夯击点的夯击次数算得）除以施工面积称之为平均夯击能。每一击的夯击能等于锤重乘落距。

14) 总夯击击数：强夯施工面积夯击击数的总和。

15) 场地平均沉降量：强夯施工场地内总沉降量除以夯击遍数。

16) 累计：强夯施工场地内的总沉降量值。

6.10.3 沥青路面热拌碾压及施工缝留设施工记录（C5-10-3）

1. 资料表式

沥青混合料摊铺碾压与施工缝留设施工记录　　　　表 C5-10-3

工程名称		施工单位			
桩　号		沥青混合料生产厂家			
沥青混合料摊铺、碾压、成型厚度、施工缝留设施工情况：					
检查结果：					
施工负责人		施工员		填表日期	年　月　日

2. 应用说明

（1）沥青路面热拌碾压及施工缝留设施工记录表式按施工记录（通用）表表 C5-1 的表式执行。

（2）沥青混合料的压实应按初压、复压、终压（包括成型）三个阶段进行。压路机应以慢而均匀的速度碾压，压路机的碾压速度应符合表 C5-10-3-1 的规定。

压路机碾压速度（单位：km/h）　　　　表 C5-10-3-1

压路机类型	初　压		复　压		终　压	
	适宜	最大	适宜	最大	适宜	最大
钢筒式压路机	1.5～2	3	2.5～3.5	8	2.5～3.5	5
轮胎压路机	—	—	3.5～4.5	8	4～6	8
振动压路机	1.5～2 （静压）	5 （静压）	4～5 （振动）	4～5 （振动）	4～5 （静压）	5 （静压）

（3）沥青混合料的初压应符合下列要求：

1) 初压应在混合料摊铺后较高温度下进行，并不得产生推移、发裂，压实温度应根据沥青稠度、压路机类型、气温、铺筑层厚度、混合料类型经试铺试压确定，并应符合《沥青路面施工及验收规范》（GB 50092—1996）规范热拌沥青混合料的施工温度（℃）的要求。

2）压路机应从外侧向中心碾压。相邻碾压带应重叠（1/3）～（1/2）轮宽，最后碾压路中心部分，压完全幅为一遍。当边缘有挡板、路缘石、路肩等支挡时，应紧靠支挡碾压。当边缘无支挡时，可用耙子将边缘的混合料稍稍耙高，然后将压路机的外侧轮伸出边缘 10cm 以上碾压。也可在边缘先空出宽 30～40cm，待压完第一遍后，将压路机大部分重量位于已压实过的混合料面上再压边缘，减少边缘向外推移。

3）应采用轻型钢筒式压路机或关闭振动装置的振动压路机碾压 2 遍，其线压力不宜小于 350N/cm。初压后应检查平整度、路拱，必要时应修整。

4）碾压时应将驱动轮面向摊铺机，如图 1。碾压路线及碾压方向不应突然改变而导致混合料产生推移。压路机起动、停止应减速缓慢进行。

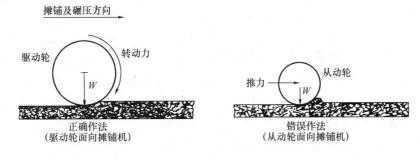

图 1 压路机的碾压方向

（4）复压应紧接在初压后进行，并应符合下列要求：

1）复压宜采用重型的轮胎压路机，也可采用振动压路机或钢筒式压路机。碾压遍数应经试压确定，并不宜少于 4～6 遍。复压后路面达到要求的压实度，并无显著轮迹。

2）当采用轮胎压路机时，总质量不宜小于 15t。碾压厚层沥青混合料，总质量不宜小于 22t。轮胎充气压力不小于 0.5MPa，相邻碾压带应重叠（1/3）～（1/2）的碾压轮宽度。

3）当采用三轮钢筒式压路机时，总质量不宜小于 12t，相邻碾压带应重叠后轮的 1/2 宽度。

4）当采用振动压路机时，振动频率宜为 35～50Hz，振幅宜为 0.3～0.8mm，并应根据混合料种类、温度和层厚选用。层厚较大时应选用较大的频率和振幅。相邻碾压带重叠宽度宜为 10～20cm。振动压路机倒车时应先停止振动，并在向另一方向运动后再开始振动，并应避免混合料形成鼓包。

（5）终压应紧接在复压后进行。终压可选用双轮钢筒式压路机或关闭振动的振动压路机碾压，终压不宜少于 2 遍，路面应无轮迹。路面压实成型的终了温度应符合《沥青路面施工及验收规范》（GB 50092—1996）规范热拌沥青混合料的施工温度（℃）的要求。

（6）沥青路面施工接缝：

1）在施工缝及构造物两端的连接处操作应仔细，接缝应紧密、平顺。

2）纵向接缝部位的施工应符合下列要求：

①摊铺时采用梯队作业的纵缝应采用热接缝。施工时应将已铺混合料部分留下10～20cm宽暂不碾压,作为后摊铺部分的高程基准面,在最后作跨缝碾压。

②当半幅施工不能采用热接缝时,宜加设挡板或采用切刀切齐。在铺另半幅前应将缝边缘清扫干净,并应涂洒少量黏层沥青。摊铺时应重叠在已铺层上5～10cm,摊铺后用人工将摊铺在前半幅上面的混合料铲走。碾压时应先在已压实路面上行走,碾压新铺层的10～15cm,然后压实新铺部分,再伸过已压实路面10～15cm,接缝应压实紧密,如图2。上下层的纵缝应错开15cm以上,表层的纵缝应顺直,且宜留在车道区画线位置上。

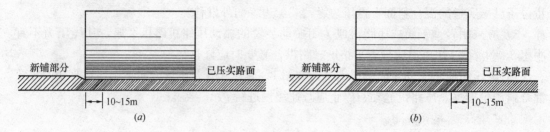

图2 纵缝冷接缝的碾压

3) 相邻两幅及上下层的横向接缝均应错位1m以上。对高速公路、一级公路和城市快速路、主干路,中下层的横向接缝可采用斜接缝,上面层应采用垂直的平接缝,如图3。其他道路的各层均可采用斜接缝。铺筑接缝时,可在已压实部分上面铺设一些热混合料,并应使接缝预热软化。碾压前应将预热用的混合料铲除。

图3 横向接缝的两种型式
(a) 斜接缝;(b) 平接缝

4) 斜接缝的搭接长度宜为0.4～0.8m。搭接处应清扫干净并洒粘层油。当搭接处混合料中的粗集料颗粒超过压实层厚度时应予剔除,并应补上细混合料,斜接缝应充分压实并搭接平整。

5) 平接缝应黏结紧密,压实充分,连接平顺。可采用下列方法施工:

①在施工结束时,摊铺机在接近端部前约1m处将熨平板稍稍抬起驶离现场,用人工将端部混合料铲齐后再碾压。然后用3m直尺检查平整度,趁尚未冷透时垂直刨除端部层厚不足的部分,使下次施工时成直角连接。

②在预定的摊铺段的末端选撒一薄层砂带,摊铺混合料后趁热在摊铺层上挖出一道缝隙,缝隙应位于撒砂与未撒交界处,在缝中嵌入一块与压实层厚度相等的木板或型钢,待压实后铲除撒砂的部分,扫尽砂子,撤去木板或型钢,并在端部洒粘层沥青接着摊铺。

③在预定摊铺段的末端先铺上一层麻袋或牛皮纸,摊铺碾压成斜坡,下次施工时将铺有麻袋或牛皮纸的部分用人工刨除,在端部洒粘层沥青接着摊铺。

④在预定摊铺段的末端先撒一薄层砂带,再摊铺混合料,待混合料稍冷却后将散砂的部分用切割机切割整齐后取走,用干拖布吸走多余的冷却水,待完全干燥后在端部洒黏层

沥青接着摊铺，在接头有水或潮湿时不得铺筑混合料。

6）从接缝处起继续摊铺混合料前应用 3m 直尺检查端部平整度，当不符合要求时，应予清除。摊铺时应调整好预留高度，接缝处摊铺层施工结束后再用 3m 直尺检查平整度，当有不符合要求者，应趁混合料尚未冷却时立即处理。

7）横向接缝的碾压应先用双轮或三轮钢筒式压路机进行横向碾压，如图4。碾压带的外侧应放置供压路机行驶的垫木，碾压时压路机应位于已压实的混合料层上，伸入新铺层的宽度宜为15cm。然后每压一遍向新铺混合料移动 15~20cm，直至全部在新铺层上为止，再改为纵向碾压。当相邻摊铺层已经成型同时又有纵缝时，可先用钢筒式压路机洞纵缝碾压一遍，其碾压宽度为 15~20cm，然后再沿横缝作横向碾压，最后进行正常的纵向碾压。

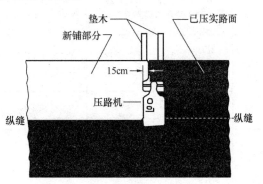

图 4 横向接缝的碾压方法

附：《城镇道路工程施工与质量验收规范》(CJJ 1—2008) 规定施工记录名目表

施工记录应提文件（资料）名目表　　表1

序号	所在规范分项工程条目内容	应提资料名称	应记录的施工记录内容
【路　基】			
1	第6.8.4条（5）　软土路基施工质量检验	袋装砂井施工记录	砂的规格质量、砂袋下沉、井深、砂井间距与直径、灌砂量
2	第6.8.4条（6）　软土路基施工质量检验	塑料排水板施工记录	塑料排水板质量、塑料排水板下沉、板深要求、板间距和板竖直度
3	第6.8.4条（7）　软土路基施工质量检验	砂桩处理软土路基施工记录	砂桩材料，复合地基承载力，桩长、桩距、桩径与竖直度
4	第6.8.4条（8）　软土路基施工质量检验	碎石桩处理软土路基施工记录	碎石桩材料，复合地基承载力，桩长、桩距、桩径与竖直度
5	第6.8.4条（9）　软土路基施工质量检验	粉喷桩处理软土路基施工记	水泥品种、级别，石灰、粉煤灰性能，桩长，复合地基承载力，强度（kPa），桩距、桩径与竖直度
【人行地道结构】			
1	第14.5.1条　现浇钢筋混凝土人行地道结构质量检验	现浇钢筋混凝土人行地道结构施工记录	钢筋的品种、规格，钢筋连接，混凝土强度，混凝土试块留置，地道几何尺寸及标高，底面平整度
2	第14.5.2条　预制安装钢筋混凝土人行地道结构质量检验	预制安装钢筋混凝土人行地道结构施工记录	钢筋连接，钢筋混凝土墙板、顶板强度，杯口、板缝混凝土强度，墙板、顶板的厚、高、宽度、侧弯、平整度等
3	第14.5.3条　砌筑墙体、钢筋混凝土顶板结构人行地道质量检验	砌筑墙体、钢筋混凝土顶板结构人行地道施工记录	砂浆强度，顶板的钢筋和混凝土质量，墙体砌筑的高程、净高、净宽、垂直度、平整度等

续表

序号	所在规范分项工程条目内容	应提资料名称	应记录的施工记录内容
【挡 土 墙】			
1	第15.6.1条 现浇钢筋混凝土挡土墙质量检验	现浇钢筋混凝土挡土墙施工记录	钢筋的品种、规格，钢筋连接，混凝土强度，混凝土试块留置，路外回填土压实度，栏杆柱高、间距、直顺度等
2	第15.6.2条 装配式钢筋混凝土挡土墙质量检验	装配式钢筋混凝土挡土墙施工记录	钢筋的品种、规格，钢筋连接，混凝土强度（墙板、杯口），混凝土试块留置，挡土板焊接，墙面垂直度、直顺度等
3	第15.6.3条 砌体挡土墙质量检验	砌体挡土墙施工记录	砌块、石料强度，砂浆强度，挡土墙断面、高程、平整度、墙面坡度等
4	第15.6.4条 加筋挡土墙质量检验	加筋挡土墙施工记录	基础混凝土强度，预制挡墙板质量，拉环、筋带数量及位置，填土土质压实度，墙板安装高程及坡度等

6.11 隐蔽工程检查验收记录（C5-11）

1. 资料表式

隐蔽工程检查验收记录（通用） 表C5-11

年 月 日

工程名称		施工单位	
隐检项目		隐检范围	
隐检内容及检查情况			
验收意见			
处理情况及结论			
		复查人：	年 月 日
参加人员	建设单位	监理单位	施 工 单 位
			项目技术负责人 / 专职质检员 / 施工员 / 记录

注：设计单位是否参加隐蔽验收的项目应根据工作需要，由建设、设计、施工单位协商确定。

2. 应用说明

（1）凡被下道工序、部位所隐蔽的工程，在隐蔽前必须进行质量检查验收，填写分项、分部质量检验记录。

（2）涉及工程结构安全和使用、功能的重要隐蔽部位验收，填写隐蔽工程检查验收记录。隐蔽工程验收记录的内容应具体，结论应明确，并经监理工程师检查签认。验收手续应及时办理，不得后补。需复验的要办理复验手续。

（3）隐蔽工程验收由项目经理部的技术负责人提出，向项目监理机构提请报验，报验手续应及时办理，不得后补。

（4）隐蔽工程检查验收的报验应在隐验前两天，向项目监理机构提出隐蔽工程的名称、部位和数量。项目监理机构应派专业监理工程师参加隐蔽工程验收。

（5）需要进行处理的隐蔽工程项目必须进行复验，提出复验日期，复验后应做出结论。隐蔽验收的部位要复查材质化验单编号、设计变更、材料代用的文件编号等。

（6）隐蔽工程验收需按相应专业规范规定执行，隐蔽内容应符合设计图纸及规范要求。

（7）隐蔽验收单内容填写齐全，问题记录清楚、具体，结论准确，为符合要求。

（8）按部位不同，分别由有关部门及时验收、签证，并签字加盖公章，为符合要求，隐蔽日期和其他资料有矛盾与实际不符为不符合要求。

6.11.1　砌体挡土墙隐蔽工程验收记录（C5-11-1）

6.11.1.1　砌体挡土墙基槽隐蔽工程验收记录（C5-11-1-1）

1. 资料表式

砌体挡土墙基槽隐蔽工程验收记录按"6.11　隐蔽工程检查验收记录（通用）"执行。

2. 应用说明

砌体挡土墙基槽的隐蔽工程验收，应检查土质情况、几何尺寸、标高，填方土料的压实试验等应符合设计要求。

6.11.1.2　加筋砌体挡土墙隐蔽工程验收记录（C5-11-1-2）

1. 资料表式

加筋砌体挡土墙隐蔽工程验收记录按"6.11　隐蔽工程检查验收记录（通用）"执行。

2. 应用说明

加筋砌体挡土墙隐蔽工程验收应检查：砌体的组砌方法、砌体强度、砌体配筋情况；沉降缝、伸缩缝、防震缝的构造做法。

配筋砌体隐蔽检查应包括：

(1) 组合配筋砌体的钢筋：直径、根数、间距、锚固长度；箍筋：直径、间距、压在灰缝中保护层厚度。

(2) 网状配筋砌体的网片和钢筋直径、间距、网片间间距放置方向及压在灰缝中保护层厚度。

6.11.2 钢筋混凝土挡土墙隐蔽工程验收记录（C5-11-2）

6.11.2.1 现浇钢筋混凝土挡土墙基槽隐蔽工程验收记录(C5-11-2-1)

1. 资料表式

现浇钢筋混凝土挡土墙基槽隐蔽工程验收记录按"6.11 隐蔽工程检查验收记录（通用）"执行。

2. 应用说明

现浇钢筋混凝土挡土墙基槽隐蔽工程验收应检查：土质情况、几何尺寸、标高，填方土料的压实试验等应符合设计要求。

6.11.2.2 现浇钢筋混凝土挡土墙钢筋隐蔽工程验收记录(C5-11-2-2)

1. 资料表式

现浇钢筋混凝土挡土墙钢筋隐蔽工程验收记录按"6.11 隐蔽工程检查验收记录（通用）"执行。

2. 应用说明

(1) 钢筋隐蔽验收应按国家现行标准《钢筋机械连接通用技术规程》（JGJ 107—2010）、《钢筋焊接及验收规程》（JGJ 18—2012）的规定对钢筋机械连接接头、焊接接头试件的力学性能检验、外观质量检查结果进行复查，其质量应符合有关规程的规定。

(2) 现浇钢筋混凝土挡土墙钢筋隐蔽工程验收应检查：纵向、横向及箍筋钢筋的品种、规格、形状尺寸、数量及位置；钢筋连接方式及数量、钢筋焊接质量及外观质量的检查；钢筋接头的百分率情况；钢筋除锈情况；预埋件数量及其位置；材料代用情况；绑扎及保护层情况。

6.11.3 装配式钢筋混凝土挡土墙隐蔽工程验收记录（C5-11-3）

6.11.3.1 装配式钢筋混凝土挡土墙基槽隐蔽工程验收记录(C5-11-3-1)

1. 资料表式

装配式钢筋混凝土挡土墙基槽隐蔽工程验收记录按"6.11 隐蔽工程检查验收记录（通用）"执行。

2. 应用说明

装配式钢筋混凝土挡土墙基槽隐蔽工程验收应检查：土质情况、几何尺寸、标高，填方土料的压实试验等应符合设计要求。

6.11.3.2 装配式钢筋混凝土挡土墙板连接隐蔽工程验收记录(C5-11-3-2)

1. 资料表式

装配式钢筋混凝土挡土墙板连接隐蔽工程验收记录"按6.11 隐蔽工程检查验收记录（通用）"执行。

2. 应用说明

（1）钢筋连接隐蔽验收应按国家现行标准《钢筋机械连接通用技术规程》（JGJ 107—2010）、《钢筋焊接及验收规程》（JGJ 18—2012）的规定对钢筋机械连接接头、焊接接头试件的力学性能检验、外观质量检查结果进行复查，其质量应符合有关规程的规定。

（2）装配式钢筋混凝土挡土墙板连接隐蔽工程验收应检查：装配式钢筋混凝土挡土墙板的几何尺寸；墙板连接钢筋的品种、规格、形状尺寸、数量及位置；墙板连接钢筋的焊接质量，钢筋除锈情况；预埋件数量及其位置；检查记录应符合设计和规范要求。

6.11.4 人行地道结构隐蔽工程验收记录 （C5-11-4）

6.11.4.1 人行地道结构基槽隐蔽工程验收记录 （C5-11-4-1）

1. 资料表式

人行地道结构基槽隐蔽工程验收记录按"6.11 隐蔽工程检查验收记录（通用）"执行。

2. 应用说明

人行地道结构基槽隐蔽工程验收应检查：土质情况、几何尺寸、标高，填方土料的压实试验等检查结果应符合设计和规范要求。

6.11.4.2 人行地道结构钢筋隐蔽工程验收记录 （C5-11-4-2）

1. 资料表式

人行地道结构钢筋隐蔽工程验收记录按"6.11 隐蔽工程检查验收记录（通用）"执行。

2. 应用说明

（1）人行地道结构钢筋隐蔽验收应按国家现行标准《钢筋机械连接通用技术规程》

(JGJ 107—2010)、《钢筋焊接及验收规程》(JGJ 18—2012)的规定对钢筋机械连接接头、焊接接头试件的力学性能检验、外观质量检查结果进行复查，其质量应符合有关规程的规定。

(2) 人行地道结构钢筋隐蔽工程验收应检查：纵向、横向及箍筋钢筋的品种、规格、形状尺寸、数量及位置；钢筋连接方式及数量、钢筋焊接质量及外观质量的检查；钢筋接头的百分率情况；钢筋除锈情况；预埋件数量及其位置；材料代用情况；绑扎及保护层情况。检查结果应符合设计和规范要求。

6.11.5 道路工程钢筋隐蔽工程验收记录 (C5-11-5)

1. 资料表式

道路工程钢筋隐蔽工程验收记录按"6.11 隐蔽工程检查验收记录（通用）"执行。

2. 应用说明

凡道路工程的受力钢筋工程在混凝土浇筑前均应进行隐蔽工程验收，验收内容包括钢筋的数量（总数量、区段数量与构造钢筋数量）、规格、间距、保护层、局部加筋、钢筋形式、弯钩、构造钢筋等检查结果应符合设计和规范要求。

6.11.6 道路工程的其他隐蔽工程验收记录 (C5-11-6)

1. 资料表式

道路工程的其他隐蔽工程验收记录按"6.11 隐蔽工程检查验收记录（通用）"或当地建设行政主管部门批准的表式执行。

2. 应用说明

道路工程的其他隐蔽工程验收记录，凡该工程分项工程的本工序操作完毕，将被下道工序所掩盖、包裹而再无从检查的工程项目均称为隐蔽工程项目。在隐蔽前必须进行隐蔽工程验收，检查结果应符合设计和规范要求。

6.11.7 关于《城镇道路工程施工与质量验收规范》(CJJ 1—2008)应增加"隐蔽验收记录"条目的几点建议

隐蔽验收项目是指为下道工序所隐蔽的工程项目，关系到结构性能和使用功能的重要部位应进行隐蔽检查。凡本工序操作完毕，将被下道工序所掩盖、包裹而再无从检查的工程项目均称为隐蔽工程项目。为此在专业规范中分项工程项下的检验方法中规定"查隐蔽验收记录"。在隐蔽前必须进行隐蔽工程验收。这是道路工程实施中进行隐蔽工程验收的原则。据此建议：

(1) 路基、基层的分层（段）有压实度要求的工程项目与部位，应增加隐蔽验收并予记录。

(2) 垫层为置换地基处理的分层（段）有压实度要求的工程项目与部位，应增加隐蔽验收并予记录。

（3）凡结构工程的钢筋安装均应增加隐蔽验收记录，核查其纵向、横向及箍筋钢筋的品种、规格、形状尺寸、数量及位置；钢筋连接方式的数量、接头百分率情况；钢筋除锈情况；预埋件数量及其位置；钢筋代用情况；绑扎及保护层情况；墙板销子铁；板缝灌注处理等。

（4）钢筋焊接工程：钢筋混凝土工程在隐蔽前应进行隐验，检查内容包括：使用焊条型号、规格，焊缝长度、厚度，外观质量等。

附：《城镇道路工程施工与质量验收规范》（CJJ 1—2008）规定隐蔽工程验收记录名目表

（CJJ 1—2008）规定隐蔽工程验收记录应提文件（资料）名目见表。

隐蔽工程验收记录应提文件（资料）名目表　　　　　表1

序号	所在规范分项工程条目内容	应提资料名称	隐验应检查内容
【人行地道结构】			
1	第14.5.1条 现浇钢筋混凝土人行地道结构质量检验	现浇钢筋混凝土人行地道结构填方地基隐蔽工程验收记录	地基承载力、防水层质量、钢筋安装、混凝土强度
2	第14.5.2条 预制安装钢筋混凝土人行地道结构质量检验	预制安装钢筋混凝土人行地道结构填方地基隐蔽工程验收记录	地基承载力、防水层质量、钢筋安装、混凝土强度
3	第14.5.3条 砌筑墙体、钢筋混凝土顶板结构人行地道质量检验	砌筑墙体、钢筋混凝土人行地道结构的顶板结构填方地基隐蔽工程验收记录	地基承载力、防水层质量、钢筋安装、混凝土强度
【挡土墙】			
1	第15.6.1条 现浇钢筋混凝土挡土墙质量检验	现浇钢筋混凝土挡土墙基槽隐蔽工程验收记录	地基承载力、钢筋安装、路外回填土压实度、混凝土强度
2	第15.6.2条 装配式钢筋混凝土挡土墙质量检验	装配式钢筋混凝土挡土墙基槽隐蔽工程验收记录	地基承载力、钢筋安装、路外回填土压实度、混凝土强度
3	第15.6.3条 砌体挡土墙质量检验	砌体挡土墙基槽隐蔽工程验收记录	地基承载力、砌块、石料强度
4	第15.6.3条 加筋挡土墙质量检验	加筋挡土墙基槽隐蔽工程验收记录	地基承载力、混凝土强度、拉环、筋带材料质量及数量、压实度
【隔离墩】			
1	第16.11.6条 隔离墩质量检验	隔离墩隐蔽工程验收记录	混凝土强度，预埋件焊接、焊缝质量

注：表内所列应提隐蔽工程验收记录系按《城镇道路工程施工与质量验收规范》（CJJ 1—2008）规范检验标准项下有关分项工程质量检验的检验方法中提出应进行隐蔽工程验收项目的汇整。

6.12 交接检查与工程预检记录（C5-12）

6.12.1 中间交接检查记录（C5-12-1）

1. 资料表式

中间交接检查记录 表 C5-12-1

中间检查交接记录		编　　号	
交接工程名称		接收单位名称	
交接部位		检验日期	
交接内容			
检查结果			
复查意见			
见证单位意见			
移交单位		接受单位	见证单位

注：1. 本表由移交、接收和见证单位各保存一份。
　　2. 见证单位应根据实际情况，并汇总移交和接收单位意见形成见证单位意见。

2. 应用说明

（1）中中间交接检查记录是指某一工序完成后，移交给另一单位进行下道工序施工前，移交单位和接受单位应进行交接检查，并约请监理（建设）单位参加见证。对工序实体、外观质量、遗留问题、成品保护、注意事项等情况进行记录，填写中间检查交接记录。

（2）中间交接检查记录实施说明：

1）交接检查是指前后工序之间进行的交接检查。应由单位工程技术负责人或项目负责人组织相关责任者按施工图设计和规范要求进行。其基本原则是"既保证本工序质量，又为下道工序创造顺利施工条件"。交接检查工作是促进上道工序自我严格把关的重要手段。

2）交接检完成后应填写交接检记录并经责任人本人签字。

6.12.2 工程预检记录（C5-12-2）

1. 资料表式

工程预检记录 　　　　　　　　　　　　　　　　　表 C5-12-2

工程名称			预检项目			
预检部位			检验日期			
预检内容						
检查意见						
复查意见						
	复查人：			复查日期：		
参加人员	建设单位	监理单位	施 工 单 位			
			项目技术负责人	专职质检员	施工员	记　录

本表由施工单位填写并保存。

2. 应用说明

（1）预检是对施工工程某重要工序进行的预先质量控制，应填写预检工程（技术复核）记录，预检合格后方可进入下一道工序。预检工作应邀请现场监理工程师参加。

（2）预检实施说明：

1）预检是该工程的某一项目或分项（检验批）工程在未施工前进行的重要工序的预先检查。预检是在自检的基础上进行的把关性检查，把工作中的偏差检查记录下来，并予以认真解决，预检合格后方可进行下道工序。及时办理预检是保证工程质量，防止重大质量事故的重要环节，预检工作由单位工程负责人组织，专职质检员核定，必要时邀请设计、建设单位的代表参加。应进行预检而未经预检的项目或预检不合格的项目不得进行下道工序施工。

2) 预检项目包括的主要内容：

①构（建）筑物位置线：红线、坐标、构（建）筑物控制桩、轴线桩、标高、标准水准控制桩，并附有平面示意图。

②构（建）筑物的基础尺寸线：包括基础轴线，断面尺寸、标高（槽底标高、垫层标高）等。

③模板工程的几何尺寸、轴线、标高、预埋件、预留孔位置、模板牢固性和模板清理等。

④构（建）筑物墙体：包括各层墙身轴线，门、窗洞口位置线，皮数杆及 50 水平线。

⑤需要进行放样的尺寸检查。

⑥有设备基础的位置、轴线、标高、尺寸、预留孔、预埋件等。

⑦进行地基处理需定位时，应根据龙门板的轴线或控制网的控制点，对其进行复核。

⑧构（建）筑物楼层 50cm 水平线检查。

3) 预检后必须及时办理预检签证手续，列入工程管理技术档案，对预检中提出的不符合质量要求的问题要认真进行处理，处理后进行复检并说明处理情况。

4) 参与预检的技术负责人、质检员均需本人签字。

7 施工试验记录及检测报告（C6）

7.1 压实度检验报告（C6-1）

7.1.1 路基、基层/面层压实度检验汇总表（C6-1-1）

7.1.1.1 路基压实度检验汇总表（C6-1-1-1）

1. 资料表式

路基压实度检验汇总表　　　　　　　　表 C6-1-1-1

单位工程名称：

序号	试验编号	检测日期	检测桩号	取样位置	实测干密度	压实度（%）	备 注

施工项目技术负责人：　　　　质检员：　　　　制表人：　　　年　月　日

2. 应用说明

（1）本表适用于路基压实度试验汇总。汇总整理按工程进度为序进行。
（2）路基压实度试验汇总的压实度，应满足设计要求。由核查人判定是否符合要求。
（3）测试取样的检测桩号、取样位置、实测干密度、压实度（%）等汇总时应予核查。
（4）所汇总的路基压实度试验汇总必须具有见证取样、送样和监理工程师签批的路基压实度试验单。

(5) 填表说明：

1) 检测桩号：指应汇总批的路基压实度试验的检测桩号。
2) 取样位置：指应汇总批的路基压实度试验的分层的取样位置。
3) 压实度：指应汇总批的路基压实度试验汇总的实测的压实度。
4) 备注：指应汇总批路基压实度试验汇总中需要说明的其他事宜。

7.1.1.2 基层/面层压实度检验汇总表（C6-1-1-2）

1. 资料表式

基层/面层压实度检验汇总表　　　　　　表 C6-1-1-2

工程名称：　　　　　　　　　　　　　　　　　　　　年　月　日

序号	填土类别	取样位置	取样深度	压实度（%）	土壤试验报告			备注
					日期	编号	结论	

施工项目技术负责人：　　　　质检员：　　　　填表人：　　　年　月　日

2. 应用说明

（1）本表适用于基层、面层压实记录汇总。汇总整理按工程进度为序进行。
（2）基层、面层压实记录的压实度，应满足设计要求。由核查人判定是否符合要求。
（3）所汇总的基层、面层压实记录必须具有见证取样、送样和监理工程师签批的压实记录单。
（4）填表说明：

1) 填土类别：指应汇总批的基层、面层压实的填土类别，如灰土、粉煤灰等。
2) 取样位置：指应汇总批的基层分层、面层的取样位置。
3) 取样深度：指应汇总批的基层分层、面层的取样深度。
4) 备注：指应汇总批基层、面层需要说明的其他事宜。

7.1.2 土的压实度（干质量密度）试验（C6-1-2）

土的压实度（干质量密度）试验可采用环刀法、蜡封法、灌砂法或灌水法。

7.1.2.1 环刀法压实度（干质量密度）试验记录（C6-1-2-1）

1. 资料表式

环刀法压实度（干质量密度）试验记录　　　表 C6-1-2-1

工程名称：_____　施工单位：_____
代表部位：_____　击实种类：_____　试验日期：_____

	取 样 桩 号				
	取 样 深 度				
	取 样 位 置				
	土 样 种 类				
湿密度	环刀号				
	环刀＋土质量（g）				
	环刀质量（g）				
	土质量（g）				
	环刀容积（cm³）				
	湿密度				
干密度	盒号				
	盒＋湿土质量（g）				
	盒＋干土质量（g）				
	水质量（g）				
	盒质量（g）				
	干土质量（g）				
	含水量（%）				
	平均含水量（%）				
	干密度（g/cm³）				
	最大干密度（g/cm³）				
	压实度（%）				
备注	1. 本试验经二次平行测定后，其平行差值不得大于规定。取其算术平均值。 2. 选用轻型击实或重型击实应按设计和规范要求执行。				

施工技术负责人：　　　　审核：　　　　试验：

2. 应用说明

（1）土的压实试验是为保证工程质量，确定回填土的控制最小干密度，由试验单位对工程中的回填土（或其他夯实类土）的干密度指标进行压实试验后出具的质量证明文件。

1）土的压实试验目的，是模拟工地压实条件，为确定土的最大干土质量密度及最优含水量，为工程设计提供初步的压实标准。压实试验是在一定夯击功能条件下，测定材料的含水量与干密度关系的试验。

2）压实是城镇道路工程至关重要的施工工艺方法。压实是指对土或其他筑路材料施加动的或静的外力，以提高其密实度的作业。密实度是指土或其他筑路材料压实后的干密度与标准最大干密度之比,以百分率表示。压实可达到被压实材料强度大大增加、形变减少、渗透系数减少、稳定性增加的目的。

3)城镇道路工程的压实度检查与测试采用现场实测方法进行。对企业施工现场试验条件不具备时,可由企业试验室或外协试验室协助完成。

(2)土壤压实度的试验,应有取样位置图,取点分布应符合设计和标准的规定。如干质量密度低于质量标准时,必须有补夯措施和重新进行测定的报告。

(3)试验报告单的子目应齐全,计算数据准确,签证手续完备,鉴定结论明确。

(4)土体试验报告单的压实度试验结果单体试件必须达到标准规定压实度的100%为合格。

(5)有见证取样试验要求的必须进行见证取样、送样试验。见证取样在备注中说明。

(6)回填工程没有压实度试验为不符合要求;虽经试验,但没有取样位置图或无结论,且试验结果不符合规范规定应为不符合要求。

(7)回填工程无干土质量密度试验报告单或报告单中的实测数据不符合质量标准;土壤试验有"缺、漏、无"现象及不符合有关规定的内容和要求。该项目应定为不符合要求。

(8)城镇道路工程基层取样规定:

1)基层与底基层:

①石灰稳定土,石灰、粉煤灰稳定砂砾(碎石),石灰、粉煤灰稳定钢渣:

检查数量:每1000m^2,每压实层抽检1点。城市快速路、主干路基层压实度≥97%;底基层压实度≥95%;其他等级路:基层压实度≥95%;底基层压实度≥93%。

基层底基层7d无侧限抗压强度符合设计要求。检查数量:每2000m^2抽检1组(6块)。

②水泥稳定土类:

抽样数量:每1000m^2,每压实层抽检1点。城市快速路、主干路基层压实度≥97%;底基层压实度≥95%;其他等级路:基层压实度≥95%;底基层压实度≥93%。

基层底基层7d无侧限抗压强度符合设计要求。检查数量:每2000m^2抽检1组(6块)。

③级配砂砾基层与底基层质量检验:

检查数量:每1000m^2,每压实层抽检1点。基层压实度≥97%;底基层压实度≥95%。

④级配碎石及级配碎砾石基层与底基层质量检验:

检查数量:每1000m^2,每压实层抽检1点。基层压实度≥97%;底基层压实度≥95%。

⑤沥青混合料(沥青碎石)基层质量检验:

检查数量:每1000m^2抽检1点。压实度≥95%。

⑥沥青贯入式基层质量检验:

检查数量:每1000m^2抽检1点。压实度≥95%。

2)面层:

①热拌沥青混合料质量检验:

检查数量:每1000m^2测1点。城市快速路、主干路≥96%;次干路及以下道路

≥95%。

②冷拌沥青混合料质量检验：

检查数量：每1000m² 测1点。压实度≥95%。

③沥青贯入式面层质量检验：

检查数量：每1000m² 抽检1点。压实度≥95%。

(9) 填表说明：

1) 工程名称：按施工企业和建设单位签订的施工合同的工程名称或图注的工程名称，照实际填写。

2) 施工单位：指建设与施工单位合同书中的施工单位名称，填写施工单位名称。

3) 代表部位：指土壤压实度试验试样所能代表的部位。

4) 击实种类：指土壤压实度试验采取的击实方法。

5) 试验日期：即实际试验日期，照实际试验日期填写。

6) 取样桩号：指土壤压实度试验取样点所在桩位的编号，按实际的桩位编号填写，不得填写不定量词。

7) 取样深度：指土壤压实度试验取样点的取样深度，按实际的取样深度填写。

8) 取样位置：指土壤压实度试验取样点的取样位置，按实际的取样位置填写。

9) 土样种类：指土壤压实度试验取样点的土样种类，按实际的土样种类填写。如粉土、粉质黏土等。

10) 湿密度：

①环刀号：指土壤压实度试验试件用环刀的环刀号，该环刀号由生产厂家标定其环刀号质量。

②环刀+土质量（g）：指环刀质量加土质量，照实测的环刀质量加土质量值填写。

③环刀质量（g）：指环刀质量，照实测的环刀质量填写。

④土质量（g）：指土质量，照实测的土质量填写。

⑤环刀容积（cm³）：指取土环刀的体积。

⑥湿密度：指土壤压实度试验试件的湿密度。

11) 干密度：指土壤压实度试验试件的干密度。

①盒号：指土壤压实度试验试件用盒的盒号，该盒号由生产厂家标定其盒号的质量。

②盒+湿土质量（g）：指标定盒号的质量加湿土质量，照实测的盒质量加湿土质量填写。

③盒+干土质量（g）：指盒质量加干土质量，照实测的盒质量加干土质量填写。

④水质量（g）：指水质量，照实测的水质量填写。

⑤盒质量（g）：指盒质量，照实测的盒质量填写。

⑥干土质量（g）：指干土质量，照实测的干土质量填写。

⑦含水量（%）：指土中的含水量，照实测值填写。

⑧平均含水量（%）：指土中的平均含水量，照实测值填写。

⑨干密度（g/cm³）：指试件烘干的质量密度，照实际填写。

⑩最大干密度（g/cm³）：由实验单位照实际测试结果的最大干密度值填写。

⑪压实度（%）：即土壤的压实程度。

12）备注：需要说明的事项，如土壤试验结果是否符合要求等。
(10) 土的密度试验方法：

7.1.2.1-1 环刀法测定压实度（干质量密度）试验方法与要求

执行标准：环刀法测定压实度试验方法（T 0923—1995）（摘选）

1. 目的和适用范围

本方法规定在公路工程现场用环刀法测定土基及路面材料的密度及压实度。

本方法适用于细粒土及无机结合料稳定细粒土的密度。但对无机结合料稳定细粒土，其龄期不宜超过 2d，且宜用于施工过程中的压实度检验。

2. 仪具与材料

本试验需要下列仪具与材料：

（1）人工取土器：见图1，包括环刀、环盖、定向筒和击实锤系统（导杆、落锤、手柄）。环刀内径 6~8cm，高 2~3cm，壁厚 1.5~2mm。

（2）电动取土器：如图2所示。由底座、行走轮、立柱、齿轮箱、升降机构、取芯头等组成。

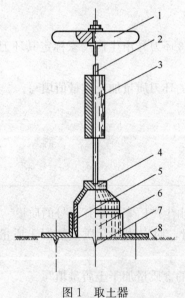
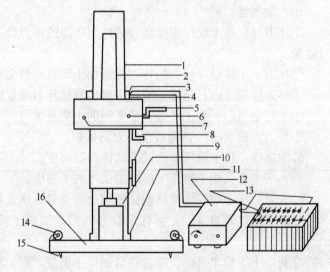

图1 取土器

1—手柄；2—导杆；3—落锤；4—环盖；5—环刀；6—定向筒；7—定向筒齿钉；8—试验地面

图2 电动取土器

1—立柱；2—升降轴；3—电源输入；4—直流电机；5—升降手柄；6、7—电源指示；8—锁紧手柄；9—升降手轮；10—取芯头；11—立柱套；12—调速器；13—电瓶；14—行走轮；15—定位销；16—底座平台

3. 方法与步骤

按有关试验方法对检测试样用同种材料进行击实试验，得到最大干密度（ρ_c）及最佳含水量。

用人工取土器测定黏性土及无机结合料稳定细粒土密度的步骤：

1）擦净环刀，称取环刀质量 M_2，准确至 0.1g。

2）在试验地点，将面积约 30cm×30cm 的地面清扫干净，并将压实层铲去表面浮动及不平整的部分，达一定深度，使环刀打下后，能达到要求的取土深度，但不得将下层扰动。

3）将定向筒齿钉固定于铲平的地面上，顺次将环刀、环盖放入定向筒内与地面垂直。

4）将导杆保持垂直状态，用取土器落锤将环刀打入压实层中，至环盖顶面与定向筒上口齐平为止。

5）去掉击实锤和定向筒，用镐将环刀及试样挖出。

6）轻轻取下环盖，用修土刀自边至中削去环刀两端余土，用直尺检测直至修平为止。

7）擦将环刀外壁，用天平称取出环刀及试样合计质量 M_1，准确至 0.1g。

8）自环刀中取出试样，取具有代表性的试样，测定其含水量（w）。

用人工取土器测定砂性土或砂层密度时的步骤：

1）如为湿润的砂土，试验时不需要使用击实锤和定向筒。在铲平的地面上，细心挖出一个直径较环刀外径略大的砂土柱，将环刀刃口向下，平置于砂土柱上，用两手平稳地将环刀垂直压下，直至砂土柱突出环刀上端约 2cm 时为止。

2）削掉环刀口上的多余砂土，并用直尺刮平。

3）在环刀上口盖一块平滑的木板，一手按住木板，另一手用小铁锹将试样从环切底部切断，然后将装满试样的环刀反转过来，削去环刀刃口上部的多余砂土，并用直尺刮平。

4）擦将环刀外壁，称环刀与试样合计质量（M_1），准确至 0.1g。

5）自环刀中取具有代表性的试样测定其含水量。

6）干燥的砂土不能挖成砂土柱时，可直接将环刀压入或打入土中。

用电动取土器测定无机结构料细粒土和硬塑土密度的步骤：

1）装上所需规定的取芯头。在施工现场取芯前，选择一块平整的路段，将四只行走轮打起，四根定位销钉采用人工加压的方法，压入路基土层中。松开锁紧手柄，旋动升降手轮，使取芯头刚好与土层接触，锁紧手柄。

2）将电瓶与调速器接通，调速器的输出端接入取芯机电源插口。指示灯亮，显示电路已通；启动开关，电动机工作，带动取芯机构转动。根据土层含水量调节转速，操作升降手柄，上提取芯机构，停机，移开机器。由于取芯头圆筒外表有几条螺旋状突起，切下的土屑排在筒外顺螺纹上旋抛出地表，因此，将取芯套筒套在切削好的土芯立柱上，摇动即可取出样品。

3）取出样品，立即按取芯套筒长度用修土刀或钢丝锯修平两端，制成所需规格土芯，如拟进行其他试验项目，装入铅盒，送试验室备用。

4）用天平称量土芯带套筒质量 M_1，从土芯中心部分取试样测定含水率。

本试验须进行两次平行测定，其平行差值不得大于 $0.03g/cm^3$。求其算术平均值。

4. 计算

按式（7-1）、式（7-2）计算试样的湿密度及干密度：

$$\rho = \frac{4 \times (M_1 - M_2)}{\pi \cdot d^2 \cdot h} \tag{7-1}$$

$$\rho_d = \frac{\rho}{1 + 0.01w} \tag{7-2}$$

式中：ρ——试样的湿密度（g/cm³）；

ρ_d——试样的干密度（g/cm³）；

M_1——环刀或取芯套筒与试样合计质量（g）；

M_2——环刀或取芯套筒质量（g）；

d——环刀或取芯套筒直径（cm）；

h——环刀或取芯套筒高度（cm）；

w——试样的含水率（%）。

按式（7-3）计算施工压实度：

$$K = \frac{\rho_d}{\rho_c} \times 100 \tag{7-3}$$

式中：K——测试地点的施工压实度（%）；

ρ_d——试样的干密度（g/cm³）；

ρ_c——由击实试验得到的试样的最大干密度（g/cm³）。

5. 报告

试验应报告土的鉴别分类、土的含水量、湿密度、干密度、最大干密度、压实度等。

7.1.2.2 蜡封法土壤干密度试验记录（C6-1-2-2）

1. 资料表式

蜡封法土壤干密度试验记录　　　　　　　　　　表 C6-1-2-2

工程名称_____　　　　　　　　　　　　　　　试验日期_____

试样编号	试样质量（g）	蜡封试样质量（g）	蜡封试样水中质量（g）	温度（℃）	纯水在T℃时的密度（g/cm³）	蜡封试样体积（cm³）	蜡体积（cm³）	试样体积（cm³）	湿密度（g/cm³）	含水率%	干密度（g/cm³）	平均干密度（g/cm³）
(1)	(2)	(3)		(4)		$(5)=\frac{(2)-(3)}{(4)}$	$(6)=\frac{(2)-(1)}{\rho_n}$	$(7)=(5)-(6)$	$(8)=\frac{(1)}{(7)}$	(9)	$(10)=\frac{(8)}{1+0.01(9)}$	

试验单位：　　　技术负责人：　　　审核：　　　检验：

2. 应用说明

（1）蜡封法试验系不能使用环刀切削坚硬易碎、含有粗粒、形状不规则的土，可用蜡封法测定其压实度（密度）。

（2）蜡封法土壤干密度试验中使用的石蜡选用 55 号石蜡为宜。密度可按近似值 0.92g/cm^3 进行计算。

（3）蜡封时采用一次徐徐浸蜡方法。

7.1.2.2-1 蜡封法土壤干密度试验方法与要求

执行标准：蜡封法土壤干密度试验方法（T 0109—1993）（摘选）

蜡封法

（1）本试验方法适用于易破裂土和形状不规则的坚硬土。

（2）蜡封法试验，应按下列步骤进行：

1）从原状土样中，切取体积不小于 30cm^3 的代表性试样，清除表面浮土及尖锐棱角，系上细线，称试样质量，准确至 0.01g。

2）持线将试样缓缓浸入刚过熔点的蜡液中，浸没后立即提出，检查试样周围的蜡膜，当有气泡时应用针刺破，再用蜡液补平，冷却后称蜡封试样质量。

3）将蜡封试样挂在天平的一端，浸没于盛有纯水的烧杯中，称蜡封试样在纯水中的质量，并测定纯水的温度。

4）取出试样，擦干蜡面上的水分，再称蜡封试样质量。当浸水后试样质量增加时，应另取试样重做试验。

（3）试样的密度，应按下式计算：

$$\rho_0 = \frac{m_0}{\dfrac{m_\text{n}-m_\text{nw}}{\rho_\text{wT}} - \dfrac{m_\text{n}-m_0}{\rho_\text{n}}}$$

式中：m_0——蜡封试样质量（g）；

m_nw——蜡封试样在纯水中的质量（g）；

ρ_wT——纯水在 T℃时的密度（g/cm^3）；

ρ_n——蜡的密度（g/cm^3）。

（4）本试验应进行两次平行测定，两次测定的差值不得大于 0.03g/cm^3，取两次测值的平均值。

7.1.2.3 灌水法土壤干密度试验记录 (C6-1-2-3)

1. 资料表式

灌水法土壤干密度试验记录　　　　表 C6-1-2-3

工程名称_____　　　　　　　　　　　　　试验日期_____

试样编号	储水筒水位 (cm)		储水筒断面积 (cm^2)	试坑体积 (cm^2)	试样质量 (g)	湿密度 (g/cm^3)	含水率 %	干密度 (g/cm^3)	试样重度 (kN/cm^3)
	初始	终了							
	(1)	(2)	(3)	(4)=[(2)−(1)]×(3)	(5)	(6)=$\frac{(5)}{(6)}$	(7)	(8)=$\frac{(6)}{1+0.01(7)}$	(9)=9.81×(8)

试验单位：　　　技术负责人：　　　　　审核：　　　　　　检验：

2. 应用说明

灌水法使用的橡皮囊采用聚氯乙烯塑料薄膜。
按试样最大粒径确定测坑尺寸，规定试样最大粒径为 200mm。按表 C6-1-2-3 确定。

7.1.2.3-1 灌水法土壤干密度试验方法与要求

执行标准：灌水法土壤干密度试验记录

灌水法
(1) 本试验方法适用于现场测定粗粒土的密度。
(2) 灌水法试验，应按下列步骤进行：
1) 根据试样最大粒径，确定试坑尺寸见表1。

试 坑 尺 寸（单位：mm）　　　表1

试样最大粒径	试坑尺寸		试样最大粒径	试坑尺寸	
	直径	深度		直径	深度
5～20	150	200	60	250	300
40	200	250	200	800	1000

2) 将选定试验处的试坑地面整平，除去表面松散的土层。
3) 按确定的试坑直径划出坑口轮廓线，在轮廓线内下挖至要求深度，边挖边将坑内的试样装入盛土容器内，称试样质量，准确到 10g，并应测定试样的含水率。

4）试坑挖好后，放上相应尺寸的套环，用水准尺找平，将大于试坑容积的塑料薄膜袋平铺于坑内，翻过套环压住薄膜四周。

5）记录储水筒内初始水位高度，拧开储水筒出水管开关，将水缓慢注入塑料薄膜袋中。当袋内水面接近套环边缘时，将水流调小，直至袋内水面与套环边缘齐平时关闭出水管，持续3～5min，记录储水筒内水位高度。当袋内出现水面下降时，应另取塑料薄膜袋重做试验。

（3）试坑的体积，应按下式计算：

$$V_p = (H_1 - H_2) \times A_w - V_0$$

式中：V_p——试坑体积（cm^3）；

H_1——储水筒内初始水位高度（cm）；

H_2——储水筒内注水终了时水位高度（cm）；

A_w——储水筒断面积（cm^2）；

V_0——套环体积（cm^3）。

4）试样的密度，应按下式计算：

$$\rho_0 = \frac{m_p}{V_p}$$

式中：m_p——取自试坑内的试样质量（g）。

7.1.2.4 灌砂法土壤干密度试验记录（C6-1-2-4）

1. 资料表式

灌砂法土壤干密度试验记录　　　　　表 C6-1-2-4

工程名称_____　　　　　　　　　　　　　　　试验日期_____

试样编号	量砂容器质量加原有量砂质量(g)	量砂容器质量加剩余量砂质量(g)	试坑用砂质量(g)	量砂密度(g/cm³)	试坑体积(cm³)	试样加容器质量(g)	容器质量(g)	试样质量(g)	试样密度(g/cm³)	试样含水率%	试样干密度(g/cm³)	试样重度(kN/cm³)
	(1)	(2)	(3)=(1)-(2)	(4)	(5)=(3)/(4)	(6)	(7)	(8)=(6)-(7)	(9)=(8)/(5)	(10)	(11)=(9)/(1+0.01(10))	(12)=9.81×(9)

试验单位：　　　　技术负责人：　　　　审核：　　　　检验：

2. 应用说明

（1）灌砂法适用于现场测定细粒土、砂类土和砾类土的密度。试样的最大粒径不得超过15mm，测定密度层的厚度为150～200mm。

（2）灌砂法一般在野外应用。灌砂法是利用均匀颗粒的砂，由一定高度下落到一规定容积的筒或洞内，按其单位重不变的原理来测量试洞的容积。

7.1.2.4-1 灌砂法土壤干密度试验方法与要求

执行标准：挖坑灌砂法测定压实度试验方法（T 0921—1995）（摘选）

1 目的和适用范围

1.1 本试验法适用于在现场测定基层（或底基层）、砂石路面及路基土的各种材料压实层的密度和压实度，也适用于沥青表面处治、沥青贯入式路面层的密度和压实度检测，但不适用于填石路堤等有大孔洞或大孔隙材料的压实度检测。

（注：挖坑灌砂法是施工过程中最常用的试验方法之一。应严格遵循试验规程的每个细节，量砂规则、表面处理要平、每次换量砂锥体内的砂应重新标定，做到试验准确。）

1.2 用挖坑灌砂法测定密度和压实度时，应符合下列规定：

（1）当骨料的最大粒径小于 15mm、测定层的厚度不超过 150mm 时，宜采用 φ100mm 的小型灌砂筒测试。

（2）当骨料的最大粒径等于或大于 15mm，但不大于 40mm，测定层的厚度超过 150mm，但不超过 200mm 时，应用 φ150mm 的大型灌砂筒测试。

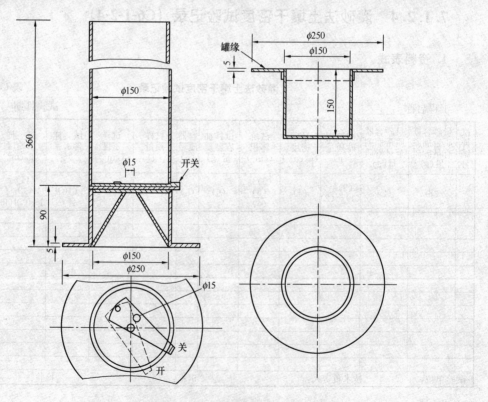

图 1 灌砂筒和标定罐（尺寸单位：mm）

2 仪具与材料

本试验需要下列仪具与材料：

灌砂筒：有大小两种，根据需要采用。型式和主要尺寸见图1及表1。当尺寸与表中不一致，但不影响使用时，亦可使用。

灌砂仪的主要尺寸　　　　　　　　　　　　　　　　　　表1

结　　构			小型灌砂筒	大型灌砂筒
储砂筒	直径	(mm)	100	150
	容积	(cm³)	2120	4600
流砂孔	直径	(mm)	10	15
金属标定罐	内径	(mm)	100	150
	外径	(mm)	150	200
金属方盘基板	边长	(mm)	350	400
	深	(mm)	40	50
	中孔直径	(mm)	100	150

注：如骨料的最大粒径超过40mm，则应相应地增大灌砂筒和标定罐的尺寸。如骨料的最大粒径超过60mm，灌砂筒和现场试洞的直径应为200mm。

3 方法与步骤

3.1 按现行试验方法对检测对象试样用同种材料进行击实试验，得到最大干密度（ρ_c）及最佳含水率。

3.2 按1.2的规定选用适宜的灌砂筒。

3.3 按下列步骤标定灌砂筒下部圆锥体内砂的质量：

（1）在灌砂筒筒口高度上，向灌砂筒内装砂至距筒顶15mm左右为止。称取装入筒内砂的质量 m_1，准确至1g。以后每次标定及试验都应该维持装砂高度与质量不变。

（2）将开关打开，使灌砂筒筒底的流砂孔、圆锥形漏斗上端开口圆孔及开关铁板中心的圆孔上下对准，让砂自由流出，并使流出砂的体积与工地所挖试坑内的体积相当（或等于标定罐的容积），然后关上开关。

（3）不晃动储砂筒的砂，轻轻地将罐砂筒移至玻璃板上，将开关打开，让砂流出，直到筒内砂不再下流时，将开关关上，并细心地取走灌砂筒。

（4）收集并称量留在玻璃板上的砂或称量筒内的砂，准确至1g，玻璃板上的砂就是填满筒下部圆锥体的砂（m_2）。

（5）重复上述测量三次，取其平均值。

3.4 按下列步骤标定量砂的单位质量 γ_s（g/cm³）：

（1）用水确定标定罐的容积 V，准确至1mL。

（2）在储砂筒中装入质量为 m_1 的砂，并将灌砂筒放在标定罐上，将开关打开，让砂流出。在整个流砂过程中，不要碰动灌砂筒，直到储砂筒内的砂不再下流时，将开关关闭。取下灌砂筒，称取筒内剩余砂的质量（m_3），准确至1g。

（3）按下式计算填满标定罐所需砂的质量 m_a(g)：

$$m_a = m_1 - m_2 - m_3$$

式中：m_a——标定罐中砂的质量(g)；

m_1——装入灌砂筒内的砂的总质量(g)；

m_2——灌砂筒下部圆锥体内砂的质量(g);

m_3——灌砂入标定罐后,筒内剩余砂的质量(g)。

(4) 重复上述测量三次,取其平均值。

(5) 按下式计算量砂的单位质量 γ_S:

$$\gamma_S = \frac{m_a}{V}$$

式中:γ_S——量砂的单位质量(g/cm³);

V——标定罐的体积(cm³)。

3.5 试验步骤

(1) 在试验地点,选一块平坦表面,并将其清扫干净,其面积不得小于基板面积。

(2) 将基板放在平坦表面上。当表面的粗糙度较大时,则将盛有量砂(m_5)的灌砂筒放在基板中间的圆孔上,将灌砂筒的开关打开,让砂流入基板的中孔内,直到储砂筒内的砂不再下流时关闭开关。取下灌砂筒,并称量筒内砂的质量(m_6),准确至1g。

(注:当需要检测厚度时,应先测量厚度后再进行这一步骤。)

(3) 取走基板,并将留在试验地点的量砂收回,重新将表面清扫干净。

(4) 将基板放回清扫干净的表面上(尽量放在原处),沿基板中孔凿洞(洞的直径与灌砂筒一致)。在凿洞过程中,应注意不使凿出的材料丢失,并随时将凿松的材料取出装入塑料袋中,不使水分蒸发。也可放在大试样盒内。试洞的深度应等于测定层厚度,但不得有下层材料混入,最后将洞内的全部凿松材料取出。对土基或基层,为防止试样盘内材料的水分蒸发,可分几次称取材料的质量。全部取出材料的总质量为 m_w,准确至1g。

(5) 从挖出的全部材料中取有代表性的样品,放在铝盒或洁净的搪瓷盘中,测定其含水量(w,以%计)。样品的数量如下:用小灌砂筒测定时,对于细粒土,不少于100g;对于各种中粒土,不少于500g。用大灌砂筒测定时,对于细粒土,不少于200g;对于各种中粒土,不少于1 000g;对于粗粒土或水泥、石灰、粉煤灰等无机结合料稳定材料,宜将取出的全部材料烘干,且不少于2000g,称其质量(m_d),准确至1g。

(注:当为沥青表面处治或沥青贯入式结构类材料时,则省去测定含水量步骤。)

(6) 将基板安放在试坑上,将灌砂筒安放在基板中间(储砂筒内放满砂到要求质量 $m v_1$),使灌砂筒的下口对准基板的中孔及试洞,打开灌砂筒的开关,让砂流入试坑内。在此期间,应注意勿碰动灌砂筒。直到储砂筒内的砂不再下流时,关闭开关。仔细取走灌砂筒,并称量筒内剩余砂的质量(m_4),准确至1g。

(7) 如清扫干净的平坦表面的粗糙度不大,也可省去(2)和(3)的操作。在试洞挖好后,将灌砂筒直接对准放在试坑上,中间不需要放基板。打开筒的开关,让砂流入试坑内。在此期间,应注意勿碰动灌砂筒。直到储砂筒内的砂不再下流时,关闭开关。仔细取走灌砂筒,并称量剩余砂的质量(m'_4),准确至1g。

(8) 仔细取出试筒内的量砂,以备下次试验时再用。若量砂的湿度已发生变化或量砂中混有杂质,则应该重新烘干、过筛,并放置一段时间,使其与空气的湿度达到平衡后再用。

4 计算

4.1 按下两计算填满试坑所用的砂的质量 m_b(g):

灌砂时,试坑上放有基板时:

$$m_b = m_1 - m_4 - (m_5 - m_6)$$

灌砂时,试坑上不放基板时:

$$m_b = m_1 - m'_4 - m_2$$

式中: m_b——填满试坑的砂的质量(g);
m_1——灌砂前灌砂筒内砂的质量(g);
m_2——灌砂筒下部圆锥体内砂的质量(g);
m_4、m'_4——灌砂后,灌砂筒内剩余砂的质量(g);
$(m_5 - m_6)$——灌砂筒下部圆锥体内及基板和粗糙表面间砂的合计质量(g)。

4.2 按下式计算试坑材料的湿密度 ρ_w（g/cm³）：

$$\rho_w = \frac{m_w}{m_b} \times \gamma_s$$

式中：m_w——试坑中取出的全部材料的质量（g）；
γ_s——量砂的单位质量（g/cm³）。

4.3 按下式计算试坑材料的干密度 ρ_d（g/cm³）：

$$\rho_d = \frac{\rho_w}{1 + 0.01w}$$

式中：w——试坑材料的含水量（%）。

4.4 当为水泥、石灰、粉煤灰等无机结构料稳定土的场合，可按下式计算干密度 ρ_d（g/cm³）：

$$\rho_d = \frac{m_d}{m_b} \times \gamma_s$$

式中：m_d——试坑中取出的稳定土的烘干质量（g）。

4.5 按下式计算施工压实度：

$$K = \frac{\rho_d}{\rho_c} \times 100$$

式中：K——测试地点的施工压实度（%）；
ρ_d——试样的干密度（g/cm³）；
ρ_c——由击实试验得到的试样的最大干密度（g/cm³）。

注：当试坑材料组成与击实试验的材料有较大差异时，可以将试坑材料作标准击实，求取实际的最大干密度。

5 报告

各种材料的干密度均应准确至 0.01g/cm³。

7.2 沥青混合料试验报告（C6-2）

7.2.1 沥青混合料压实度检验汇总表（C6-2-1）

1. 资料表式

沥青混合料压实度记录汇总表　　　　　　　　　　表 C6-2-1

工程名称：　　　　　　　　　　　　　　　　　　　　　　年　月　日

序号	填土类别	取样位置	取样深度	压实度（%）	土壤试验报告			备注
					日期	编号	结论	

施工项目技术负责人：　　　　质检员：　　　　填表人：　　　　　　年　月　日

2. 应用说明

（1）本表适用于基层、面层压实度记录的汇总。汇总整理按工程进度为序进行。

（2）基层、面层压实记录的压实度，应满足设计要求。由核查人判定，不符合要求时应在备注中说明。

（3）所汇总的基层、面层压实记录必须具有见证取样、送样和监理工程师签批的压实记录单。

（4）填表说明：

1）填土类别：指应汇总批的基层、面层压实的填土类别，如灰土、粉煤灰等。

2）取样位置：指应汇总批的基层分层、面层的取样位置。

3）取样深度：指应汇总批的基层分层、面层的取样深度。

4）备注：指应汇总批基层、面层需要说明的其他事宜。

7.2.2 沥青混合料马歇尔试验报告（C6-2-2）

1. 资料表式

沥青混合料马歇尔试验报告　　　　　　　表 C6-2-2

混合料类型_____　　种类标号_____　　报告编号_____
委托单位_____　　　建设单位_____　　任务单编号_____
工程名称_____　　　委 托 人_____委托日期_____　委托单编号_____
抽样单位_____　　　取样地点_____　　检测类别_____
检测日期_____　　　检测标准_____
检测环境_____　　　检测依据_____

检测项目	技术指标	实测值	单项评定	检测结论
稳定度（kn）				
流值（0.1mm）				
马氏模数				
马氏密度				
检测仪器设备				

检测报告说明：1. 若对报告有异议，应于收到报告之日起 15d 内，以书面形式向检测单位提出，逾期视为对报告无异议。
　　　　　　　2. 本报告未加盖公章及资质者，结果无效。
　　　　　　　3. 委托检测结果仅对来样负责。

试验单位：　　　　技术负责人：　　　　审核：　　　　　　试（检）验：

　　　　　　　　　　　　　　　　　　　　　　　　　　　报告日期：　　　年　　月　　日

2. 应用说明

《城镇道路工程施工与质量验收规范》（CJJ 1—2008）规定：沥青混合料配合比设计应符合国家现行标准《公路沥青路面施工技术规范》（JTG F40—2004）的要求，并应遵守下列规定：

（1）各地区应根据气候条件、道路等级、路面结构等情况，通过试验，确定适宜的沥青混合料技术指标。

（2）开工前，应对当地同类道路的沥青混合料配合比及其使用情况进行调研，借鉴成功经验。

（3）各地区应结合当地自然条件，充分利用当地资源，选择合格的材料。

7.2.2.1 沥青混合料配合比设计应用技术要求

执行标准：《公路沥青路面施工技术规范》（JTG F40—2004）（摘选）

配合比设计

（1）沥青混合料必须在对同类公路配合比设计和使用情况调查研究的基础上，充分借鉴成功的经验，选用符合要求的材料，进行配合比设计。

（2）沥青混合料的矿料级配应符合工程设计规定的级配范围。密级配沥青混合料宜根据公路等级、气候及交通条件按表1选择采用粗型（C型）或细型（F型）混合料，并在表2范围内确定工程设计级配范围，通常情况下工程设计级配范围不宜超出表2的要求。其他类型的混合料宜直接以表3～表7作为工程设计级配范围。

粗型和细型密级配沥青混凝土的关键性筛孔通过率 表1

混合料类型	公称最大粒径（mm）	用以分类的关键性筛孔（mm）	粗型密级配 名称	粗型密级配 关键性筛孔通过率（%）	细型密级配 名称	细型密级配 关键性筛孔通过率（%）
AC～25	26.5	4.75	AC～25C	＜40	AC～25F	＞40
AC～20	19	4.75	AC～20C	＜45	AC～20F	＞45
AC～16	16	2.36	AC～16C	＜38	AC～16F	＞38
AC～13	13.2	2.36	AC～13C	＜40	AC～13F	＞40
AC～10	9.5	2.36	AC～10C	＜45	AC～10F	＞45

密级配沥青混凝土混合料矿料级配范围 表2

级配类型		通过下列筛孔（mm）的质量百分率（%）											
		31.5	26.5	19	16	13.2	9.5	4.75	2.36	1.18	0.6	0.3	0.15	0.075
粗粒式	AC～25	100	90～100	75～90	65～83	57～76	45～65	24～52	16～42	12～33	8～24	5～17	4～13	3～7
中粒式	AC～20		100	90～100	78～92	62～80	50～72	26～56	16～44	12～33	8～24	5～17	4～13	3～7
	AC～16			100	90～100	76～92	60～80	34～62	20～48	13～36	9～26	7～18	5～14	4～8
细粒式	AC～13				100	90～100	68～85	38～68	24～50	15～38	10～28	7～20	5～15	4～8
	AC～10					100	90～100	45～75	30～58	20～44	13～32	9～23	6～16	4～8
砂粒式	AC～5						100	90～100	55～75	35～55	20～40	12～28	7～18	5～10

沥青玛蹄脂碎石混合料矿料级配范围 表3

级配类型		通过下列筛孔（mm）的质量百分率（%）										
		26.5	19	16	13.2	9.5	4.75	2.36	1.18	0.6	0.3	0.15	0.075
中粒式	SMA～20	100	90～100	72～92	62～82	40～55	18～30	13～22	12～20	10～16	9～14	8～13	8～12
	SMA～16		100	90～100	65～85	45～65	20～32	15～24	14～22	12～18	10～15	9～14	8～12
细粒式	SMA～13			100	90～100	50～75	20～34	15～26	14～24	12～20	10～16	9～15	8～12
	SMA～10				100	90～100	28～60	20～32	14～26	12～20	10～18	9～16	8～13

开级配排水式磨耗层混合料矿料级配范围 表 4

级配类型		通过下列筛孔（mm）的质量百分率（%）									
		19	16	13.2	9.5	4.75	2.36	1.18	0.6	0.3	0.15	0.075
中粒式	OGFC—16	100	90~100	70~90	45~70	12~30	10~22	6~18	4~15	3~12	3~8	2~6
	OGFC—13		100	90~100	60~80	12~30	10~22	6~18	4~15	3~12	3~8	2~6
细粒式	OGFC—10			100	90~100	50~70	10~22	6~18	4~15	3~12	3~8	2~6

密级配沥青稳定碎石混合料矿料级配范围 表 5

级配类型		通过下列筛孔（mm）的质量百分率（%）												
		53	37.5	31.5	26.5	19	16	13.2	9.5	4.75	2.36	1.18	0.6	0.3	0.15	0.075
特粗式	ATB—40	100	90~100	75~92	65~85	49~71	43~63	37~57	30~50	20~40	15~32	10~25	8~18	5~14	3~10	2~6
	ATB—30		100	90~100	70~90	53~72	44~66	39~60	31~51	20~40	15~32	10~25	8~18	5~14	3~10	2~6
粗粒式	ATB—25			100	90~100	60~80	48~68	42~62	32~52	20~40	15~32	10~25	8~18	5~14	3~10	2~6

半开级配沥青碎石混合料矿料级配范围 表 6

级配类型		通过下列筛孔（mm）的质量百分率（%）										
		26.5	19	16	13.2	9.5	4.75	2.36	1.18	0.6	0.3	0.15	0.075
中粒式	AM—20	100	90~100	60~85	50~75	40~65	15~40	5~22	2~16	1~12	0~10	0~8	0~5
	AM—16		100	90~100	60~85	45~68	18~40	6~25	3~18	1~14	0~10	0~8	0~5
细粒式	AM—13			100	90~100	50~80	20~45	8~28	4~20	2~16	0~10	0~8	0~6
	SMA—10				100	90~100	35~65	10~35	5~22	2~16	0~12	0~9	0~6

开级配沥青稳定碎石混合料矿料级配范围 表 7

级配类型		通过下列筛孔（mm）的质量百分率（%）														
		53	37.5	31.5	26.5	19	16	13.2	9.5	4.75	2.36	1.18	0.6	0.3	0.15	0.075
特粗式	ATPB—40	100	70~100	65~90	55~85	43~75	32~70	20~65	12~50	0~3	0~3	0~3	0~3	0~3	0~3	0~3
	ATPB—30		100	80~100	70~95	53~85	36~80	26~75	14~60	0~3	0~3	0~3	0~3	0~3	0~3	0~3
粗粒式	ATPB—25			100	80~100	60~100	45~90	30~82	16~70	0~3	0~3	0~3	0~3	0~3	0~3	0~3

（3）（JTG F40—2004）规范采用马歇尔试验配合比设计方法，沥青混合料技术要求应符合表 8~11 的规定，并有良好的施工性能。当采用其他方法设计沥青混合料时，应按（JTG F40—2004）规范规定进行马歇尔试验及各项配合比设计检验，并报告不同设计方法的试验结果。二级公路宜参照一级公路的技术标准执行。表中气候分区按（JTG F40—2004）规范附录 A 执行。重载交通是指设计交通量在 1000 万辆以上的路段，长大坡度的路段按重载交通路段考虑。

密级配沥青混凝土混合料马歇尔试验技术标准 表 8
（本表适用于公称最大粒径≤26.5mm 的密级配沥青混凝土混合料）

试验指标	单位	高速公路、一级公路				其他等级公路	行人道路
		夏炎热区（1-1、1-2、1-3、1-4 区）		夏热区及夏凉区（2-1、2-2、2-3、2-4、3-2 区）			
		中轻交通	重载交通	中轻交通	重载交通		
击实次数（双面）	次	75				50	50
试件尺寸	mm	$\phi 101.6mm \times 63.5mm$					

续表

试验指标		单位	高速公路、一级公路				其他等级公路	行人道路
			夏炎热区（1-1,1-2,1-3,1-4区）		夏热区及夏凉区（2-1,2-2,2-3,2-4,3-2区）			
			中轻交通	重载交通	中轻交通	重载交通		
空隙率 VV	深约90mm以内	%	3～5	4～6	2～4	3～5	3～6	2～4
	深约90mm以下	%	3～6		2～4	3～6	3～6	—
稳定度 MS 不小于		kN	8				5	3
流值 FL		mm	2～4	1.5～4	2～4.5	2～4	2～4.5	2～5
矿料间隙率 VMA（%），不小于	设计空隙率（%）	相应于以下公称最大粒径（mm）的最小VMA及VFA技术要求（%）						
		26.5	19	16	13.2	9.5	4.75	
	2	10	11	11.5	12	13	15	
	3	11	12	12.5	13	14	16	
	4	12	13	13.5	14	15	17	
	5	13	14	14.5	15	16	18	
	6	14	15	15.5	16	17	19	
沥青饱和度 VFA（%）		55～70		65～75		70～85		

注：1. 对空隙率大于5%的夏炎热区重载交通路段，施工时应至少提高压实度1个百分点。
2. 当设计的空隙率不是整数时，由内插确定要求的VMA最小值。
3. 对改性沥青混合料，马歇尔试验的流值可适当放宽。

沥青稳定碎石混合料马歇尔试验配合比设计技术标准　　　　表9

试验指标	单位	密级配基层（ATB）	半开级配面层（AM）	排水式开级配磨耗层（OGFC）	排水式开级配基层（ATPB）
公称最大粒径	mm	26.5mm	等于或大于31.5mm	等于或小于26.5mm	等于或小于26.5mm	所有尺寸
马歇尔试件尺寸	mm	ϕ101.6mm×63.5mm	ϕ152.4mm×95.3mm	ϕ101.6mm×63.5mm	ϕ101.6mm×63.5mm	ϕ152.4mm×95.3mm
击实次数（双面）	次	75	112	50	50	75
空隙率 VV	%	3～6	6～10	不小于18	不小于18	
稳定度，不小于	kN	7.5	15	3.5	3.5	
流值	mm	1.5～4	实测	—	—	
沥青饱和度 VFA	%	55～70	40～70	—	—	
密级配基层 ATB 的矿料间隙率 VMA（%），不小于	设计空隙率（%）	ATB-40	ATB-30	ATB-25		
	4	11	11.5	12		
	5	12	12.5	13		
	6	13	13.5	14		

注：在干旱地区，可将密级配沥青稳定碎石基层的空隙率适当放宽到8%。

SMA混合料马歇尔试验配合比设计技术要求　　　　表10

试验项目	单位	技术要求		试验方法
		不使用改性沥青	使用改性沥青	
马歇尔试件尺寸	mm	ϕ101.6mm×63.5mm		T0702
马歇尔试件击实次数[①]	—	两面击实50次		T0702
空隙率 VV[②]	%	3～4		T0705
矿料间隙率 VMA[②]，不小于	%	17.0		T0705
粗骨料骨架间隙率 VCA_{mix}[③]，不大于	—	VCA_{DRC}		T0705
沥青饱和度 VFA	%	75～85		T0705

续表

试验项目	单位	技术要求		试验方法
		不使用改性沥青	使用改性沥青	
稳定度④,不小于	kN	5.5	6.0	T0709
流值	mm	2~5	—	T0709
谢伦堡沥青析漏试验的结合料损失	%	不大于0.2	不大于0.1	T0732
肯塔堡飞散试验的混合料损失或浸水飞散试验	%	不大于20	不大于15	T0733

① 对骨料坚硬不易击碎,通行重载交通的路段,也可将击实次数增加为双面75次。
② 对高温稳定性要求较高的重交通路段或炎热地区,设计空隙率允许放宽到4.5%,VMA允许放宽到16.5%(SMA-16)或16%(SMA-19),VFA允许放宽到70%。
③ 试验粗骨料骨架间隙率VCA的关键性筛孔,对SMA-19、SMA-16是指4.75mm,对SMA-13、SMA-10是指2.36mm。
④ 稳定度难以达到要求时,容许放宽到5.0kN(非改性)或5.5kN(改性),但动稳定度检验必须合格。

OGFC混合料技术要求 表11

试验项目	单位	技术要求	试验方法
马歇尔试件尺寸	mm	$\phi 101.6mm \times 63.5mm$	T0702
马歇尔试件击实次数	—	两面击实50次	T0702
空隙率	%	18~25	T0705
马歇尔稳定度,不小于	kN	3.5	T0709
析漏损失	%	<0.3	T0732
肯特堡飞散损失	%	<20	T0733

(4)对用于高速公路和一级公路的公称最大粒径等于或小于19mm的密级配沥青混合料(AC),及SMA、OGFC混合料,需在配合比设计的基础上按下列步骤进行各种使用性能检验。不符要求的沥青混合料,必须更换材料或重新进行配合比设计。二级公路参照此要求执行。

1)必须在规定的试验条件下进行车辙试验,并符合表12的要求。

沥青混合料车辙试验动稳定度技术要求 表12

气候条件与技术指标		相应于下列气候分区所要求的动稳定度(次/mm)								试验方法
七月平均最高气温(℃)及气候分区		>30				20~30			<20	
		1.夏炎热区				2.夏热区			3.夏凉区	
		1~1	1~2	1~3	1~4	2~1	2~2	2~3	2~4	3~2	
普通沥青混合料,不小于		800		1000		600		800		600	T0719
改性沥青混合料,不小于		2400		2800		2000		2400		1800	
SMA混合料	非改性,不小于	1500									
	改性,不小于	3000									
OGFC混合料		1500(一般交通路段)、3000(重交通量路段)									

注:1.如果其他月份的平均最高气温高于7月时,可使用该月平均最高气温。
2.在特殊情况下,如钢桥面铺装、重载车特别多或纵坡较大的长距离上坡路段、厂矿专用道路,可酌情提高动稳定度的要求。
3.对因气候寒冷确需使用针入度很大的沥青(如大于100),动稳定度难以达到要求,或因采用石灰岩等不很坚硬的石料,改性沥青混合料的动稳定度难以达到要求等特殊情况,可酌情降低要求。
4.为满足炎热地区及重载车要求,在配合比设计时采取减少最佳沥青用量的技术措施时,可适当提高试验温度或增加试验荷载进行试验,同时增加试件的碾压成型密度和施工压实度要求。
5.车辙试验不得采用二次加热的混合料,试验必须检验其密度是否符合试验规程的要求。
6.如需要对公称最大粒径等于和大于26.5mm的混合料进行车辙试验,可适当增加试件的厚度,但不宜作为评定合格与否的依据。

2) 必须在规定的试验条件下进行浸水马歇尔试验和冻融劈裂试验检验沥青混合料的水稳定性,并同时符合表13中的两个要求。达不到要求时必须按下文4.8.6的要求采取抗剥落措施,调整最佳沥青用量后再次试验。

附4.8.6:

4.8.6 粗骨料与沥青的黏附性应符合表1的要求,当使用不符要求的粗骨料时,宜掺加消石灰、水泥或用饱和石灰水处理后使用,必须时可同时在沥青中掺加耐热、耐水、长期性能好的抗剥落剂,也可采用改性沥青的措施,使沥青混合料的水稳定性检验达到要求。掺加外加剂的剂量由沥青混合料的水稳定性检验确定。

粗骨料与沥青的黏附性、磨光值的技术要求 表1

雨量气候区	1(潮湿区)	2(湿润区)	3(半干区)	4(干旱区)	试验方法
年降雨量(mm)	>1000	1000~500	500~250	<250	附录A
粗骨料的磨光值PSV,不小于高速公路、一级公路表面层	42	40	38	36	T 0321
粗骨料与沥青的黏附性,不小于 高速公路、一级公路表面层	5	4	4	3	T 0616
高速公路、一级公路的其他层次及其他等级公路的各个层次	4	4	3	3	T 0663

沥青混合料水稳定性检验技术要求 表13

气候条件与技术指标		相应于下列气候分区的技术要求(%)				试验方法
年降雨量(mm)及气候分区		>1000	500~1000	250~500	<250	
		1.潮湿区	2.湿润区	3.半干区	4.干旱区	
浸水马歇尔试验残留稳定度(%),不小于						
普通沥青混合料		80		75		T0709
改性沥青混合料		85		80		
SMA混合料	普通沥青	75				
	改性沥青	80				
冻融劈裂试验的残留强度比(%),不小于						
普通沥青混合料		75		70		T0729
改性沥青混合料		80		75		
SMA混合料	普通沥青	75				
	改性沥青	80				

3) 宜对密级配沥青混合料在温度-10℃、加载速率50mm/min的条件下进行弯曲试验,测定破坏强度、破坏应变、破坏劲度模量,并根据应力应变曲线的形状,综合评价沥青混合料的低温抗裂性能。其中沥青混合料的破坏应变宜不小于表14的要求。

4) 宜利用轮碾机成型的车辙试验试件,脱模架起进行渗水试验,并符合表15的要求。

5) 对使用钢渣作为集料的沥青混合料,应按现行试验规程(T 0363)进行活性和膨胀性试验,钢渣沥青混凝土的膨胀量不得超过1.5%。

6) 对改性沥青混合料的性能检验,应针对改性目的进行。以提高高温抗车辙性能为主要目的时,低温性能可按普通沥青混合料的要求执行;以提高低温抗裂性能为主要目的时，高温稳定性可按普通沥青混合料的要求执行。

沥青混合料低温弯曲试验破坏应变（με）技术要求 表14

气候条件与技术指标	相应于下列气候分区所要求的破坏应变（με）								试验方法
年极端最低气温（℃）及气候分区	<-37.0		-21.5~-37.0			-9.0~-21.5		>-9.0	
	1. 冬严寒区		2. 冬寒区			3. 冬冷区		4. 冬温区	
	1~1	2~1	1~2	2~2	3~2	1~3	2~3	1~4 2~4	
普通沥青混合料，不小于	2600		2300			2000			T0715
改性沥青混合料，不小于	3000		2800			2500			T0715

沥青混合料试件渗水系数（ml/min）技术要求 表15

级配类型	渗水系数要求（ml/min）	试验方法
密级配沥青混凝土，不大于	120	
SMA混合料，不大于	80	T0730
OGFC混合料，不小于	实测	

（5）高速公路、一级公路沥青混合料的配合比设计应在调查以往同类材料的配合比设计经验和使用效果的基础上，按以下步骤进行。

1）目标配合比设计阶段。用工程实际使用的材料按（JTG F40-2004）规范附录B、附录C、附录D的方法，优选矿料级配、确定最佳沥青用量，符合配合比设计技术标准和配合比设计检验要求，以此作为目标配合比，供拌和机确定各冷料仓的供料比例、进料速度及试拌使用。

2）生产配合比设计阶段。对间歇式拌和机，应按规定方法取样测试各热料仓的材料级配，确定各热料仓的配合比，供拌和机控制室使用。同时选择适宜的筛孔尺寸和安装角度，尽量使各热料仓的供料大体平衡。并取目标配合比设计的最佳沥青用量OAC、OAC±0.3%等3个沥青用量进行马歇尔试验和试拌，通过室内试验及从拌和机取样试验综合确定生产配合比的最佳沥青用量，由此确定的最佳沥青用量与目标配合比设计的结果的差值不宜大于±0.2%。对连续式拌和机可省略生产配合比设计步骤。

3）生产配合比验证阶段。拌和机按生产配合比结果进行试拌、铺筑试验段，并取样进行马歇尔试验，同时从路上钻取芯样观察空隙率的大小，由此确定生产用的标准配合比。标准配合比的矿料合成级配中，至少应包括0.075mm、2.36mm、4.75mm及公称最大粒径筛孔的通过率接近优选的工程设计级配范围的中值，并避免在0.3~0.6mm处出现"驼峰"。对确定的标准配合比，宜再次进行车辙试验和水稳定性检验。

4）确定施工级配允许波动范围。根据标准配合比及《公路沥青路面施工技术规范》（JTG F40—2004）第11章质量管理要求中各筛孔的允许波动范围，制订施工用的级配控制范围，用以检查沥青混合料的生产质量。

（6）经设计确定的标准配合比在施工过程中不得随意变更。生产过程中应加强跟踪检测，严格控制进场材料的质量，如遇材料发生变化并经检测沥青混合料的矿料级配、马歇尔技术指标不符要求时，应及时调整配合比，使沥青混合料的质量符合要求并保持相对稳定，必要时重新进行配合比设计。

（7）二级及二级以下其他等级公路热拌沥青混合料的配合比设计可按上述步骤进行。当材料与同类道路完全相同时，也可直接引用成功的经验。

热拌沥青混合料的频度和质量要求　　　　　　　附表1

项目		检查频度及单点检验评价方法	质量要求或允许偏差		试验方法
			高速公路、一级公路	其他等级公路	
混合料外观		随时	观察骨料粗细、均匀性、离析、油石比、色泽、冒烟、有无花白料、油团等各种现象		目测
拌和温度	沥青、骨料的加热温度	逐盘检测评定	符合本规范规定		传感器自动检测、显示并打印
	混合料出厂温度	逐车检测评定	符合本规范规定		传感器自动检测、显示并打印，出厂时逐车按 T 0981 人工检测
		逐盘测量记录，每天取平均值评定	符合本规范规定		传感器自动检测、显示并打印
矿料级配（筛孔）	0.075mm	逐盘在线检测	±2%（2%）	—	计算机采集数据计算
	≤2.36mm		±5%（4%）	—	
	≥4.75mm		±6%（5%）	—	
	0.075mm	逐盘检查，每天汇总1次取平均值评定	±1%		附录G总量检验
	≤2.36mm		±2%		
	≥4.75mm		±2%		
	0.075mm	每台拌和机每天1～2次，以2个试样的平均值评定	±2%（2%）	±2%	T0725 抽提筛分与标准级配比较的差
	≤2.36mm		±5（3%）	±6%	
	≥4.75mm		±6（4%）	±7%	
沥青用量（油石比）		逐盘在线监测	±0.3%		计算机采集数据计算
		逐盘检查，每天汇总1次取平均值评定	±0.1%	—	附录F总量检验
		每台拌和机每天1～2次，以2个试样的平均值评定	±0.3%	±0.4%	抽提 T0722、T0721
马歇尔试验：空隙率、稳定度、流值		每台拌和机每天1～2次，以4～6个试件的平均值评定	符合本规范规定		T 0702、T 0709、本规范附录B、附录C
浸水马歇尔试验		必要时（试件数同马歇尔试验）	符合本规范规定		T 0702、T 0709
车辙试验		必要时（以3个试件的平均值评定）	符合本规范规定		T 0719

注：1. 单点检验是指试验结果以一组试验结果的报告值为一个测点的评价依据，一组试验（如马歇尔试验、车辙试验）有多个试样时，报告值的取用按《公路工程沥青及沥青混合料试验规程》（JTG E20—2011）的规定执行。

2. 对高速公路和一级公路，矿料级配和油石比必须进行总量检验和抽提筛分的双重检验控制，互相校核，表中括号内的数字是对SNA的要求。油石比抽提试验应事先进行空白试验标定，提高测试数据的准确度。

7.2.3 沥青混合料压实度试验记录（C6-2-3）

1. 资料表式

沥青混合料压实度（蜡封法）试验记录　　　　表 C6-2-3

施工单位：

工程名称											试样类型		
试件编号	日期	桩号（部位）	试样质量（g）	试样加蜡质量（g）	试样加蜡于水中质量（g）	石蜡密度（g/cm³）	石蜡质量（g）	石蜡体积（cm³）	试样密度（g/cm³）	标准密度（g/cm³）	压实度（%）

参加人员	监理（建设）单位		施　工　单　位			
			项目技术负责人	专职质检员	施工员	试　验

2. 应用说明

（1）蜡封称重法适用于形体不规则的块状试件测定其单位密度，对沥青混合料面层测定其压实后的实际密度，以检验碾压密度达到的程度。
（2）沥青混合料压实度取样数量按标准规定执行。
（3）沥青混凝土标准密度测定方法。
（300kg/cm² 压力成型法与马歇尔稳定度仪击实成型法）

Ⅰ 沥青混合料拌制和试件制备

1）试验仪具：
①试验室用小型沥青混合料拌和机（或用小铁锅炒拌）。
②沥青混凝土试模：试模如图1。它由一中空圆柱体，上下两压头所组成。试模尺寸，根据组成沥青混凝土混合料中骨料最大粒径尺寸规定见表1。

③烘箱。
④压力机（或万能试验机）。
2）试件制备方法：

表1

混合料名称	试模尺寸（mm）					试样面积 (cm²)
	d	H	h_1	h_2	δ	
粗粒沥青混合料	50.5	130	40	80	10	20
细粒（或中粒）式沥青混合料	71.4	170	50	80	12	40
中粒和粗粒式沥青混合料	101.0	180	50	90	12	80

①按沥青混合料组成的设计方法所计算的配合比数据，称取各种矿质集料倾于拌和机（或金属拌和锅）内，加热至150～160℃（根据所用沥青筒度决定）。

同时，将已脱水的沥青加热至140～150℃（根据沥青筒度确定）。

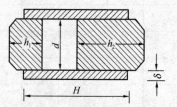

图1 沥青混凝土试模

②将加热好的沥青按配合比中需要的沥青用量，逐渐加入不断搅拌的骨料中，待拌匀后最后洒入预先加热好的石粉。

继续拌和骨料与沥青使其均匀为止（约拌10～15min）。

③自烘箱中取出预先擦干净、加热至140～150℃、与骨料最大尺寸相适应的试模，将其内部及两压头涂以润滑剂，将下承压轴置于模中。为保证当模子压实时，上下承压轴能对自由移动，下承压轴应垫一垫圈，使承压头突出模底口2～3cm。

④称取已拌和好的沥青混合料，每个试件所需混合料重可按下式计算确定：

$$q = \frac{\rho \cdot \pi \cdot d^2 \cdot h}{4}$$

式中：q——每个试件的混合料用量（g）；
　　　d——模子内径（cm）；
　　　h——试件高度（cm）；
　　　ρ——沥青混合料的质量密度（g/cm³）。

通常沥青混合料按质量密度$\rho = 2.25$g/cm³。每个沥青混合料试件所需混合料，用量应符合表2的规定。

⑤将称好的混合料均匀地装入试模中，用捣棒捣实，最后用上承压头轻轻挤入混合料。

⑥将装好混合料的试模装于压力机（或万能机）上，逐渐压实，在30MPa（按试样受压面积计）的压力下保持3min后卸荷，用脱模机将试件推出。

制成的试件高度误差不得大于±1mm。如混合料试件高度相差过大，可用下式重新计算用量：

沥青混合料试件所需混合料用量　　　　　　　　表2

试模内径 (mm)	试件高度 (mm)	混合料质量 (g)
50.5	50	220
71.4	70	610
101.4	101	1760

$$q = q_0 \cdot \frac{h}{h_0}$$

式中　q——混合料应有的用量（g）；

　　　q_0——试制试件的混合料实际用量（g）；

　　　h——试件的要求高度（mm）；

　　　h_0——试制试件的实际高度（mm）。

凡试件上下两面不平行，或有缺角及其他缺陷者，均不得作为测定技术性质试验之用。

Ⅱ　沥青混凝土标准密度测定

1）试验仪具：

静水力学天平。

2）试验方法：

①将标准压实下制备的试样，在制成4h后，即当温度将等于室温（18～20℃）时，在静水天平上称量其在空气中的质量为m_1（精确至0.01g）。

②同一试样在温度20℃±1℃的水中称量其质量为m_2（须于试样在盛有水的烧杯中，停止冒出气泡以后进行）。

3）试验结果计算和精确度：

沥青混凝土的标准密度按下式计算：

$$\rho_m = \frac{m_1}{m_1 - m_2}$$

式中　ρ_m——沥青混合料标准密度；

　　　m_1——沥青混合料试样在空气中的质量（g）；

　　　m_2——沥青混合料试样在水中的质量（g）。

以两次平行试验测定值的平均数作为标准密度值。若两次平行试验测定值的差值，大于0.02g/cm³，应重新试验。

Ⅲ　沥青混合料试件的制备

沥青混合料试件的制备，也可采用马歇尔稳定度仪，按照规定用击实锤击实制得。它测定沥青混合料的热稳性和抗塑性流动的性能——稳定度和流值。沥青混合料中矿料的最大粒径应不大于25mm。

1）试验仪具：

①马歇尔试验仪，见图2。

A. 加荷设备：一台。最大荷载约为 3000kg。加荷时，用马达或人工驱动，垂直变形速度为 50±5mm/min（人工操作，每秒钟转动摇把二次）。

B. 应力环：一个，安装固定在加荷设备的框架与加荷压头之间，容量约 3000kg，精确度为 10kg，下部圆柱形头将荷载传递给加荷压头；中间装有百分表。

C. 加荷压头：一副，由上下两个圆弧形压头组成，曲度半径为 50.8mm。下弧形压头固定在一圆形钢板上，并附有二根导棒；上弧形压头附有球座和两个导孔。当两个压头扣在一起时，下压头导棒恰好穿入压头的导孔内，并能使上压头圆滑地上下移动。

D. 钢球：一个，直径 16mm，试验时放置在球座上。

E. 流直计：一个，由导向套管和流值表组成，供测量试件在最大荷载时的变形。试验时导向套管安装在下压头的棒上。流值表的分度为 0.01cm。

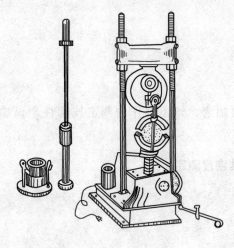

图 2 马歇尔试验仪

② 试模：三组，每组包括内径 101.6mm，高 87mm 的圆筒及套环和底板各一个。

③ 击实锤：1～2 副，每副包括 4.53kg 锤，平圆形击实座，带扶手的导向棒各一个，金属锤须能从 45.7cm 的高度沿着导向棒自由落下。

④ 击实台：一架，一般用 4 根型钢把 20cm×20cm×20cm 的木墩固定在混凝土板上，木墩上面放置一块 30cm×30cm×2.5cm 的钢板，也可以用其他型式的击实台，但产生效果应一致。

⑤ 脱模器。

⑥ 电烘箱：两台，大中型各一台，附有温度调节器。

⑦ 拌合设备：人工拌和采用拌盘（锅或盆）和铁铲等，或采用能保温的试验室用小型拌和机。

⑧ 恒温水槽：一个，附有温度调节器，容积最少能同时放置一组（至少三个）试件。

⑨ 其他：电炉或煤气炉、沥青熔化锅，台秤（容量 5kg 以上）、筛子、温度计（200℃）、刀子、滤纸、手套、水桶、蜡笔、记录纸等。

2）试验准备：

① 将过筛、洗净的石料及砂和石粉等置于 105～110℃ 的烘箱中干燥至恒重，并测定各种矿料和沥青材料的相对密度、矿料组成。

② 将沥青材料脱水、加热至 120～150℃（根据沥青的种类和标号选择），各种矿料置烘箱中加热至 140～160℃ 后备用。

将全套试模、击实座等置于烘箱中加热至 130～150℃ 后备用。

3）试件制备：

① 按照各种矿料在混合料中所占的配合比例，称出一组（3～4 个）或一个试件所需要的材料，置于拌盘（锅）或拌和机中。并继续加热、拌匀、摊开，然后加入需要数量的热沥青，迅速地拌和均匀，并使混合料保持在温度为 130～140℃（石油沥青）或 90～

110℃（煤沥青）的范围内。

②称取拌好的混合料（以四分法取一份）约 1200g，通过铁漏斗注入垫有一张滤纸的热试模中，并用热刀沿周边插捣 15 次，中间 10 次。

③将装好混合料的试模放在击实台上，再垫上一张滤纸，加盖预热（130～150℃）的击实座，再把装有击实锤的导向棒插入击实座内，然后将击实锤从 45.7cm 的高度自由落下（规定为 50 或 75 次）。混合料的击实温度不得低于 110℃（石油沥青）或 70℃（煤沥青）。在击实过程中，注意须使导向棒垂直于试模的底板。试件击实一面后，将试模倒置，再以同样的次数击完另一面。

④卸去套模和底板，将装有试件的试模放置在冷水中 2min 后，置脱模器上取出试件。

⑤压实后试件的高度应为 6.35±0.13cm。如试件高度不符合要求时，可按下式调整热混合料的用量。

$$调整后混合料的质量 = \frac{6.35 \times 所用混合料质量}{所得试件的高度}$$

⑥将试件仔细地放在平滑的台面上，在室温下静置过夜后，测量其高度及质量密度。

制备渣油混合料的各项温度，参照石油沥青的要求可酌情降低。

4）试验方法：

①量测试件的高度：用卡尺量取试件的高度，至少要取圆周等分 4 个点的平均值为试件的高度值，准确至 0.01cm。

②测定试件的质量密度：先在天平上称量试件在空气中的质量，然后称其在水中的质量（如试件空隙率较大时应采用蜡封法），准确至 0.01g，并按下列两式任选用一式计算试件的重量密度。

$$\rho_m = \frac{m}{m - m_1} \rho_w \quad 或 \quad \rho_m = \frac{m}{m_2 - m_3 - (\frac{m_2 - m_3}{d_p})} \rho_w$$

式中 ρ_m——试件实测质量密度（g/cm³）；

m——试件在空气中质量（g）；

m_1——试件在水中质量（g）；

m_2——蜡封后试件在空气中质量（g）；

m_3——蜡封后试件在水中质量（g）；

d_p——蜡的相对密度；

ρ_w——常温水的质量密度（1g/cm³）。

③测定试件的稳定度：

A. 将测定密度后的试件置于 60±1℃（石油沥青）或 37.8±1℃（煤沥青）的恒温水槽保持最少 30min。

B. 将上下压头内面拭净，必要时在导棒上涂以少许机油，使上压头能自由滑动，从水槽中取出试件在下压头上，再盖上上压头，然后放到加荷设备上。

C. 将流值计安装在外侧导棒上，使导向套管轻轻地压住上压头，同时调整流值表对准零。

D. 在上压头的球座上放妥钢球，并对准应力环下的压头，然后调整应力环中的百分表对准零。

　　E. 开动加荷设备，使试件承受荷载，加荷速度为 50±5mm/s。当达到最大荷载的瞬间，读取应环中百分表的读数，并同时取下流值计，读记流值表的数值。

　　F. 从恒温水槽中取试件，到测出最大荷载值，不应超过 30s。

　　G. 测定试件浸水后的稳定度。

　　将测定密度后的试件置 60±1℃（石油沥青）或 37.8±1℃（煤沥青）的恒温水中保持 48h 然后测定其稳定度。

　5）试验结果整理和计算：

①试件的稳定度和流值：

　　A. 根据应力环标定曲线，将应力环中百分表的读数换算为荷载值，即试件的稳定度，以 kg 计。

　　B. 流值计中的读数，即为试件的流值，以 0.01cm 计。

　　C. 如试件高度与要求高度出入较大，则稳定度须按表 3 所列修正系数加以修正。

②试件理论质量密度：

试件的理论质量密度按下式计算：

$$\rho_t = \frac{100 + W_a}{\dfrac{W_1}{d_1} + \dfrac{W_2}{d_2} + \cdots\cdots \dfrac{W_n}{d_n} + \dfrac{W_a}{d_a}} \cdot \rho_w$$

式中：　　ρ_t——试件理论质量密度（g/cm³）；

　　$W_1\cdots\cdots W_n$——各种矿料配合比（%）矿料总和为 100%；

　　$d_1\cdots\cdots d_n$——各种矿料相对密度；

　　　　ρ_w——常温水的密度（g/cm³）；

　　　　W_a——沥青的用量，以干矿料的百分率计（%）；

　　　　d_n——沥青的相对密度。

试件高度修正系数表　　　　　　　　　　　　　　　　　　表 3

试件体积（cm³）	试件高度范围（cm）	修正系数
444～456	5.47～5.62	1.25
457～470	5.63～5.80	1.19
471～482	5.81～5.94	1.14
483～495	5.95～6.10	1.09
496～508	6.11～6.26	1.04
509～522	6.27～6.44	1.00
523～535	6.45～6.60	0.96
536～546	6.61～6.73	0.93
547～559	6.74～6.89	0.89
560～573	6.90～7.06	0.86
574～585	7.07～7.21	0.83
586～598	7.22～7.37	0.81

③试件中沥青的体积百分率：

试件的沥青体积百分率按下式计算：

$$V_a = \frac{W_a \times \rho_m}{d_a}$$

式中：V_a——沥青体积百分率（%）；
　　　W_a——沥青用量（%）；
　　　d_a——沥青相对密度；
　　　ρ_m——试件实测质量密度（g/cm³）。

④试件的空隙率：

试件的空隙率按下式计算：

$$V_v = (1 - \frac{\rho_m}{\rho_t}) \times 100\%$$

式中：V_v——试件空隙率（%）；
　　　ρ_m——实测质量密度（g/cm³）；
　　　ρ_t——理论质量密度（g/cm³）。

⑤试件中矿料的空隙率：

试件矿料空隙率按下式计算：

$$V_m = V_a + V_v$$

式中：V_m——试件中矿料空隙率（%）；
　　　V_a——试件中沥青体积百分率（%）；
　　　V_v——试件空隙率（%）。

⑥试件的饱和度：

试件饱和度按下式计算：

$$V_{fa} = \frac{V_a}{V_a + V_v} \times 100\%$$

式中：V_{fa}——试件饱和度（%）；
　　　V_a——试件中沥青体积百分率（%）；
　　　V_v——试件空隙率（%）。

⑦试件的马歇尔模数：

试件的马歇尔模数计算

$$T = \frac{S}{P}$$

式中：T——试件的马歇尔模数（$N/\frac{1}{100}$cm）；
　　　S——试件稳定度（N）；
　　　P——试件流值，1/100cm。

⑧试件的残留稳定度：

试件残留稳定度按下式计算：

$$S_0 = \frac{S_2}{S_1} \times 100\%$$

式中：S_0——试件残留稳定度（%）；
　　　S_1——试件稳定度（N）；
　　　S_2——试件浸水48h后稳定度（N）。

6）沥青混合料稳定度试验记录：

沥青混合料稳定度试验记录

表 4

混合料种类：
矿料种类、相对密度：
沥青种类、标号：
沥青相对密度：
混合料用量：
试验日期： 年 月 日
捣实温度： ℃；锤击次数：两面各

试件编号	沥青用量(%)	试件厚度(cm)	空中质量(g)	水中质量(g)	饱和面干质量(g)	体积(cm³) ③−④ ⑤−④	密度(g/cm³) 实际密度 ③/⑥	密度(g/cm³) 饱和面干密度 ⑤/⑦	密度(g/cm³) 干体积密度 ③/⑦	理论密度	沥青体积百分率 ①〜⑧ $d_a \times \rho_w$ (%)	空隙率 (①−⑪)/①×100 (%)	粒料间空隙率 ⑫−⑬ (%)	饱和度 ⑫/⑭ (%)	稳定度(N) 测力计读数(1/100)(mm)	稳定度(N) 折算稳定度(N)	稳定度(N) 修正系数	稳定度(N)	流值(1/100)(cm)	马歇尔模数($N/\frac{1}{100}cm$)	备注
	①	② 平均	③	④	⑤	⑥	⑧	⑨	⑩	⑪	⑫	⑬	⑭	⑮	⑯	⑰	⑱	⑲	⑳	㉑	㉒
						⑦															

(4) 蜡封法现场测定沥青混合料压实质量密度：
1) 仪器设备：
①台秤：称量 10kg，感量 5g。
②石蜡。
③细绳：（质轻、均匀、拉强）。
④其他：试验用的盘、刷、盛水桶、电炉等。
2) 操作步骤：
①将路面上打下的试件（以 15cm～20cm 正方体为宜）清除底部与基层粘连的部分，修正试件体形，用刷子细心刷去试件上分散的颗粒及尘土。
②秤出试件质量为 m。
③将石蜡加热至熔点呈液化状，用细线系住试件浸入石蜡中，使试件表面覆盖一薄层严密的石蜡（以防止水浸入为度），如蜡模上有气泡，需用热针刺破，再用石蜡填充针孔，涂平孔口。
④待蜡试件冷却后，称质量为 m_1。
⑤将蜡封试件的细绳系于台秤一端，使其浸浮在盛水桶内，注意试件不要接触桶壁，称出蜡封试件在水中质量为 m_2。
⑥同一试件进行 2～3 次平行试验，取其算术平均值。
3) 计算公式：

$$\rho = \frac{m}{\frac{(m_1-m_2)}{\rho_w} - \frac{(m_1-m)}{\rho_n}} = (g/cm^3, kg/m^3)$$

式中：ρ_w——试验用水的质量密度，采用 $1g/cm^3$；
ρ_n——试验用的石蜡的质量密度，采用 $0.92g/cm^3$。

4) 直接称重法：
当试件表面较密实时，可用直接称重法，即不须涂覆石蜡但操作方法同上。
计算公式：

$$\rho = \frac{m}{m_1-m_2} = (g/cm^3, kg/m^3)$$

式中：m_2——不涂石蜡的试件在水中的质量。

(5) 沥青面层施工质量控制：
见表 5～表 7。

(6) 填表说明：
1) 施工单位：指建设与施工单位合同书中的施工单位，签字有效。
2) 工程名称：按施工企业和建设单位签订的施工合同的工程名称或图注的工程名称，照实际填写。
3) 试样类型：指混合料的组成类型，如悬浮密实型混合料、骨架密实型混合料、密实型混合料等。
4) 试件编号：指在制作沥青混合料试件时的编号，照实际编写填写。
5) 日期：指试件的制作日期。

6）桩号：指制作试件所在的桩号（部位）位置。

7）试件质量：指试件的重量，按制作时所定的实测值填写。

8）试样加蜡质量：指试件加蜡密封后在空气中的质量。

9）试样加蜡于水中质量：指试件加蜡密封后在水中的质量。

10）石蜡密度（g/cm³）指试样实际的单位体积重量以 g/cm³ 计。

施工过程中材料质量检查的内容与要求　　　　　　表 5

材料	检查项目	检查频度	
		高速公路、一级公路 城市快速路、主干路	其他公路与 城市道路
粗骨料	外观（石料品种、扁平细长颗粒、含泥量等） 颗粒组成 压碎值 磨光值 洛杉矶磨耗值 含水量 松方单位重	随时 必要时 必要时 必要时 必要时 施工需要时 施工需要时	随时 必要时 必要时 必要时 必要时 施工需要时 施工需要时
细骨料	颗粒组成 含水量 松方单位重	必要时 施工需要时 施工需要时	必要时 施工需要时 施工需要时
矿粉	外观 <0.075mm 含量 含水量	随时 必要时 必要时	随时 必要时 必要时
石油沥青	针入度 软化点 延度 含蜡量	每 100t　1 次 每 100t　1 次 每 100t　1 次 必要时	每 100t　1 次 每 100t　1 次 每 100t　1 次 必要时
煤沥青	黏度	每 50t　1 次	每 100t　1 次
乳化沥青	黏度 沥青含量	每 50t　1 次 每 50t　1 次	每 100t　1 次 每 100t　1 次

注：1. 表列内容是在材料进场时已按"批"对材料进行了全面检查的基础上，日常施工过程中质量检查的项目与要求。
　　2. "必要时"是指施工企业、监理、质量监督部门、业主等各个部门对其质量发生怀疑，提出需要检查时，或是指根据需要商定的检查制定。
　　3. 乳化沥青是指沥青在含有乳化剂的水溶液中，经机械搅拌使沥青微粒子分散而形成的沥青乳液。

沥青面层施工过程中工程质量的控制标准　　　　　　表 6

路面类型	项目	检查频度	质量要求或允许偏差（单点检验）		试验方法
			高速公路、一级公路 城市快速路、主干路	其他等级公路 与城市道路	
沥青表面处治及贯入式路面	外观	随时		骨料嵌挤密实，沥青撒布均匀，无花白料 接头无油包	目测
	骨料撒布量	不少于 1～2 次/日		符合本规范附录 D 的规定	按相应施工长度的实际用量计算
	沥青撒布量	不少于 1～2 次/日		符合本规范附录 D 的规定	按相应施工长度的实际用量计算
	沥青撒布温度	每车 1 次		符合本规范 5.5.1 的规定	温度计测量

续表

路面类型	项目	检查频度	质量要求或允许偏差（单点检验）		试验方法
			高速公路、一级公路 城市快速路、主干路	其他等级公路 与城市道路	
热拌沥青混合料路面	外观	随时	表面平整密度，不得有轮迹、裂缝、推挤、油丁、油包、离析、花白料现象		目测
	接缝	随时	紧密平整、顺直、无跳车		目测、用3m直尺测量
	施工温度：出厂温度 摊铺温度 碾压温度	不少于1次/车 不少于1次/车 随时	符合本规范7.2.3的规定		温度计测量
	矿料级配：与生产设计标准级配差 方孔筛 圆孔筛 0.075mm 0.075mm ≤2.36mm ≤2.5mm ≥4.75mm ≥5.0mm	每台拌合机 1次或2次/日	±2% ±6% ±7%	±2% ±7% ±8%	拌合厂取样，用抽提后的矿料筛分，应至少检查0.075mm、2.36mm、4.75mm、最大骨料粒径及中间粒径等5个筛孔，中间粒径宜为：细、中粒式为9.5mm（圆孔10），粗粒式为13.2mm（圆孔15）
	沥青用量（油石比）	每台拌合机 1次或2次/日	±0.3%	±0.5%	拌合厂取样，离心法抽提（用射线法沥青含量测定仪随时检查）
	马歇尔试验：稳定度 流值 密度、空隙率	每台拌合机 1次或2次/月	符合本规范表7.3.1的规定		拌合厂取样成型试验
	浸水马歇尔试验	必要时	符合本规范表7.3.1的规定		拌合厂取样成型试验
	压实度	每2000m² 检查1次，1次不少于钻1个孔	马歇尔试验密度的96% 试验段钻孔密度的99%	马歇尔试验密度的95% 试验段钻孔密度的99%	现场钻孔（或挖坑）试验（用核子密度仪随时检查）
	抗滑表层① 构造深度	不少于1次/日	符合设计要求		砂铺法（手工或电动）

注：1. 构造深度根据设计需要决定是否检测，且只对表层测定。
2. 表中的本规范指《沥青路面施工及验收规范》(GB 50092—1996)。

11) 石蜡质量：指试样封蜡的重量。

12) 石蜡体积：指试样封蜡的蜡的体积以 cm^3 计。

13) 试样密度（g/cm^3）：指试样实际的单位体积重量以 g/cm^3 计。

14) 标准密度（g/cm^3）：指在标准压实下制备的试件，在制成4h后，即当温度将等于室温（18～20℃）时，在静水天平上称量其在空气中的质量为 m_1；同一试样在温度20℃±1℃的水中称量其质量为 m_2（须于试样在盛有水的烧杯中，停止冒出气泡以后进行）。以下式计算的结果为沥青混合料标准密度。试样标准方法试验得到的质量密度以 g/cm^3 计。

沥青面层交工检查与验收质量标准（城市道路） 表7

路面类型	检查项目		检查频度（每一幅车行道）	质量要求或允许偏差		试验方法
				城市快速路、主干路	其他城市道路	
沥青表面处治沥青贯入式路面	外观		全线		密度，不松散	目测
	厚度①	代表值	每5000m² 1点		表处 −8mm	挖坑
			每5000m² 1点		贯入 −15mm	
		极值	每5000m² 1点		表处 −8mm	挖坑
			每5000m² 1点		贯入 −15mm	
	平整度	标准差	全线连续		表处 4.5mm	3m平整度仪
			全线连续		贯入 3.5mm	
		最大间隙	每200m 2处，各连续10尺		表处 10mm	3m直尺
			每200m 2处，各连续10尺		贯入 8mm	
	宽度	有侧石	每100m 2个断面		±3cm	用尺量
		无侧石	每100m 2个断面		不小于设计宽度	用尺量
	纵断面高程		每100m 2个断面		±20mm	水准仪
	横坡度		每100m 2个断面		±0.4%	水准仪
	沥青用量		每5000m² 1点		±0.5%	抽提
	矿料用量		每5000m² 1点		±5%	抽提后筛分
沥青混凝土沥青碎石路面	面层总厚度①	代表值	每4000m² 1点	−8mm	−10mm	钻孔
		极值	每4000m² 1点	−15mm	−15mm	钻孔
	上面层厚度①	代表值	每4000m² 1点	−4mm		钻孔
		极值	每4000m² 1点	−8mm		
	平整度	标准差	全线连续	2.0mm	2.6mm	3m平整度仪
		（最大间隙）	每1km 10处，各连续10尺		5mm	3m直
	宽度	有侧石	每100m 2个断面	±2cm	±3cm	用尺量
		无侧石	每100m 2个断面		不小于设计宽度	用尺量
	纵断面高程		每100m 5个断面	±15mm	±20mm	水准仪
	横坡度		每100m 5个断面	±0.3%	±0.4%	钻孔后抽提
	沥青用量		每4000m² 1点	±0.3%	±0.5%	抽提后筛分
	矿料级配		每4000m² 1点	符合设计级配	符合设计级配	钻孔取样法
	压实度②	代表值	每4000m² 1点	95%（98%）	94%（98%）	贝克曼梁
	弯沉③		全线每20m 1点	符合设计要求	符合设计要求	自动弯沉仪
			全线每5m 1点	符合设计要求	符合设计要求	
	抗滑表层④					
	构造深度		每100m 2点	符合设计要求	符合设计要求	砂铺法（手工或电动）
	摩擦系数摆值		每100m 5点	符合设计要求	符合设计要求	摆式仪
	横向力系数 μ		全线连续	符合设计要求	符合设计要求	横向力摩擦系数测定车

注：①城市快速路、主干路面层除验收总厚度外，尚须验收上面层厚度。
②表中压实度以马歇尔试验密度为标准密度，当以试验段密度为标准密度时，压实度标准采用括弧中的值。
③弯沉可选用贝克曼梁或自动弯沉仪测试，测试时间由设计规定，无规定时实测记录。
④抗滑表层的摩擦系数摆值或横向力系数根据设计需要决定是否检测，测试时间由设计规定。
⑤各项指标应按单个测值评定，有关代表值的计算应按《沥青路面施工及验收规范》（GB 50092—1996）规范附录F式F.0.3及表F.0.3进行。
⑥表中的本规范指《沥青路面施工及验收规范》（GB 50092—1996）。

$$P_m = \frac{m_1}{m_1 - m_2}$$

15) 压实度（%）：指试样试验的实际压实度，照试验结果填写。

16）参加人员：

①监理（建设）单位：指监理单位的专业监理工程师，签字有效。当不委托监理时由建设单位的项目负责人签字。

②施工单位：指与该工程签订施工合同的法人施工单位。

③专业技术负责人：指施工单位的项目经理部级的专业技术负责人，签字有效。

④专职质检员：负责该单位工程项目经理部级的专职质检员，签字有效。

⑤试　　验：指该项工程的施工试验人。

⑥施工员：指该项工程的单位工程技术负责人。

7.3　沥青混合料沥青含量、矿粉级配试验报告（C6-3）

7.3.1　沥青混合料沥青含量试验报告（C6-3-1）

1. 资料表式

沥青混合料沥青含量试验报告按当地建设行政主管部门核定的表格形式或经有权部门批准试验室提供的试验报告执行。

2. 应用说明

沥青混合料沥青含量试验采用射线法测定用粘稠石油沥青拌制的热拌沥青混合料中沥青含量（或油石比），不适用于其他沥青拌制的混合料。

沥青用量分别执行：（A）."沥青混合料中沥青含量试验（射线法）（T 0721—1993）"、（B）."沥青混合料中沥青含量试验（离心分离法）（T 0722—1993）"、（C）."沥青混合料中沥青含量试验（回流式抽提仪法）（T 0723—1993）"、（D）."沥青混合料中沥青含量试验（脂肪抽提器法）（T 0724—1993）"。本书仅附：沥青混合料中沥青含量试验（射线法）（T 0721—1993）。

7.3.1.1　沥青混合料中沥青含量试验（射线法）应用技术要求

执行标准：沥青混合料中沥青含量试验（射线法）（T 0721—1993）（摘选）

1　目的与适用范围

1.2　本方法采用射线法测定用粘稠石油沥青拌制的热拌沥青混合料中沥青含量（或油石比），不适用于其他沥青拌制的混合料。

1.3　本方法适用于热拌热铺沥青混合料路面施工时的沥青用量检测，以快速评定拌和厂产品质量。

3　方法与步骤

3.1　准备工作

3.1.1　沥青含量测定仪参数标定。

1）用检测对象的实际材料按施工要求的矿料配合比配合矿料8kg，在烘箱中加热到165℃，4h。

2）按本规程 T.0602 准备施工实际使用的沥青试样，按计沥青用量（或油石比）的±0.5%称取 2 档或 3 档沥青用量，加热到要求的拌和温度。

3）从小的沥青用量开始分别用沥青混合料拌和机拌和 3min。

4）按仪器说明书要求称取沥青混合料（一般不少于 6kg）装入试样容器中压实，用木板压平放进射线法沥青含量测定仪中，用 16min 测定时间测定标定参数。

（注：仪器应放在木制仪器箱上方，并远离水源。）

5）重复上述步骤，每次增加所需沥青用量，将每一档沥青用量的混合料进行测定，得出标定参数，储存入试验仪器中。

3.1.2 按本规程 T 0701 沥青混合料试样取样法，在拌和厂从运料卡车上采取欲检测的沥青混合料试样。

3.2 试验步骤

3.2.1 按仪器操作说明书要求立即将热沥青混合料分别装入两个试样容器，称取质量，使之符合规定取样量，并量测沥青混合料温度。

3.2.2 用木板压紧沥青混合料，达到规定的体积。

3.2.3 依次将试样容器放入沥青含量测定仪中，开动仪器，输入试样号、沥青混合料温度、标定的沥青混合料编号或标定参数，进行测定，测定的时间一般为 8min（急需时也可采用 4min），到达时间后，测定仪自动显示沥青含量（或油石比），记录在测定报告中。

（注：沥青含量测定仪测定时的放置条件应与标定时相同，挪动测定地点时，应重新标定后方可测定，测定时的沥青混合料数量应与标定时相同，混合料温度应接近标定温度，显示的数据是沥青含量还是油石比与标定用的相同。）

4 报告

同一沥青混合料试样，至少平行试验两次，其差值不大于 0.2% 时，取平均值作为试验结果。

7.3.2 沥青混合料矿料级配试验报告（C6-3-2）

1. 资料表式

沥青混合料矿料级配试验报告按当地建设行政主管部门核定的表格形式或经有权部门批准试验室提供的试验报告执行。

7.3.2.1 沥青混合料的矿料级配检验应用技术要求

执行标准：沥青混合料的矿料级配检验方法（T 0725-2000）（摘选）

1 目的与适用范围

本方法适用于测定沥青路面施工过程中沥青混合料的矿料级配，供评定沥青路面的施工质量时使用。

2 仪具与材料

2.1 标准筛：尺寸为 53.0mm、37.5mm、31.5mm、26.5mm、19.0mm、16.0mm、13.2mm、9.5mm、4.75mm、2.36mm、1.18mm、0.6mm、0.3mm、0.15mm、0.075mm 的标准筛系列中，根据沥青混合料级配选用相应的筛号，必须有密封圈，盖和底。

2.2 天平：感量不大于0.19。
2.3 摇筛机。
2.4 烘箱：装有温度自动控制器。
2.5 其他：样品盘、毛刷等。

3 方法与步骤

3.1 准备工作

3.1.1 按照本规程 T 0701 沥青混合料取样方法从拌和厂选取代表性样品。

3.1.2 将沥青混合料试样按本规程 T 0722 等沥青混合料中沥青含量的试验方法抽提沥青后，将全部矿质混合料放入样品盘中置温度105℃±5℃烘干，并冷却至室温。

3.1.3 按沥青混合料矿料级配设计要求，选用全部或部分需要筛孔的标准筛，作施工质量检验时，至少应包括 0.075mm、2.36mm、4.75mm 及集料公称最大粒径等 5 个筛孔，按大小顺序排列成套筛。

3.2 试验步骤

3.2.1 将抽提后的全部矿料试样称量，准确至 0.1g。

3.2.2 将标准筛带筛底置摇筛机上，并将矿质混合料置于筛内，盖妥筛盖后，压紧摇筛机，开动摇筛机筛分 10min。取下套筛后，按筛孔大小顺序，在一清洁的浅盘上，再逐个进行手筛，手筛时可用手轻轻拍击筛框并经常地转动筛子，直至每分钟筛出量不超过筛上试样质量的 0.1%时为止，但不允许用手将颗粒塞过筛孔，筛下的颗粒并入下一号筛，并和下一号筛中试样一起过筛。

3.2.3 称量各筛上筛余颗粒的质量，准确至 0.1g。并将沾在滤纸、棉花上的矿粉及抽提液中的矿粉计入矿料中通过 0.075mm 的矿粉含量中。所有各筛的分计筛余量和底盘中剩余质量的总和与筛分前试样总质量相比，相差不得超过总质量的 1%。

4 计算

4.1 试样的分计筛余量按下式计算。

$$P_i = \frac{m_i}{m} \times 100$$

式中：P_i——第 i 级试样的分计筛余量（%）；

m_i——第 i 级筛上颗粒的质量（g）；

m——试样的质量（g）。

4.2 累计筛余百分率：该号筛上的分计筛余百分率与大于该号筛的各号筛上的分计筛余百分率之和，准确至 0.1%。

4.3 通过筛分百分率：用 100 减去该号筛上的累计筛余百分率，准确至 0.1%。

4.4 以筛孔尺寸为横坐标，各个筛孔的通过筛分百分率为纵坐标，绘制矿料组成级配曲线如图 1，评定该试样的颗粒组成。

5 报告

同一混合料至少取两个试样平行筛分试验两次，取平均值作为每号筛上的筛余量的试验结果，报告矿料级配通过百分率及组配曲线。

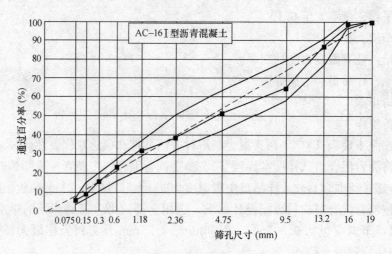

图1 沥青混合料矿料组成级配曲线示例

7.4 砂浆试块强度检验（C6-4）

7.4.1 砂浆试块强度检验汇总表（C6-4-1）

1. 资料表式

砂浆试块强度检验汇总表　　　　　表C6-4-1

工程名称				施工单位			
序号	试验编号	制作日期	部位名称	砂浆强度		达到设计强度（%）	备注
				设计要求	试验结果		
施工项目技术负责人			填表人			填表日期	年 月 日

2. 应用说明

砂浆抗压强度试验报告汇总表是单位工程中砂浆试块试验报告的整理汇总表，以便于核查和评价砂浆强度是否符合设计要求。

（1）砂浆抗压强度试验报告的整理顺序按工程进度和不同强度等级为序进行整理。

（2）砂浆的品种、强度等级应满足设计要求的品种、强度等级，否则为试验报告不全。由核查人判定是否符合要求。

7.4.2 砂浆配合比申请单、通知单（C6-4-2）

1. 资料表式

砂浆配合比申请单　　　　　　　　　　　　　　表 C6-4-2

委托单位：＿＿＿＿＿＿＿＿＿＿＿＿＿＿＿　试验委托人：＿＿＿＿＿＿＿＿＿＿＿＿

工程名称：＿＿＿＿＿＿＿＿＿＿＿＿＿＿＿　部位：＿＿＿＿＿＿＿＿＿＿＿＿＿＿＿

砂浆种类：＿＿＿＿＿＿＿＿＿＿＿＿＿＿＿　强度等级：＿＿＿＿＿＿＿＿＿＿＿＿＿

水泥品种：＿＿＿＿＿＿＿＿＿等级：＿＿＿＿＿＿＿＿＿厂别：＿＿＿＿＿＿＿＿＿

水泥进场日期：＿＿＿＿＿＿＿＿＿＿＿＿＿　试验编号：＿＿＿＿＿＿＿＿＿＿＿＿＿

砂产地：＿＿＿＿＿＿＿＿＿＿种类：＿＿＿＿＿＿＿＿＿试验编号：＿＿＿＿＿＿＿

掺合料种类：＿＿＿＿＿＿＿＿＿＿＿＿＿＿　外加剂种类：＿＿＿＿＿＿＿＿＿＿＿

申请日期：＿＿＿＿＿＿＿＿＿＿＿＿＿＿＿　要求使用日期：＿＿＿＿＿＿＿＿＿＿

砂浆配合比通知单

强度等级：＿＿＿＿＿＿＿　试验日期：＿＿＿＿＿＿＿　配合比编号：＿＿＿＿＿＿

材料名称	配 合 比				
	水泥	砂	水	掺合料	外加剂
每 m³ 用量（kg）					
比　　例					

备注：砂浆稠度为 70～100mm，白灰膏稠度为 120mm。

＿＿＿＿＿＿＿＿＿＿＿＿＿＿＿＿＿＿＿＿＿＿＿＿＿＿＿＿＿＿＿＿＿＿＿＿＿＿＿
＿＿＿＿＿＿＿＿＿＿＿＿＿＿＿＿＿＿＿＿＿＿＿＿＿＿＿＿＿＿＿＿＿＿＿＿＿＿＿
＿＿＿＿＿＿＿＿＿＿＿＿＿＿＿＿＿＿＿＿＿＿＿＿＿＿＿＿＿＿＿＿＿＿＿＿＿＿＿

试验单位：　　　技术负责人：　　　审核　　　　　试（检）验：
　　　　　　　　　　　　　　　　　　　　　　　　报告日期：　年　月　日

2. 应用说明

砂浆试配报告单是指施工单位根据设计要求的砂浆强度等级提请实验单位进行试配结

果出具的报告单。

(1) 结构工程用砂浆不论工程量大小、强度等级高低,均应进行试配,并按试配单要求拌制砂浆,严禁使用经验配合比。

(2) 申请试配应提供砂浆的技术要求,原材料的有关性能,砂浆的搅拌,施工方法和养护方法等,设计有特殊要求的砂浆应根据设计要求办理。

(3) 试(检)验、审核、技术负责人签字齐全,并加盖试验单位公章。

(4) 砂浆的配合比:

①砂浆的配合比应采用经试验室确定的重量比,配合比应事先通过试配确定。水泥、有机塑化剂和冬期施工中掺用的氯盐等的配料准确度应控制在±2%以内。砂应计入其含水量对配料的影响。

②水泥砂浆的最少水泥用量不宜小于 $200kg/m^3$。

③砌浆砂浆的分层度不应大于 30mm。

(5) 当砂浆的组成材料有变更时,其配合比应重新确定。

(6) 砌筑砂浆采用重量配合比,如砂浆组成材料有变更,应重新试配砂浆配合比。砂浆所有材料需符合质量检验标准要求,不同品种的水泥不得混合使用。砂浆的种类、标号、稠度、分层度均应符合设计要求和施工规范规定。

(7) 关于稠度、分层度的检查:

1) 所谓合格砂浆即是砌筑砂浆的稠度、分层度、强度必须都合格,砂浆配合比设计此三项均为必检项目。即是说试验室在进行砂浆试配中应进行此三项试验。

2) 现场拌制砂浆的质量要求。

①稠度:是直接影响砂浆流动性和可操作性的测试指标。稠度小流动性大,稠度过小反而会降低砂浆强度。

②分层度:是影响砂浆保水性的测试指标。分层度在 10～30mm 时,砂浆保水性好。分层度大于 30mm 砂浆的保水性差,分层度接近于零砂浆易产生裂缝,不宜作抹面用。

现场施工过程中为确保砌筑砂浆质量应适当进行稠度和分层度检查。

(8) 填表说明:

1) 委托单位:提请委托试验的单位,按全称填写。

2) 试验委托人:提请委托试验单位的试验委托人,填写委托人姓名。

3) 工程名称:按施工企业和建设单位签订的施工合同中的工程名称或图注的工程名称,照实际填写。

4) 部位:按试配申请委托单上提供的使用部位填写。

5) 砂浆种类:按委托单上砂浆种类填写,应符合设计要求的砂浆种类。

6) 强度等级:指施工图设计规定的砂浆强度等级。

7) 水泥品种:指用于试配拌制砂浆的水泥品种,照实际采用值填写。

①等级:指用于试配拌制砂浆的水泥强度等级,照实际采用值填写。

②厂别:指送交试验单位的"送样"批的该材料或试件的厂别名称。

8) 进场日期:指送交试验单位的"送样"批该材料进场日期。

9) 试验编号:指用于砂浆的水泥、砂子、外加剂等的原试验报告编号。

10) 砂产地:指送交试验单位的"送样"批的砂子的产地。

①种类：是指砂子的品种、类别，按委托单的砂子种类填写。

②试验编号：指用于砂浆的砂子的原试验报告编号。

11）掺合料种类：指用于砂浆的掺合料种类，照实际采用值填写。

12）外加剂种类：指用于砂浆的外加剂种类，照实际采用值填写。

13）申请日期：指送交试验单位申请单的日期，填写年、月、日。

14）要求使用日期：指送交试验单位申请单中提出的使用日期，填写年、月、日。

15）强度等级：指施工图设计的砂浆强度等级。

16）试验日期：指砂浆配比的试验日期，按实际的试验日期填写。

17）配合比编号：按试验单位收作砂浆配合比申请依序进行的编号。

18）材料名称：指施工配合比中试配确定的材料名称。

19）配合比：

①水泥：指受试砂浆试件施工中采用的水泥。

②砂：指受试砂浆试件施工中采用的砂子。

③水：指受试砂浆试件施工中采用的水。

④掺合料：指受试砂浆试件施工中采用的掺合料。

⑤外加剂：指受试砂浆试件施工中采用的外加剂。

20）每 m^3 用量（kg）：

①水泥：指每立方米砂浆的水泥用量（kg）。

②砂子：指每立方米砂浆的砂子的用量（kg）。

③水：指每立方米砂浆的水的用量（kg）。

④掺合料：指每立方米砂浆的掺合料的用量（kg）。

⑤外加剂：指每立方米砂浆的外加剂的用量（kg）。

21）比例：指每立方米砂浆配比中的水泥、砂子、水、掺合料、外加剂等的比例。

7.4.3 砂浆抗压强度检验报告（C6-4-3）

1. 资料表式

砂浆抗压强度试验报告　　　　　　　　　表 C6-4-3

试验编号：_____

委托单位：_____试验委托人：_____

工程名称：_____部位：_____

砂浆种类：_____强度等级：_____稠度：_____cm

水泥品种：_____等级：_____厂别：_____

砂产地及种类：_____掺合料种类：_____外加剂种类：_____

配比编号	项目	各种材料用量（kg）				
		水泥	砂	水	掺合料	外加剂
	每 m^3					
	每盘					

制模日期：_____　　养护条件：_____　　要求龄期：_____

要求试验日期：_____　　试块收到日期：_____　　试块制作人：_____

试块编号	试压日期	实际龄期(d)	试块规格(mm)	受压面积(mm^2)	荷载（kN）		抗压强度(N/mm^2)	达到设计强度(%)
					单块	平均		

试验单位：　　技术负责人：　　审核　　　　　　　试（检）验：

报告日期：　　年　月　日

2. 应用说明

（1）砂浆强度以标准养护龄期 28d 的试块抗压试验结果为准，在冬施条件下养护时应增加同条件养护的试块，并有测温记录。

（2）砌筑材料应符合下列要求：

1）预制砌块强度、规格应符合设计规定。

2）砌筑应采用水泥砂浆。

3）宜采用 32.5～42.5 级硅酸盐水泥、普通硅酸盐水泥、矿渣水泥或火山灰水泥和质地坚硬、含泥量小于 5% 的粗砂、中砂及饮用水拌制砂浆。

（3）墙体砌筑应符合下列规定：

1）施工中宜采用立杆、挂线法控制砌体的位置、高程与垂直度。

2）砌筑砂浆的强度应符合设计要求。稠度宜按表 C6-4-3-1 控制，加入塑化剂时砌体强度降低不得大于 10%。

砌筑用砂浆稠度　　　　　　　　　　　　　　　　表 C6-4-3-1

稠度（cm）	砌块种类		
	块石	料石	砖、砌块
正常条件	5～7	7～10	7～10
干热季节或石料砌块吸水率大	10	—	—

3）墙体每日连续砌筑高度不宜超过 1.2m。分段砌筑时，分段位置应设在基础变形缝部位。相邻砌筑段高差不宜超过 1.2m。

4）沉降缝嵌缝板安装应位置准确、牢固，缝板材料符合设计规定。

5）砌块应上下错缝、丁顺排列、内外搭接，砂浆应饱满。

(4) 砂浆平均抗压强度等级应符合设计规定,任一组试件抗压强度最低值不应低于设计强度的85%。

检查数量:同一配合比砂浆,每50m³砌体中,作1组(6块),不足50m³按1组计。

(5) 试块制作:

1) 将内壁事先涂刷薄层机油(或脱模剂)的7.07cm×7.07cm×7.07cm的无底金属或塑料试模(试模内表面应机械加工,其不平度应为每100mm不超过0.05mm。组装后各相邻面的不垂直度不超过±0.5°),放在预先铺有吸水性较好的湿纸(应为湿的新闻纸或其他未粘过胶凝材料的纸,纸的大小要以能盖过砖的四边为准)的普通砖上(砖4个垂直面粘过水泥或其他胶结材料后,不允许再使用),砖的吸水率不应小于10%。砖的含水率不大于20%。

2) 砂浆拌和后一次注满式模内,用直径10mm、长350mm的钢筋捣棒(其中一端呈半球形)均匀由外向里螺旋方向插捣25次,为了防止低稠度砂浆插捣后可能留下孔洞,允许用油灰刀沿模壁插数次。然后在四侧用油漆刮刀沿试模壁插捣数次,砂浆应高出试模顶面6~8mm。

3) 当砂浆表面开始出现麻斑状态时(约15~30min),将高出部分的砂浆沿试模顶面削平。

(6) 试块养护:

1) 试块制作后,一般应在正温度环境中养护一昼夜(24±2h),当气温较低时,可适当延长时间,但不应超过两昼夜,然后对试块进行编号并拆模。

2) 试块拆模后,应在标准养护条件或自然养护条件下继续养护至28d,然后进行试压。

3) 标准养护:

①水泥混合砂浆应在温度为20±3℃,相对湿度为60~80%的条件下养护。

②水泥砂浆和微沫砂浆应在温度为20±3℃,相对湿度为90%以上的潮湿条件下养护。

③养护期间试件彼此间隔不少于10mm。

4) 试件的强度计算:

①砂浆立方体抗压强度应按下列公式计算:

$$f_{m,cu} = \frac{N_u}{A}$$

式中:$f_{m,cu}$——砂浆立方体抗压强度(MPa);

N_u——立方体破坏压力(N);

A——试件承压面积(mm²)。

砂浆立方体抗压强度计算应精确至0.1MPa。

②以六个试件测值的算术平均值作为该组试件的抗压强度值,平均值计算精确至0.1MPa。

③当六个试件的最大值或最小值与平均值的差超过20%时,以中间四个试件的平均值作为该组试件的抗压强度值。

【例】 某一组砂浆试件经试压后分别为：
$5.1N/mm^2$、$5.3N/mm^2$、$4.9N/mm^2$、$5.8N/mm^2$、$6.0N/mm^2$、$4.1N/mm^2$

则 $f_{m,cu}=\dfrac{5.1+5.3+4.9+5.8+6.0+4.1}{6}=5.2N$

其中最大值差 $\dfrac{6.0-5.2}{5.2}\times100\%=15\%<20\%$

其中最小值差 $\dfrac{5.2-4.1}{5.2}\times100\%=21.2\%>20\%$

所以 $f_{m,cu}=\dfrac{5.1+5.3+4.9+5.8}{4}=5.28\approx5.3N/mm^2$

结论：该组试件抗压强度值 $f_{m,cu}=5.3N/mm^2$

(7) 砂浆强度评定说明：

标准要求：

①砂浆试块，其结果评定是以六个试块（70.7mm×70.7mm×70.7mm）测值的算术平均值作为该组试块的抗压强度代表值，平均值计算精确到0.1MPa。当六个试块的最大值或最小值与平均值之差超过20%时，去掉最大和最小值，以剩余四个试块的平均值为该组试块的抗压强度代表值。

②单组砂浆试块，当单位分项工程中仅有一组试块时，其强度不应低于设计强度值。

(8) 填表说明：

1) 使用部位：按委托单上的使用部位填写。
2) 强度等级：指设计要求的砂浆强度等级，照实际填写。
3) 砂浆种类：指设计要求的砂浆种类，照实际填写。
4) 配合比号：按试验通知单建议的施工配合比，或按调整后的配合比填写，调整后的配合比不得低于试配单的建议值。
5) 成型日期：指砂浆试块的制模成型日期按委托单成型日期填写。
6) 破型日期：指实际试压的日期，照实际破型日期填写。
7) 龄期：指3d、7d、28d龄期强度，以28d"标养"为准。
8) 强度值：指每一试块单位面积上的荷载值。
9) 强度代表值：即按标准规定的取值方法，计算得出的强度值。
10) 达到设计等级的百分比：强度代表值与设计等级的百分比。

(注：试块试验不合格时，可按混凝土的有关技术要求进行处理。)

7.4.4 砂浆抗压强度统计评定（C6-4-4）

1. 资料表式

表 C6-4-4

砂浆抗压强度统计评定

施工单位：_____

工程名称		部位			强度等级		养护方法	
试块组数	设计强度	平均值		最小值		评定数据		
$n=$	$f_{m,k}=$	$mf_{cu}=$		$f_{cu,min}=$		$0.85f_{m,k1}=$		
每组强度值：(Mpa)								

评定依据：《砌体结构工程施工质量验收规范》(GB 50203—2011)

一、同品种、同强度等级砂浆各组试块的平均值 $mf_{cu} > f_{m,k}$

二、任意一组试块强度 $f_{cu,min} \geq 0.85 f_{m,k}$

三、仅有一组试块时，其强度不应低于 $f_{m,k}$

			结论		施 工 单 位			
参加人员	监理(建设)单位				施工项目技术负责人	专职质检员	施工员	资料员

329

2. 应用说明

(1) 砂浆强度评定原则：

1) 砂浆试块，其结果评定是以六个试块（70.7mm×70.7mm×70.7mm）测值的算术平均值作为该组试块的抗压强度代表值，平均值计算精确到 0.1MPa。当六个试块的最大值或最小值与平均值之差超过 20% 时，去掉最大和最小值，以剩余四个试块的平均值为该组试块的抗压强度代表值。

2) 单组砂浆试块：按同品种、同强度等级砂浆各组平均值不小于设计强度，任意一组试块的强度代表值不小于设计强度的 85%。

当单位工程中仅有一组试块时，其强度不应低于设计强度值。

(2) 砂浆平均抗压强度等级应符合设计规定，任一组试件抗压强度最低值不应低于设计强度的 85%。

检查数量：同一配合比砂浆，每 50m³ 砌体中，作 1 组（6 块），不足 50m³ 按 1 组计。

7.5 混凝土强度（性能）试验报告（C6-5）

7.5.1 混凝土强度（性能）试验汇总表（C6-5-1）

1. 资料表式

混凝土强度（性能）试验汇总表　　　　表 C6-5-1

工程名称			施工单位			
分部（部位）名称	试块组数（n）	设计强度等级（MPa）	平均值（MPa）	最小值（MPa）	标准差	评定结论
施工项目技术负责人		填表人		填表日期		年　月　日

2. 应用说明

混凝土强度（性能）试验汇总表是指核查用于工程的各种品种、强度等级、数量，通过汇总达到便于检查的目的。

（1）混凝土强度（性能）试验汇总应分别按：水泥混凝土路面强度检验和普通混凝土试件强度检验分别进行汇整。整理序列可按工程进度为序进行。

（2）各种品种、强度等级、数量的混凝土试件应满足设计要求。

（3）对混凝土试块留置数量应进行数量核查，应符合规范的要求。经查如试块留置数量不足，应查明原因，并因代表数量不足进行专研究处理。

水泥混凝土面层的混凝土弯拉强度的试块留置按每 $100m^3$ 的同配合比的混凝土，取样 1 次；不足 $100m^3$ 时按 1 次计。每次取样应至少留置 1 组标准养护试件。同条件养护试件的留置组数应根据实际需要确定，最少 1 组。

（**注**：意即同一配合比的混凝土每 $100m^3$ 取样制作试件 2 组，不足 $100m^3$ 按 2 组取。试件应为弯拉强度，1 组置于标准养护条件，另 1 组与结构物同条件养护。）

（4）混凝土弯拉强度评定按 C6-5-1 混凝土弯拉强度评定方法执行。汇总时按《城镇道路工程施工与质量验收规范》（CJJ1—2008）规范 10.2.2 条混凝土弯拉强度标准值执行。

混凝土弯拉强度标准值 f_r　　　　　　表 C6-5-1

交通等级	特 重	重	中 等	轻
弯拉强度标准值（MPa）	5.0	5.0	4.5	4.0

（5）填表说明：

1）试块成型日期：指试块在浇前地点制作的时日。

2）混凝土试块强度等级：指实验室试压后出具报告上的混凝土抗压强度。

3）试验编号：指实验室收计试块时，实验室进行的试验编号。

（6）施工企业送交的各种试件，试验结果不符合标准要求时，建议试验单位应发送不合格试件通知单，分别送交建设、设计、施工和质监部门，以便及时采取措施。

7.5.2　混凝土配合比申请单、通知单（C6-5-2）

城镇道路工程混凝土配合比设计包括：水泥混凝土面层配合比设计和普通混凝土配合比设计。

7.5.2.1　水泥混凝土面层配合比申请单、通知单（C6-5-2-1）

1. 资料表式

水泥混凝土面层配合比申请单、通知单　　　　　　　　　　表 C6-5-2-1

施工单位：_____　工程名称：_____　委托部位：_____
设计强度等级：_____　申请强度等级：_____　要求坍落度：_____ cm
其他技术要求：_____
搅拌方法：_____　浇捣方法：_____　养护方法：_____
水泥品种及等级：_____　厂别及牌号：_____　出厂日期：_____　试验编号：_____
　　　　　　　　　　　　　　　　　　　　　　　　　进场日期：_____
砂子产地及品种：_____　细度模数：_____　含泥量：_____ %试验编号：_____
石子产地及品种：_____　最大粒径：_____　含泥量：_____ %试验编号：_____
其他材料：_____
掺合料名称：_____　外加剂名称：_____
申请日期：_____　使用日期：_____　申请负责人：_____　联系电话：_____

混凝土配合比通知单

编号：_____

强度等级	水灰比	砂率(%)	水泥(kg)	水(kg)	砂(kg)	石(kg)	掺合料(kg)	外加剂(kg)	配合比	试配编号
备 注										

试验单位：　　　　　技术负责人：　　　　　审核：　　　　　试（检）验：
　　　　　　　　　　　　　　　　　　　　　　　　　　　报告日期：　　年　月　日

2. 应用说明

混凝土强度试配报告单是指施工单位根据设计要求的混凝土强度等级提请试验单位进行混凝土试配，根据试配结果出具的报告单。

混凝土应按规定进行配合比设计。

(1) 混凝土强度试配基本要求：

1) 构成检验批的混凝土，不论混凝土工程量大小、强度等级高低，均应进行试配，并按试配单拌制混凝土，严禁使用经验配合比；不做试配为不正确。

2) 申请试配施工单位应提供混凝土的技术要求，原材料的有关性能，混凝土的搅拌，施工方法和养护方法，设计有特殊要求的混凝土应特别予以详细说明。

3) 非省级以上行业主管部门批准的实验室出具试配报告为无效试配报告单。

4) 混凝土试配应在原材料试配试验合格后进行。

(2) 水泥混凝土面层的混凝土强度试配《城镇道路工程施工与质量验收规范》（CJJ 1—2008）第10.2节　混凝土配合比设计执行。

附：第10.2节　混凝土配合比设计

10.2.1 混凝土面层的配合比应满足弯拉强度、工作性、耐久性三项技术要求

10.2.2 混凝土配合比设计应符合下列规定

(1) 混凝土弯拉强度应符合下列要求：

1) 各交通等级路面板的设计28d弯拉强度标准值 f_r 应符合表10.2.2-1的规定。

混凝土弯拉强度标准值 f_r　　　　　　　　表10.2.2-1

交通等级	特　重	重	中　等	轻
弯拉强度标准值（MPa）	5.0	5.0	4.5	4.0

2) 应按下式计算配制28d弯拉强度的均值。

$$f_c = \frac{f_r}{1-1.04c_v} + t \times s \quad (10.2.2\text{-}1)$$

式中：f_c——配制28d弯拉强度的均值（MPa）；

f_r——设计弯拉强度标准值（MPa）；

s——弯拉强度试验样本的标准差（MPa）；

t——保证率系数，应按表10.2.2-2确定；

c_v——弯拉强度变异系数，应按统计数据在表10.2.2-3的规定范围内取值；在无统计数据时，弯拉强度变异系数应按设计取值；如果施工配制弯拉强度超出设计给定的弯拉强度变异系数上限，则必须改进机械装备和提高施工控制水平。

保证率系数 t　　　　　　　　表10.2.2-2

道路等级	判别概率 ρ	样本数 n（组）				
		3	6	9	15	20
城市快速路	0.05	1.36	0.79	0.61	0.45	0.39
主干路	0.10	0.95	0.59	0.46	0.35	0.30
次干路	0.15	0.72	0.46	0.37	0.28	0.24
其他	0.20	0.56	0.37	0.29	0.22	0.19

各级道路混凝土路面弯拉强度变异系数 c_v　　　　表 10.2.2-3

道路技术等级	城市快速路	主 干 路		次 干 路		其 他 道 路
混凝土弯拉强度变异水平等级	低	低	中	中	中	高
弯拉强度变异系数 c_v 允许变化范围	0.05～0.10	0.05～0.10	0.10～0.15	0.10～0.15	0.10～0.15	0.15～0.20

(2) 不同摊铺方式混凝土最佳工作性范围及最大用水量应符合表10.2.2-4的规定。

不同摊铺方式混凝土工作性及用水量要求　　　　表 10.2.2-4

混凝土类型	项 目	摊 铺 方 式			
		滑模摊铺机	轨道摊铺机	三辊轴机组摊铺机	小型机具摊铺
砾石混凝土	出机坍落度（mm）	20～40①	40～60	30～50	10～40
	摊铺坍落度（mm）	5～55②	20～40	10～30	0～20
	最大用水量（kg/m³）	155	153	148	145
碎石混凝土	出机坍落度（mm）	25～50①	40～60	30～50	10～40
	摊铺坍落度（mm）	10～65②	20～40	10～30	0～20
	最大用水量（kg/m³）	160	156	153	150

注：① 为设超铺角的摊铺机的最佳工作性。不设超铺角的摊铺机最佳坍落度砾石为10～40mm；碎石为10～30mm。
② 为最佳工作性允许波动范围。
③ 三辊轴机组铺筑是采用振捣机、三辊轴整平机等机组铺筑混凝土路面的施工工艺；滑模铺筑是采用滑模摊铺机铺筑混凝土路面的施工工艺。其特征是不架设边缘固定模板，能够一次完成布料摊铺、振捣密实、挤压成形、抹面修饰等混凝土路面摊铺功能；轨道铺筑是采用轨道摊铺机铺筑混凝土路面的施工工艺。

(3) 混凝土耐久性应符合下列要求：
1) 路面混凝土含气量及允许偏差宜符合表10.2.2-5的规定。

路面混凝土含气量及允许偏差（%）　　　　表 10.2.2-5

最大公称粒径（mm）	无抗冻性要求	有抗冻性要求	有抗盐冻要求
19.0	4.0±1.0	5.0±0.5	6.0±0.5
26.5	3.5±1.0	4.5±0.5	5.5±0.5
31.5	3.5±1.0	4.0±0.5	5.0±0.5

2) 路面混凝土最大水灰比和最小单位水泥用量宜符合表10.2.2-6的规定。最大单位水泥用量不宜大于400kg/m³。

路面混凝土的最大水灰比和最小单位水泥用量 表 10.2.2-6

道路等级		城市快速路、主干路	次干路	其他道路
最大水灰比		0.44	0.46	0.48
抗冰冻要求最大水灰比		0.42	0.44	0.46
抗盐冻要求最大水灰比		0.40	0.42	0.44
最小单位水泥用量 (kg/m³)	42.5级水泥	300	300	290
	32.5级水泥	310	310	305
抗冰（盐）冻时最小单位水泥用量 (kg/m³)	42.5级水泥	320	320	315
	32.5级水泥	330	330	325

注：水灰比计算以砂石料的自然风干状态计（砂含水量≤1.0%；石子含水量≤0.5%）。

3）严寒地区路面混凝土抗冻标号不宜小于F250，寒冷地区不宜小于F200。
（4）路面混凝土外加剂的使用应符合下列要求：
1）高温施工时，混凝土搅拌物的初凝时间不得小于3h；低温施工时，终凝时间不得大于10h。
2）外加剂的掺量应由混凝土试配试验确定。
3）引气剂与减水剂或高效减水剂等外加剂复配在同一水溶液中时，不应发生絮凝现象。
（5）配合比参数的计算应符合下列要求：
1）水灰比应按下列公式计算：

碎石或碎砾石混凝土：

$$\frac{W}{C} = \frac{1.5684}{f_c + 1.0097 - 0.3595 f_s} \quad (10.2.2\text{-}2)$$

砾石混凝土：

$$\frac{W}{C} = \frac{1.2618}{f_c + 1.5492 - 0.4709 f_s} \quad (10.2.2\text{-}3)$$

式中：$\frac{W}{C}$——水灰比；

f_s——水泥实测28d弯拉强度（MPa）；

f_c——配制28d弯拉强度的均值（MPa）。

水灰比应在满足弯拉强度计算值和耐久性（表10.2.2-6）两者要求的水灰比中取小值。

2）砂率应根据砂的细度模数和粗集料种类，查表10.2.2-7取值。

砂的细度模数与最优砂率关系 表 10.2.2-7

砂细度模数		2.2～2.5	2.5～2.8	2.8～3.1	3.1～3.4	3.4～3.7
砂率 S_P（%）	碎石	30～40	32～36	34～38	36～40	38～42
	砾石	28～32	30～34	32～36	34～38	36～40

注：碎砾石可在碎石和砾石之间内插取值。

3）根据粗骨料种类和表10.2.2-4适宜的坍落度，应分别按下列经验公式计算单位用水量（砂石料以自然风干状态计）：

不掺外加剂与掺合料的混凝土单位用水量应按下列公式计算：

碎石：$W_0 = 104.97 + 0.309 S_L + 11.27 C/W + 0.61 S_P$ （10.2.2-4）

砾石：$W_0 = 86.89 + 0.370 S_L + 11.24 C/W + 1.00 S_P$ （10.2.2-5）

式中：W_0——不掺外加剂与掺和料的混凝土单位用水量（kg/m³）；

S_L——坍落度（mm）；

S_P——砂率（%）；

C/W——灰水比，水灰比之倒数。

掺外加剂的混凝土单位用水量应按下式计算：

$$W_{OW} = W_0(1 - \beta/100) \tag{10.2.2-6}$$

式中：W_{OW}——掺外加剂混凝土的单位用水量（kg/m³）；

β——所用外加剂剂量的实测减水率。

单位用水量应取计算值和表10.2.2-4的规定值两者中的小值。

4）单位水泥用量应由公式（10.2.2-7）计算，并取计算值与表10.2.2-6规定值的大值。

$$C_0 = (C/W) \times W_0 \tag{10.2.2-7}$$

式中：C_0——单位水泥用量（kg/m³）。

5）砂石料用量可按密度法或体积法计算。按密度法计算时，混凝土单位质量可取2400～2450kg/m³；按体积法计算时，应计入设计含气量。

6）重要路面应采用正交试验法进行配合比优选。

(6) 采用真空脱水工艺时，可采用比经验公式（10.2.2-4）和公式（10.2.2-5）计算值略大的单位用水量；在真空脱水后，扣除每立方米混凝土实际吸除的水量，剩余单位用水量和剩余水灰比分别不宜超过表10.2.2-4最大单位用水量和表10.2.2-6最大水灰比的规定。

10.2.3 钢纤维混凝土的配合比设计，应符合下列规定

(1) 弯拉强度应符合下列要求：

1）各交通等级道路面板钢纤维混凝土28d设计弯拉强度标准值 f_{cf} 应符合表10.2.3-1的规定。

钢纤维混凝土弯拉强度标准值 f_{cf}　　表10.2.3-1

交通等级	特 重	重	中 等	轻
弯拉强度标准值（MPa）	6.0	6.0	5.5	5.0

2）配制28d弯拉强度的均值应按《城镇道路工程施工与质量验收规范》（CJJ 1—2008）公式（10.2.3-1）计算，以 f_{cf} 和 f_{rf} 代替 f_c 和 f_r。

(2) 钢纤维混凝土工作性应符合下列要求：

1）坍落度可比《城镇道路工程施工与质量验收规范》（CJJ 1—2008）表10.2.3-4的规定值小20mm。

2）掺高效减水剂时的单位用水量可按表10.2.3-2初选，再由搅拌物实测坍落度确定。

钢纤维混凝土单位用水量　　表10.2.3-2

搅拌物条件	粗骨料种类	粗骨料最大公称粒径 D_m（mm）	单位用水量（kg/m³）
长径比 L_f/d_f=50 ρ_f=0.6% 坍落度20mm 中砂，细度模数2.5 水灰比0.42～0.50	碎石	9.5, 16.0	215
	碎石	19.0, 26.5	200
	砾石	9.5, 16.0	208
	砾石	19.0, 26.5	190

注：1 钢纤维长径比每增减10，单位用水量相应增减10kg/m³；
　　2 钢纤维体积率每增减0.5%，单位用水量相应增减8kg/m³；
　　3 坍落度为10～50mm变化范围内，相对于坍落度20mm每增减10mm，单位用水量相应增减7kg/m³；
　　4 细度模数在2.0～3.5范围内，砂的细度模数每增减0.1，单位用水量相应减增1kg/m³；
　　5 ρ_f 钢纤维掺量体积率。

(3) 钢纤维混凝土耐久性应符合下列要求：

1）最大水灰比和最小单位水泥用量应符合表10.2.3-3的规定。

路面钢纤维混凝土的最大水灰比和最小单位水泥用量　　　表 10.2.3-3

道 路 等 级		城市快速路、主干路	次干路及其他道路
最大水灰比		0.47	0.49
抗冰冻要求最大水灰比		0.45	0.46
抗盐冻要求最大水灰比		0.42	0.43
最小单位水泥用量（kg/m³）	42.5级水泥	360	360
	32.5级水泥	370	370
抗冰（盐）冻要求最小单位水泥用量（kg/m³）	42.5级水泥	380	380
	32.5级水泥	390	390

2）严禁采用海水、海砂，不得掺加氯盐及氯盐类早强剂、防冻剂等外加剂。

(4) 钢纤维混凝土配合比设计步骤应符合下列要求：

1) 计算和确定水灰比应符合下列要求：

——以钢纤维混凝土配制 28d 弯拉强度 f_{cf} 替换 f_c，按《城镇道路工程施工与质量验收规范》(CJJ 1—2008) 公式 (10.2.3-2) 或公式 (10.2.3-3) 计算出基体混凝土的水灰比。

——取钢纤维混凝土基体的水灰比计算值与表 10.2.3-3 规定值两者中的小值。

2) 钢纤维掺量体积率宜在 0.60%～1.00% 范围内初选，当板厚折减系数小时，体积率宜取上限；当长径比大时，宜取较小值；有锚固端者宜取较小值。

3) 查表 10.2.3-3，初选单位用水量 W_{of}。

4) 钢纤维混凝土的单位水泥用量应按公式 (10.2.3-1) 计算。

$$C_{of} = \left(\frac{C}{W}\right)W_{of} \tag{10.2.3-1}$$

式中：C_{of}——钢纤维混凝土的单位水泥用量（kg/m³）；

W_{of}——钢纤维混凝土的单位用水量（kg/m³）。

取计算值与表 10.2.3-2 规定值两者中的大值，但不宜大于 500kg/m³。

5) 砂率可按公式 (10.2.3-2) 计算，也可按表 10.2.3-4 初选。钢纤维混凝土砂率宜在 38%～50% 之间。

$$S_{pf} = S_p + 10\rho_f \tag{10.2.3-2}$$

式中：S_{pf}——钢纤维混凝土砂率（%）；

ρ_f——钢纤维掺量体积率（%）。

钢纤维混凝土砂率选用值（单位:%）　　　表 10.2.3-4

搅拌物条件	最大公称粒径 19mm 碎石	最大公称粒径 19mm 砾石
$L_f/d_f=50$；$\rho_f=1.0\%$；$W/C=0.5$；砂细度模数 $M_x=3.0$	45	40
L_f/d_f 增减 10	±5	±3
ρ_f 增减 0.10%	±2	±2
W/C 增减 0.1	±2	±2
砂细度模数 M_x 增减 0.1	±1	±1

6) 砂石料用量可采用密度法或体积法计算。按密度法计算时，钢纤维混凝土单位质量可取 2450～2580kg/m³；按体积法计算时，应计入设计含气量。

7) 重要路面应采用正交试验法进行配合比优选。

10.2.4 混凝土配合比确定与调整应符合下列规定：

(1) 计算的普通混凝土、钢纤维混凝土配合比，应在实验室内经试配检验抗弯强度、坍落度、含气量等配合比设计的各项指标，并根据结果进行配合比调整。

(2) 实验室的基准配合比应通过搅拌机实际搅拌检验,并经试验段的验证。

(3) 配合比调整时,水灰比不得增大,单位水泥用量、钢纤维体积率不得减小。

(4) 施工期间应根据气温和运距等的变化,微调外加剂掺量,微调加水量与砂石料称量。

(5) 当需要掺加粉煤灰时,对粉煤灰原材料及配合比设计的其他相关要求应参照国家现行标准《公路水泥混凝土路面施工技术规范》(JTG/T F30—2014)的有关规定执行。

7.5.2.2 普通混凝土配合比申请单、通知单(C6-5-2-2)

1. 资料表式

普通混凝土配合比申请单、通知单表式按"7.5.2.1 水泥混凝土面层配合比申请单、通知单"表式的相关内容执行。

注:本书中普通混凝土配合比是指按(GB/T 50107—2010)标准评定混凝土强度等级的混凝土。

2. 应用说明

混凝土强度试配报告单是指施工单位根据设计要求的混凝土强度等级提请试验单位进行混凝土试配,根据试配结果出具的报告单。

执行标准:《普通混凝土配合比设计规程》(JGJ 55—2011)

1. 基本规定

(1) 混凝土配合比设计应满足混凝土配制强度及其他力学性能、拌合物性能、长期性能和耐久性能的设计要求。

(2) 混凝土配合比设计应采用工程实际使用的原材料;配合比设计所采用的细骨料含水率应小于0.5%,粗骨料含水率应小于0.2%。

(3) 混凝土的最大水胶比应符合现行国家标准《混凝土结构设计规范》(GB 50010)的规定。

(4) 除配制C15及其以下强度等级的混凝土外,混凝土的最小胶凝材料用量应符合表1的规定。

混凝土的最小胶凝材料用量   表1

最大水胶比	最小胶凝材料用量(kg/m³)		
	素混凝土	钢筋混凝土	预应力混凝土
0.60	250	280	300
0.55	280	300	300
0.50		320	
≤0.45		330	

(5) 矿物掺合料在混凝土中的掺量应通过试验确定。采用硅酸盐水泥或普通硅酸盐水泥时,钢筋混凝土中矿物掺合料最大掺量宜符合表2的规定,预应力混凝土中矿物掺合料最大掺量宜符合表3的规定。对基础大体积混凝土,粉煤灰、粒化高炉矿渣粉和复合掺合料的最大掺量可增加5%。采用掺量大于30%的C类粉煤灰的混凝土应以实际使用的水泥

和粉煤灰掺量进行安定性检验。

钢筋混凝土中矿物掺合料最大掺量 表2

矿物掺合料种类	水胶比	最大掺量(%)	
		采用硅酸盐水泥时	采用普通硅酸盐水泥时
粉煤灰	≤0.40	45	35
	>0.40	40	30
粒化高炉矿渣粉	≤0.40	65	55
	>0.40	55	45
钢渣粉	—	30	20
磷渣粉	—	30	20
硅灰	—	10	10
复合掺合料	≤0.40	65	55
	>0.40	55	45

注：1. 采用其他通用硅酸盐水泥时，宜将水泥混合材掺量20%以上的混合材量计入矿物掺合料。
    2. 复合掺合料各组分的掺量不宜超过单掺时的最大掺量。
    3. 在混合使用两种或两种以上矿物掺合料时，矿物掺合料总掺量应符合表中复合掺合料的规定。

预应力混凝土中矿物掺合料最大掺量 表3

矿物掺合料种类	水胶比	最大掺量(%)	
		采用硅酸盐水泥时	采用普通硅酸盐水泥时
粉煤灰	≤0.40	35	30
	>0.40	25	20
粒化高炉矿渣粉	≤0.40	55	45
	>0.40	45	35
钢渣粉	—	20	10
磷渣粉	—	20	10
硅灰	—	10	10
复合掺合料	≤0.40	55	45
	>0.40	45	35

注：1. 采用其他通用硅酸盐水泥时，宜将水泥混合材掺量20%以上的混合材量计入矿物掺合料。
    2. 复合掺合料各组分的掺量不宜超过单掺时的最大掺量。
    3. 在混合使用两种或两种以上矿物掺合料时，矿物掺合料总掺量应符合表中复合掺合料的规定。

（6）混凝土拌合物中水溶性氯离子最大含量应符合表4的规定，其测试方法应符合现行行业标准《水运工程混凝土试验规程》(JTJ 270)中混凝土拌合物中氯离子含量的快速测定方法的规定。

（7）长期处于潮湿或水位变动的寒冷和严寒环境以及盐冻环境的混凝土应掺用引气剂。引气剂掺量应根据混凝土含气量要求经试验确定，混凝土最小含气量应符合表5的规定，最大不宜超过7.0%。

混凝土拌合物中水溶性氯离子最大含量 表 4

环境条件	水溶性氯离子最大含量 (%，水泥用量的质量百分比)		
	钢筋混凝土	预应力混凝土	素混凝土
干燥环境	0.30	0.06	1.00
潮湿但不含氯离子的环境	0.20		
潮湿且含有氯离子的环境、盐渍土环境	0.10		
除冰盐等侵蚀性物质的腐蚀环境	0.06		

混凝土最小含气量 表 5

粗骨料最大公称粒径 (mm)	混凝土最小含气量(%)	
	潮湿或水位变动的寒冷和严寒环境	盐冻环境
40.0	4.5	5.0
25.0	5.0	5.5
20.0	5.5	6.0

注：含气量为气体占混凝土体积的百分比。

（8）对于有预防混凝土碱骨料反应设计要求的工程，宜掺用适量粉煤灰或其他矿物掺合料，混凝土中最大碱含量不应大于 3.0kg/m³；对于矿物掺合料碱含量，粉煤灰碱含量可取实测值的 1/6，粒化高炉矿渣粉碱含量可取实测值的 1/2。

2. 混凝土配制强度的确定

（1）混凝土配制强度应按下列规定确定：

1）当混凝土的设计强度等级小于 C60 时，配制强度应按下式确定：

$$f_{cu,0} \geq f_{cu,k} + 1.645\sigma$$

式中：$f_{cu,0}$——混凝土配制强度（MPa）；

$f_{cu,k}$——混凝土立方体抗压强度标准值，这里取混凝土的设计强度等级值（MPa）；

σ——混凝土强度标准差（MPa）。

2）当设计强度等级不小于 C60 时，配制强度应按下式确定：

$$f_{cu,0} \geq 1.15 f_{cu,k}$$

（2）混凝土强度标准差应按下列规定确定：

1）当具有近 1~3 个月的同一品种、同一强度等级混凝土的强度资料，且试件组数不小于 30 时，其混凝土强度标准差 σ 应按下式计算：

$$\sigma = \sqrt{\frac{\sum_{i=1}^{n} f_{cu,i}^2 - n m_{f_{cu}}^2}{n-1}}$$

式中：σ——混凝土强度标准差；

$f_{cu,i}$——第 i 组的试件强度（MPa）；

$m_{f_{cu}}$——n 组试件的强度平均值（MPa）；

n——试件组数。

对于强度等级不大于 C30 的混凝土,当混凝土强度标准差计算值不小于 3.0MPa 时,应按上式"混凝土强度标准差"计算结果取值;当混凝土强度标准差计算值小于 3.0MPa 时,应取 3.0MPa。

对于强度等级大于 C30 且小于 C60 的混凝土,当混凝土强度标准差计算值不小于 4.0MPa 时,应按上式"混凝土强度标准差"计算结果取值;当混凝土强度标准差计算值小于 4.0MPa 时,应取 4.0MPa。

2) 当没有近期的同一品种、同一强度等级混凝土强度资料时,其强度标准差 σ 可按表 6 取值。

标准差 σ 值(MPa)　　　　表 6

混凝土强度标准值	≤C20	C25~C45	C50~C55
Σ	4.0	5.0	6.0

3. 混凝土配合比计算

(1) 水胶比

1) 当混凝土强度等级小于 C60 时,混凝土水胶比宜按下式计算:

$$W/B = \frac{\alpha_a f_b}{f_{cu,0} + \alpha_a \alpha_b f_b}$$

式中:W/B——混凝土水胶比;

　　　α_a、α_b——回归系数,按"3. 混凝土配合比计算项下(1)水胶比中的 2)款"的规定取值;

　　　f_b——胶凝材料 28d 胶砂抗压强度(MPa),可实测,且试验方法应按现行国家标准《水泥胶砂强度检验方法(ISO 法)》(GB/T 17671)执行;也可按"3. 混凝土配合比计算项下(1)水胶比中的 3)款"确定。

2) 回归系数(α_a、α_b)宜按下列规定确定:
①根据工程所使用的原材料,通过试验建立的水胶比与混凝土强度关系式来确定;
②当不具备上述试验统计资料时,可按表 7 选用。

回归系数(α_a、α_b)取值表　　　　表 7

系 数	粗骨料品种	碎 石	卵 石
α_a		0.53	0.49
α_b		0.20	0.13

3) 当胶凝材料 28d 胶砂抗压强度值(f_b)无实测值时,可按下式计算:

$$f_b = \gamma_f \gamma_s f_{ce}$$

式中:γ_f、γ_s——粉煤灰影响系数和粒化高炉矿渣粉影响系数,可按表 8 选用;

　　　f_{ce}——水泥 28d 胶砂抗压强度(MPa),可实测,也可按"3. 混凝土配合比计算项下(1)水胶比中的 4)款"确定。

4) 当水泥28d胶砂抗压强度（f_{ce}）无实测值时，可按下式计算：

$$f_{ce} = \gamma_c f_{ce,g}$$

式中：γ_c——水泥强度等级值的富余系数，可按实际统计资料确定；当缺乏实际统计资料时，也可按表9选用；

$f_{ce,g}$——水泥强度等级值（MPa）。

粉煤灰影响系数（γ_f）和粒化高炉矿渣粉影响系数（γ_s）　　　　表8

掺量(%) \ 种类	粉煤灰影响系数 γ_f	粒化高炉矿渣粉影响系数 γ_s
0	1.00	1.00
10	0.85~0.95	1.00
20	0.75~0.85	0.95~1.00
30	0.65~0.75	0.90~1.00
40	0.55~0.65	0.80~0.90
50	—	0.70~0.85

注：1. 采用Ⅰ级、Ⅱ级粉煤灰宜取上限值。
　　2. 采用S75级粒化高炉矿渣粉宜取下限值，采用S95级粒化高炉矿渣粉宜取上限值，采用S105级粒化高炉矿渣粉可取上限值加0.05。
　　3. 当超出表中的掺量时，粉煤灰和粒化高炉矿渣粉影响系数应经试验确定。

水泥强度等级值的富余系数（γ_c）　　　　表9

水泥强度等级值	32.5	42.5	52.5
富余系数	1.12	1.16	1.10

（2）用水量和外加剂用量

1）每立方米干硬性或塑性混凝土的用水量（m_{w0}）应符合下列规定：

①混凝土水胶比在0.40~0.80范围时，可按表10和表11选取；
②混凝土水胶比小于0.40时，可通过试验确定。

干硬性混凝土的用水量（kg/m³）　　　　表10

拌合物稠度		卵石最大公称粒径（mm）			碎石最大公称粒径（mm）		
项目	指标	10.0	20.0	40.0	16.0	20.0	40.0
维勃稠度(s)	16~20	175	160	145	180	170	155
	11~15	180	165	150	185	175	160
	5~10	185	170	155	190	180	165

塑性混凝土的用水量（kg/m³）　　　　表11

拌合物稠度		卵石最大公称粒径(mm)				碎石最大公称粒径(mm)			
项目	指标	10.0	20.0	31.5	40.0	16.0	20.0	31.5	40.0
坍落度(mm)	10~30	190	170	160	150	200	185	175	165
	35~50	200	180	170	160	210	195	185	175
	55~70	210	190	180	170	220	205	195	185
	75~90	215	195	185	175	230	215	205	195

注：1. 本表用水量系采用中砂时的取值。采用细砂时，每立方米混凝土用水量可增加5~10kg；采用粗砂时，可减少5~10kg。
　　2. 掺用矿物掺合料和外加剂时，用水量应相应调整。

2) 掺外加剂时，每立方米流动性或大流动性混凝土的用水量（m_{w0}）可按下式计算：

$$m_{w0} = m'_{w0}(1-\beta)$$

式中：m_{w0}——计算配合比每立方米混凝土的用水量（kg/m³）；

m'_{w0}——未掺外加剂时推定的满足实际坍落度要求的每立方米混凝土用水量（kg/m³），以本规程表11中90mm坍落度的用水量为基础，按每增大20mm坍落度相应增加5 kg/m³用水量来计算，当坍落度增大到180mm以上时，随坍落度相应增加的用水量可减少；

β——外加剂的减水率（%），应经混凝土试验确定。

3) 每立方米混凝土中外加剂用量（m_{a0}）应按下式计算：

$$m_{a0} = m_{b0}\beta_a$$

式中：m_{a0}——计算配合比每立方米混凝土中外加剂用量（kg/m³）；

m_{b0}——计算配合比每立方米混凝土中胶凝材料用量（kg/m³）；计算应符合"3. 混凝土配合比计算项下的（1）水胶比中的1）款"的规定；

β_a——外加剂掺量（%），应经混凝土试验确定。

（3）胶凝材料、矿物掺合料和水泥用量

1) 每立方米混凝土的胶凝材料用量（m_{b0}）应按下式计算，并应进行试拌调整，在拌合物性能满足的情况下，取经济合理的胶凝材料用量。

$$m_{b0} = \frac{m_{w0}}{W/B}$$

式中：m_{b0}——计算配合比每立方米混凝土中胶凝材料用量（kg/m³）；

m_{w0}——计算配合比每立方米混凝土的用水量（kg/m³）；

W/B——混凝土水胶比。

2) 每立方米混凝土的矿物掺合料用量（m_{f0}）应按下式计算：

$$m_{f0} = m_{b0}\beta_f$$

式中：m_{f0}——计算配合比每立方米混凝土中矿物掺合料用量（kg/m³）；

β_f——矿物掺合料掺量（%），可结合"1. 基本规定项下的（1）"和"3. 混凝土配合比计算项下（1）水胶比中的1）款"的规定确定。

3) 每立方米混凝土的水泥用量（m_{c0}）应按下式计算：

$$m_{c0} = m_{b0} - m_{f0}$$

式中：m_{c0}——计算配合比每立方米混凝土中水泥用量（k/m³）。

（4）砂率

1) 砂率（β_s）应根据骨料的技术指标、混凝土拌合物性能和施工要求，参考既有历史资料确定。

2) 当缺乏砂率的历史资料时，混凝土砂率的确定应符合下列规定：

①坍落度小于10mm的混凝土，其砂率应经试验确定。

②坍落度为10~60mm的混凝土，其砂率可根据粗骨料品种、最大公称粒径及水胶比按表12选取。

③坍落度大于60mm的混凝土，其砂率可经试验确定，也可在表12的基础上，按坍落度每增大20mm、砂率增大1%的幅度予以调整。

混凝土的砂率（%） 表12

水胶比	卵石最大公称粒径(mm)			碎石最大公称粒径(mm)		
	10.0	20.0	40.0	16.0	20.0	40.0
0.40	26～32	25～31	24～30	30～35	29～34	27～32
0.50	30～35	29～34	28～33	33～38	32～37	30～35
0.60	33～38	32～37	31～36	36～41	35～40	33～38
0.70	36～41	35～40	34～39	39～44	38～43	36～41

注：1. 本表数值系中砂的选用砂率，对细砂或粗砂，可相应地减少或增大砂率。
　　2. 采用人工砂配制混凝土时，砂率可适当增大。
　　3. 只用一个单粒级粗骨料配制混凝土时，砂率应当增大。

（5）粗、细骨料用量

1) 当采用质量法计算混凝土配合比时，粗、细骨料用量应按下式（1）计算；砂率应按上式（2）计算。

$$m_{f0} + m_{c0} + m_{g0} + m_{s0} + m_{w0} = m_{cp} \tag{1}$$

$$\beta_s = \frac{m_{s0}}{m_{g0} + m_{s0}} \times 100\% \tag{2}$$

式中：m_{g0}——计算配合比每立方米混凝土的粗骨料用量（kg/m^3）；

　　　m_{s0}——计算配合比每立方米混凝土的细骨料用量（kg/m^3）；

　　　β_s——砂率（%）；

　　　m_{cp}——每立方米混凝土拌合物的假定质量（kg），可取 2350～2450kg/m^3。

2) 当采用体积法计算混凝土配合比时，砂率应按上式（2）计算，粗、细骨料用量应按下式计算。

$$\frac{m_{c0}}{\rho_c} + \frac{m_{f0}}{\rho_f} + \frac{m_{g0}}{\rho_g} + \frac{m_{s0}}{\rho_s} + \frac{m_{w0}}{\rho_w} + 0.01\alpha = 1$$

式中：ρ_c——水泥密度（kg/m^3），可按现行国家标准《水泥密度测定方法》（GB/T 208）测定，也可取 2900～3100kg/m^3；

　　　ρ_f——矿物掺合料密度（kg/m^3），可按现行国家标准《水泥密度测定方法》（GB/T 208）测定；

　　　ρ_g——粗骨料的表观密度（kg/m^3），应按现行行业标准《普通混凝土用砂、石质量及检验方法标准》（JGJ 52）测定；

　　　ρ_s——细骨料的表观密度（kg/m^3），应按现行行业标准《普通混凝土用砂、石质量及检验方法标准》（JGJ 52）测定；

　　　ρ_w——水的密度（kg/m^3），可取 1000kg/m^3；

　　　α——混凝土的含气量百分数，在不使用引气剂或引气型外加剂时，α 可取 1。

4. 混凝土配合比的试配、调整与确定

（1）试配

1) 混凝土试配应采用强制式搅拌机进行搅拌，并应符合现行行业标准《混凝土试验用搅拌机》JG 244 的规定，搅拌方法宜与施工采用的方法相同。

2) 试验室成型条件应符合现行国家标准《普通混凝土拌合物性能试验方法标准》(GB/T 50080)的规定。

3) 每盘混凝土试配的最小搅拌量应符合表13的规定，并不应小于搅拌机公称容量的1/4且不应大于搅拌机公称容量。

混凝土试配的最小搅拌量　　　　表13

粗骨料最大公称粒径(mm)	拌合物数量(L)
≤31.5	20
40.0	25

4) 在计算配合比的基础上应进行试拌。计算水胶比宜保持不变，并应通过调整配合比其他参数使混凝土拌合物性能符合设计和施工要求，然后修正计算配合比，提出试拌配合比。

5) 在试拌配合比的基础上应进行混凝土强度试验，并应符合下列规定：

①应采用三个不同的配合比，其中一个应为"4. 混凝土配合比的试配、调整与确定项下（1）试配中的4）款"确定的试拌配合比，另外两个配合比的水胶比宜较试拌配合比分别增加和减少0.05，用水量应与试拌配合比相同，砂率可分别增加和减少1%；

②进行混凝土强度试验时，拌合物性能应符合设计和施工要求；

③进行混凝土强度试验时，每个配合比应至少制作一组试件，并应标准养护到28d或设计规定龄期时试压。

(2) 配合比的调整与确定

1) 配合比调整应符合下列规定：

① 根据"4. 混凝土配合比的试配、调整与确定项下（1）试配中的5）款"混凝土强度试验结果，宜绘制强度和胶水比的线性关系图或插值法确定略大于配制强度对应的胶水比；

② 在试拌配合比的基础上，用水量（m_w）和外加剂用量（m_a）应根据确定的水胶比作调整；

③ 胶凝材料用量（m_b）应以用水量乘以确定的胶水比计算得出；

④ 粗骨料和细骨料用量（m_g和m_s）应根据用水量和胶凝材料用量进行调整。

2) 混凝土拌合物表观密度和配合比校正系数的计算应符合下列规定：

①配合比调整后的混凝土拌合物的表观密度应按下式计算：

$$\rho_{c,c} = m_c + m_f + m_g + m_s + m_w$$

式中：$\rho_{c,c}$——混凝土拌合物的表观密度计算值(kg/m^3)；

m_c——每立方米混凝土的水泥用量(kg/m^3)；

m_f——每立方米混凝土的矿物掺合料用量(kg/m^3)；

m_g——每立方米混凝土的粗骨料用量(kg/m^3)；

m_s——每立方米混凝土的细骨料用量(kg/m^3)；

m_w——每立方米混凝土的用水量(kg/m^3)。

②混凝土配合比校正系数应按下式计算：

$$\delta = \frac{\rho_{c,t}}{\rho_{c,c}}$$

式中：δ——混凝土配合比校正系数；

$\rho_{c,t}$——混凝土拌合物的表观密度实测值(kg/m^3)。

3）当混凝土拌合物表观密度实测值与计算值之差的绝对值不超过计算值的2%时，按"(2) 配合比的调整与确定规定"调整的配合比可维持不变；当二者之差超过2%时，应将配合比中每项材料用量均乘以校正系数（δ）。

4）配合比调整后，应测定拌合物水溶性氯离子含量，试验结果应符合"基本规定项下表4 混凝土拌合物中水溶性氯离子最大含量"的规定。

5）对耐久性有设计要求的混凝土应进行相关耐久性试验验证。

6）生产单位可根据常用材料设计出常用的混凝土配合比备用，并应在启用过程中予以验证或调整。遇有下列情况之一时，应重新进行配合比设计：

①对混凝土性能有特殊要求时。

②水泥、外加剂或矿物掺合料等原材料品种、质量有显著变化时。

5. 有特殊要求的混凝土

（1）抗渗混凝土

1）抗渗混凝土的原材料应符合下列规定：

①水泥宜采用普通硅酸盐水泥。

②粗骨料宜采用连续级配，其最大公称粒径不宜大于40.0mm，含泥量不得大于1.0%，泥块含量不得大于0.5%。

③细骨料宜采用中砂，含泥量不得大于3.0%，泥块含量不得大于1.0%。

④抗渗混凝土宜掺用外加剂和矿物掺合料，粉煤灰等级应为Ⅰ级或Ⅱ级。

2）抗渗混凝土配合比应符合下列规定：

①最大水胶比应符合表14的规定。

②每立方米混凝土中的胶凝材料用量不宜小于320kg。

③砂率宜为35%～45%。

抗渗混凝土最大水胶比 表14

设计抗渗等级	最大水胶比	
	C20~C30	C30以上
P6	0.60	0.55
P8~P12	0.55	0.50
>P12	0.50	0.45

3）配合比设计中混凝土抗渗技术要求应符合下列规定：

① 配制抗渗混凝土要求的抗渗水压值应比设计值提高0.2MPa。

② 抗渗试验结果应满足下式要求：

$$P_t \geqslant \frac{P}{10} + 0.2$$

式中：P_t——6 个试件中不少于 4 个未出现渗水时的最大水压值（MPa）；

　　　P——设计要求的抗渗等级值。

4）掺用引气剂或引气型外加剂的抗渗混凝土，应进行含气量试验，含气量宜控制在 3.0%～5.0%。

（2）抗冻混凝土

1）抗冻混凝土的原材料应符合下列规定：

①水泥应采用硅酸盐水泥或普通硅酸盐水泥。

②粗骨料宜选用连续级配，其含泥量不得大于 1.0%，泥块含量不得大于 0.5%。

③细骨料含泥量不得大于 3.0%，泥块含量不得大于 1.0%。

④粗、细骨料均应进行坚固性试验，并应符合现行行业标准《普通混凝土用砂、石质量及检验方法标准》（JGJ 52）的规定。

⑤抗冻等级不小于 F100 的抗冻混凝土宜掺用引气剂。

⑥在钢筋混凝土和预应力混凝土中不得掺用含有氯盐的防冻剂；在预应力混凝土中不得掺用含有亚硝酸盐或碳酸盐的防冻剂。

2）抗冻混凝土配合比应符合下列规定：

①最大水胶比和最小胶凝材料用量应符合表 15 的规定。

②复合矿物掺合料掺量宜符合表 16 的规定；其他矿物掺合料掺量宜符合"基本规定项下表 2 钢筋混凝土中矿物掺合料最大掺量"的规定。

③掺用引气剂的混凝土最小含气量应符合"1. 基本规定项下（7）"的规定。

最大水胶比和最小胶凝材料用量　　　　　　　　　　　　　　　　　表 15

设计抗冻等级	最大水胶比		最小胶凝材料用量（kg/m³）
	无引气剂时	掺引气剂时	
F50	0.55	0.60	300
F100	0.50	0.55	320
不低于 F150	—	0.50	350

复合矿物掺合料最大掺量　　　　　　　　　　　　　　　　　　　　表 16

水胶比	最大掺量（%）	
	采用硅酸盐水泥时	采用普通硅酸盐水泥时 C20～C30
≤0.40	60	50
>0.40	50	40

注：1. 采用其他通用硅酸盐水泥时，可将水泥混合材掺量 20% 以上的混合材量计入矿物掺合料。

　　2. 复合矿物掺合料中各矿物掺合料组分的掺量不宜超过表 3.0.5-1 中单掺时的限量。

（3）高强混凝土

1）高强混凝土的原材料应符合下列规定：

①水泥应选用硅酸盐水泥或普通硅酸盐水泥。

②粗骨料宜采用连续级配，其最大公称粒径不宜大于 25.0mm，针片状颗粒含量不宜

大于5.0%，含泥量不应大于0.5%，泥块含量不应大于0.2%。

③细骨料的细度模数宜为2.6～3.0，含泥量不应大于2.0%，泥块含量不应大于0.5%。

④宜采用减水率不小于25%的高性能减水剂。

⑤宜复合掺用粒化高炉矿渣粉、粉煤灰和硅灰等矿物掺合料；粉煤灰等级不应低于Ⅱ级；对强度等级不低于C80的高强混凝土宜掺用硅灰。

2）高强混凝土配合比应经试验确定，在缺乏试验依据的情况下，配合比设计宜符合下列规定：

①水胶比、胶凝材料用量和砂率可按表17选取，并应经试配确定。

水胶比、胶凝材料用量和砂率 表17

强度等级	水胶比	胶凝材料用量（kg/m³）	砂率（%）
≥C60，<C80	0.28～0.34	480～560	35～42
≥C80，<C100	0.26～0.28	520～580	
C100	0.24～0.26	550～600	

②外加剂和矿物掺合料的品种、掺量，应通过试配确定；矿物掺合料掺量宜为25%～40%；硅灰掺量不宜大于10%。

③水泥用量不宜大于500kg/m³。

3）在试配过程中，应采用三个不同的配合比进行混凝土强度试验，其中一个可为依据表17计算后调整拌合物的试拌配合比，另外两个配合比的水胶比，宜较试拌配合比分别增加和减少0.02。

4）高强混凝土设计配合比确定后，尚应采用该配合比进行不少于三盘混凝土的重复试验，每盘混凝土应至少成型一组试件，每组混凝土的抗压强度不应低于配制强度。

5）高强混凝土抗压强度测定宜采用标准尺寸试件，使用非标准尺寸试件时，尺寸折算系数应经试验确定。

（4）泵送混凝土

1）泵送混凝土所采用的原材料应符合下列规定：

① 水泥宜选用硅酸盐水泥、普通硅酸盐水泥、矿渣硅酸盐水泥和粉煤灰硅酸盐水泥；

② 粗骨料宜采用连续级配，其针片状颗粒含量不宜大于10%；粗骨料的最大公称粒径与输送管径之比宜符合表18的规定。

粗骨料的最大公称粒径与输送管径之比 表18

粗骨料品种	泵送高度（m）	粗骨料最大公称粒径与输送管径之比
碎石	<50	≤1:3.0
	50～100	≤1:4.0
	>100	≤1:5.0
卵石	<50	≤1:2.5
	50～100	≤1:3.0
	>100	≤1:4.0

③细骨料宜采用中砂，其通过公称直径为 315μm 筛孔的颗粒含量不宜少于 15%；

④泵送混凝土应掺用泵送剂或减水剂，并宜掺用矿物掺合料。

2）泵送混凝土配合比应符合下列规定：

①胶凝材料用量不宜小于 300kg/m³。

②砂率宜为 35%～45%。

3）泵送混凝土试配时应考虑坍落度经时损失。

（5）大体积混凝土

1）大体积混凝土所用的原材料应符合下列规定：

①水泥宜采用中、低热硅酸盐水泥或低热矿渣硅酸盐水泥，水泥的 3d 和 7d 水化热应符合现行国家标准《中热硅酸盐水泥 低热硅酸盐水泥 低热矿渣硅酸盐水泥》（GB 200—2003）规定。当采用硅酸盐水泥或普通硅酸盐水泥时，应掺加矿物掺合料，胶凝材料的 3d 和 7d 水化热分别不宜大于 240kJ/kg 和 270kJ/kg。水化热试验方法应按现行国家标准《水泥水化热测定方法》（GB/T 12959—2008）执行。

②粗骨料宜为连续级配，最大公称粒径不宜小于 31.5mm，含泥量不应大于 1.0%。

③细骨料宜采用中砂，含泥量不应大于 3.0%。

④宜掺用矿物掺合料和缓凝型减水剂。

2）当采用混凝土 60d 或 90d 龄期的设计强度时，宜采用标准尺寸试件进行抗压强度试验。

3）大体积混凝土配合比应符合下列规定：

①水胶比不宜大于 0.55，用水量不宜大于 175kg/m³。

②在保证混凝土性能要求的前提下，宜提高每立方米混凝土中的粗骨料用量；砂率宜为 38%～42%。

③在保证混凝土性能要求的前提下，应减少胶凝材料中的水泥用量，提高矿物掺合料掺量，矿物掺合料掺量应符合本规程第 3.0.5 条的规定。

4）在配合比试配和调整时，控制混凝土绝热温升不宜大于 50℃。

5）大体积混凝土配合比应满足施工对混凝土凝结时间的要求。

7.5.3 混凝土强度试验报告（C6-5-3）

城镇道路工程用混凝土包括：水泥混凝土面层混凝土（道路工程用）和普通混凝土。

7.5.3.1 水泥混凝土弯拉强度（标养）试验报告（C6-5-3-1）

1. 资料表式

水泥混凝土弯拉强度（标养）试验报告　　　　　表 C6-5-3-1

委托单位：＿＿＿＿＿＿＿＿＿＿＿＿＿＿＿　试验委托人：＿＿＿＿＿＿＿＿＿＿＿＿＿＿＿

工程名称：＿＿＿＿＿＿＿＿＿＿＿＿＿＿＿＿　部　位：＿＿＿＿＿＿＿＿＿＿＿＿＿＿＿＿

设计强度等级：＿＿＿＿＿＿＿＿拟配强度等级：＿＿＿＿＿＿＿＿坍落度：＿＿＿＿＿＿cm

水泥品种及等级：＿＿＿＿＿＿＿厂　别：＿＿＿＿＿＿出厂日期：＿＿＿＿＿＿试验编号：＿＿＿＿＿＿

砂子产地及品种：＿＿＿＿＿＿＿细度模数：＿＿＿＿＿含 泥 量：＿＿＿＿％ 试验编号：＿＿＿＿

石子产地及品种：＿＿＿＿＿＿＿最大粒径：＿＿＿＿含泥量：＿＿＿＿％ 试验编号：＿＿＿＿

掺合料名称：＿＿＿＿＿＿＿＿产　地：＿＿＿＿＿＿＿占水泥用量的：＿＿＿＿＿＿＿％

外加剂名称：＿＿＿＿＿＿＿＿＿产　地：＿＿＿＿＿＿＿占水泥用量的：＿＿＿＿＿＿＿％

其他：＿＿＿＿＿＿＿＿＿＿＿＿＿＿＿＿＿＿＿＿＿＿＿＿＿＿＿＿＿＿＿＿＿＿＿＿＿＿＿

施工配合比：＿＿＿＿＿＿＿＿＿＿水灰比：＿＿＿＿＿＿＿＿＿砂率：＿＿＿＿＿＿％

配合比编号	材料名称＼用量	水泥	水	砂子	石子	掺合料	外加剂
	每立方米用量（kg）						

制模日期：＿＿＿＿＿＿＿＿＿　要求龄期：＿＿＿＿＿＿＿＿＿要求试验日期：＿＿＿＿＿＿＿

试块收到日期：＿＿＿＿＿＿＿＿＿试块养护条件：＿＿＿＿＿＿＿＿＿

试块编号	试验日期	实际龄期(d)	试块尺寸(mm)			计算跨度(mm)	破坏荷重(kN)		平均极限抗折强度(N/mm²)	折合标准试件强度(N/mm²)	达到设计强度(%)
			长	宽	高		单块	平均			
结论											

试验单位：　　　　　技术负责人：　　　　　审核：　　　　　试（检）验：

　　　　　　　　　　　　　　　　　　　　　　　　　　　报告日期：　年　月　日

2. 应用说明

（1）城镇道路工程用混凝土的不同品种、不同强度等级、不同级配的混凝土均应在混凝土的浇灌地点随机抽取留置试块。混凝土试块由施工单位提供。

（2）混凝土强度以标准养护龄期28d的试块抗压试验结果为准。

（3）城镇道路工程用混凝土强度以单位工程进行质量评定和验收。

(4) 必须实行见证取样，试验室应在见证取样人名单上加盖公章和经手人签字。

(5) 混凝土弯拉强度检验，应以 28d 龄期计算的弯拉强度为标准，评定方法按 C6-5-3-1A 混凝土弯拉强度评定方法执行。

1) 应用正在摊铺的混凝土拌合物制作试件，试件的养护条件与现场混凝土板养护相同。

2) 混凝土弯拉强度测试的取样数量：同一配合比的混凝土每 100m³ 取样 2 组，不足 100m³ 按 2 组取。一组置于标准养护条件，另一组置于与结构物同条件养护。留置数量可与工程需要增加标养和同条件养护试块。

(6) 混凝土弯拉棱柱体小梁试件，其尺寸选取见表 C6-5-3-1A。

混凝土弯拉强度棱柱体试件尺寸选取表　　　　表 C6-5-3-1A

骨料最大粒径（cm）	试块尺寸（cm）
≤30	100×100×400
≤40	150×150×600
≤60	200×200×800

(7) 试块的制作：

1) 采用机械振捣时，将混凝土拌和物一次装入试模，并稍有富余，在振动台上振动至密实为止，然后用抹刀将多余的混凝土刮去，仔细抹光表面。

2) 采用人工捣实时，混凝土拌和物分二次装入，每层高度约相等，每层插捣次数见表 C6-5-3-1B。

插捣时应在试块全部面积上均匀进行。

混凝土弯拉强度试块制作插捣次数表　　　　表 C6-5-3-1B。

试块尺寸（mm）	插捣次数
100×100×400	50
150×150×600	100
200×200×800	200

(8) 混凝土弯拉强度应符合下列要求：

1) 各交通等级路面板的设计 28d 弯拉强度标准值 f_r 应符合表 C6-5-3-1C 的规定。

混凝土弯拉强度标准值 f_r　　　　表 C6-5-3-1C

交通等级	特 重	重	中 等	轻
弯拉强度标准值（MPa）	5.0	5.0	4.5	4.0

(9) 填表说明

1) 委托单位：提请委托试验的单位，按全称填写。

2) 试验委托人：提请委托试验单位的试验委托人，填写委托人姓名。

3) 工程名称：按施工企业和建设单位签订的施工合同的工程名称或图注的工程名称，照实际填写。

4) 部位：按试配申请委托单上提供的使用部位填写。

5) 设计强度等级：指施工图设计的混凝土强度等级。

6) 拟配强度等级：指施工单位根据施工图设计及工程特点拟配制的混凝土强度等级。

7) 坍落度：指施工过程中实测的坍落度值，按实测的坍落度平均值填写。

8) 水泥品种及等级：指送交试验单位的"送样"批的水泥品种、强度等级。

①厂别：指送交试验单位的"送样"批的水泥厂别。

②出厂日期：指送交试验单位的"送样"批的水泥的出厂日期。

③试验编号：指送交试验单位的"送样"批的水泥的试验编号。

9) 砂子产地及品种：指送交试验单位的"送样"批的砂子的产地及品种。

①细度模数：指送交试验单位的"送样"批的砂子的细度模数。

②含泥量（%）：指送交试验单位的"送样"批的砂子的含泥量。

③试验编号：指送交试验单位的"送样"批的砂子的试验编号。

10) 石子产地及品种：指送交试验单位的"送样"批的石子的产地及品种。

①最大粒径：指送交试验单位的"送样"批的石子的最大粒径。

②含泥量（%）：送交试验单位的"送样"批的石子的含泥量。

③试验编号：指送交试验单位的"送样"批的石子的试验编号。

11) 掺合料名称：指送交试验单位的"送样"批的掺合料名称。

①产地：指送交试验单位的"送样"批的掺合料的产地。

②占水泥用量的：指送交试验单位的"送样"批的掺合料占水泥用量的百分比。

12) 外加剂名称：指送交试验单位的"送样"批的外加剂的名称。

①产地：指送交试验单位的"送样"批的外加剂的产地。

②占水泥用量的：指送交试验单位的"送样"批的外加剂的百分比。

13) 其他：完工后无法进行检查的工程；重要结构部位和有特殊要求隐蔽的工程。

14) 施工配合比：指施工实际采用的配合比。

①水灰比：指施工实际采用的水灰比。

②砂率（%）：指施工实际采用的砂率。

15) 配合比编号：按试配通知单建议的施工配合比或试配单配合比编号填写，如经调整，配合比不得低于试配单的建议值。

16) 材料名称：

①水泥：指受试混凝土试件施工中采用的水泥的强度等级。

②水：指受试混凝土试件施工中采用的水的质量。

③砂子：指受试混凝土试件施工中采用的砂子的品种。

④石子：指受试混凝土试件施工中采用的石子的品种。

⑤掺合料：指受试混凝土试件施工中采用的掺合料的名称。

⑥外加剂：指受试混凝土试件施工中采用的外加剂的名称。

17) 用量：

①水泥：指每立方米混凝土的水泥用量（kg）。

②水：指每立方米混凝土的水的用量（kg）。

③砂子：指每立方米混凝土的砂子的用量（kg）。

④石子：指每立方米混凝土的石子的用量（kg）。
⑤掺合料：指每立方米混凝土的掺合料的用量（kg）。
⑥外加剂：指每立方米混凝土的外加剂的用量（kg）。

18）制模日期：指混凝土构件的实际制模成型日期。
19）要求龄期：指要求的混凝土拆模时间，照实际要求的龄期填写。
20）要求试验日期：指要求混凝土的试验日期，照实际要求的试验日期填写。
21）试块收到日期：指试块送交试验室的时间，照实际试块收到的日期填写。
22）试块养护条件：指自然、蒸汽，还是其他养护方法，照实际养护方法填写。
23）试块制作人：指施工项目经理部级的专职试验员，填写试块制作人的姓名。
24）试块编号：指施工单位按制作的项目进行的编号。
25）试验日期：即实际试压日期。
26）试验日期：指抗折混凝土试块的实际试验日期。
27）实际龄期（d）：按需要分为 3d、7d、28d，以 28d"标准"为准，照实龄期填写。
28）试块尺寸（mm）：指受试试块的实际尺寸，按长、宽、高分别填写。
29）计算跨度：指抗折试块试验支点间的跨度值。
30）破坏荷重（kN）：指每一单块试件的极限荷载值。
①单块：指每一单块试件的极限荷载值。
②平均：指每组 3 个单块试件的极限荷载的平均值。
31）平均极限抗折强度（N/mm^2）：指每组 3 个单块抗折试件的极限荷载的平均值。
32）折合 150mm 立方体强度（N/mm^2）：
33）达到设计强度（%）：实测强度与设计强度之比。
34）结论：应全面、准确，核心是可用性及注意事项。

7.5.3.1-1　水泥混凝土弯拉强度（同条件养护）试件试验报告（C6-5-3-1-1）

1. 资料表式

水泥混凝土弯拉强度（同条件养护）试件试验报告表式按"7.5.3.1　水泥混凝土弯拉强度（标养）试验报告"的表式执行。

2. 应用说明

（1）应用正在摊铺的混凝土拌合物制作试件，试件的养护条件与现场混凝土板养护相同。

（2）混凝土弯拉强度测试的取样数量：同一配合比的混凝土每 100m^3 取样 2 组，不足 100m^3 按 2 组取。一组置于标准养护条件，另一组置于与结构物同条件养护。留置数量可与工程需要增加标养和同条件养护试块。

（3）混凝土弯拉棱柱体小梁试件，其尺寸选取见表 C6-5-3-1-1A。

（4）水泥混凝土弯拉强度（同条件养护）试件试验结果必须符合设计要求。

混凝土弯拉强度棱柱体试件尺寸选取表	表 C6-5-3-1-1A

骨料最大粒径（cm）	试块尺寸（cm）
≤30	100×100×400
≤40	150×150×600
≤60	200×200×800

7.5.3.2 普通混凝土抗压强度（标养）试验报告（C6-5-3-2）

1. 资料表式

普通混凝土抗压强度（标养）试验报告表式按"7.5.3.1 水泥混凝土弯拉强度（标养）试验报告"表式执行。

2. 应用说明

普通混凝土抗压强度（标养）试验报告是为保证工程质量，由试验单位对工程中留置的混凝土试块的强度指标进行测试后出具的质量证明文件。

（1）混凝土试块试验基本要求：

1）混凝土试块必须在施工现场浇灌地点随机抽取留置试块，并由施工单位提供。

2）混凝土强度以标准养护龄期 28d 的试块抗压试验结果为准，在冬施条件下养护时应增加同条件养护的试块，并有测温记录。

3）混凝土强度以单位工程按《混凝土结构工程施工质量验收规范》（GB 50204—2002）（2010 年版），混凝土执行（GB 50107-2010）评定质量等级标准，据此进行质量验收。

（2）混凝土试块取样规定：

每班或 100m³ 取 1 组（3 块），少于规定按 1 组取；杯口、板缝用混凝土每工作班抽检 1 组（3 块）。

（3）混凝土试件的取样应注意其随机性：

当混凝土试件的留置数量大于其要求提供的数量时，在提供试验时不得只挑好的试件送试。

混凝土抗压强度试件尺寸选择表		表 C6-5-3-2A
骨料最大颗粒直径（mm）	试块尺寸（mm）	强度的尺寸换算系数
≤31.5	100×100×100（非标准试块）	0.95
≤40	150×150×150（标准试块）	1.00
≤63	200×200×200（非标准试块）	1.05

注：混凝土中粗骨料的最大粒径选择试件尺寸，立方体试件边长应不小于骨料最大粒径的 3 倍。如大型构件的混凝土中骨料直径很大而用边长为 100mm 的立方体试块，试验结果很难有代表性。

(4) 混凝土试块的制作：

混凝土抗压试块以同一龄期者为一组，每组至少有 3 个属于同盘混凝土、在浇筑地点同时制作的混凝土试块。

1) 在混凝土拌和前，应将试模擦拭干净，并在模内涂一薄层机油。

2) 用振动法捣实混凝土时，将混凝土拌和物一次装满试模，并用捣棒初步捣实，使混凝土拌和物略高出试模，放在振动台上，一手扶住试模，一手用铁抹子在混凝土表面施压，并不断来回擦抹。按混凝土稠度（工作度或坍落度）的大小确定振动时间，所确定的振动时间必须保证混凝土能振捣密实，待振捣时间即将结束时，用铁抹子刮去表面多余的混凝土，并将表面抹平。同一组的试块，每块振动时间必须完全相同，以免密度不均匀影响强度的均匀性。

（**注**：在施工现场制作试块时，也可用平板式振捣器，振动至混凝土表面水泥浆呈现光亮状态时止。）

3) 用插捣法人工捣实试块时，按下述方法进行：

①对于 100mm×100mm×100mm、150mm×150mm×150mm 或 200mm×200mm×200mm 的立方体试块，混凝土拌和物分两层装入，其厚度约相等，每层插捣次数如表 C6-5-3-2B 所示。

混凝土抗压强度试件制作插捣次数表　　　　　　　　　　C6-5-3-2B

试块尺寸（mm）	每层插捣次数
100×100×100	12
150×150×150	25
200×200×200	50

②插捣时应在混凝土全面积上均匀地进行，由边缘逐渐向中心。

③插捣底层时，捣棒应达到试模底面，捣上层时捣棒应插入该层底面以下 2~3cm 处。

④面层插捣完毕后，再用抹刀沿四边模壁插捣数下，以消除混凝土与试模接触面的气泡，并可避免蜂窝、麻面现象，然后用抹刀刮去表面多余的混凝土，将表面抹光，使混凝土稍高于试模。

⑤静置半小时后，对试块进行第二次抹面，将试块仔细抹光抹平，以使试块与标准尺寸的误差不超过±1mm。

(5) 试块的养护：

1) 试块成型后，用湿布覆盖表面，在室温为 16~20℃下至少静放一昼夜，但不得超过两昼夜，然后进行编号及拆模工作；混凝土拆模后，要在试块上写清混凝土强度等级代表的工程部位和制作日期；

2) 拆去试模后，随即将试块放在标准养护室（温度 20±3℃，相对湿度大于 90%，应避免直接浇水）养护至试压龄期为止。

(6) 混凝土用拌合水要求：拌制混凝土宜用饮用水。污水、pH 值小于 4 的酸性水和含硫酸盐量按 SO_4 计超过 1% 的水，不得用于生产混凝土构件。水中含有碳酸盐时会引起水泥的异常凝结；含有硝酸盐、磷酸盐时能引起缓凝作用；含有腐殖质、糖类等有机物时有的会引起缓凝、有的发生快硬或不硬化；含有洗涤剂等污水时，由于产生过剩的拌生空气,会使混凝土的各种性能恶化;含有超过0.2%浓度的氯化物时,会产生促凝性,使早期水化热增大,同时收缩增加,易导致混凝土中钢材的腐蚀;应予高度重视。

(7) 填表说明:

1) 结构部位:按试块所在分项工程或分部工程的实际部位填写。

2) 配合比编号:按试配通知单建议的施工配合比或试配单配合比编号填写,如经调整,配合比不得低于试配单的建议值。

3) 养护方法:指自然、蒸汽,还是其他养护方法,照实际养护方法填写。

4) 成型日期:指混凝土构件的实际制模成型日期。

5) 破型日期:即实际试压日期。

6) 龄期:按需要分为3d、7d、28d,以28d"标准"为准,照实际龄期填写。

7) 强度值:破坏荷载除以截面面积后的值为标准强度。当试件尺寸为20cm×20cm×20cm和10cm×10cm×10cm时,应按标准规定换算为15cm×15cm×15cm的强度值。

8) 强度代表值:即按标准规定的取值方法,计算得出的强度值。

9) 达到设计等级(%):实测强度与设计强度之比。

7.5.4 混凝土强度统计评定 (C6-5-4)

城镇道路工程用混凝土的强度统计评定包括:水泥混凝土面层混凝土(道路工程用)的强度统计评定和普通混凝土的强度统计评定。

7.5.4.1 水泥混凝土面层弯拉强度统计评定 (C6-5-4-1)

1. 资料表式

水泥混凝土面层弯拉强度统计评定表式按当地建设行政主管部门核定的表格形式执行。

2. 应用说明

《公路水泥混凝土路面施工技术细则》(JTG/T F30-2014)附录H 施工质量管理方法中的H.1 规定了混凝土弯拉强度的评定方法

(1) 混凝土弯拉强度试验方法应使用标准小梁法或钻芯劈裂法,试件使用标准方法制作,标准养生时间28d,路面钻芯劈裂时间宜控制在28~56d以内,不掺粉煤灰宜用28d,掺粉煤灰宜用28~56d。各等级公路面层混凝土弯拉强度应按表1所列检查频率取样,每组3个试件平均值为一个统计数据。

(2) 混凝土弯拉强度的合格标准应符合下列规定:

1) 试件组数大于10组时,平均弯拉强度合格判断式为:

$$f_{cs} \geqslant f_r + K\sigma$$

$$\sigma = C_v \bar{f_c}$$

水泥混凝土路面铺筑质量标准及检查项目、频率和方法 表1

项次	检查项目		质量标准		检查频率		检查方法
			高速公路、一级公路	其他公路	高速公路、一级公路	其他公路	
1	弯拉强度[a]	标准小梁弯拉强度（MPa）	按附录H评定		每班留2~4组试件，日进度<500m留2组；≥500m留3组；≥1000m留4组，测算f_{cs}、f_{min}、C_v[b]	每班留1~3组试件，日进度<500m留1组；≥500m留2组；≥1000m留3组，测算f_{cs}、f_{min}、C_v[b]	JTG E30 T0552、T0558
		路面钻芯劈裂强度换算弯拉强度（MPa）			每车道每3km钻取1个芯样，单独施工硬路肩为1个车道，测算f_{cs}、f_{min}、C_v[b]	每车道每2km钻取1个芯样，单独施工硬路肩为1个车道，测算f_{cs}、f_{min}、C_v[b]	JTG E30 T 0552、T 0561
2	板厚度(mm)		平均值≥−5；极值≥−15，C_v值符合设计规定		路面摊铺宽度内每100m左右各2处，连接摊铺每100m单边1处	路面摊铺宽度内每100m左右各1处，连接摊铺100m单边1处	板边与岩芯尺测，岩芯最终判定
3	纵向平整度	σ[c] (mm)	≤1.32	≤2.00	所有车道连续检测		车载平整度检测仪
		IRI[c] (m/km)	≤2.20	≤3.30			
		3m直尺最大间隙 Δh (mm)（合格率应≥90%）	≤3	≤5	每半幅车道100m²处，每处10尺	每半幅车道200m²处，每处10尺	3m直尺
4	抗滑构造深度 TD (mm)	一般路段	0.70~1.10	0.50~0.90	每车道及硬路肩每200m测2处	每车道每200m测1处	铺砂法
		特殊路段[d]	0.80~1.20	0.60~1.00			
5	摩擦系数 SFC	一般路段	≥50	—	行车道、超车道全长连续检测，每车道每20 m连续检测1个测点	一般路段免检，仅检查特殊路段，每车道每20m连续检测1个测点，不足20m测1个测点	JTG E60 T 0965
		特殊路段[d]	≥55	≥50			
6	取芯法测定抗冻等级[e]	严寒地区[f]	≥250	≥200	每车道每3km钻取1个芯样	每车道每5km钻取1个芯样	JTG E30 T 0552
		寒冷地区[f]	≥200	≥150			

注：a 标准小梁弯拉强度用于评定施工配合比；钻芯劈裂强度用于评价实际面层施工密实度及弯拉强度。
  b f_{cs}为平均弯拉强度；f_{min}为最小弯拉强度；C_v为统计变异系数。
  c 动态平整度σ与IRI可选测一项。
  d 高速公路、一级公路特殊路段指立交匝道、平交口、弯道、变速车道、组合坡度不小于3%、桥面、隧道路面及收费站广场等处；其他公路系指超高路段、加宽车道段、组合坡度大于或等于4%坡道段、交叉口路段、桥面及其上下坡段、隧道路面及集镇附近路段等处。
  e 取芯法测定抗冻性仅在有抗冰冻要求的地区必检。
  f 严寒地区指当地最冷月平均气温低于−8℃的地区；寒冷地区指当地最冷月平均气温在−8℃~−3℃的地区。

式中：
f_{cs}——合格判定平均弯拉强度（MPa）；
f_r——设计弯拉强度标准值（MPa）；
K——合格评定系数，按试件组数查表2；
σ——弯拉强度统计均方差，可按式 $\sigma=C_v \overline{f_c}$ 计算；
C_v——实测弯拉强度统计变异系数；
$\overline{f_c}$——实测弯拉强度统计平均值（MPa）。

合格评定系数　　　　　　　　　　　　　　　表2

试件组数 n	11～14	15～19	≥20
K	0.75	0.70	0.65

当试件组数为 11～19 组时，允许有 1 组最小弯拉强度小于 $0.85f_r$，但不得小于 $0.80f_r$。

当试件组数大于或等于 20 组时，高速公路和一级公路最小弯拉强度 f_{min} 不得小于 $0.85f_r$，其他公路允许有一组最小弯拉强度 f_{min} 小于 $0.85f_r$，但不得小于 $0.80f_r$。实测弯拉强度统计变异系数 C_v 值不应超出表3规定的范围。

变异系数 C_v 的范围　　　　　　　　　　　　表3

弯拉强度变异水平等级	低	中	高
弯拉强度变异系数 C_v 的范围	0.05≤C_v≤0.10	0.10≤C_v≤0.15	0.15≤C_v≤0.20

当试件组数小于或等于10组时，可用非统计方法评定。此时，弯拉强度应符合下列规定：

弯拉强度平均值
$$f_{cs} \geq 1.15 f_r$$

弯拉强度最小值
$$f_{min} \geq 0.85 f_r$$

2）实测弯拉强度统计变异系数 C_v 值应符合设计要求。

(3) 当标准小梁合格判定平均弯拉强度 f_{cs}、最小弯拉强度 f_{min} 和统计变异系数 C_v 中有一个数据不符合上述要求时，应在不合格路段每车道每公里钻取 3 个以上 $\sigma=C_v \overline{f_c}$ $\Phi150mm$ 的钻芯，实测劈裂强度，通过各自工程的经验统计公式换算弯拉强度，其合格判定平均弯拉强度 f_{cs} 和最小值 f_{min} 必须合格。

7.5.4.2　普通混凝土抗压强度统计评定（C6-5-4-2）

1. 资料表式

普通混凝土抗压强度统计评定

表 C6-5-4-2

工程名称		施工单位			分部名称(部位)		强度等级(MPa)		养护方法
试块组数	设计强度(MPa)	平均值(MPa)	标准差	合格判定系数	最小值(MPa)	评 定 数 据 (MPa)			
$n=$	$f_{cu.k}=$	$m_{fcu}=$	$S_{fcu}=$	$\lambda_1=$ $\lambda_3=$ $\lambda_2=$ $\lambda_4=$	$f_{cu.min}=$	$f_{cu.k}+\lambda_1 \cdot s_{fcu}=$	$\lambda_2 \cdot f_{cu.k}=$	$\lambda_3 \cdot f_{cu.k}=$	$\lambda_4 \cdot f_{cu.k}=$
每组强度值：(MPa)									
评定依据：《混凝土强度检验评定标准》(GB/T 50107—2010) 1) 统计组数 $n\geqslant 10$ 组时： $m_{fcu}\geqslant f_{cu.k}+\lambda_1 \cdot S_{fcu}$ ；$f_{cu.min}\geqslant \lambda_2 \cdot f_{cu.k}$ 2) 非统计方法： $m_{fcu}\geqslant \lambda_3 \cdot f_{cu.k}$ ； $f_{cu.min}\geqslant \lambda_4 \cdot f_{cu.k}$							结 论		
参加人员	监理(建设)单位		施 工 单 位						
			施工项目技术负责人		专职质检员		施工员		资料员

2. 应用说明

（1）评定普通混凝土抗压强度应采用标准试件和同条件养护试块共同判定混凝土强度的方法。以保证混凝土强度的真实性。非"标养"试块必须提供28d日养护温度记录，作为分析测试结果时参考。

（2）标准养护是指标养试块按标准方法制作的边长为150mm的标准尺寸的立方体试件，在温度为20±3℃、相对湿度为90％以上的环境或水中的标准条件下，养护到28d龄期时按标准试验方法测得的混凝土立方体抗压强度。

混凝土试块标养为28d强度，标养试块要有测试温度、湿度记录。超龄期混凝土应按有关规定换算为28d强度，借以判定混凝土强度等级。

（3）同条件养护试件的试块制作按标准养试块进行，同条件养护试件应有测温记录。

（4）混凝土试块强度评定核查注意事项：

1）采用预拌（商品）混凝土应有出厂合格证，由搅拌站试验室按要求进行试验，试块强度以现场制作试块作为检验结构强度质量的依据。如对进场混凝土有怀疑，应会同搅拌站有关负责人到现场共同取样进行试验，并应进行外观鉴定，决定能否使用，并做好记录反映于资料中。

搅拌站试验的有关数据（原始试验单或单位工程有关试验汇总报表）应交施工单位归入技术档案，留置数量应具有代表性，能正确反映各部位不同混凝土的试块强度。

2）按照施工图设计要求，核查混凝土配合比及试块强度报告单中混凝土强度等级、试压龄期、养护方法、试块的留置部位及组数、试块抗压强度是否符合设计要求及有关规范、标准的规定。

3）核查混凝土试块试验报告单中，是否以《混凝土强度检验评定标准》（GB/T 50107—2010）来检评混凝土的强度质量。

7.5.4.2-1 混凝土强度检验评定标准应用技术要求

执行标准：《混凝土强度检验评定标准》（GB/T 50107—2010）（摘选）

1 基本规定

（1）混凝土的强度等级应按立方体抗压强度标准值划分。混凝土强度等级应采用符号C与立方体抗压强度标准值（以N/mm^2计）表示。

（2）立方体抗压强度标准值应为按标准方法制作和养护的边长为150mm的立方体试件，用标准试验方法在28d龄期测得的混凝土抗压强度总体分布中的一个值，强度低于该值的概率应为5％。

（3）混凝土强度应分批进行检验评定。一个检验批的混凝土应由强度等级相同、试验龄期相同、生产工艺条件和配合比基本相同的混凝土组成。

（4）对大批量、连续生产混凝土的强度应按本标准第5.1节中规定的统计方法评定。对小批量或零星生产混凝土的强度应按本标准第5.2节中规定的非统计方法评定。

2 混凝土的取样与试验

（1）混凝土的取样：

1）混凝土的取样，宜根据本标准规定的检验评定方法要求制定检验批的划分方案和相应的取样计划。

2) 混凝土强度试样应在混凝土的浇筑地点随机抽取。

3) 试件的取样频率和数量应符合下列规定：

①每 100 盘，但不超过 100m³ 的同配合比混凝土，取样次数不应少于一次。

②每一工作班拌制的同配合比混凝土，不足 100 盘和 100m³ 时其取样次数不应少于一次。

③当一次连续浇筑的同配合比混凝土超过 1000m³ 时，每 200m³ 取样不应少于一次。

④对房屋建筑，每一楼层、同一配合比的混凝土，取样不应少于一次。

4) 每批混凝土试样应制作的试件总组数，除满足本标准第 5 章规定的混凝土强度评定所必需的组数外，还应留置为检验结构或构件施工阶段混凝土强度所必需的试件。

(2) 混凝土试件的制作与养护：

1) 每次取样应至少制作一组标准养护试件。

2) 每组 3 个试件应由同一盘或同一车的混凝土中取样制作。

3) 检验评定混凝土强度用的混凝土试件，其成型方法及标准养护条件应符合现行国家标准《普通混凝土力学性能试验方法标准》（GB/T 50081—2002）的规定。

4) 采用蒸汽养护的构件，其试件应先随构件同条件养护，然后应置入标准养护条件下继续养护，两段养护时间的总和应为设计规定龄期。

(3) 混凝土试件的试验：

1) 混凝土试件的立方体抗压强度试验应根据现行国家标准《普通混凝土力学性能试验方法标准》（GB/T 50081—2002）的规定执行。每组混凝土试件强度代表值的确定，应符合下列规定：

①取 3 个试件强度的算术平均值作为每组试件的强度代表值。

②当一组试件中强度的最大值或最小值与中间值之差超过中间值的 15％时，取中间值作为该组试件的强度代表值。

③当一组试件中强度的最大值和最小值与中间值之差均超过中间值的 15％时，该组试件的强度不应作为评定的依据。

(注：对掺矿物掺合料的混凝土进行强度评定时，可根据设计规定，可采用大于 28d 龄期的混凝土强度。)

2) 当采用非标准尺寸试件时，应将其抗压强度乘以尺寸折算系数，折算成边长为 150mm 的标准尺寸试件抗压强度。尺寸折算系数按下列规定采用：

①当混凝土强度等级低于 C60 时，对边长为 100mm 的立方体试件取 0.95，对边长为 200mm 的立方体试件取 1.05。

②当混凝土强度等级不低于 C60 时，宜采用标准尺寸试件；使用非标准尺寸试件时，尺寸折算系数应由试验确定，其试件数量不应少于 30 对组。

3 混凝土强度的检验评定

(1) 统计方法评定：

1) 采用统计方法评定时，应按下列规定进行：

①当连续生产的混凝土，生产条件在较长时间内保持一致，且同一品种、同一强度等级混凝土的强度变异性保持稳定时，应按本标准第 5.1.2 条的规定进行评定。

②其他情况应按本标准第5.1.3条的规定进行评定。

2) 一个检验批的样本容量应为连续的3组试件，其强度应同时符合下列规定：

$$m_{f_{cu}} \geqslant f_{cu,k} + 0.7\sigma_0$$

$$f_{cu,min} \geqslant f_{cu,k} - 0.7\sigma_0$$

检验批混凝土立方体抗压强度的标准差应按下式计算：

$$\sigma_0 = \sqrt{\frac{\sum_{i=1}^{n} f_{cu,i}^2 - nm^2 f_{cu}}{n-1}}$$

当混凝土强度等级不高于C20时，其强度的最小值尚应满足下式要求：

$$f_{cu,min} \geqslant 0.85 f_{cu,k}$$

当混凝土强度等级高于C20时，其强度的最小值尚应满足下列要求：

$$f_{cu,min} \geqslant 0.9 f_{cu,k}$$

式中 $m_{f_{cu}}$——同一检验批混凝土立方体抗压强度的平均值（N/mm²），精确到0.1（N/mm²）；

$f_{cu,k}$——混凝土立方体抗压强度标准值（N/mm²），精确到0.1（N/mm²）；

σ_0——检验批混凝土立方体抗压强度的标准差（N/mm²），精确到0.01（N/mm²）；当检验批混凝土强度标准差σ_0计算值小于2.5N/mm²时，应取2.5N/mm²；

$f_{cu,i}$——前一个检验期内同一品种、同一强度等级的第i组混凝土试件的立方体抗压强度代表值（N/mm²），精确到0.1（N/mm²）；该检验期不应少于60d，也不得大于90d；

n——前一检验期内的样本容量，在该期间内样本容量不应少于45；

$f_{cu,min}$——同一检验批混凝土立方体抗压强度的最小值（N/mm²），精确到0.1（N/mm²）。

3) 当样本容量不少于10组时，其强度应同时满足下列要求：

$$m_{f_{cu}} \geqslant f_{cu,k} + \lambda_1 \cdot S_{f_{cu}}$$

$$f_{cu,min} \geqslant \lambda_2 \cdot f_{cu,k}$$

同一检验批混凝土立方体抗压强度的标准差应按下式计算：

$$S_{f_{cu}} = \sqrt{\frac{\sum_{i=1}^{n} f_{cu,i}^2 - nm^2 f_{cu}}{n-1}}$$

式中 $S_{f_{cu}}$——同一检验批混凝土立方体抗压强度的标准差（N/mm²），精确到0.01（N/mm²）；当检验批混凝土强度标准差$S_{f_{cu}}$计算值小于2.5N/mm²时，应取2.5N/mm²；

λ_1、λ_2——合格评定系数，按表7.5.4.2-1A取用；

n——本检验期内的样本容量。

混凝土强度的合格评定系数　　　　表 7.5.4.2-1A

试件组数	10～14	15～19	≥20
λ_1	1.15	1.05	0.95
λ_2	0.90		0.85

（2）非统计方法评定：

1）当用于评定的样本容量小于10组时，应采用非统计方法评定混凝土强度。

2）按非统计方法评定混凝土强度时，其强度应同时符合下列规定：

$$m_{f_{cu}} \geqslant \lambda_3 \cdot f_{cu,k}$$
$$f_{cu,min} \geqslant \lambda_4 \cdot f_{cu,k}$$

式中　λ_3、λ_4——合格评定系数，应按表 7.5.4.2-1B 取用。

混凝土强度的非统计法合格评定系数　　　表 7.5.4.2-1B

混凝土强度等级	<C60	≥C60
λ_3	1.15	1.10
λ_4	0.95	

（3）混凝土强度的合格性评定：

1）当检验结果满足（1）统计方法评定中的2）条或3）条或（2）非统计方法评定中的2）条的规定时，则该批混凝土强度应评定为合格；当不能满足上述规定时，该批混凝土强度应评定为不合格。

2）对评定为不合格批的混凝土，可按国家现行的有关标准进行处理。

7.6　土工击实试验与填土含水率检测记录（C6-6）

7.6.1　土工击实试验报告（C6-6-1）

击实试验是利用一定质量的落锤，以一定高度的自由落距将标准规格的圆锥体探头打入土层中，根据探头贯入的难易程度（可用贯入一定距离的锤击数、贯入度或探头单位面积动贯阻力来表示）判定土层的性质。这是常规的原位测试方法之一。

7.6.1.1　击实试验应用技术要求

执行标准：击实试验（T 0131—2007）（摘选）

1　目的和适用范围

本试验方法适用于细粒土。

本试验分轻型击实和重型击实。内径 100mm 试筒适用于粒径不大于 20mm 的土。内径 152mm 试筒适用于粒径不大于 40mm 的土。

当土中最大颗粒粒径大于或等于40mm，并且大于或等于40mm颗粒粒径的质量含量大于5%时，则应使用大尺寸试筒进行击实试验，或按本规程5.4条进行最大干密度校正。大尺寸试筒要求其最小尺寸大于土样中最大颗粒粒径的5倍以上，并且击实试验的分层厚度应大于土样中最大颗粒粒径的3倍以上。单位体积击实功能控制在2677.2～2687.0kJ/m³范围内。

当细粒土中的粗粒土总含量大于40%或粒径大于0.005mm颗粒的含量大于土总质量的70%（即d_{30}≤0.005mm）时，还应做粗粒土最大干密度试验，其结果与重型击实试验结果比较，最大干密度取两种试验结果的最大值。

2 仪器设备

2.1 标准击实仪，如图1和图2所示。击实试验方法和相应设备的主要参数应符合表1的规定。

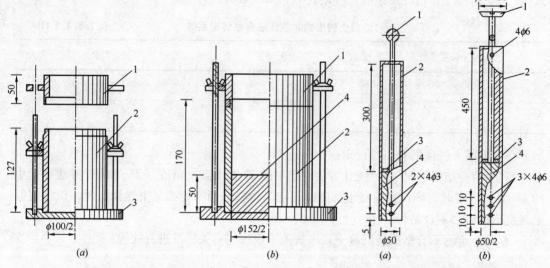

图1 击实筒（单位：mm）
(a) 小击实筒；(b) 大击实筒
1—套筒；2—击实筒；3—底板；4—垫板

图2 击锤和导杆（单位：mm）
(a) 2.5k 击锤（落高30cm）；
(b) 4.5kg 击钎（落高45cm）
1—提手；2—导筒；3—硬橡皮垫；4—击锤

击实试验方法种类　　　　　表1

试验方法	类别	锤底直径(cm)	锤质量(kg)	落高(cm)	试筒尺寸 内径(cm)	试筒尺寸 高(cm)	试样尺寸 高度(cm)	试样尺寸 体积(cm³)	层数	每层击数	击实功(kJ/m³)	最大粒径(mm)
轻型	Ⅰ-1	5	2.5	30	10	12.7	12.7	997	3	27	598.2	20
	Ⅰ-2	5	2.5	30	15.2	17	12	2177	3	59	598.2	40
重型	Ⅱ-1	5	4.5	45	10	12.7	12.7	997	5	27	2687.0	20
	Ⅱ-2	5	4.5	45	15.2	17	12	2177	3	98	2677.2	40

2.2 烘箱及干燥器。
2.3 天平：感量0.01g。
2.4 台秤：称量10kg，感量5g。
2.5 圆孔筛：孔径40mm、20mm和5mm各1个。
2.6 拌和工具：400mm×600mm、深70mm的金属盘，土铲。
2.7 其他：喷水设备、碾土器、盛土盘、量筒、推土器、铝盒、修土刀、平直尺等。

3 试样

3.1 本试验可分别采用不同的方法准备试样。各方法可按表2准备试料。

试 料 用 量　　　　　　　　　　　　　　　　表2

使用方法	类别	试筒内径（cm）	最大粒径（mm）	试料用量（kg）
干土法，试样不重复使用	b	10 15.2	20 40	至少5个试样，每个3 至少5个试样，每个6
湿土法，试样不重复使用	c	10 15.2	20 40	至少5个试样，每个3 至少5个试样，每个6

3.2 干土法（土不重复使用）。按四分法至少准备5个试样，分别加入不同水分（按2%～3%含水率递增），拌匀后闷料一夜备用。

3.3 湿土法（土不重复使用）。对于高含水率土，可省略过筛步骤，用手拣除大于40mm的粗石子即可。保持天然含水率的第一个土样，可立即用于击实试验。其余几个试样，将土分成小土块，分别风干，使含水率按2%～3%递减。

4 试验步骤

4.1 根据工程要求，按表1规定选择轻型或重型试验方法。根据土的性质（含易击碎风化石数量多少、含水率高低），按表2规定选用干土法（土不重复使用）或湿土法。

4.2 将击实筒放在坚硬的地面上，在筒壁上抹一薄层凡士林，并在筒底（小试筒）或引块（大试筒）上放置蜡纸或塑料薄膜。取制备好的土样分3～5次倒入筒内。小筒按三层法时，每次约800～900g（其量应使击实后的试样等于或略高于筒高的1/3）；按五层法时，每次约400～500g（其量应使击实后的土样等于或略高于筒高的1/5）。对于大试筒，先将垫块放入筒内底板上，按三层法，每层需试样1700g左右。整平表面，并稍加压紧，然后按规定的击数进行第一层土的击实，击实时击锤应自由垂直落下，锤迹必须均匀分布于土样面，第一层击实完后，将试样层面"拉毛"然后再装入套筒，重复上述方法进行其余各层土的击实。小试筒击实后，试样不应高出筒顶面5mm；大试筒击实后，试样不应高出筒顶面6mm。

4.3 用修土刀沿套筒内壁削刮，使试样与套筒脱离后，扭动并取下套筒，齐筒顶细心削平试样，拆除底板，擦净筒外壁，称量，准确至1g。

4.4 用推土器推出筒内试样，从试样中心处取样测其含水率，计算至0.1%。测定含水率用试样的数量按表3规定取样（取出有代表性的土样）。两个试样含水率的精度应符合本试验第5.6条的规定。

测定含水率用试样的数量 表3

最大粒径（mm）	试样质量（g）	个数
<5	15~20	2
约5	约50	1
约20	约250	1
约40	约500	1

4.5 对于干土法（土不重复使用）和湿土法（土不重复使用），将试样搓散，然后按本试验第3条方法进行洒水、拌和，每次约增加2%~3%的含水率，其中有两个大于和两个小于最佳含水率，所需加水量按下式计算：

$$m_w = \frac{m_i}{1+0.01w_i} \times 0.01(w-w_i) \tag{1}$$

式中 m_w——所需的加水量（g）；

m_i——含水率 W_i 时土样的质量（g）；

w_i——土样原有含水率（%）；

w——要求达到的含水率（%）。

按上述步骤进行其他含水率试样的击实试验。

5 结果整理

5.1 按下式计算击实后各点的干密度：

$$\rho_d = \frac{\rho}{1+0.01w} \tag{2}$$

式中 ρ_d——干密度（g/cm³），计算至0.01；

ρ——湿密度（g/cm³）；

w——含水率（%）。

5.2 以干密度为纵坐标，含水率为横坐标，绘制干密度与含水率的关系曲线，如图3所示，曲线上峰值点的纵、横坐标分别为最大干密度和最佳含水率。如曲线不能绘出明显的峰值点，应进行补点或重做。

5.3 按下式计算饱和曲线的饱和含水率 w_{max}，并绘制饱和含水率与干密度的关系曲线图。

$$w_{max} = \left[\frac{G_s\rho_w(1-w)-\rho}{G_s\rho}\right] \times 100 \tag{3}$$

或

$$w_{max} = \left(\frac{\rho_w}{\rho_d} - \frac{1}{G_s}\right) \times 100 \tag{4}$$

式中 w_{max}——饱和含水率（%），计算至0.01；

ρ——试样的湿密度（g/cm³）；

ρ_w——水在4℃时的密度（g/cm³）；
ρ_d——试样的干密度（g/cm³）；
G_s——试样土粒比重，对于粗粒土，则为土中粗细颗粒的混合比重；
w——试样胎水率（%）。

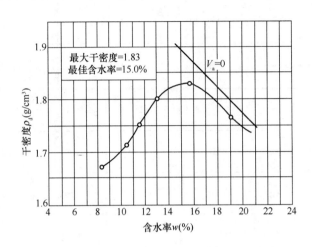

图 3　含水率与干密度的关系曲线

5.4 当试样中有大于40mm的颗粒时，应先取出大于40mm的颗粒，并求得其百分率 P，把小于40mm部分做击实试验，按下面公式分别对试验所得的最大干密度和最佳含水率进行校正（适用于大于40mm颗粒的含量小于30%时）。

最大干密度按下式校正：

$$\rho'_{dm} = \frac{1}{\frac{1-0.01P}{\rho_{dm}} + \frac{0.01P}{\rho_w G'_s}} \tag{5}$$

式中　ρ'_{dm}——校正后的最大干密度（g/cm³），计算至0.01；
　　　ρ_{dm}——用粒径小于40mm的土样试验所得的最大干密度（g/cm³）；
　　　P——试料中粒径大于40mm颗粒的百分率（%）；
　　　G'_s——粒径大于40mm颗粒的毛体积比重，计算至0.01。

最佳含水率按下式校正：

$$w'_0 = w_0(1-0.01P) + 0.01Pw_2 \tag{6}$$

式中　w'_0——校正后的最佳含水率（%），计算至0.01；
　　　w_0——用粒径小于40mm的土样试验所得的最佳含水率（%）；
　　　P——同前；
　　　w_2——粒径大于40mm颗粒的吸水量（%）。

5.5 本试验记录格式，见表4所示。

击实试验记录

表 4

校核者_____ 计算者_____ 试验者_____

土样编号			筒　号			落距	45cm
土样来源			筒容积	997cm³		每层击数	
试验日期			击锤质量	4.5kg		大于5mm颗粒含量	

干密度	试验次数		1		2		3		4		5	
	筒+土质量	(g)	2981.8		3057.1		3130.9		3215.8		3191.1	
	筒质量	(g)	1103		1103		1103		1103		1103	
	湿土质量	(g)	1878.8		1954.1		2027.9		2112.8		2088.1	
	湿密度	(g/cm³)	1.88		1.96		2.03		2.12		2.09	
	干密度	(g/cm³)	1.71		1.75		1.80		1.83		1.76	
含水率	盒号											
	盒+湿土质量	(g)	35.60	35.44	33.93	33.69	32.88	33.16	33.13	34.09	36.96	38.31
	盒+干土质量	(g)	34.16	34.02	32.45	32.26	31.40	31.64	31.36	32.15	24.28	35.36
	盒质量	(g)	20	20	20	20	20	20	20	20	20	20
	水质量	(g)	1.44	1.42	1.48	1.43	1.48	1.52	1.77	1.94	2.68	2.95
	干土质量	(g)	14.16	14.02	12.45	12.26	11.40	11.64	11.36	12.15	14.28	15.36
	含水率	(%)	10.3	10.1	11.9	11.7	13.0	13.0	15.6	16.0	18.8	19.2
	平均含水率	(%)	10.2		11.8		13.0		15.8		19.0	

最佳含水率=15.0%　　　　最大干密度=1.83g/cm³

5.6 精密度和允许差。

本试验含水率须进行两次平行测定，取其算术平均值，允许平行差值应符合表 5 规定。

含水率测定的允许平行差值 表 5

含水率（%）	允许平行差值（%）	含水率（%）	允许平行差值（%）	含水率（%）	允许平行差值（%）
5 以下	0.3	40 以下	≤1	40 以上	≤2

6 报告

6.1 土的鉴别分类和代号。

6.2 土的最佳含水率 W_0（%）。

6.3 土的最大干密度 ρ_{dm}（g/cm³）

7.6.2 填土含水率检测记录（C6-6-2）

1. 资料表式

填土含水率检测记录按当地建设行政主管部门核定的表格形式或经有权部门批准试验室提供的试验报告执行。

2. 应用说明

填土含水率检测的目的是：

（1）为了使填土含水率控制在一定的范围，并尽量的接近于最佳含水率。

（2）为计算回填土夯实后的干密度用。

（3）为击实试验配制各种不同含水率试样用。

（4）含水率按下式计算求得：

$$W = \frac{m - m_s}{m_s} \times 100\%$$

式中 W——含水率（%），计算至 0.1；

m——湿土质量（g）；

m_s——干土质量（g）。

进行填土含水率检测用轻型击实法试验或重型击实法试验。

7.6.2.1 土的最大干密度与最佳含水量试验（C6-6-2-1）

1. 资料表式

土的最大干密度与最佳含水量试验报告　　　　　　表 C6-6-2-1

工程名称：_____　　取样日期：_____
取土地点：_____　　试验日期：_____
土壤种类：_____　　施工单位：_____

	模筒体积（cm³）						
	试验次数	1	2	3	4	5	6
	模筒＋湿土质量（g）						
	模筒质量（g）						
	湿土质量（g）						
	土壤湿密度（g/cm³）						
含水量之测定	铝盒号码						
	盒＋湿土质量（g）						
	盒＋干土质量（g）						
	铝盒质量（g）						
	水分质量（g）						
	干土质量（g）						
	含水量（g）						
	平均含水量（%）						
	土壤干密度（g/cm³）						

最大干密度_____ g/cm³　　　最佳含水量_____ %

土壤干密度（g/cm³）

含水量（%）

施工技术负责人：　　　　审核：　　　　试验：

2. 应用说明

（1）土的最大干密度和最佳含水量试验是击实试验必须进行的试验项目之一。击实试验是在一定夯击功能条件下，测定材料的含水量与干密度关系的试验。

（2）压实度试验的土壤最大干密度与最佳含水量试验，应有取样位置图，取点分布应符合设计和标准的规定。最大干土质量密度、最佳含水量等技术参数必须通过击实试验确定。

（3）有见证取样试验要求的必须进行见证取样、送样试验。见证取样在备注中说明。

（4）没有试验为不符合要求；虽经试验，但没有取样位置图或无结论，且试验结果不符合规范规定应为不符合要求。

（5）无干土质量密度试验报告单或报告单中的实测数据不符合质量标准；土壤试验有"缺、漏、无"现象及不符合有关规定的内容和要求。该项目应定为不符合要求。

（6）路基土方最大干质量密度和最优含水量测定方法

该试验的目的是用规定的击实方法（轻型击实法和重型击实法），测定土的含水量与质量密度的关系，从而确定该土的最优含水量与相应的最大干密度。

击实仪的规格及主要技术性能　　　　表 C6-6-2-1A

类别	击实仪名称	锤底直径(cm)	锤质量(kg)	落高(cm)	话筒尺寸			层数(层)	每层锤击次数(次)	击实方式	试料用量(kg)	击实功(kJ/m^3)
					内径(cm)	高(cm)	容积(cm^3)					
轻型	轻锤型	5.1	2.5	30.5	10.2	11.6	947	3	25	转圈	3	591.6
重型	重锤型	5.0	4.5	45	10.0	12.7	1000	5	27	转圈	3	2685.2

（7）填表说明：

1）工程名称：按施工企业和建设单位签订的施工合同的工程名称或图注的工程名称，照实际填写。

2）取样日期：指送检见证取样的材料、成品、半成品、构配件、试块、试件等的取样日期。照实际填写。

3）取土地点：指土壤最大干密度试验试件的取土地点。

4）试验日期：指砂浆配比的试验日期，按实际的试验日期填写。

5）土壤种类：按实际的土壤种类填写，土壤种类应与工程地质报告相符合。

6）施工单位：指建设与施工单位合同书中的施工单位名称，填写施工单位名称。

7）模筒体积（cm^3）：指取土模筒的体积。

8）试验次数：指土壤最大干密度试验的次数。

①模筒+湿土质量（g）：指模筒质量加湿土质量，照实测的模筒质量加湿土质量填写。

②模筒质量（g）：指模筒质量，照实测的模筒质量填写。

③湿土质量（g）：指湿土质量，照实测的湿土质量填写。

④土壤湿密度（g/cm^3）：指土壤湿密度的质量，照实测的土壤湿密度的质量填写。

9）含水量之测定：①铝盒号码：含水量测定时使用的铝盒的号码，照实际的铝盒号码填写。

②盒+湿土质量（g）：指盒的质量加湿土质量，照实测的盒的质量加湿土质量填写。
③盒+干土质量（g）：指盒的质量加干土质量，照实测的盒的质量加干土质量填写。
④铝盒质量（g）：指铝盒的质量，照实测的铝盒质量填写。
⑤水分质量（g）：指试件内的水分质量，照实测的水分质量填写。
⑥干土质量（g）：指干土的质量，照实测的干土质量填写。
⑦含水量（g）：指单个试件内的含水量，照实测的含水量填写。
⑧平均含水量（%）：指含水量测定结果经计算求得的平均含水量，填入表中。

10）土壤干密度（g/cm³）：指根据试验次数内得到的土壤干密度。

11）最大干密度（g/cm³）：指试验完成后试验室或施工现场根据试验结果填写的最大干密度。

12）最佳含水量（%）：指试验完成后试验室或施工现场根据试验结果填写的最佳含水量。

（8）责任制：

1）审核：指承接某项试验的具有相应资质的试验单位的专业技术负责人。签字有效。

2）计算：指试验单位的试验计算人。签字有效。

3）试验：指试验单位的参与试验的人员。签字有效。

7.7 石灰（水泥）剂量检验报告（C6-7）

1. 资料表式

石灰（水泥）剂量检验报告 表C6-7

工程名称								
施工单位								
检验部位					设计剂量			
日期	取样地点桩号	检验次数	瓶号	瓶质量(g)	瓶加试样质量(g)	石灰土试样质量(g)	滴定试样消耗DETA(ml)	石灰剂量(%)
平均值								
备注：								

试验单位：　　　　技术负责人：　　　　审核：　　　　试（检）验：

报告日期：　　年　月　日

2. 应用说明

（1）必须进行石灰类无机混合料中石灰剂量检验、必须进行水泥稳定土中水泥含量的检验，借以保证基层质量。应执行见证取样试验要求的取样与送样。混合料中石灰剂量检验抽检数量应符合规范要求。

（2）石灰类无机混合料中石灰剂量检验是保证基层工程质量的重要手段，石灰用量及碾压含水率的控制及压实度是保证基层强度的关键，应认真执行。石灰类无机混合料中石灰剂量检验必须符合设计和规范要求。

（3）石灰类、水泥类、二灰类等无机混合料中石灰、水泥、二灰等剂量的检验均用此表。

（4）石灰、水泥类无机稳定土类道路基层应有 7d 龄期的无侧限抗压强度试验报告。

（5）填表说明：

1）工程名称：按施工企业和建设单位签订的施工合同的工程名称或图注的工程名称，照实际填写。

2）施工单位：指建设与施工单位合同书中的施工单位，签字有效。

3）检验部位：指石灰类无机混合料取样点所在位置。

4）设计剂量：指石灰类无机混合料的设计配比中的石灰的剂量值。

5）日期：指石灰类无机混合料的取样日期。

6）取样地点桩号：指石灰类无机混合料取样点所在桩位编号，按实际的桩位编号填写，不得填写不定量词。

7）检验次数：照实际的检验次数填写。

8）瓶号：指瓶的编号。

9）瓶质量：指瓶的重量。

10）瓶加试样质量：指试瓶重加试样重。

11）石灰土试样质量：指拌合料试验的质量，即石灰加其他拌合料的总质量。

12）滴定试样消耗：照实际的滴定试样消耗填写。

13）石灰剂量（%）：指石灰类无机混合料中石灰剂量所占的百分比。

14）平均值：指所取试样总数的石灰剂量的平均值。

15）备注：填写需要说明的其他事宜。

附：石灰土的石灰含量

灰土在路面不同的部位，不同的石灰剂量起着不同的作用，石灰剂量小于3%～4%时，石灰只使土的密度、强度得到稳定。随着剂量的增加，灰土的强度和稳定性均有显著提高，但剂量超过一定限度，过多的石灰在土的空隙中以自由灰存在，反而导致灰土的强度下降，根据这种规律，当灰土强度最大时，含灰量即为最佳剂量。无试验资料时可参考表1。

石灰土石灰剂量参考表（单位：%） 表1

结构层位	土 类	
	粉性土，黏性土	砂 性 土
基　　层	11～14	14～16
底基（垫）层	9～11	11～14
处理路床	6～9	9～11

注：1. 剂量系以熟石灰占干土重的百分率计，施工中保证单位混合料按设计剂量配料是控制质量的重要环节。
2. 一般熟石灰松干质量密度为 0.45～0.7t/m³；一般粉状生石灰的松干质量密度为 1.3～1.4t/m³；一般土的松干质量密度为 1.0～1.1t/m³；压实后的灰土干质量密度为 1.5～1.88t/m³。

7.8 无侧限饱水抗压强度检验（C6-8）

7.8.1 无侧限饱水抗压强度检验汇总表（C6-8-1）

1. 资料表式

无侧限饱水抗压强度检验汇总表按当地建设行政主管部门核定的表格形式或经有权部门批准试验室提供的试验报告执行。

7.8.2 无侧限饱水抗压强度检验报告（C6-8-2）

1. 资料表式

无侧限饱水抗压强度检验报告　　　　　　　　　表 C6-8-2

样品名称＿＿＿＿＿＿＿＿＿＿＿＿＿＿＿＿＿＿　报告编号＿＿＿＿＿＿＿
委托单位＿＿＿＿＿＿＿　建设单位＿＿＿＿＿＿＿　任务单编号＿＿＿＿＿＿
工程名称＿＿＿＿＿＿＿　委 托 人＿＿＿＿＿委托日期＿＿＿＿　委托单编号＿＿＿＿＿＿
取样单位＿＿＿＿＿＿＿　代表数量＿＿＿＿＿＿＿　检测类别＿＿＿＿＿＿
检测日期＿＿＿＿＿＿＿　检测标准＿＿＿＿＿＿＿
称量环境＿＿＿＿＿＿＿　检测依据＿＿＿＿＿＿＿

试件信息	设计标号		最大干密度		最大含水量			试件规格		
	检测状态		养护龄期		养护环境			制备方法		

试件编号	1	2	3	4	5	6	7	8	9	10	11	12	13
抗压强度（MPa）													

检测结果	抗压强度最小值	抗压强度最大值	平均值
	标准差 S	偏关系数 C_v	95%概率值 $R_{co,95}$

检测结论		检测设备

检测报告说明：1. 若对报告有异议，应于收到报告之日起 15 日内，以书面形式向检测单位提出，逾期视为对报告无异议。
2. 本报告未加盖公章及资质者，结果无效。
3. 委托检测结果仅对来样负责。

试验单位：　　　　技术负责人：　　　　审核：　　　　试（检）验：

　　　　　　　　　　　　　　　　　　　　　　　　　　报告日期：　　年　月　日

2. 应用说明

无侧限抗压强度是试件在侧向不受任何限制的条件下所承受的最大轴向应力。无侧限抗压强度是施工过程中控制基层质量的主要技术措施。检验按细粒土无侧限抗压强度试验（T 0148—1993）规定执行。

（T 0148—1993）规程适用范围为饱和黏质土，需其有两个条件，一个是试件在自重下能自力不变形；另一个是在不排水条件下，要求试验时有一定的应变速率，在较短内完成试验。

7.8.2.1 细粒土无侧限抗压强度试验应用技术要求

执行标准：细粒土无侧限抗压强度试验（T 0148—1993）（摘选）

1 目的和适用范围

1.1 无侧限抗压强度是试件在无侧向压力的条件下，抵抗轴向压力的极限强度。

1.2 本试验适用于测定饱和软黏土的无侧限抗压强度及灵敏度。

2 仪器设备

2.1 应变控制式无侧限抗压强度仪：如图 1 所示，包括测力计、加压框架及升降螺杆。根据土的软硬程度，选用不同量程的测力计。

2.2 切土盘：如图 2 所示。

2.3 重塑筒：筒身可拆为两半，内径 40mm，高 100mm，如图 3 所示。

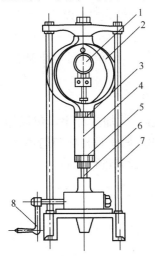 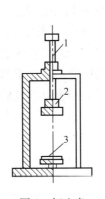 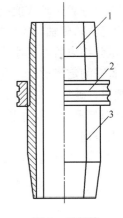

图 1 应变控制式无侧限抗压强度仪
1—百分表；2—测力计；3—上加压杆；4—试样；5—下加压板；6—升降螺杆；7—加压框架；8—手轮

图 2 切土盘
1—转轴；2—上盘；3—下盘

图 3 重塑筒
1—重塑筒筒身（可以拆成两半）；2—钢箍；3—接缝

2.4 百分表：量程 10mm，分度值 0.01mm。

2.5 其他：天平（感量 0.1g）、秒表、卡尺、直尺、削土刀、钢丝锯、塑料布、金属垫板、凡士林等。

3 试样

3.1 将原状土样按天然层次方向放在桌上，用削土刀或钢丝锯削成稍大于试件直径的土柱，放入切土盘的上下盘之间，再用削土刀或钢丝锯沿侧面自上而下细心切削。同时边转动圆盘，直至达到要求的直径为止。取出试件，按要求的高度削平两端。端面要平整，且与侧面垂直，上下均匀。如试件表面因有砾石或其他杂物而成空洞时，允许用土填补。

3.2 试件直径和高度应与重塑筒直径和高度相同，一般直径为40～50mm，高为100～120mm。试件高度与直径之比应大于2，按软土的软硬程度采用2.0～2.5。

4 试验步骤

4.1 将切削好的试件立即称量，准确至0.1g。同时取切削下的余土测定含水率。用卡尺测量其高度及上、中、下各部位直径，按下式计算其平均直径 D_0：

$$D_0 = \frac{D_1 + 2D_2 + D_3}{4}$$

式中　　D_0——试件平均直径（cm）；

　　D_1、D_2、D_3——试件上、中、下各部位的直径（cm）。

4.2 在试件两端抹一薄层凡士林；如为防止水分蒸发，试件侧面也可抹一层薄凡士林。

4.3 将制备好的试件放在应变控制式无侧限抗压强度仪下加压板上，转动手轮，使其与上加压板刚好接触，调测力计百分表读数为零点。

4.4 以轴向应变1‰/min～3‰/min的速度转动手轮（0.06～0.12mm/min），使试验在8～20min内完成。

4.5 应变在3‰以前，每0.5‰应变记读百分表读数一次；应变达3‰以后，每1‰应变记读百分表读数一次。

4.6 当百分表达到峰值或读数达到稳定，再继续剪3‰～5‰应变值即可停止试验。如读数无稳定值，则轴向应变达20‰时即可停止试验。

4.7 试验结束后，迅速反转手轮，取下试件，描述破坏情况。

4.8 若需测定灵敏度，则将破坏后的试件去掉表面凡士林，再加少许土，包以塑料布，用手捏搓，破坏其结构，重塑为圆柱形，放入重塑筒内，用金属垫板挤成与筒体积相等的试件，即与重塑前尺寸相等，然后立即重复本试验4.3～4.7步骤进行试验。

5 结果整理

5.1 按下式计算轴向应变：

$$\varepsilon_1 = \frac{\Delta h}{h_0}$$

$$\Delta h = n\Delta L - R$$

式中　　ε_1——轴向应变（％）；

　　h_0——试件起始高度（cm）；

　　Δh——轴向变形（cm）；

　　n——手轮转数；

　　ΔL——手轮每转一转，下加压板上升高度（cm）；

　　R——百分表读数（cm）。

5.2 按下式计算试件平均断面积：

$$A_a = \frac{A_0}{1-\varepsilon_1}$$

式中 A_a——校正后试件的断面积（cm²）；

A_0——试件起始面积（cm²）。

5.3 应变控制式无侧限抗压强度仪上试件所受轴向应力按下式计算：

$$\sigma = \frac{10CR}{A_a}$$

式中 σ——轴向压力（kPa）；

C——测力计校正系数（N/0.01mm）；

R——百分表读数（0.01mm）；

A_a——校正后试件的断面积（cm²）。

5.4 以轴向应力为纵坐标，轴向应变为横坐标，绘制应力—应变曲线如图4所示。以最大轴向应力作为无侧限抗压强度。若最大轴向应力不明显，取轴向应变15%处的应力作为该试件的无侧限抗压强度q_u。

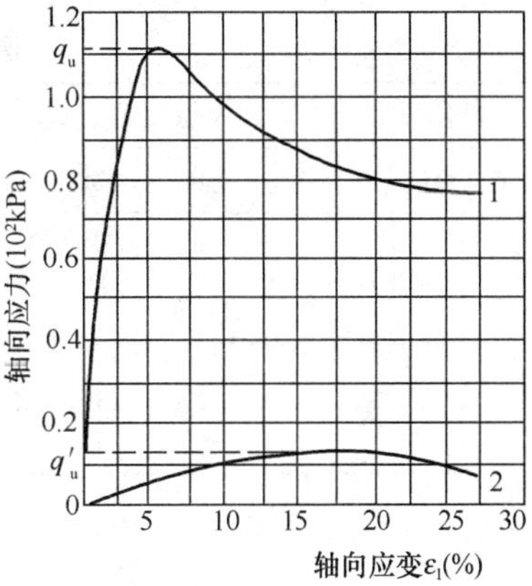

5.5 按下式计算灵敏度S_t：

$$S_t = \frac{q_u}{q'_u}$$

式中 q_u——原状试件的无侧限抗压强度（kPa）；

q'_u——重塑试件的无侧限抗压强度（kPa）。

图4 轴向应力与应变的关系曲线
1—原状试样；2—重塑试样

5.6 本试验记录格式见表1所示。

无侧限抗压强度试验记录　　　　　　　　　　表1

工程名称＿＿＿＿＿＿＿　　　　试 验 者＿＿＿＿＿＿＿

土样编号＿＿＿＿＿＿＿　　　　计 算 者＿＿＿＿＿＿＿

取土深度＿＿＿＿＿＿＿　　　　校 核 者＿＿＿＿＿＿＿

土样说明＿＿＿＿＿＿＿　　　　试验日期＿＿＿＿＿＿＿

试验前试件高度 $h_0=$　　cm	试件直径 $D_0=$　　cm	无侧限抗压强度 $q_u=$　　kPa
试验试件面积 $A_0=$　　cm²	试件质量 $m=$　　g	灵敏度 $S_t=$　　$q'_u=$　　kPa
试件密度 $\rho=$　　g/cm³	测力计校正系数 $C=$　　N/0.01mm	试件破坏时情况：

测力计百分表读数 R (0.01mm)	下压板上升高度 ΔL (cm)	轴向变形 Δh (cm)	轴向应变 ε_1 (%)	校正后面积 A_a (cm²)	轴向荷载 P (N)	轴向应力 σ (kPa)	备 注
(1)	(2)	(3)	(4)	(5)	(6)	(7)	
		(2)-(1)	$\frac{(3)}{h}$	$\frac{A_0}{1-(4)}$	(1)×C	$\frac{(6)}{(5)}$	

6 报告

6.1 土的鉴别分类和代号。

6.2　土的无侧限抗压强度 q_u（kPa）。
6.3　土的灵敏度 S_t。

7.9　道路基层、面层厚度检测报告（C6-9）

1. 资料表式

道路基层、面层厚度检测报告　　　　　　　表 C6-9

构件类别	构件名称	道路基层、面层厚度（mm）		合格点率	评定结果	监理（建设）单位验收结果
		设计值	实测值			
道路基层						
道路面层						

结论：

说明：

参加人员	监理（建设）单位	施工单位		
		专业技术负责人	质检员	施工员

2. 应用说明

(1) 不同道路基层、面层施工完成后,均应对厚度进行检测。检测方法按路面厚度测试方法(T 0912—2008)进行。

(2) 不同道路基层、面层施工完成后的检测结果和规范要求。

7.9.1　挖坑及钻芯法测定路面厚度试验应用技术要求

执行标准:挖坑及钻芯法测定路面厚度试验方法(T 0912—2008)(摘选)

1　目的与适用范围

本方法适用于路面各层施工过程中的厚度检验及工程交工验收检查使用。

2　仪具与材料技术要求

本方法根据需要选用下列仪具和材料:

(1) 挖坑用镐、铲、凿子、锤子、小铲、毛刷。

(2) 路面取芯样钻机及钻头、冷却水。钻头的标准直径为ϕ100mm,如芯样仅供测量厚度,不做其他试验时,对沥青面层与水泥混凝土板也可用直径ϕ50mm的钻头,对基层材料有可能损坏试件时,也可用直径ϕ150mm的钻头,但钻孔深度均必须达到层厚。

(3) 量尺:钢板尺、钢卷尺、卡尺。

(4) 补坑材料:与检查层位的材料相同。

(5) 补坑用具:夯、热夯、水等。

(6) 其他:搪瓷盘、棉纱等。

3　方法与步骤

3.1　基层或砂石路面的厚度可用挖坑法测定,沥青面层及水泥混凝土路面板的厚度应用钻孔法测定。

3.2　挖坑法厚度测试步骤:

(1) 根据现行规范的要求,按《公路路基路面现场测试随机选点方法》(T 0991—2008)的方法,随机取样决定挖坑检查的位置。如为旧路,该点有坑洞等显著缺陷或接缝时,可在其旁边检测。

(2) 在选择试验地点,选一块约40cm×40cm的平坦表面,用毛刷将其清扫干净。

(3) 根据材料坚硬程度,选择镐、铲、凿子等适当的工具,开挖这一层材料,直至层位底面。在便于开挖的前提下,开挖面积应尽量缩小,坑洞大体呈圆形,边开挖边将材料铲出,置搪瓷盘中。

(4) 用毛刷将坑底清扫,确认为下一层的顶面。

(5) 将钢板尺平放横跨于坑的两边,用另一把钢尺或卡尺等量具在坑的中部位置垂直伸至坑底,测量坑底至钢板尺的距离,即为检查层的厚度,以cm计,准确至0.1mm。

3.3　钻孔取样法测定厚度步骤:

(1) 根据现行相关规范的要求,按《公路路基路面现场测试随机选点方法》(T 0991—2008)方法,随机取样决定钻孔检查的位置。如为旧路,该点有坑洞等显著缺陷或接缝时,可在其旁边检测。

(2) 按(T 0901—2008)的方法用路面取芯钻机钻孔,芯样的直径应符合本节2仪器与材料技术要求的（2）款要求，钻孔深度必须达到层厚。

（3）仔细取出芯样，清除底面灰土，找出与下层的分界面。

（4）用钢板尺或卡尺沿圆周对称的十字方向四处量取表面至上下层界面的高度，取其平均值，即为该层的厚度，准确至0.1mm。

3.4 在沥青路面施工过程中，当沥青混合料尚未冷却时，可根据需要，随机选择测点，用大螺丝刀插入至沥青层底面深度后用尺读数，量取沥青层的厚度，以mm计，准确至1mm。

3.5 按下列步骤用取样层相同材料填补试坑或钻孔：

（1）适当清理坑中残留物，钻孔时留下的积水应用棉纱吸干。

（2）对无机结合料稳定层及水泥混凝土路面板，应按相同配比用新拌的材料分层填补并用小锤压实。水泥混凝土中宜掺加少量快凝早强。

（3）对无结合料粒料基层，可用挖坑时取出的材料，适当加水拌和后分层填补，并用小锤压实。

（4）对正在施工的沥青路面，用相同级配的热拌沥青混合料分层填补并用加热的铁锤或热夯压实。旧路钻孔也可用乳化沥青混合料修补。

（5）所有补坑结束时，宜比原面层略鼓出少许，用重锤或压路机压实平整。

注：补坑工序如有疏忽、遗留或补的不好，易成为隐患而导致开裂，因此，所有挖坑、钻孔均应仔细做好。

4 计算

4.1 按式（1）计算路面实测厚度 T_{1i} 与设计厚度 T_{0i} 之差。

$$\Delta T_i = T_{1i} - T_{0i} \tag{1}$$

式中　T_{1i}——路面的实测厚度（cm）；

　　　T_{0i}——路面的设计厚度（cm）；

　　　ΔT_i——路面实测厚度与设计厚度的差值（cm）。

4.2 当为检查路面总厚度时，则将各层平均厚度相加即为路面总厚度。按《公路路基路面现场测试规程》（JTG E60—2008）附录B 检测路段数据整理方法，计算一个评定路段检测的厚度的平均值、标准差、变异系数，并计算代表厚度。

5 报告

路面厚度检测报告应列表填写，并记录与设计厚度之差，不足设计厚度为负，大于设计厚度为正。

7.10 承载比（*CBR*）试验报告（C6-10）

1. 资料表式

现场 *CBR* 值测定记录表　　　　　　　　　　　表 C6-10

路线和编号：				路面结构：		
测定层位：						
承载板直径（mm）：				测定日期：　　年　　月　　日		

	预定贯入量（mm）	贯入量百分表读数（0.01mm）			测力计读数	压强（MPa）
		1	2	平均		
加载记录	0					
	0.5					
	1.0					
	1.5					
	2.0					
	2.5					
	3.0					
	4.0					
现场 *CBR* 计算	贯入断面面积：　　　cm² 相当于贯入量 2.5mm 时的荷载压强：标准压强＝7MPa　$CBR_{2.5}=$　（%） 相当于贯入量 5.0mm 时的荷载压强：标准压强＝10.5MPa　$CBR_5=$　（%） 　　　　　　　　　　试验结果现场 *CBR*＝　（%）					
含水量计算		湿土重（g）	干土重（g）	水重（g）	含水量（%）	平均含水量（%）
	1					
	2					
密度计算		试样湿重（g）	试样干重（g）	体积（cm³）	干密度（g/cm³）	平均干密度（g/cm³）
	1					
	2					

2. 应用说明

CBR 即土基加州承载比。在强度和模量测试中应进行土基现场 *CBR* 值测试，测试方法按土基现场 *CBR* 值测试方法《公路路基路面现场测试规范》（JTG E60—2008）（T 0941—2008）执行。

CBR 是路基土和路面材料的强度指标，是柔性路面设计的主要参数之一。*CBR* 试验采用风干试料，按四分法备料。先按击实试验求得试料的最佳含水率后，再按此最佳含水率制备所需试件。路基路面设计将 *CBR* 作为一项力学指标，需要注意的是在现场测试中 *CBR* 值的离散性较大应予注意。

7.10.1 土基现场 CBR 值测试应用技术要求

执行标准：土基现场 CBR 值测试方法（T 0941—2008）　　（摘选）

1. 目的与适用范围

（1）本方法适用于在现场测定各种土基材料的现场 CBR 值，同时也适合于基层、底基层砂类土、天然砂砾、级配碎石等材料 CBR 值的试验。

（注：CBR 即土基加州承载比。）

（2）本方法所用试样的最大集料粒径宜小于 19.0mm，最大不得超过 31.5mm。

2. 仪具与材料技术要求

（1）本方法需要下列仪具与材料：

1）荷载装置：装载有铁块或集料等重物的载重汽车，后轴重不小于 60kN，在汽车大梁的后轴之后设有一加劲横梁作反力架用。

2）现场测试装置：如图 1 所示，由千斤顶（机械或液压）、测力计（测力环或压力表）及球座组成。千斤顶可使贯入杆的贯入速度调节成 1mm/min。测力计的容量不小于土基强度，测定精度不小于测力计量程的 1%。

3）贯入杆：直径 ϕ50mm，长约 200mm 的金属圆柱体。

4）承载板：每块 1.25kg，直径 ϕ150mm，中心孔眼直径 ϕ52mm，不少于 4 块，并沿直径分为两个半圆块。

5）贯入量测定装置：由图 1 中所示的平台及百分表组成（T 0941—2008）。百分表量程 20mm，精度 0.01mm，数量 2 个，对称固定于贯入杆上，端部与平台接触，平台跨度不小于 50cm。

（注：此设备也可用两台贝克曼梁弯沉仪代替。）

6）细砂：洁净干燥的细干砂，粒径 0.3~0.6mm。

7）其他：铁铲、盘、直尺、毛刷、天平等。

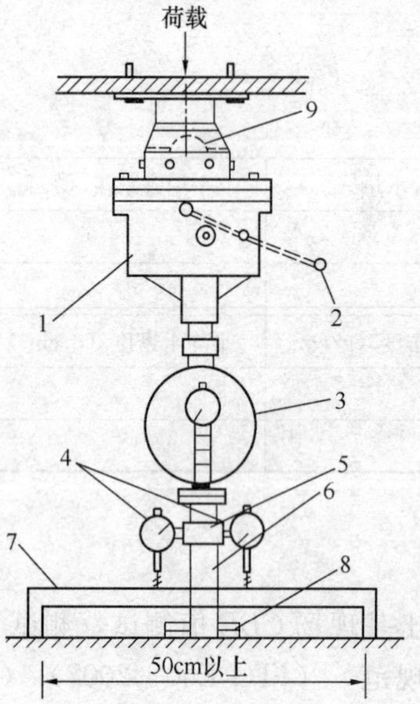

图 1　CBR 现场测试装置
1—加载千斤顶；2—手柄；3—测力计；4—贯入量测定装置（百分表）；5—百分表夹持具；6—贯入杆；7—平台；8—承载板；9—球座

3. 试验方法与步骤

（1）准备工作：

1）将试验地点约直径 ϕ30cm 范围的表面找平，用毛刷刷净浮土。如表面为粗粒土时，应撒布少许洁净的细砂填平，但不能覆盖全部土基表面避免形成夹层。

2）安装测试设备：按图 1 设置贯入杆及千斤顶。千斤顶顶在加劲横梁上且调节至高度适中。贯入杆应与土基表面紧密接触。

3）安装贯入量测定装置：将支架平台、百分表（或两台贝克曼梁弯沉仪）按图 1 安装好。

（2）测试步骤：

1）在贯入杆位置安放 4 块 1.25kg 的分开成半圆的承载板，共 5kg。

2）试验贯入前，先在贯入杆上施加 45N 荷载后，将测力计及贯入量百分表调零，记录初始读数。

3)启动千斤顶,使贯入杆以 1mm/min 的速度压入土基,相应于贯入量为 0.5mm、1.0mm、1.5mm、2.0mm、2.5mm、3.0mm、4.0mm、5.0mm、6.5mm、10.0mm 及 11.5mm 时,分别读取测力计读数。根据情况,也可在贯入量达 6.5mm 时结束试验。

(注:用千斤顶连续加载,两个贯入量百分表及测力计均应在同一时刻读数。当两个百分表读数差值不超过平均值的 30%时,以其平均值作为贯入量;当两个百分表读数差值超过平均值的 30%时,应停止试验。)

4)卸除荷载,移去测定装置。

5)在试验点下取样,测定材料含水率。取样数量如下:

①最大粒径不大于 4.75mm,试样数量约 120g。

②最大粒径不大于 19.0mm,试样数量约 250g。

③最大粒径不大于 31.5mm,试样数量约 500g。

6)在紧靠试验点旁边的适当位置,用灌砂法(T 0921—2008)或环刀法(T 0923—1995)等测定土基的密度。

4. 计算

(1)用贯入试验得到的等级荷重数除以贯入断面积(19.625cm²),得到各级压强(MPa),绘制荷载压强—贯入量曲线,如图 2 所示。当图中曲线在起点处有明显凹凸的情况时,应在曲线的拐弯处作切线延长进行修正,以与坐标轴相交的点 O' 作原点,得到修正后的压强—贯入量曲线。

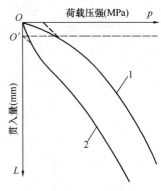

图 2 荷载压强—贯入量关系曲线

(2)从压强—贯入量曲线上读取贯入量为 2.5mm 及 5.0mm 时的荷载压强 P_1,按下式计算现场 CBR 值。CBR 一般以贯入量 2.5mm 时的测定值为准,当贯入量 5.0mm 时的 CBR 大于 2.5mm 时的 CBR 时,应重新试验;如重新试验仍然如此时,则以贯入量 5.0mm 时的 CBR 为准。

$$现场 CBR(\%) = \frac{P_1}{P_0} \times 100$$

式中 P_1——荷载压强(MPa);

P_0——标准压强,当贯入量为 2.5mm 时为 7MPa,当贯入量为 5.0mm 时 10.5MPa。

5. 报告

(1)本试验采用的记录格式如表 C6-10 现场 CBR 值测定记录表。

(2)试验报告应包括下列结果:

1)土基含水率(%)。

2)测点的干密度(g/cm³)。

3)现场 CBR 值及相应的贯入量。

7.11 平整度检测（3m 直尺、测平仪检查）（C6-11）

7.11.1 路面平整度检测汇总表（C6-11-1）

1. 资料表式

路面平整度检测汇总表   表 C6-11-1

工程名称					施工单位			
分部名称					允许偏差（mm）			
检测桩号	各测点标准差（最大间隙）	检测方法	检查结果	检测桩号	各测点标准差（最大间隙）	检测方法	检查结果
施工项目技术负责人			填表人		填表日期		年 月 日

2. 应用说明

路面平整度检测汇总表是单位工程中路面平整度检测的整理汇总表，以便于核查和评价路面平整度检测是否符合设计要求

（1）路面平整度检测的整理顺序按工程进度为序进行整理。
（2）路面平整度检测应满足设计和规范要求。

7.11.2 路面平整度检测报告（C6-11-2）

1. 资料表式

路面平整度检测报告　　　　　　表 C6-11-2

项　　目			允许偏差	实测值	合格率（%）	说　明
工程名称				检测日期	年　月　日	
施工单位				依据标准	CJJ1—2008	
热拌沥青混合料平整度	标准差σ值（mm）	快速路、主干路	≤1.5			
		次干路、支路	≤2.4			
	最大间隙（mm）	次干路、支路	≤5			
平整度评价						
混凝土路面平整度	标准差σ值（mm）	快速路、主干路	≤1.2			
		次干路、支路	≤2			
	最大间隙（mm）	快速路、主干路	≤3			
		次干路、支路	≤5			
平整度评价						

注：1. 标准差σ值的检测采用连续式平整仪测定。
　　2. 最大间隙用3m直尺和塞尺连续量两尺，取较大值。
　　3. 平整度检测报告可结合《城镇道路工程施工与质量验收规范》（CJJ 1—2008）分项工程质量验收同时进行，并予记录。

2. 应用说明

路面平整度是指路表面纵向的凹凸量的偏差值。对市政基础设施的道路工程而言，平整度测试是一项重要的测试项目，是保证车辆平稳运行的基础条件。不论采用何种方法，均必须严格按标准规定的仪具、方法、步骤、计算进行测试和评定。以确保测试数据准确，保证工程质量。

路面平整度检测按《公路路基路面现场测试规程》（JTG E60—2008）中的"平整度检测"的相关规定与要求执行。

平整度是路面使用性能的重要指标之一。平整度是路面施工质量与服务水平的重要指标之一。它必须通过路基、基层、面层各个层次的精确施工方能得以保证。

平整度检测可采用3m直尺或测平仪检查，检查方法可分别按3m直尺测定平整度试验方法（T 0931—2008）和连续式平整度仪测定平整度试验方法（T 0932—2008）。

7.11.2.1 3m直尺测定平整度试验应用技术要求

平整度是路面使用性能的重要指标之一。路面平整度的测试设备分为断面类及反应类两大类。断面类是实际测定路面表面凹凸情况的，如最常用的3m直尺及连续式平整度仪；反应类是利用路面凹凸引起的车辆的振动颠簸，测得驾驶员和乘客直接感受到的平整度指标，最常用的是车载式颠簸累积仪。对正常路段，采用连续式平整度仪测定路面平整度。

3m直尺有两种形式：一种两端带有高1cm的垫脚，一种无垫脚。有垫脚的3m直尺，在两端0.75m处有一刻线，用于等距离（1.5m）连续测定，计算标准差。这种3m直尺不适用于单尺测定最大间隙。

执行标准：3m直尺测定平整度试验方法（T 0931—2008）　　（摘选）

1. 目的与适用范围

本方法适用于测定压实成型的路面各层表面的平整度，以评定路面的施工质量，也可用于路基表面成型后的施工平整度检测。

2. 仪具与材料技术要求

（1）本方法需要下列仪具与材料：

1）3m直尺：测量基准面长度为3m长，基准面应平直，用硬木或铝合金钢等材料制成。

2）最大间隙测量器具：

①楔形塞尺：硬木或金属制的三角形塞尺，有手柄。塞尺的长度与高度之比不小于10，宽度不大于15mm，边部有高度标记，刻度读数分辨率小于或等于0.2mm。

②深度尺：金属制的深度测量尺，有手柄。深度尺测量杆端头直径不小于10mm，刻度读数分辨率小于或等于0.2mm。

3）其他：皮尺或钢尺、粉笔等。

3. 试验方法与步骤

（1）准备工作：

1）按有关规范规定选择测试路段。

2）测试路段的测试地点选择：当为沥青路面施工过程中的质量检测时，测试地点应选在接缝处，以单杆测定评定；除高速公路以外，可用于其他等级公路路基路面工程质量检查验收或进行路况评定，每200m测2处，每处连续测量10尺。除特殊需要者外，应以行车道一侧车轮轮迹（距车道线 0.8～1.0m）作为连续测定的标准位置。对旧路已形成车辙的路面，应取车辙中间位置为测定位置，用粉笔在路面上做好标记。

3）清扫路面测定位置处的污物。

（2）测试步骤：

1）施工过程中检测时，按根据需要确定的方向，将 3m 直尺摆在测试地点的路面上。

2）目测 3m 直尺底面与路面之间的间隙情况，确定最大间隙的位置。

3）用有高度标线的塞尺塞进间隙处，量测其最大间隙的高度（mm）；或者用深度尺在最大间隙位置量测直尺上顶面距地面的深度，该深度减去尺高即为测试点的最大间隙的高度，准确至 0.2mm。

4. 计算

单杆检测路面的平整度计算，以 3m 直尺与路面的最大间隙为测定结果。连续测定 10 尺时，判断每个测定值是否合格，根据要求，计算合格百分率，并计算 10 个最大间隙的平均值。

5. 报告

单杆检测的结果应随时记录测试位置及检测结果。连续测定 10 尺时，应报告平均值、不合格尺数、合格率。

7.11.2.2 连续式平整度仪测定平整度试验应用技术要求

执行标准：连续式平整度仪测定平整度试验方法（T 0932—2008）　　（摘选）

1. 目的与适用范围

（1）本方法规定用连续式平整度仪量测路面的不平整度的标准差 σ，以表示路面的平整度，以 mm 计。

（2）本方法适用于测定路表面的平整度，评定路面的施工质量和使用质量，但不适用于在已有较多坑槽、破损严重的路面上测定。

2. 仪具与材料技术要求

（1）本方法需要下列仪具与材料：

1）连续式平整度仪：

①整体结构：连续式平整度仪构造，如图 1 所示。除特殊情况外，连续式平整度仪的标准长度为 3m，其质量应符合仪器标准的要求；中间为一个 3m 长的机架，机架可缩短或折叠，前后各 4 个行走轮，前后两组轮的轴间距离为 3m。

②标准差测量传感器：安装在机架中间，可以是能起落的测定轮，或非接触式位移传感器，如激光或超声位移测量传感器。

③其他辅助机构：蓄电池电源，距离传感器，与数据采集、处理、存储、输出

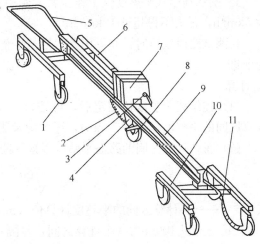

图 1　连续式平整度仪构造图
1—测量架；2—离合器；3—拉簧；4—脚轮；5—牵引架；
6—前架；7—记录计；8—测定轮；9—纵梁；10—后架；
11—软轴

部分配套的采集控制箱及计算机、打印机等。

④测定间距为10cm，每一计算区间的长度为100m并输出一次结果。

⑤可记录测试长度（m）、曲线振幅大于某一定值（如3mm、5mm、8mm、10mm等）的次数、曲线振幅的单向（凸起或凹下）累计值及以3m机架为基准的中点路面偏差曲线图，计算打印。

⑥机架装有一牵引钩及手拉柄，可用人力或汽车牵引。

2）牵引车：小面包车或其他小型牵引汽车。

3）皮尺或测绳。

3. 试验方法与步骤

（1）准备工作：

1）选择测试路段。

2）当为施工过程中质量检测需要时，测试地点根据需要决定；当为路面工程质量检查验收或进行路况评定需要时，通常以行车道一侧车轮轮迹带作为连续测定的标准位置。对旧路已形成车辙的路面，取一侧车辙中间位置为测定位置。按本规程第1.2条的规定在测试路段路面上确定测试位置，当以内侧轮迹带（IWP）或外侧轮迹带（OWP）作为测定位置时，测定位置距车道标线80～100cm。

3）清扫路面测定位置处的脏物。

4）检查仪器，检测箱各部分应完好、灵敏，并将各连接线接妥，安装记录设备。

（2）测试步骤：

1）将连续式平整度仪置于测试路段路面起点上。

2）在牵引汽车的后部，将连续式平整度仪与牵引汽车连接好，按照仪器使用手册依次完成各项操作。

3）启动牵引汽车，沿道路纵向行驶，横向位置保持稳定。

4）确认连续式平整度仪工作正常。牵引连续式平整度仪的速度应保持匀速，速度宜为5km/h，最大不得超过12km/h。

在测试路段较短时，亦可用人力拖拉平整度仪测定路面的平整度，但拖拉时应保持匀速前进。

4. 计算

（1）连续式平整度仪测定后，可按每10cm间距采集的位移值自动计算得到每100m计算区间的平整度标准差（mm），还可记录测试长度（m）。

（2）每一计算区间的路面平整度以该区间测定结果的标准差表示，按下式计算：

$$\sigma_i = \sqrt{\frac{\Sigma d_i^2 - (\Sigma d_i)^2/N}{N-1}}$$

式中 σ_i——各计算区间的平整度计算值（mm）；

d_i——以100m为一个计算区间，每隔一定距离（自动采集间距为10cm，人工采集间距为1.5m）采集的路面凹凸偏差位移值（mm）；

N——计算区间用于计算标准差的测试数据个数。

（3）按本规范附录B的方法计算一个评定路段内各区间的平整度标准差的平均值、标准差、变异系数。

5. 报告

试验应列表报告每一个评定路段内各测定区间的平整度标准差,各评定路段平整度的平均值、标准差、变异系数以及不合格区间数。

7.12 道路弯沉值测试（C6-12）

7.12.1 道路弯沉值测试成果汇总表（C6-12-1）

道路弯沉值测试成果汇总表　　　　　表 C6-12-1

工程名称		施工单位			
分部名称		设计弯沉值			(0.01mm)
检测桩号	各测点弯沉平均值（0.01mm）	检测桩号	各测点弯沉平均值（0.01mm）	检测桩号	各测点弯沉平均值（0.01mm）
弯沉代表值（0.01mm）					
施工项目技术负责人		填表人		填表日期	年 月 日

2. 应用说明

"道路工程的回弹弯沉试验记录"应按"道路的弯沉检测汇总表"进行汇总整理。资料汇整可按资料形成时间依序进行。

7.12.2 道路弯沉值检验报告（C6-12-2）

1. 资料表式

_____道路弯沉值检验报告　　　　　　　表 C6-12-2

工程名称：_____：_____

试验位置：_____ 起止桩号：_____ 试验时间：_____

设计弯沉值：_____ 试验车型：_____ 后轴重：_____

序号	桩号	轮位	行车道（ ）			行车道（ ）			行车道（ ）		
			百分表读数		回弹值	百分表读数		回弹值	百分表读数		回弹值
			D1	D2	1/100 (mm)	D1	D2	1/100 (mm)	D1	D2	1/100 (mm)

结论：

参加人员	监理（建设）单位	施　工　单　位			
		项目技术负责人	专职质检员	施工员	测　试

2. 应用说明

(1) 道路应进行弯沉值检验。弯沉试验是用弯沉仪测定路基或路面强度的试验。回弹弯沉是路基或路面在规定荷载作用下产生垂直变形，卸载后能恢复的第一部分变形称为回弹弯沉值。

容许（回弹）弯沉是根据道路等级、路面类型及累积当量轴载等确定的回弹弯沉值。是柔性路面设计的主要指标。

路面弯沉是反映路面整体强度的一个综合指标。路面的弯值不仅能反映路面的强度，同时也能在某种程度上反映道路整体结构的耐久性。对一定的道路结构而言，弯沉值越小，抵抗重复荷载作用的次数就越多，道路的寿命也就越长。

弯沉试验方法应按设计和施工规范要求分别执行"贝克曼梁测定路基路面回弹弯沉试验方法（T 0951—2008）、自动弯沉仪测定路面弯沉试验方法（T 0952—2008）、落锤式弯沉仪测定路面弯沉试验方法（T 0953—2008）"。

(2) 沥青混凝土路面、黑色碎（砾）石路面、沥青置入式路面工程完成后应进行回弹弯沉值的测试和检验。强度与质量标准与路基要求相同。

(3) 路基需进行弯沉值检验，频度为每一评定段（不超过 1）80～100 个测点，质量标准为 96% 或 97% 概率上波动界限不大于计算得的容许值。

（注：对于水泥稳定土，常采用 28 天龄期强度作为设计依据；对于石灰稳定土和石灰工业废渣则宜采用 90 天龄期作为设计依据。）

(4) 无结合料底基层、基层均需进行弯沉值检验。检验强度与质量标准与路基同。

（注：对于未用水泥或石灰作结合料的基层和底基层，碾压完成即可进行弯沉值测量。）

(5) 弯沉试验内容应齐全，试验结果符合规范规定的为符合要求。没有试验为不符合要求；虽经试验但试验内容不全且试验结果不符合规范规定应为不符合要求，当试验结果符合要求时，可视具体情况定为基本符合要求或不符合要求。

(6) 填表说明：

1) 试验位置：指回弹弯沉测试的试验位置，应说明在起止桩号的位置。
2) 起止桩号：指回弹弯沉测试的起止桩号。
3) 试验时间：指回弹弯沉测试的试验时间。
4) 设计弯沉值：指回弹弯沉测试的设计弯沉值。
5) 试验车型：指回弹弯沉测试试验用的车型。
6) 后轴重：指回弹弯沉测试试验用的车型的后重。
7) 序号：指回弹弯沉测试次数的序号。
8) 桩号：指回弹弯沉测试所在的桩号位置。
9) 轮位：指回弹弯沉测试试验用车的轮位。
10) 行车道：指回弹弯沉测试所处的行车道位置。
11) 百分表读数：D_1 为当百分表随路面变形的增加而持续向前转动时，百分表指针转动到最大值时迅速读取的初读数；D_2 为当汽车继续前进，百分表指针反向回转汽车驶出弯沉影响半径后汽车停止，百分表指针回转稳定时的终读数。1/100 为回弹弯沉值的计量单位。

12）结论：指回弹弯沉测试结果符合要求与否的结论意见。

7.12.2.1 贝克曼梁测定路基路面回弹弯沉试验应用技术要求

执行标准：贝克曼梁测定路基路面回弹弯沉试验方法（T 0951—2008） （摘选）

1 目的与适用范围

1.1 本方法适用于测定各类路基路面的回弹弯沉以评定其整体承载能力，可供路面结构设计使用。

1.2 沥青路面的弯沉检测以沥青面层平均温度20℃时为准，当路面平均温度在20℃±2℃以内可不修正，在其他温度测试时，对沥青层厚度大于5cm的沥青路面，弯沉值应予温度修正。

2 仪具与材料技术要求

本方法需要下列仪具与材料：

（1）标准车：双轴，后轴双侧4轮的载重车。其标准轴荷载、轮胎尺寸、轮胎间隙及轮胎气压等主要参数应符合表1的要求。测试车应采用后轴10t标准轴载BZZ-100的汽车。

（2）路面弯沉仪：由贝克曼梁、百分表及表架组成。贝克曼梁由合金铝制成，上有水准泡，其前臂（接触路面）与后臂（装百分表）长度比为2∶1。弯沉仪长度有两种：一种长3.6m，前后臂分别为2.4m和1.2m；另一种加长的弯沉仪长5.4m，前后臂分别为3.6m和1.8m。当在半刚性基层沥青路面或水泥混凝土路面上测定时，应采用长度为5.4m的贝克曼梁弯沉仪；对柔性基层或混合式结构沥青路面可采用长度为3.6m的贝克曼梁弯沉仪测定。弯沉采用百分表量得，也可用自动记录装置进行测量。

（3）接触式路表温度计：端部为平头，分度不大于1℃。

（4）其他：皮尺、口哨、白油漆或粉笔、指挥旗等。

弯沉测定用的标准车参数　　　　　　　　　　表1

标准轴载等级	BZ-100
后轴标准轴载 P（kN）	100±1
一侧双轮荷载（kN）	50±0.5
轮胎充气压力（MPa）	0.70±0.05
单轮传压面当量圆直径（cm）	21.30±0.5
轮隙宽度	应满足能自由插入弯沉仪测头的测试要求

3 方法与步骤

3.1 准备工作

（1）检查并保持测定用标准车的车况及制动性能良好，轮胎气压符合规定充气压力。

（2）向汽车车槽中装载（铁块或集料），并用地中衡称量后轴总质量及单侧轮荷载，均应符合要求的轴重规定，汽车行驶及测定过程中，轴重不得变化。

（3）测定轮胎接地面积：在平整光滑的硬质路面上用千斤顶将汽车后轴顶起，在轮胎下方铺一张新的复写纸和一张方格纸，轻轻落下千斤顶，即在方格纸上印上轮胎印痕，用求积仪或数方格的方法测算轮胎接地面积，准确至 $0.1cm^2$。

(4) 检查弯沉仪百分表量测灵敏情况。

(5) 当在沥青路面上测定时，用路表温度计测定试验时气温及路表温度（一天中气温不断变化，应随时测定），并通过气象台了解前 5d 的平均气温（日最高气温与最低气温的平均值）。

(6) 记录沥青路面修建或改建材料、结构、厚度、施工及养护等情况。

3.2 测试步骤

(1) 在测试路段布置测点，其距离随测试需要而定。测点应在路面行车车道的轮迹带上，并用白油漆或粉笔画上标记。

(2) 将试验车后轮轮隙对准测点后约 3~5cm 处的位置上。

(3) 将弯沉仪插入汽车后轮之间的缝隙处，与汽车方向一致，梁臂不得碰到轮胎，弯沉仪测头置于测点上（轮隙中心前方 3~5cm 处），并安装百分表于弯沉仪的测定杆上，百分表调零，用手指轻轻叩打弯沉仪，检查百分表应稳定回零。

弯沉仪可以是单侧测定，也可以是双侧同时测定。

(4) 测定者吹哨发令指挥汽车缓缓前进，百分表随路面变形的增加而持续向前转动。当表针转动到最大值时，迅速读取初读数 L_1。汽车仍在继续前进，表针反向回转，待汽车驶出弯沉影响半径（约3m以上）后，吹口哨或挥动指挥红旗，汽车停止。待表针回转稳定后，再次读取终读数 L_2。汽车前进的速度宜为 5km/h 左右。

3.3 弯沉仪的支点变形修正

(1) 当采用长度为 3.6m 的弯沉仪进行弯沉测定时，有可能引起弯沉仪支座处变形，在测定时应检验支点有无变形。如果有变形，此时应用另一台检测用的弯沉仪安装在测定用弯沉仪的后方，其测点架于测定用弯沉仪的支点旁。当汽车开出时，同时测定两台弯沉仪的弯沉读数，如检验弯沉仪百分表有读数，即应该记录并进行支点变形修正。当在同一结构层上测定时，可在不同位置测定 5 次，求取平均值，以后每次测定时以此作为修正值。支点变形修正的原理，如图 1 所示。

(2) 当采用长度为 5.4m 的弯沉仪测定时，可不进行支点变形修正。

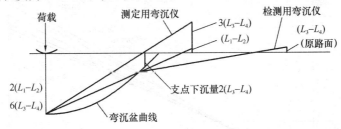

图 1 弯沉仪支点变形修正原理

4 结果计算及温度修正

4.1 路面测点的回弹弯沉值按式（1）计算。

$$l_t = (L_1 - L_2) \times 2 \quad (1)$$

式中 l_t——在路面温度 t 时的回弹弯沉值（0.01mm）；

L_1——车轮中心临近弯沉仪测头时百分表的最大读数（0.01mm）；

L_2——汽车驶出弯沉影响半径后百分表的终读数（0.01mm）。

4.2 当需进行弯沉仪支点变形修正时，路面测点回弹弯沉值按式（2）计算。

$$l_t = (L_1-L_2) \times 2 + (L_3-L_4) \times 6 \tag{2}$$

式中 L_1——车轮中心临近弯沉仪测头时测定用弯沉仪的最大读数（0.01mm）；

L_2——汽车驶出弯沉影响半径后测定用弯沉仪的终读数（0.01mm）；

L_3——车轮中心临近弯沉仪测头时检验用弯沉仪的最大读数（0.01mm）；

L_4——汽车驶出弯沉影响半径后检验用弯沉仪的终读数（0.01mm）。

（注：此式适用于测定用弯沉仪支座处有变形，但百分表架处路面已无变形的情况。）

4.3 沥青面层厚度大于5cm的沥青路面，回弹弯沉值应进行温度修正。温度修正及回弹弯沉的计算宜按下列步骤进行。

（1）测定时的沥青层平均温度按式（3）计算：

$$t = (t_{25} + t_m + t_e)/3 \tag{3}$$

式中 t——测定时沥青层平均温度（℃）；

t_{25}——根据 t_0 由图2决定的路表下25mm处的温度（℃）；

t_m——根据 t_0 由图2决定的沥青层中间深度的温度（℃）；

t_e——根据 t_0 由图2决定的沥青层底面处的温度（℃）。

图2中 t_0 为测定时路表温度与测定前5d日平均气温的平均值之和（℃）；日平均气温为 E_t 最高气温与最低气温的平均值。

（2）根据沥青层平均温度 t 及沥青层厚度，分别由图3及图4求取不同基层的沥青路面弯沉值的温度修正系数 K。

（3）沥青路面回弹弯沉按式（4）计算

$$l_{20} = l_t \times K \tag{4}$$

式中 K——温度修正系数；

l_{20}——换算为20℃的沥青路面回弹弯沉值（0.01mm）；

K——测定时沥青面层的平均温度为 t 时的回弹弯沉值（0.01mm）。

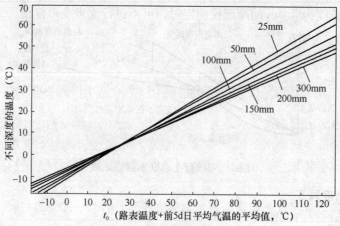

图2 沥青层平均温度的决定

（注：线上的数字表示从路表向下的不同深度（mm））

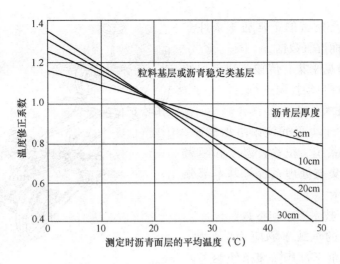

图 3　路面弯沉温度修正系数曲线（适用于粒料基层及沥青稳定基层）

5　报告

报告应包括下列内容：
（1）弯沉测定表、支点变形修正值、测试时的路面温度及温度修正值。
（2）每一个评定路段的各测点弯沉的平均值、标准差及代表弯沉。

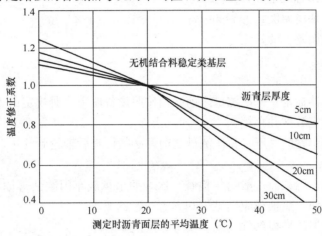

图 4　路面弯沉温度修正系数曲线（适用于无机结合料稳定的半刚性基层）

7.12.2.2　自动弯沉仪测定路面弯沉试验应用技术要求

贝克曼梁测值属于静态弯沉，该方法存在工作效率低、测试精度不易保证的缺点。

国内科研人员近年研制出了国产自动弯沉仪。可以连续检测，工作效率得到很大提高，近年来在我国得到较广泛的应用，特别是在高速公路验收、养护检测中发挥了很大作用。

执行标准：自动弯沉仪测定路面弯沉试验方法（T 0952—2008）（摘选）

1　目的与适用范围

1.1　本方法适用于各类 Lacroix 型自动弯沉仪在新建、改建路面工程的质量验收中，在无严重坑槽、车辙等病害的正常通车条件下连续采集沥青路面弯沉数据。

1.2 本方法的数据采集、传输、记录和处理分别由专用软件自动控制进行。

2 仪具与材料技术要求

2.1 Lacroix 型自动弯沉仪：由承载车、测量机架及控制系统、位移、温度和距离传感器、数据采集与处理系统等基本部分组成，如图1所示。

2.2 设备承载车技术要求和参数：

自动弯沉仪的承载车辆应为单后轴、单侧双轮组的载重车，其标准条件参考贝克曼梁测定路基路面回弹弯沉试验方法（T 0951—2008）中 BZZ-100 车型的标准参数。

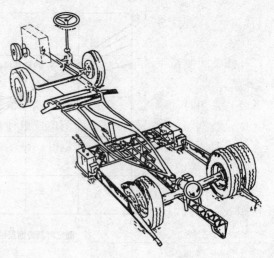

图1 自动弯沉仪的测量机构

2.3 测试系统基本技术要求和参数：

(1) 位移传感器分辨率：0.01mm。

(2) 位移传感器有效量程：≥3mm。

(3) 设备工作环境温度：0℃～60℃。

(4) 距离标定误差：≤1%。

3 方法与步骤

3.1 准备工作

(1) 位移传感器标定。每次测试之前必须按照设备使用手册规定的方法进行位移传感器的标定，记录标定数据并存档。

(2) 检查承载车轮胎气压。每次测试之前都必须检查后轴轮胎气压，应满足 0.70MPa±0.05MPa 的要求。

(3) 检查承载车轮载。一般每年检查一次，如果承载车因改装等原因改变了后轴载，也必须进行此项工作，后轴载应满足 100kN±1kN 的要求。

(4) 检查测量架的易损部件情况，及时更换损坏部件。

(5) 打开设备电源进行检查，控制面板功能键、指示灯、显示器等应正常。

(6) 开动承载车试测 2～3 个步距，观察测试机构，测试机构应正常，否则需要调整。

3.2 测试步骤

(1) 测试系统在开始测试前需要通电预热，时间不少于设备操作手册要求，并开启工程警灯和导向标等警告标志。

(2) 在测试路段前 20m 处将测量架放落在路面上，并检查各机构的部件情况。

(3) 操作人员按照设备使用手册的规定和测试路段的现场技术要求设置完毕所需的测试状态。

(4) 驾驶员缓慢加速承载车到正常测试速度，沿正常行车轨迹驶入测试路段。

(5) 操作人员将测试路段起终点、桥涵等特殊位置的桩号输入到记录数据中。

(6) 当测试车辆驶出测试路段后，操作人员停止数据采集和记录，并恢复仪器各部分至初始状态，驾驶员缓慢停止承载车，提起测量架。

(7) 操作人员检查数据文件，文件应完整，内容应正常，否则需要重新测试。

(8) 关闭测试系统电源，结束测试。

4 计算

(1) 采用自动弯沉仪采集路面弯沉盆峰值数据。

(2) 数据组中左臂测值、右臂测值按单独弯沉处理。

(3) 对原始弯沉测试数据进行温度、坡度、相关性等修正。

5 弯沉值的横坡修正

当路面横坡不超过4%时，不进行超高影响修正；当横坡超过4%时，超高影响的修正参照表1的规定进行。

弯沉值横坡修正　　　　　　　　　　　　　　　　表1

横坡范围	高位修正系数	低位修正系数
>4%	$\frac{1}{1-i}$	$\frac{1}{1-i}$

注：i 是路面横坡（%）。

6 自动弯沉仪与贝克曼梁弯沉测值对比试验

6.1 试验条件

(1) 按弯沉值不同水平范围选择不少于4段路面结构相似的路段。路段长度可为300～500m，标记好起终点位置。

(2) 对比试验路段的路面应清洁干燥，温度应在10℃～35℃范围内，并且选择温度变化不大的时间，宜选择晴天无风的天气条件，试验路段附近没有重型交通和震动。

6.2 试验步骤

(1) 按照上文第3.2条的步骤，令自动弯沉仪按照正常测试车速测试选定路段，工作人员仔细用油漆每隔三个测试步距或约20m标记测点位置。

(2) 自动弯沉仪测试完毕后，等待30min；然后，在每一个标记位置用贝克曼梁按照贝克曼梁测定路基路面回弹弯沉试验方法测定各点回弹弯沉值。

6.3 试验数据处理

从自动弯沉仪的记录数据中按照路面标记点的相应桩号提出各试验点测值，并与贝克曼梁测值一一对应，用数理统计的回归分析方法得到贝克曼梁测值和自动弯沉仪测值之间的相关关系方程，相关系数尺不得小于0.95。

7 报告

测试报告中应该包括以下内容：

(1) 弯沉平均值、标准差、代表值、测试时的路面温度及温度修正值。

(2) 自动弯沉仪测值与贝克曼梁测值的相关关系式及相关系数。

7.12.2.3 落锤式弯沉仪测定弯沉试验应用技术要求

执行标准：落锤式弯沉仪测定弯沉试验方法（T 0953—2008）（摘选）

1 目的与适用范围

本方法适用于测定在落锤式弯沉仪（FWD）标准质量的重锤落下一定高度发生的冲

击荷载作用下，路基或路面表面所产生的瞬时变形，即测定在动态荷载作用下产生的动态弯沉及弯沉盆。并可由此反算路基路面各层材料的动态弹性模量，作为设计参数使用。所测结果经转换至回弹弯沉值后可用于评定道路承载能力，也可用于调查水泥混凝土路面接缝的传力效果，探查路面板下的空洞等。

2 仪具与材料技术要求

本方法需要下列仪具与材料：

落锤式弯沉仪：简称FWD，由荷载发生装置、弯沉检测装置、运算控制系统与车辆牵引系统等组成。

（1）荷载发生装置：重锤的质量及落高根据使用目的与道路等级选择，荷载由传感器测定。如无特殊需要，重锤的质量为200kg±10kg，可采用产生50kN±2.5kN的冲击荷载。承载板宜为十字对称分开成4部分且底部固定有橡胶片的承载板。承载板的直径一般为300mm。

（2）弯沉检测装置：由一组高精度位移传感器组成，如图1所示。传感器可为差动变压器式位移计（VDT）或地震检波器。自承载板中心开始，沿道路纵向隔开一定距离布设一组传感器，传感器总数不少于7个，建议布置在0～250cm范围以内，必须包括0、30、60、90四点，其他根据需要及设备性能决定。

（3）运算及控制装置：能在冲击荷载作用的瞬间内，记录冲击荷载及各个传感器所在位置测点的动态变形。

（4）牵引装置：牵引FWD并安装运算及控制装置的车辆。

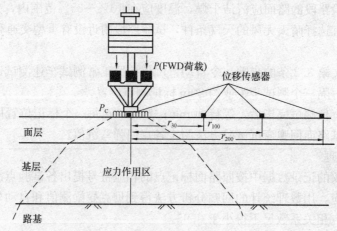

图1 落锤式弯沉仪传感器布置及应力作用状态示例

3 方法与步骤

3.1 准备工作

（1）调整重锤的质量及落高，使重锤的质量及产生的冲击荷载符合第3.2条测试步骤的要求。

（2）在测试路段的路基或路面各层表面布置测点，其位置或距离随测试需要而定。当在路面表面测定时，测点宜布置在行车道的轮迹带上。测试时，还可利用距离传感器，定位。

(3) 检查 FWD 的车况及使用性能,用手动操作检查,各项指标符合仪器规定要求。

(4) 将 FWD 牵引至测定地点,将仪器打开,进入工作状态。牵引 FWD 行驶的速度不宜超过 50km/h。

(5) 对位移传感器按仪器使用说明书进行标定,使之达到规定的精度要求。

3.2 测试步骤

(1) 承载板中心位置对准测点,承载板自动落下,放下弯沉装置的各个传感器。

(2) 启动落锤装置,落锤瞬即自由落下,冲击力作用于承载板上,又立即自动提升至原来位置固定。同时,各个传感器检测结构层表面变形,记录系统将位移信号输入计算机,并得到峰值,即路面弯沉,同时得到弯沉盆。每一测点重复测定应不少于 3 次,除去第一个测定值,取以后几次测定值的平均值作为计算依据。

(3) 提起传感器及承载板,牵引车向前移动至下一个测点,重复上述步骤,进行测定。

4 落锤式弯沉仪与贝克曼梁弯沉仪对比试验步骤

4.1 路段选择

选择结构类型完全相同的路段,针对不同地区选择某种路面结构的代表性路段,进行两种测定方法的对比试验,以便将落锤式弯沉仪测定的动弯沉换算成贝克曼梁测定的回弹弯沉值。选择的对比路段长度 300~500m,弯沉值应有一定的变化幅度。

4.2 对比试验步骤

(1) 采用与实际使用相同且符合要求的落锤式弯沉仪及贝克曼梁弯沉仪测定车。落锤式弯沉仪的冲击荷载应与贝克曼梁弯沉仪测定车的后轴双轮荷载相同。

(2) 用油漆标记对比路段起点位置。

(3) 按第 3.1 条布置测点位置,按规程 T 0951—2008 的方法用贝克曼梁定点测定回弹弯沉。测定车开走后,用粉笔以测点为圆心,在周围画一个半径为 15cm 的圆,标明测点位置。

(4) 将落锤式弯沉仪的承载板对准圆圈,位置偏差不超过 30mm,按第 3 条进行测定。两种仪器对同一点弯沉测试的时间间隔不应超过 10min。

(5) 逐点对应计算两者的相关关系。

通过对比试验得出回归方程式 $L_B = a + bL_{FWD}$,式中 bL_{FWD}、L_B 分别为落锤式弯沉仪、贝克曼梁测定的弯沉值。回归方程式的相关系数 R 应不小于 0.95。

(由于路面结构和材料、路基状况、温度、水文条件、路面使用状况不同,对比关系也有所不同,为提高数据的准确性,应分各种情况做此项对比试验。)

5 水泥混凝土路面板调查的方法与步骤

5.1 在测试路段的水泥混凝土路面板表面布置测点。当为调查水泥混凝土路面接缝的传力效果时,测点布置在接缝的一侧,位移传感器分开在接缝两边布置。当为探查路面板下的空洞时,测点布置位置随测试需要而定,应在不同位置测定。

5.2 按 3 方法与步骤中的 3.1 准备工作和 3.2 测试步骤的要求进行测定。5.2 按第 3 条进行测定。

6 计算

6.1 按桩号记录各测点的弯沉及弯沉盆数据,按本规程附录 B 的方法计算一个评定路段的平均值、标准差、变异系数。

6.2 当为调查水泥混凝土路面接缝的传力效果时，利用分开在接缝两边布置的位移传感器的测定值的差异及弯沉盆的形状，进行判断。

6.3 当为探查路面板下的空洞时，利用在不同位置测定的测定值的差异及弯沉盆的形状，进行判断。

7 报告

7.1 报告应包括下列内容：

（1）各测点的最大弯沉及弯沉盆测定数据。

（2）每一个评定路段全部测点弯沉的平均值、标准差、变异系数及代表弯沉。

7.2 如与贝克曼梁弯沉仪进行了对比试验，尚应报告相关关系式、相关系数、换算的回弹弯沉。

附：弯沉测试应提文件（资料）名目表

《城镇道路工程施工与质量验收规范》（CJJ 1—2008）规定弯沉测试应提文件（资料）名目表。

弯沉测试应提文件（资料）名目表 附表1

序号	所在规范分项工程条目内容	应提资料名称	施工检（试）验说明
【路　基】			
1	第6.8.1条（2） 土方路基（路床）质量检验（每车道、每20m测1点）	土方路基（路床）弯沉值检测记录	1. 弯沉仪在现场检测； 2. 检查数量应按分层检测提供，弯沉测试结果满足设计和规范要求
2	第6.8.4条（1） 换填土处理软土路基软土路基施工质量检验	换填土处理软土路基弯沉值检测记录	1. 弯沉仪在现场检测； 2. 检查数量应按分层检测提供，弯沉测试结果满足设计和规范要求
3	第6.8.4条（2） 砂垫层处理软土路基质量检验	砂垫层处理软土路基弯沉值检测记录（每1000m²、抽检3点）	压实度应大于或等于90%
【基　层】			
1	第6.8.1条（2） 土方路基（路床）质量检验（每车道、每20m测1点）	土方路基（路床）弯沉值检测记录	1. 弯沉仪在现场检测； 2. 检查数量应按分层检测提供，弯沉测试结果满足设计和规范要求
2	第7.8.3条（3） 级配砂砾及级配砾石基层底基层回弹弯沉质量检验	级配砂砾及级配砾石基层底基层回弹弯沉施工试验报告（每20m，测1点）	回弹弯沉值检测结果不大于设计要求
3	第7.8.5条（3） 沥青混合料（沥青碎石）基层弯沉值质量检验	沥青混合料（沥青碎石）基层弯沉值施工试验报告（每20m，测1点）	弯沉值检测结果不大于设计要求
4	第7.8.6条（3） 沥青贯入式基层弯沉值质量检验	沥青贯入式基层弯沉值施工试验报告（每20m，测1点）	弯沉值检测结果不大于设计要求

续表

序号	所在规范分项工程条目内容	应提资料名称	施工检（试）验说明
【沥青混合料面层】			
1	第8.5.1条（2）中的3）款 热拌沥青混合料面层弯沉值质量检验	热拌沥青混合料面层弯沉值施工试验报告（每20m，测1点）	弯沉值检测结果不大于设计要求
2	第9.4.1条（3）中的3）款 沥青贯入式面层弯沉值质量检验	沥青贯入式面层弯沉值施工试验报告（检查数量按设计要求）	弯沉值检测结果不大于设计要求

7.13 路面抗滑性能检验报告（C6-13）

路面抗滑性能检测按《公路路基路面现场测试规程》（JTG E60—2008）中的"抗滑性能"的相关规定与要求执行。

检验抗滑性能用手工铺砂法测定时，要求对同一处测定应该由同一个试验员完成；用电动铺砂仪测定时，要求不使用回收砂。

7.13.1 路面抗滑性能检测方法

7.13.1.1 电动铺砂法仪测定路面构造深度试验应用技术要求

执行标准：电动铺砂法仪测定路面构造深度试验方法（T 0962—1995） （摘选）

1 目的和适用范围

本方法适用于测定沥青路面及水泥混凝土路面表面构造深度，用以评定路面表面的宏观粗糙度及路面表面的排水性能和抗滑性能。

2 仪具与材料

本试验采用下列仪具与材料：

（1）电动铺砂仪：利用可充电的直流电源将量砂通过砂漏铺设成宽度5cm、厚度均匀一致的器具，如图1所示。

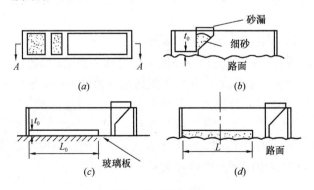

图1 电动铺砂仪
(a) 平面图；(b) A—A断面；(c) 标高；(d) 测定

(2) 量砂：足够数量的干燥洁净的匀质砂，粒径为 0.15～0.3mm。
(3) 标准量筒：容积 50mL。
(4) 玻璃板：面积大于铺砂器，厚 5mm。
(5) 其他：直尺、扫帚、毛刷等。

3 方法与步骤

3.1 准备工作：

(1) 量砂准备：取洁净的细砂，晾干，过筛，取 0.15～0.3mm 的砂置适当的容器中备用。已在路面上使用过的砂如回收重复使用时应重新过筛并晾干。

按《公路路基路面现场测试随机选点方法》(T 0991—1995) 规程的方法，对测试路段按随机取样选点的方法，决定测点所在横断面的位置。测点应选在行车道的轮迹带上，距路面边缘不应小于 1m。

3.2 电动铺砂器标定：

1) 将铺砂器平放在玻璃板上，将砂漏移至铺砂器端部。

2) 将灌砂漏斗口和量筒口大致齐平。通过漏斗向量筒中缓缓注入准备好的量砂至高出量筒成尖顶状，用直尺沿筒口一次刮平，其容积为 50mL。

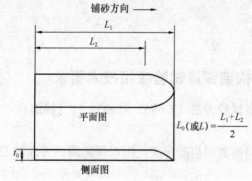

图 2 决定 L_0 及 L 的方法

L_0—玻璃板上 50mL 量砂摊铺的长度（mm）；
L—路面上 50mL 量砂摊铺的长度（mm）

3) 将漏斗口与铺砂器砂漏上口大致齐平。将砂通过漏斗均匀倒入砂漏，漏斗前后移动，使砂的表面大致齐平，但不得用任何其他工具刮动砂。

4) 开动电动马达，使砂漏向另一端缓缓运动，量砂沿砂漏底部铺成图 2 所示的宽 5cm 的带状，待砂全部漏完后停止。

5) 按图 2，依式 (1) 由 L_1 及 L_2 的平均值决定量砂的摊铺长度 L_0，准确至 1mm。

$$L_0 = (L_1 + L_2)/2 \tag{1}$$

6) 重复标定 3 次，取平均值决定 L_2，准确至 1mm。

(注：标定应在每次测试前进行，用同一种量砂，由承担测试的同一试验员进行。)

3.3 测试步骤：

1) 将测试地点用毛刷刷净，面积大于铺砂仪。

2) 将铺砂仪沿道路纵向平稳地放在路面上，将砂漏移至端部。

3) 按 (3) 之 2)～4) 相同的步骤，在测试地点摊铺 50mL 量砂，按图 2 的方法量取摊铺长度 L_1 及 L_2，由式 (2) 计算 L，准确至 1mm。

$$L = (L_1 + L_2)/2 \tag{2}$$

4) 按以上方法，同一处平行测定不少于 3 次，3 个测点均位于轮迹带上，测点间距 3～5m。该处的测定位置以中间测点的位置表示。

4 计算

4.1 按式 (3) 计算铺砂仪在玻璃板上摊铺的量砂厚度 t_0。

$$t_0 = \frac{V}{B \times L_0} \times 100 = \frac{1000}{L_0} \tag{3}$$

式中 t_0——量砂在玻璃板上摊铺的标定厚度（mm）；
　　　V——量砂体积，50mL；
　　　B——铺砂仪铺砂宽度，50mm；
　　　L_0——玻璃板上 50mL 量砂摊铺的长度（mm）。

4.2 按式（4）计算路面构造深度 TD：

$$TD = \frac{L_0 - L}{L} \times t_0 = \frac{L_0 - L}{L \times L_0} \times 1000 \tag{4}$$

式中 TD——路面的构造深度（mm）；
　　　L——路面上 50mL 量砂摊铺的长度（mm）。

4.3 每一处均取 3 次路面构造深度的测定结果的平均值作为试验结果，准确至 0.1mm。
4.4 按本规程附录 B 的方法计算每一个评定区间路面构造深度的平均值、标准差、变异系数。

5 报告

5.1 列表逐点报告路面构造深度的测定值及 3 次测定的平均值，当平均值小于 0.2mm 时，试验结果以＜0.2mm 表示。
5.2 每一个评定区间路面构造深度的平均值、标准差、变异系数。

7.13.1.2 摆式仪测定路面摩擦系数试验应用技术要求

摆式仪测定的 BPN 值是反映路面抗滑性能的综合性指标。

摆式仪在测试前的标定步骤是必需的，否则测试精度达不到要求。实际测试时对仪器本身的调零和调平、校核滑动长度等都是重要的步骤，且同一人 5 次测定的 BPN 值相差不得超过 3 个单位。

摆值受路面温度影响很大，以 20℃为标准温度。当路面试验温度不是 20℃时，应进行温度修正。

执行标准：摆式仪测定路面摩擦系数试验方法（T 0964—2008）　　（摘选）

1. 目的与适用范围

本方法适用于以摆式摩擦系数测定仪（摆式仪）测定沥青路面、标线或其他材料试件的抗滑值，用以评定路面或路面材料试件在潮湿状态下的抗滑能力。

2. 仪具与材料技术要求

本方法需要下列仪具与材料：

（1）摆式仪：形状及结构，如图 1 所示。摆及摆的连接部分总质量为 1500g±30g，摆动中心至摆的重心距离为 410mm±5mm，测定时摆在路面上滑动长度为 126mm±1mm，摆上橡胶片端部距摆动中心的距离为 510mm，橡胶片对路面的正向静压力为 22.2N±0.5N。

（2）橡胶片：当用于测定路面抗滑值时，其尺寸为 6.35mm × 25.4mm × 76.2mm。橡胶质量应符合表 1 的要求。当橡胶片使用后，端部在长度方向上磨耗超过 1.6mm 或边缘在宽度方向上磨耗超过 3.2mm，或有油类污染时，即应更换新橡胶片。新橡胶片应先

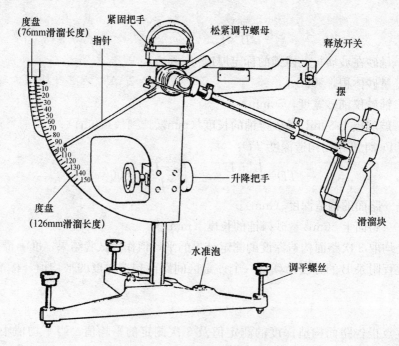

图 1 摆式仪结构示意图

在干燥路面上测试 10 次后再用于测试。橡胶片的有效使用期从出厂日期起算为 12 个月。

(3) 滑动长度量尺：长 126mm。

(4) 喷水壶。

(5) 硬毛刷。

(6) 路面温度计：分度不大于 1℃。

(7) 其他：扫帚、记录表格等。

橡胶物理性质技术要求　　　　　　　　　　　　　　　表 1

性质指标	温度（℃）				
	0	10	20	30	40
弹性（%）	43~49	58~65	66~73	71~77	74~79
硬度（IR）	55±5				

3. 试验方法与步骤

(1) 准备工作：

1) 检查摆式仪的调零灵敏情况，并定期进行仪器的标定。

2) 按本规程附录 A 的方法，进行测试路段的取样选点。在横断面上测点应选在行车道轮迹处，且距路面边缘应不小于 1m。

(2) 测试步骤：

1) 清洁路面：用扫帚或其他工具将测点处的路面打扫干净。

2) 仪器调平。

①将仪器置于路面测点上，并使摆的摆动方向与行车方向一致。

②转动底座上的调平螺栓，使水准泡居中。

3）调零。

①放松紧固把手，转动升降把手，使摆升高并能自由摆动，然后旋紧紧固把手。

②将摆固定在右侧悬臂上，使摆处于水平释放位置，并把指针拨至右端与摆杆平行处。

③按下释放开关，使摆向左带动指针摆动。当摆达到最高位置后下落时，用手将摆杆接住，此时指针应指零。

④若不指零，可稍旋紧或旋松摆的调节螺母。

⑤重复上述4个步骤，直至指针指零。调零允许误差为±1。

4）校核滑动长度。

①让摆处于自然下垂状态，松开固定把手，转动升降把手，使摆下降。与此同时，提起举升柄使摆向左侧移动，然后放下举升柄使橡胶片下缘轻轻触地，紧靠橡胶片摆放滑动长度量尺，使量尺左端对准橡胶片下缘；再提起举升柄使摆向右侧移动，然后放下举升柄使橡胶片下缘轻轻触地，检查橡胶片下缘应与滑动长度量尺的右端齐平。

②若齐平，则说明橡胶片两次触地的距离（滑动长度）符合126mm的规定。校核滑动长度时，应以橡胶片长边刚刚接触路面为准，不可借摆的力量向前滑动，以免标定的滑动长度与实际不符。

③若不齐平，升高或降低摆或仪器底座的高度。微调时用旋转仪器底座上的调平螺丝调整仪器底座的高度的方法比较方便，但需注意保持水准泡居中。

④重复上述动作，直至滑动长度符合126mm的规定。

5）将摆固定在右侧悬臂上，使摆处于水平释放位置，并把指针拨至右端与摆杆平行处。

6）用喷水壶浇洒测点，使路面处于湿润状态。

7）按下右侧悬臂上的释放开关，使摆在路面滑过。当摆杆回落时，用手接住，读数但不记录。然后使摆杆和指针重新置于水平释放位置。

8）重复6）和7）的操作5次，并读记每次、测定的摆值。

单点测定的5个值中最大值与最小值的差值不得大于3。如差值大于3时，应检查产生的原因，并再次重复上述各项操作，至符合规定为止。

取5次测定的平均值作为单点的路面抗滑值（即摆值 BPN_1），取整数。

9）在测点位置用温度计测记潮湿路表温度，准确至1℃。

10）每个测点由3个单点组成，即需按以上方法在同一测点处平行测定3次，以3次测定结果的平均值作为该测点的代表值（精确到1）。

3个单点均应位于轮迹带上，单点间距离为3~5m。该测点的位置以中间单点的位置表示。

4. 抗滑值的温度修正

当路面温度为 t（℃）时，测得的摆值为 BPN_t 必须按式（1）换算成标准温度20℃的摆值 BPN_{20}。

$$BPN_{20} = BPN_t + \Delta BPN \tag{1}$$

式中　　BPN_{20}——换算成标准温度20℃时的摆值；

BPN_t —— 路面温度 t 时测得的摆值；

ΔBPN —— 温度修正值按表2采用。

温度修正值 表2

温度（℃）	0	5	10	15	20	25	30	35	40
温度修正值 ΔBPN	−6	−4	−3	−1	0	+2	+3	+5	+7

5. 报告

报告应包含如下内容：

（1）路面单点测定值 BPN_t、经温度修正后的 BPN_{20}、现场温度、3次的平均值。

（2）评定路段路面抗滑值的平均值、标准差、变异系数。

7.14 地基处理复合地基承载力试验报告（C6-14）

1. 资料表式

地基处理复合地基承载力试验报告按当地建设行政主管部门或其委托单位批准的具有相应资质的试验室提供的复试报告表式执行。

2. 应用说明

（1）城镇道路工程的路基工程需进行地基处理的，不论采用砂桩处理软土路基、碎石桩处理软土路基、粉喷桩处理软土路基，均应对地基处理结果进行复合地基承载力试验，并由试验单位出具复合地基承载力试验报告。处理后地基静载荷试验、复合地基增强体单桩静载荷试验根据工程需要和地基土的实际，由试验单位根据需要确定。

（2）处理后的地基应满足建筑物地基承载力、变形和稳定性要求，地基处理的设计尚应符合下列规定：

1）经处理后的地基，当在受力层范围内仍存在软弱下卧层时。应进行软弱下卧层地基承载力验算。

2）按地基变形设计或应作变形验算且需进行地基处理的建筑物或构筑物。应对处理后的地基进行变形验算。

3）对建造在处理后的地基上受较大水平荷载或位于斜坡上的建筑物及构筑物，应进行地基稳定性验算。

（3）处理后地基的承载力验算，应同时满足轴心荷载作用和偏心荷载作用的要求。

（4）处理后地基的整体稳定分析可采用圆弧滑动法，其稳定安全系数不应小于1.30。散体加固材料的抗剪强度指标，可按加固体材料的密实度通过试验确定；胶结材料的抗剪强度指标，可按桩体断裂后滑动面材料的摩擦性能确定。

（5）处理后的地基应进行地基承载力和变形评价、处理范围和有效加固深度内地基均匀性评价，以及复合地基增强体的成桩质量和承载力评价。

7.14.1 处理后地基静载荷试验

处理后地基可根据工程需要进行静载荷试验,静载荷试验要点按《建筑地基处理技术规范》(JGJ 79—2012)附录 A 处理后地基静载荷试验要点执行。

附:附录 A 处理后地基静载荷试验要点

A.0.1 本试验要点适用于确定换填垫层、预压地基、压实地基、夯实地基和注浆加固等处理后地基承压板应力主要影响范围内土层的承载力和变形参数。

A.0.2 平板静载荷试验采用的压板面积应按需检验土层的厚度确定,且不应小于 $1.0m^2$,对夯实地基,不宜小于 $2.0m^2$。

A.0.3 试验基坑宽度不应小于承压板宽度或直径的 3 倍。应保持试验土层的原状结构和天然湿度。宜在拟试压表面用粗砂或中砂层找平,其厚度不超过 20mm。基准梁及加荷平台支点(或锚桩)宜设在试坑以外,且与承压板边的净距不应小于 2m。

A.0.4 加荷分级不应少于 8 级。最大加载量不应小于设计要求的 2 倍。

A.0.5 每级加载后,按间隔 10min、10min、10min、15min、15min,以后为每隔 0.5h 测读一次沉降量,当在连续 2h 内,每小时的沉降量小于 0.1mm 时,则认为已趋稳定,可加下一级荷载。

A.0.6 当出现下列情况之一时,即可终止加载,当满足前三种情况之一时,其对应的前一级荷载定为极限荷载:

1 承压板周围的土明显地侧向挤出;
2 沉降 s 急骤增大,压力一沉降曲线出现陡降段;
3 在某一级荷载下,24h 内沉降速率不能达到稳定标准;
4 承压板的累计沉降量已大于其宽度或直径的 6%。

A.0.7 处理后的地基承载力特征值确定应符合下列规定:

1 当压力一沉降曲线上有比例界限时,取该比例界限所对应的荷载值。
2 当极限荷载小于对应比例界限的荷载值的 2 倍时,取极限荷载值的一半。
3 当不能按上述两款要求确定时,可取 $s/b=0.01$ 所对应的荷载,但其值不应大于最大加载量的一半。承压板的宽度或直径大于 2m 时,按 2m 计算。

(注:S 为静载荷试验承压板的沉降量;b 为承压板宽度。)

A.0.8 同一土层参加统计的试验点不应少于 3 点,各试验实测值的极差不超过其平均值的 30% 时,取该平均值作为处理地基的承载力特征值。当极差超过平均值的 30% 时,应分析极差过大的原因,需要时应增加试验数量并结合工程具体情况确定处理后地基的承载力特征值。

7.14.2 复合地基增强体单桩静载荷试验

处理后地基的复合地基增强体单桩静载荷试验可根据工程需要进行,增强体单桩静载荷试验要点按《建筑地基处理技术规范》(JGJ 79—2012)附录 C 复合地基增强体单桩静载荷试验要点执行。

附:附录 C 复合地基增强体单桩静载荷试验要点

C.0.1 本试验要点适用于复合地基增强体单桩竖向抗压静载荷试验。

C.0.2 试验应采用慢速维持荷载法。

C.0.3 试验提供的反力装置可采用锚桩法或堆载法。当采用堆载法加载时应符合下列规定:

1 堆载支点施加于地基的压应力不宜超过地基承载力特征值。
2 堆载的支墩位置以不对试桩和基准桩的测试产生较大影响确定,无法避开时应采取有效措施。
3 堆载量大时,可利用工程桩作为堆载支点。
4 试验反力装置的承重能力应满足试验加载要求。

C.0.4 堆载支点以及试桩、锚桩、基准桩之间的中心距离应符合现行国家标准《建筑地基基础设计规范》(GB 50007—2011)的规定。

C.0.5 试压前应对桩头进行加固处理,水泥粉煤灰碎石桩等强度高的桩,桩顶宜设置带水平钢筋网片的混凝土桩帽或采用钢护筒桩帽,其混凝土宜提高强度等级和采用早强剂。桩帽高度不宜小于1倍桩的直径。

C.0.6 桩帽下复合地基增强体单桩的桩顶标高及地基土标高应与设计标高一致,加固桩头前应凿成平面。

C.0.7 百分表架设位置宜在桩顶标高位置。

C.0.8 开始试验的时间、加载分级、测读沉降量的时间、稳定标准及卸载观测等应符合现行国家标准《建筑地基基础设计规范》(GB 50007—2011)的有关规定。

C.0.9 当出现下列条件之一时可终止加载:
1 当荷载-沉降(Q-s)曲线上有可判定极限承载力的陡降段,且桩顶总沉降量超过40mm。
2 $\frac{\Delta S_{n+1}}{\Delta S_n} \geqslant 2$,且经24h沉降尚未稳定。
3 桩身破坏,桩顶变形急剧增大。
4 当桩长超过25m,Q-s曲线呈缓变形时,桩顶总沉降量大于60~80mm。
5 验收检验时,最大加载量不应小于设计单桩承载力特征值的2倍。
(注:ΔS_n——第n级荷载的沉降增量;ΔS_{n+1}——第$n+1$级荷载的沉降增量。)

C.0.10 单桩竖向抗压极限承载力的确定应符合下列规定:
1 作荷载-沉降(Q-s)曲线和其他辅助分析所需的曲线。
2 曲线陡降段明显时,取相应于陡降段起点的荷载值。
3 当出现本规范第C.0.9条第2款的情况时,取前一级荷载值。
4 Q-s曲线呈缓变型时,取桩顶总沉降量s为40mm所对应的荷载值。
5 按上述方法判断有困难时,可结合其他辅助分析方法综合判定。
6 参加统计的试桩,当满足其极差不超过平均值的30%时,设计可取其平均值为单桩极限承载力;极差超过平均值的30%时,应分析离差过大的原因,结合工程具体情况确定单桩极限承载力;需要时应增加试桩数量。工程验收时应视建筑物结构、基础形式综合评价,对于桩数少于5根的独立基础或桩数少于3排的条形基础,应取最低值。

C.0.11 将单桩极限承载力除以安全系数2,为单桩承载力特征值。

7.14.3 复合地基静载荷试验

处理后地基的复合地基静载荷试验必须进行复合地基静载荷试验,复合地基静载荷试验按《建筑地基处理技术规范》(JGJ 79—2012)附录B 复合地基静载荷试验要点执行。

附: 附录B 复合地基静载荷试验要点

B.0.1 本试验要点适用于单桩复合地基静载荷试验和多桩复合地基静载荷试验。

B.0.2 复合地基静载荷试验用于测定承压板下应力主要影响范围内复合土层的承载力。复合地基静载荷试验承压板应具有足够刚度。单桩复合地基静载荷试验的承压板可用圆形或方形,面积为一根桩承担的处理面积;多桩复合地基静载荷试验的承压板可用方形或矩形,其尺寸按实际桩数所承担的处理面积确定。单桩复合地基静载荷试验桩的中心(或形心)应与承压板中心保持一致,并与荷载作用点相重合。

B.0.3 试验应在桩顶设计标高进行。承压板底面以下宜铺设粗砂或中砂垫层,垫层厚度可取100~150mm。如采用设计的垫层厚度进行试验,试验承压板的宽度对独立基础和条形基础应采用基础的设计宽度,对大型基础试验有困难时应考虑承压板尺寸和垫层厚度对试验结果的影响。垫层施工的夯填度应满足设计要求。

B.0.4 试验标高处的试坑宽度和长度不应小于承压板尺寸的3倍。基准梁及加荷平台支点(或锚桩)宜设在试坑以外,且与承压板边的净距不应小于2m。

B.0.5 试验前应采取防水和排水措施,防止试验场地地基土含水量变化或地基土扰动,影响试验结果。

B.0.6 加载等级可分为(8~12)级。测试前为校核试验系统整体工作性能,预压荷载不得大于总载量的5%。最大加载压力不应小于设计要求承载力特征值的2倍。

B.0.7 每加一级荷载前后均应各读记承压板沉降量一次，以后每0.5h读记一次。当1h内沉降量小于0.1mm时，即可加下一级荷载。

B.0.8 当出现下列现象之一时可终止试验：

1 沉降急剧增大，土被挤出或承压板周围出现明显的隆起。
2 承压板的累计沉降量已大于其宽度或直径的6%。
3 当达不到极限荷载，而最大加载压力已大于设计要求压力值的2倍。

B.0.9 卸载级数可为加载级数的一半，等量进行，每卸一级，间隔0.5h，读记回弹量，待卸完全部荷载后间隔3h读记总回弹量。

B.0.10 复合地基承载力特征值的确定应符合下列规定：

1 当压力一沉降曲线上极限荷载能确定，而其值不小于对应比例界限的2倍时，可取比例界限；当其值小于对应比例界限的2倍时，可取极限荷载的一半。

2 当压力一沉降曲线是平缓的光滑曲线时，可按相对变形值确定，并应符合下列规定：

1）对沉管砂石桩、振冲碎石桩和柱锤冲扩桩复合地基，可取$s/6$或s/d等于0.01所对应的压力。

2）对灰土挤密桩、土挤密桩复合地基，可取s/b或s/d等于0.008所对应的压力。

3）对水泥粉煤灰碎石桩或夯实水泥土桩复合地基，对以卵石、圆砾、密实粗中砂为主的地基，可取s/b或s/d等于0.008所对应的压力；对以黏性土、粉土为主的地基，可取s/b或s/d等于0.01所对应的压力。

4）对水泥土搅拌桩或旋喷桩复合地基，可取$s/6$或s/d等于0.006~0.008所对应的压力，桩身强度大于1.0MPa且桩身质量均匀时可取高值。

5）对有经验的地区，可按当地经验确定相对变形值，但原地基土为高压缩性土层时，相对变形值的最大值不应大于0.015。

6）复合地基荷载试验，当采用边长或直径大于2m的承压板进行试验时，b或d按2m计。

7）按相对变形值确定的承载力特征值不应大于最大加载压力的一半。

（注：s为静载荷试验承压板的沉降量；b和d分别为承压板宽度和直径。）

B.0.11 试验点的数量不应少于3点，当满足其极差不超过平均值的30%时，可取其平均值为复合地基承载力特征值。当极差超过平均值的30%时，应分析离差过大的原因，需要时应增加试验数量，并结合工程具体情况确定复合地基承载力特征值。工程验收时应视建筑物结构、基础形式综合评价，对于桩数少于5根的独立基础或桩数少于3排的条形基础，复合地基承载力特征值应取最低值。

7.15 相对密度试验报告（C6-15）

1. 资料表式

相对密度试验报告按当地建设行政主管部门或其委托单位批准的具有相应资质的试验室提供的复试报告表式执行。

2. 应用说明

相对密度试验的实际应用目的为：计算孔隙比等其他物理力学性质指标。相对密度试验应根据设计要求进行，测试结果且应符合设计要求。

7.16 其他施工试验及检验文件（C6-16）

其他施工试验及检验文件可根据施工图设计文件应用新技术、新工艺等要求据实进行试验及检验，对得到的相关测试文件予以汇整，测试结果应符合设计要求。

附：《城镇道路工程施工与质量验收规范》(CJJ 1—2008) 规定施工试验记录名目表

施工试验记录应提文件（资料）名目表　　　　　　　　　　　　　　　　　　　　　　　附表1

序号	所在规范分项工程条目内容	应提资料名称	施工检（试）验说明
【路　基】			
1	第6.8.1条（1）　土方路基（路床）质量检验（每1000m²、每层检3点）	路基压实度施工试验报告	1. 现场取样，送有相应资质试验室测试； 2. 试件提供数量及试验结果满足设计和规范要求
2	第6.8.1条（2）　土方路基（路床）质量检验（每车道、每20m测1点）	土方路基（路床）弯沉值检测记录	1. 弯沉仪在现场检测； 2. 检查数量应按分层检测提供，弯沉测试结果满足设计和规范要求
3	第6.8.2条（2）　石方路基质量检验	填石路堤质量压实密度沉降差试验记录（每1000m²、抽检3点）	现场测试，沉降差测试结果不应大于试验路段确定的沉降差
4	第6.8.3条（2）　路肩质量检验	路肩压实密度检测记录（每100m、每侧各抽检1点）	压实度应大于或等于90%
5	第6.8.4条（1）　换填土处理软土路基软土路基施工质量检验	压实度施工试验报告	1. 现场取样，送有相应资质试验室测试； 2. 试件提供数量及试验结果满足设计和规范要求
6	第6.8.4条（1）　换填土处理软土路基软土路基施工质量检验	换填土处理软土路基弯沉值检测记录	1. 弯沉仪在现场检测； 2. 检查数量应按分层检测提供，弯沉测试结果满足设计和规范要求
7	第6.8.4条（2）　砂垫层处理软土路基质量检验	砂垫层处理软土路基弯沉值检测记录（每1000m²、抽检3点）	压实度应大于或等于90%
8	第6.8.4条（3）　反压护道质量检验	反压护道压实度检测记录（每200m、检查3点）	压实度应大于或等于90%
9	第6.8.4条（4）　土工材料处理软土地基质量检验	土工材料处理软土地基检测记录（按进场批次，每批次5%抽检）	土工材料敷设、胶接、锚固和回卷符合设计要求
10	第6.8.4条（5）　袋装砂井质量检验	袋装砂井路基堆载下沉检测记录（进场批次，每批检查1次）	井深不小于设计要求，砂袋在井口外应伸入砂垫层30cm以上
11	第6.8.4条（6）　塑料排水板质量检验	塑料排水板检测记录（进场批次，每批检查1次）	板深不小于设计要求，排水板在井口外应伸入砂垫层50cm以上
12	第6.8.4条（7）　砂桩处理软土路基质量检验	砂桩处理软土路基检测记录（按总桩数的1%进行抽检，且不少于3处）	复合地基承载力不应少于设计规定值，桩长不小于设计要求

续表

序号	所在规范分项工程条目内容	应提资料名称	施工检（试）验说明
13	第6.8.4条（8） 碎石桩处理软土路基质量检验	碎石桩处理软土路基检测记录（按总桩数的1‰进行抽检，且不少于3处）	复合地基承载力不应少于设计规定值，桩长不小于设计要求
14	第6.8.4条（9） 粉喷桩处理软土路基质量检验	粉喷桩处理软土路基检测记录（按总桩数的1‰进行抽检，且不少于3处）	复合地基承载力不应少于设计规定值
15	第6.8.5条 湿陷性黄土路基强夯处理质量检验	湿陷性黄土路基强夯处理检测记录（每1000m²，每压实层，抽检3点）	路基土压实度符合设计要求和表6.3.12-2路基压实度标准
【基　层】			
1	第6.8.6条 盐渍土、膨胀土、冻土填土、路基质量检验按第6.8.1条（1）、第6.8.1条（2）执行	—	
(1)	第6.8.1条（1） 土方路基（路床）质量检验（每1000m²、每层检3点）	路基压实度施工试验报告	1. 现场取样，送有相应资质试验室测试； 2. 试件提供数量及试验结果满足设计和规范要求
(2)	第6.8.1条（2） 土方路基（路床）质量检验（每车道、每20m测1点）	土方路基（路床）弯沉值检测记录	1. 弯沉仪在现场检测； 2. 检查数量应按分层检测提供，弯沉测试结果满足设计和规范要求
2	第7.8.1条（2） 石灰稳定土基层及底基层质量检验	石灰稳定土基层及底基层压实度施工试验报告（每1000m²，每压实层抽检1点）	城市快速路、主干路基层大于或等于97%，底基层大于或等于95%；其他道路基层大于或等于95%，底基层大于或等于93%
3	第7.8.1条（2） 石灰、粉煤灰稳定砂砾（碎石）基层及底基层质量检验	石灰、粉煤灰稳定砂砾（碎石）基层及底基层压实度施工试验报告（每1000m²，每压实层抽检1点）	城市快速路、主干路基层大于或等于97%，底基层大于或等于95%；其他道路基层大于或等于95%，底基层大于或等于93%
4	第7.8.1条（2） 石灰、粉煤灰稳定钢渣基层及底基层质量检验	石灰、粉煤灰稳定钢渣基层及底基层压实度施工试验报告（每1000m²，每压实层抽检1点）	城市快速路、主干路基层大于或等于97%，底基层大于或等于95%；其他道路基层大于或等于95%，底基层大于或等于93%
5	第7.8.1条（3） 石灰稳定土基层、底基层无侧限抗压强度（7d）质量检验	石灰稳定土基层、底基层无侧限抗压强度（7d）施工试验报告（每2000m²抽检1组（6块））	—
6	第7.8.1条（3） 石灰、粉煤灰稳定砂砾（碎石）基层底基层无侧限抗压强度（7d）质量检验	石灰、粉煤灰稳定砂砾（碎石）基层底基层无侧限抗压强度（7d）施工试验报告（每2000m²抽检1点）	—

续表

序号	所在规范分项工程条目内容	应提资料名称	施工检（试）验说明
7	第7.8.1条（3） 石灰、粉煤灰稳定钢渣基层及底基层无侧限抗压强度（7d）质量检验	石灰、粉煤灰稳定钢渣基层及底基层无侧限抗压强度（7d）施工试验报告（每2000m²抽检1组（6块））	—
8	第7.8.2条（2） 水泥稳定土类基层底基层压实度质量检验	水泥稳定土类基层底基层压实度施工试验报告（每1000m²，每压实层抽检1点）	城市快速路、主干路基层大于或等于97%，底基层大于或等于95%；其他道路基层大于或等于95%，底基层大于或等于93%
9	第7.8.2条（2） 水泥稳定土类基层底基层无侧限抗压强度（7d）质量检验	水泥稳定土类基层底基层无侧限抗压强度（7d）施工试验报告（每2000m²抽检1组（6块））	—
10	第7.8.3条（2） 级配砂砾及级配砾石基层底基层压实度质量检验	级配砂砾及级配砾石基层底基层压实度施工试验报告（每1000m²抽检1点）	基层压实度大于或等于97%，底基层压实度大于或等于95%
11	第7.8.3条（3） 级配砂砾及级配砾石基层底基层回弹弯沉质量检验	级配砂砾及级配砾石基层底基层回弹弯沉施工试验报告（每20m，测1点）	回弹弯沉值检测结果不大于设计要求
12	第7.8.4条（2） 级配碎石及级配碎（砾）石基层底基层压实度质量检验	级配碎石及级配碎（砾）石基层底基层压实度施工试验报告（每1000m²抽检1点）	基层压实度大于或等于97%，底基层压实度大于或等于95%
13	第7.8.4条（3） 级配碎石及级配碎（砾）石基层底基层回弹弯沉质量检验	级配碎石及级配碎（砾）石基层底基层回弹弯沉施工试验报告（每20m，测1点）	回弹弯沉值检测结果不大于设计要求
14	第7.8.5条（2） 沥青混合料（沥青碎石）基层质量检验	沥青混合料（沥青碎石）基层压实度施工试验报告（每1000m²抽检1点）	压实度不得低于95%（马歇尔击实试件密度）
15	第7.8.5条（3） 沥青混合料（沥青碎石）基层弯沉值质量检验	沥青混合料（沥青碎石）基层弯沉值施工试验报告（每20m，测1点）	弯沉值检测结果不大于设计要求
16	第7.8.6条（2） 沥青贯入式基层质量检验	沥青贯入式基层压实度施工试验报告（每1000m²抽检1点）	压实度不应小于95%
17	第7.8.6条（3） 沥青贯入式基层弯沉值质量检验	沥青贯入式基层弯沉值施工试验报告（每20m，测1点）	弯沉值检测结果不大于设计要求

续表

序号	所在规范分项工程条目内容	应提资料名称	施工检（试）验说明
【沥青混合料面层】			
1	第8.5.1条（2）中的1）款 热拌沥青混合料面层压实度质量检验	热拌沥青混合料面层压实度施工试验报告（每1000m²测1点）	城市快速路、主干路大于或等于96%；次干路及以下不小于95%（马歇尔击实试件密度，试验室标准密度）
2	第8.5.1条（2）中的3）款 热拌沥青混合料面层弯沉值质量检验	热拌沥青混合料面层弯沉值施工试验报告（每20m，测1点）	弯沉值检测结果不大于设计要求
3	第8.5.2条（2） 冷拌沥青混合料面层压实度质量检验	冷拌沥青混合料面层压实度施工试验报告（每1000m²测1点）	压实度不应小于95%
【沥青贯入式与沥青表面处治面层】			
1	第9.4.1条（2） 沥青贯入式面层压实度质量检验	沥青贯入式面层压实度施工试验报告（每1000m²抽检1点）	压实度不应小于95%
2	第9.4.1条（3）中的3）款 沥青贯入式面层弯沉值质量检验	沥青贯入式面层弯沉值施工试验报告（检查数量按设计要求）	弯沉值检测结果不大于设计要求
【水泥混凝土面层】			
1	第10.8.1条（2）中的1）款 水泥混凝土面层弯拉强度质量检验	水泥混凝土面层弯拉强度施工试验报告（检查数量：每100m³的同配合比的混凝土，取样1次；不足100m³时按1次计。每次取样应至少留置1组标准养护试件。同条件养护试件的留置组数应根据实际需要确定，最少1组。）	弯拉强度应符合设计要求
2	第10.8.1条（2）中的3）款 水泥混凝土面层抗滑构造深度抽测质量检验	水泥混凝土面层抗滑构造深度抽测施工试验报告（每1000m²抽测1点）	抗滑构造深度应符合设计要求
【铺砌式面层】			
1	第11.3.1（2） 料石面层砂浆抗压强度质量检验	料石面层砂浆抗压强度施工试验报告（每1000m²1组（6块），不足1000m²取1组）	砂浆平均抗压强度等级符合设计要求，任一组试件抗压强度最低值≥85%
2	第11.3.2条（2） 预制混凝土砌块面层砂浆抗压强度质量检验	预制混凝土砌块面层砂浆抗压强度施工试验报告（每1000m²1组（6块），不足1000m²取1组）	砂浆平均抗压强度等级符合设计要求，任一组试件抗压强度最低值≥85%

续表

序号	所在规范分项工程条目内容	应提资料名称	施工检（试）验说明
【广场与停车场面层】			
1	第12.2.1条（1） 广场与停车场料石面层砂浆抗压强度质量检验	广场与停车场料石面层砂浆抗压强度施工试验报告（每1000m²1组（6块），不足1000m²取1组）	砂浆平均抗压强度等级符合设计要求，任一组试件抗压强度最低值≥85%
2	第12.2.2条（1） 广场与停车场预制砌块面层砂浆抗压强度质量检验	广场与停车场预制砌块面层砂浆抗压强度施工试验报告（每1000m²1组（6块），不足1000m²取1组）	砂浆平均抗压强度等级符合设计要求，任一组试件抗压强度最低值≥85%
3	第12.2.3条 广场与停车场沥青混合料面层质量检验	广场与停车场沥青混合料面层质量检验按第8.5.1条、第8.5.2条规定执行	—
(1)	第8.5.1条（2）中的1）款 热拌沥青混合料面层压实度质量检验	热拌沥青混合料面层压实度施工试验报告（每1000m²测1点）	城市快速路、主干路大于或等于96%；次干路及以下不小于95%（马歇尔击实试件密度，试验室标准密度）
(2)	第8.5.1条（2）中的3）款 热拌沥青混合料面层弯沉值质量检验	热拌沥青混合料面层弯沉值施工试验报告（每20m，测1点）	弯沉值检测结果不大于设计要求
(3)	第8.5.2条（2） 冷拌沥青混合料面层压实度质量检验	冷拌沥青混合料面层压实度施工试验报告（每1000m²测1点）	压实度不应小于95%
4	第12.2.4条 广场与停车场水泥混凝土面层弯拉强度质量检验	广场与停车场水泥混凝土面层弯拉强度质量检验按第10.8.1条规定执行	—
(1)	第10.8.1条（2）中的1）款 水泥混凝土面层弯拉强度质量检验	水泥混凝土面层弯拉强度施工试验报告（检查数量：每100m³的同配合比的混凝土，取样1次；不足100m³时按1次计。每次取样应至少留置1组标准养护试件。同条件养护试件的留置组数应根据实际需要确定，最少1组。）	弯拉强度应符合设计要求
(2)	第10.8.1条（2）中的3）款 水泥混凝土面层抗滑构造深度抽测质量检验	水泥混凝土面层抗滑构造深度抽测施工试验报告（每1000m²抽测1点）	抗滑构造深度应符合设计要求
5	第12.2.5条 广场与停车场盲道铺砌质量检验	广场与停车场盲道铺砌质量检验质量检验按第13章规定执行	—

续表

序号	所在规范分项工程条目内容	应提资料名称	施工检（试）验说明
【人行道铺筑】			
1	第13.4.1条（1） 料石铺砌人行道面层质量检验	料石铺砌人行道面层路床与基层压实度施工试验报告（每100m查2点）	路床与基层压实度应大于90%
2	第13.4.1条（2） 料石铺砌人行道面层质量检验	料石铺砌人行道面层砂浆强度施工试验报告（每1000m^{2}1组（6块），不足1000m^{2}取1组）	砂浆强度符合设计要求
3	第13.4.2条（1） 混凝土预制砌块铺砌人行道（含盲道）质量检验	混凝土预制砌块铺砌人行道（含盲道）施工试验报告（每100m查2点）	路床与基层压实度应大于90%
4	第13.4.2条（2） 混凝土预制砌块（或盲道砌块）强度质量检验	混凝土预制砌块（或盲道砌块）强度施工试验报告（同一品种、规格、每检验批1组）	混凝土预制砌块（或盲道砌块）强度符合设计要求
5	第13.4.2条（3） 混凝土预制砌块（或盲道砌块）砂浆强度质量检验	混凝土预制砌块（或盲道砌块）砂浆强度施工试验报告（同一配合比，每1000m^{2}1组（6块），不足1000m^{2}取1组）	砂浆平均抗压强度等级符合设计要求，任一组试件抗压强度最低值≥85%
6	第13.4.3条（1） 沥青混合料铺砌人行道面层质量检验	沥青混合料铺砌人行道路床和基层压实度施工试验报告（每100m查2点）	路床与基层压实度应大于90%
7	第13.4.3条（3） 沥青混合料铺砌人行道面层压实度质量检验	沥青混合料铺砌人行道压实度施工试验报告（每100m查2点）	沥青混合料压实度不应小于90%
【人行地道结构】			
1	第14.5.1条（1） 现浇钢筋混凝土人行地道结构质量检验	现浇钢筋混凝土人行地道结构填方地基压实度（地基承载力）施工试验报告（每个通道抽检3点）	填方地基压实度不应小于95%
2	第14.5.1条（1） 现浇钢筋混凝土人行地道结构质量检验	现浇钢筋混凝土人行地道结构挖方地段钎探施工试验记录（每个通道抽检3点）	挖方地段钎探符合规范要求
3	第14.5.1条（5） 现浇钢筋混凝土人行地道结构混凝土强度质量检验	现浇钢筋混凝土人行地道结构混凝土强度施工试验记录（每班或每100m^{3}取1组（3块），少于规定按1组计）	混凝土强度符合设计要求
4	第14.5.2条（1） 预制安装钢筋混凝土人行地道结构质量检验	预制安装钢筋混凝土人行地道结构挖方地段压实度施工试验记录（每个通道抽检3点）	挖方地段压实度不应小于95%
5	第14.5.2条（1） 预制安装钢筋混凝土人行地道结构质量检验	预制安装钢筋混凝土人行地道结构挖方地段钎探施工试验记录（每个通道抽检3点）	挖方地段钎探符合规范要求

续表

序号	所在规范分项工程条目内容	应提资料名称	施工检（试）验说明
6	第14.5.2条（5） 预制安装钢筋混凝土人行地道结构混凝土强度质量检验	预制安装钢筋混凝土人行地道结构混凝土强度（杯口、板缝）施工试验记录（每班或每100m³取1组（3块），少于规定按1组计）	混凝土强度（杯口、板缝）符合设计要求
7	第14.5.3条（1） 砌筑墙体、钢筋混凝土顶板结构人行地道质量检验	砌筑墙体、钢筋混凝土顶板结构人行地道填方地基压实度（地基承载力）施工试验报告（每个通道抽检3点）	填方地基压实度不应小于95%
8	第14.5.3条（1） 砌筑墙体、钢筋混凝土顶板结构人行地道质量检验	砌筑墙体、钢筋混凝土顶板结构人行地道挖方地段钎探施工试验记录（每个通道抽检3点）	挖方地段钎探符合规范要求
9	第14.5.3条（7） 砌筑墙体、钢筋混凝土顶板结构人行地道砂浆强度质量检验	砌筑墙体、钢筋混凝土顶板结构人行地道砂浆强度施工试验报告（同一配合比砂浆，每50m³砌体中，作1组（6块），不足50m³按1组计）	砂浆平均抗压强度等级符合设计要求，任一组试件抗压强度最低值≥85%
10	第14.5.3条（8） 砌筑墙体、钢筋混凝土顶板结构人行地道混凝土强度质量检验	砌筑墙体、钢筋混凝土顶板结构人行地道混凝土强度施工试验记录（每班或每100m³取1组（3块），少于规定按1组计）	混凝土强度符合设计要求
【挡 土 墙】			
1	第15.6.1条（1） 现浇钢筋混凝土挡土墙质量检验	现浇钢筋混凝土挡土墙地基触（钎）探检测报告（每道挡土墙基槽抽检3点）	触（钎）探检测应符合设计要求
2	第15.6.1条（2） 现浇钢筋混凝土挡土墙混凝土强度质量检验	现浇钢筋混凝土挡土墙混凝土强度施工试验记录（每班或每100m³取1组（3块），少于规定按1组计）	混凝土强度符合设计要求
3	第15.6.1条（6） 挡土墙路外回填土压实度质量检验	挡土墙路外回填土压实度施工试验报告（路外回填土每压实层抽检3点）	路外回填土压实度应符合设计要求
4	第15.6.2条（1） 装配式钢筋混凝土挡土墙质量检验	装配式钢筋混凝土挡土墙地基触（钎）探检测报告（每道挡土墙基槽抽检3点）	触（钎）探检测应符合设计要求
5	第15.6.2条（2） 装配式钢筋混凝土挡土墙混凝土强度质量检验	装配式钢筋混凝土挡土墙混凝土强度（基础、挡土墙板、杯口）施工试验记录（每班或每100m³取1组（3块），少于规定按1组计）	混凝土强度符合设计要求

续表

序号	所在规范分项工程条目内容	应提资料名称	施工检（试）验说明
6	第15.6.3条（1） 砌体挡土墙质量检验	砌体挡土墙地基压实度（地基承载力）施工试验报告（每个通道抽检3点）	触（钎）探检测应符合设计要求
7	第15.6.3条（3） 砌体挡土墙砌筑砂浆试块质量检验	砌体挡土墙砌筑砂浆试块施工试验报告（同一配合比砂浆，每50m³砌体中，作1组（6块），不足50m³按1组计）	砂浆平均抗压强度等级符合设计要求，任一组试件抗压强度最低值≥85%
8	第15.6.4条（1） 加筋挡土墙质量检验	加筋挡土墙地基压实度（地基承载力）施工试验报告（每个通道抽检3点）	地基承载力应符合设计要求
9	第15.6.4条（2） 加筋挡土墙混凝土强度质量检验	加筋挡土墙混凝土强度（基础、挡土墙板、杯口）施工试验记录（每班或每100m³取1组（3块），少于规定按1组计）	混凝土强度符合设计要求
10	第14.5.3条（1） 加筋挡土墙压实度质量检验	加筋挡土墙压实度施工试验报告（每压实层、每500m²取1点，不足500m²取1点）	压实度不应小于95%
【附属构筑物】			
1	第16.11.1条（1） 混凝土路缘石强度质量检验	混凝土路缘石强度施工试验报告（每种、每检验批1组（3块））	厂家提供出厂合格证或检验报告，使用前复验。强度符合设计要求
2	第16.11.2条（2） 雨水支管与雨水口质量检验	雨水支管与雨水口基础混凝土强度施工试验报告（每100m³1组（3块），不足100m³取1组）	混凝土强度符合设计要求
3	第16.11.2条（3） 雨水支管与雨水口砌筑砂浆试块质量检验	雨水支管与雨水口砌筑砂浆试块施工试验报告（每100m³1组（3块），不足100m³取1组）	砂浆平均抗压强度等级符合设计要求，任一组试件抗压强度最低值≥85%
4	第16.11.2条（4） 雨水支管与雨水口回填土压实度质量检验	雨水支管与雨水口回填土压实度施工试验报告	雨水支管与雨水口回填土压实度应符合设计要求
5	第16.11.3条（1） 排水沟或截水沟预制砌块强度质量检验	排水沟或截水沟预制砌块强度施工试验报告（每种、每检验批1组）	厂家提供出厂合格证或检验报告，使用前复验。强度符合设计要求
6	第16.11.3条（2） 排水沟或截水沟预制盖板混凝土强度质量检验	排水沟或截水沟预制盖板混凝土强度施工试验报告（同类构件，抽查1/10，且不少于3件）	混凝土强度符合设计要求

续表

序号	所在规范分项工程条目内容	应提资料名称	施工检(试)验说明
7	第16.11.3条（3） 排水沟或截水沟砂浆强度质量检验	排水沟或截水沟砂浆强度施工试验报告（每100m或每班抽查不少于3点）	砂浆平均抗压强度等级符合设计要求，任一组试件抗压强度最低值≥85%
8	第16.11.4条（1） 倒虹管及涵洞地基承载力质量检验	倒虹管及涵洞地基承载力施工试验报告（每个基础）	检查地基钎探记录
9	第16.11.4条（3） 倒虹管及涵洞混凝土强度质量检验	倒虹管及涵洞混凝土强度施工试验报告（每100m³1组（3块））	应符合设计要求，核查试验报告
10	第16.11.4条（1） 倒虹管及涵洞砂浆试块强度质量检验	倒虹管及涵洞砂浆试块强度施工试验报告（同一配合比砂浆，每50m³砌体中，作1组（6块），不足50m³按1组计）	砂浆平均抗压强度等级符合设计要求，任一组试件抗压强度最低值≥85%
11	第16.11.4条（6） 倒虹管及涵洞回填土压实度质量检验	倒虹管及涵洞回填土压实度施工试验报告（每压实层抽检3点）	回填土压实度应符合设计要求
12	第16.11.5条（1） 护坡预制砌块强度质量检验	护坡预制砌块强度施工试验报告（每种、每检验批1组（3块））	应符合设计要求，核查试验报告
13	第16.11.5条（2） 护坡砂浆强度质量检验	护坡砂浆强度施工试验报告（同一配合比砂浆，每50m³砌体中，作1组（6块），不足50m³按1组计）	砂浆平均抗压强度等级符合设计要求，任一组试件抗压强度最低值≥85%
14	第16.11.5条（3） 护坡基础混凝土试块强度质量检验	护坡基础混凝土试块强度施工试验报告（每100m³1组（3块））	应符合设计要求，核查试验报告
15	第16.11.6条 隔离墩混凝土试块强度质量检验	隔离墩混凝土试块强度施工试验报告（每种、每检验批1组（3块））	应符合设计要求，核查试验报告
16	第16.11.7条 隔离栅柱混凝土试块强度质量检验	隔离栅柱混凝土试块强度施工试验报告（每种、每批（2000件）1次）	厂家提供出厂合格证或检验报告，强度符合设计要求
17	第16.11.8条 护栏柱混凝土试块强度质量检验	护栏柱混凝土试块强度施工试验报告（（每种、每批1次；每种、每批（2000件）1次；每100m³1组（3块））	应符合设计要求，核查试验报告
18	第16.11.9条 声屏障用混凝土试块强度质量检验	声屏障用混凝土试块强度施工试验报告（每100m³1组（3块））	应符合设计要求，核查试验报告

8 施工质量验收记录（C7）

城镇道路工程的施工质量验收记录按单位（子单位）工程、分部（子分部）工程、分项工程和检验批进行验收。

8.1 单位（子单位）工程质量竣工验收记录（C7-1）

1. 资料表式

单位（子单位）工程质量竣工验收记录表　　　　　　　　　　表 C7-1-1

工程名称						
施工单位						
道路类型			工程造价			
项目经理		项目技术负责人		制表人		
开工日期		年　月　日	竣工日期			年　月　日
序号	项　目	验　收　记　录			验　收　结　论	
1	分部工程	共　　分部，经查　　分部 符合标准及设计要求　　分部				
2	质量控制资料核查	共　项，经审查符合要求　　项， 经核定符合规范要求　　项				
3	安全和主要使用功能核查及抽查结果	共核查　　项，符合要求　　项， 共抽查　　项，符合要求　　项， 经返工处理符合要求　　项				
4	观感质量验收	共抽查　　项，符合要求　　项， 不符合要求　　项				
5	综合验收结论					
参加验收单位	建设单位 （公章） 单位（项目）负责人 年　月　日	监理单位 （公章） 总监理工程师 年　月　日		施工单位 （公章） 单位负责人 年　月　日	设计单位 （公章） 单位（项目）负责人 年　月　日	

2. 应用指导

（1）原则规定与划分：

开工前，施工单位应会同建设单位、监理工程师确认构成建设项目的单位工程、分部工程、分项工程和检验批，作为施工质量检验、验收的基础，并应符合下列规定：

1）建设单位招标文件确定的每一个独立合同应为一个单位工程。

当合同文件包含的工程内涵较多，或工程规模较大或由若干独立设计组成时，宜按工程部位或工程量、每一独立设计将单位工程分成若干单位工程。

2）单位（子单位）工程应按工程的结构部位或特点、功能、工程量划分分部工程。

分部工程的规模较大或工程复杂时宜按材料种类、工艺特点、施工工法等，将分部工程划为若干子分部工程。

3）分部工程（子分部工程）可由一个或若干个分项工程组成，应按主要工种、材料、施工工艺等划分分项工程。

4）分项工程可由一个或若干检验批组成。检验批应根据施工、质量控制和专业验收需要划定。各地区应根据城镇道路建设实际需要，划定适应的检验批。

5）各分部（子分部）工程相应的分项工程、检验批应按表C7-1-1的规定执行。《城镇道路工程施工与质量验收规范》（CJJ 1—2008）未规定时，施工单位应在开工前会同建设单位、监理工程师共同研究确定。应形成文件，作为工程检查验收的依据。

（注：道路工程由于地域不同，特点不同，分项工程的数量、内容会有所不同，因此，每一项工程开工前，施工单位均宜按本款要求与监理工程师作具体划定。）

（2）施工过程控制是质量验收的前提。施工中应按下列规定进行施工质量控制，并应进行过程检验、验收：

1）工程采用的主要材料、半成品、成品、构配件、器具和设备应按相关专业质量标准进行进场检验和使用前复验。现场验收和复验结果应经监理工程师检查认可。凡涉及结构安全和使用功能的，监理工程师应按规定进行平行检测或见证取样检测，并确认合格。

2）各分项工程应按《城镇道路工程施工与质量验收规范》（CJJ 1—2008）进行质量控制，道路工程的施工过程控制是质量验收的前提，各分项工程完成后应进行自检、交接检验，并形成文件，经监理工程师检查签认后，方可进行下个分项工程施工。

（3）工程施工质量应按下列要求进行验收：

1）工程施工质量应符合《城镇道路工程施工与质量验收规范》（CJJ 1—2008）和相关专业验收规范的规定。

2）工程施工应符合工程勘察、设计文件的要求。

3）参加工程施工质量验收的各方人员应具备规定的资格。

4）工程质量的验收均应在施工单位自行检查评定合格的基础上进行。

5）隐蔽工程在隐蔽前，应由施工单位通知监理工程师和相关单位人员进行隐蔽验收，确认合格，并形成隐蔽验收文件。

6）监理工程师应按规定对涉及结构安全的试块、试件和现场检测项目，进行平行检测、见证取样检测并确认合格。

7）检验批的质量应按主控项目和一般项目进行验收。

8）对涉及结构安全和使用功能的分部工程应进行抽样检测。

9）承担复验或检测的单位应为具有相应资质的独立第三方。

10）工程的外观质量应由验收人员通过现场检查共同确认。

（4）隐蔽工程应由专业监理工程师负责验收。检验批及分项工程应由专业监理工程师组织施工单位项目专业质量（技术）负责人等进行验收。关键分项工程及重要部位应由建设单位项目负责人组织总监理工程师、施工单位项目负责人和技术质量负责人、设计单位专业设计人员等进行验收。分部工程应由总监理工程师组织施工单位项目负责人和技术质量负责人等进行验收。

（5）单位工程质量验收合格应符合下列规定：

1）单位工程所含分部工程的质量均应验收合格。

2）质量控制资料应完整。

3）单位工程所含分部工程验收资料应完整。

4）影响道路安全使用和周围环境的参数指标应符合设计规定。

5）外观质量验收应符合要求。

（6）单位工程验收应符合下列要求：

1）施工单位应在自检合格基础上将竣工资料与自检结果，报监理工程师申请验收。

2）监理工程师应约请相关人员审核竣工资料进行预检，并据结果写出评估报告，报建设单位。

3）建设单位项目负责人应根据监理工程师的评估报告组织建设单位项目技术质量负责人、有关专业设计人员、总监理工程师和专业监理工程师、施工单位项目负责人参加工程验收。该工程的设施运行管理单位应派员参加工程验收。

（7）工程竣工验收，应由建设单位组织验收组进行。验收组应由建设、勘察、设计、施工（含分包单位）、监理、设施管理等单位的有关负责人组成，亦可邀请有关方面专家参加。验收组组长由建设单位担任。

工程竣工验收应在构成道路的各分项工程、分部工程、单位工程质量验收均合格后进行。当设计规定进行道路弯沉试验、荷载试验时，验收必须在试验完成后进行。道路工程竣工资料应于竣工验收前完成。

（8）工程竣工验收应符合下列规定：

1）质量控制资料应符合《城镇道路工程施工与质量验收规范》（CJJ 1—2008）相关的规定。

检查数量：查全部工程。

检查方法：查质量验收、隐蔽验收、试验检验资料。

2）安全和主要使用功能应符合设计要求。

检查数量：查全部工程。

检查方法：查相关检测记录，并抽检。

3）观感质量检验应符合《城镇道路工程施工与质量验收规范》（CJJ 1—2008）要求。

检查数量：全部。

检查方法：目测并抽检。

（9）竣工验收时，应对各单位工程的实体质量进行检查。

（10）当参加验收各方对工程质量验收意见不一致时，应由政府行业行政主管部门或工程质量监督机构协调解决。

（11）工程竣工验收合格后，建设单位应按规定在规定的时间内将工程竣工验收报告和有关文件，报政府建设行政主管部门备案。

施工单位应承担施工文件（资料）的编制任务（含竣工图与竣工坐标控制测量）。监理单位应承担监理文件（资料）的编制。建设单位承担基建文件的编制工作。

8.2 分部（子分部）工程质量验收记录（C7-2）

1. 资料表式

分部（子分部）工程质量验收记录表　　　　　表 C7-2-1

工程名称					
施工单位					
单位工程名称			分部工程名称		
项目经理		项目技术负责人		制表人	
施工负责人		质量检查员		日期	
序号	分项工程名称	检验批数		合格率（%）	质量情况
1					
2					
3					
4					
5					
6					
7					
8					
9					
10					
11					
12					
13					
14					
15					
质量控制资料					
安全和功能检验（检测）报告					
观感质量验收					
分部（子分部）工程检验结果			平均合格率（%）		
参加验收单位	施工单位	项目经理			年　月　日
	监理（建设）单位	总监理工程师： （建设单位项目专业技术负责人）			年　月　日

2. 应用指导

（1）分部工程（子分部工程）可由一个或若干个分项工程组成，应按主要工种、材料、施工工艺等划分分项工程。

（2）各分部（子分部）工程相应的分项工程、检验批应按表C7-2-2的规定执行。《城镇道路工程施工与质量验收规范》（CJJ1—2008）未规定时，施工单位应在开工前会同建设单位、监理工程师共同研究确定。

城镇道路分部（子分部）工程与相应的分项工程、检验批分部工程　　表C7-2-2

分部工程	子分部工程	分项工程	检验批
土方路基	—	土方路基	每条路或路段
		石方路基	每条路或路段
		路基处理	每条处理段
		路肩	每条路肩
基层	—	石灰土基层	每条路或路段
		石灰粉煤灰稳定砂砾（碎石）基层	每条路或路段
		石灰粉煤灰钢渣基层	每条路或路段
		水泥稳定土类基层	每条路或路段
		级配砂砾（砾石）基层	每条路或路段
		级配碎石（碎砾石）基层	每条路或路段
		沥青碎石基层	每条路或路段
		沥青贯入式基层	每条路或路段
面层	沥青混合料面层	透层	每条路或路段
		粘层	每条路或路段
		封层	每条路或路段
		热拌沥青混合料面层	每条路或路段
		冷拌沥青混合料面层	每条路或路段
	沥青贯入式与沥青表面处治面层	沥青贯入式面层	每条路或路段
		沥青表面处治面层	每条路或路段
	水泥混凝土面层	水泥混凝土面层（模板、钢筋、混凝土）	每条路或路段
	铺砌式面层	料石面层	每条路或路段
		预制混凝土砌块面层	每条路或路段
广场与停车场	—	料石面层	每个广场或划分的区段
		预制混凝土砌块面层	每个广场或划分的区段
		沥青混合料面层	每个广场或划分的区段
		水泥混凝土面层	每个广场或划分的区段
人行道	—	料石人行道铺砌面层（含盲道砖）	每条路或路段
		混凝土预制块铺砌人行道面层（含盲道砖）	每条路或路段
		沥青混合料铺筑面层	每条路或路段

续表

分项工程	子分部工程	分项工程	检验批
人行地道结构	现浇钢筋混凝土人行地道结构	地基	每座通道
		防水	每座通道
		基础（模板、钢筋、混凝土）	每座通道
		墙与顶板（模板、钢筋、混凝土）	每座通道
	预制安装钢筋混凝土人行地道结构	墙与顶部构件预制	每座通道
		地基	每座通道
		防水	每座通道
		基础（模板、钢筋、混凝土）	每座通道
		墙板、顶板安装	每座通道
	砌筑墙体、钢筋混凝土顶板人行地道结构	顶部构件预制	每座通道
		地基	每座通道
		防水	每座通道
		基础（模板、钢筋、混凝土）	每座通道
		墙体砌筑	每座通道或分段
		顶部构件、顶板安装	每座通道或分段
		顶部现浇（模板、钢筋、混凝土）	每座通道或分段
挡土墙	现浇钢筋混凝土挡土墙	地基	每道挡土墙地基或分段
		基础	每道挡土墙基础或分段
		墙（模板、钢筋、混凝土）	每道墙体或分段
		滤层、泄水孔	每道墙体或分段
		回填土	每道墙体或分段
		帽石	每道墙体或分段
		栏杆	每道墙体或分段
	装配式钢筋混凝土挡土墙	挡土墙板预制	每道墙体或分段
		地基	每道挡土墙地基或分段
		基础（模板、钢筋、混凝土）	每道基础或分段
		墙板安装（含焊接）	每道墙体或分段
		滤层、泄水孔	每道墙体或分段
		回填土	每道墙体或分段
		帽石	每道墙体或分段
		栏杆	每道墙体或分段
	砌筑挡土墙	地基	每道墙体地基或分段
		基础（砌筑、混凝土）	每道基础或分段
		墙体砌筑	每道墙体或分段
		滤层、泄水孔	每道墙体或分段
		回填土	每道墙体或分段
		帽石	每道墙体或分段
	加筋土挡土墙	地基	每道挡土墙地基或分段
		基础（模板、钢筋、混凝土）	每道基础或分段
		加筋挡土墙砌块与筋带安装	每道墙体或分段
		滤层、泄水孔	每道墙体或分段
		回填土	每道墙体或分段
		帽石	每道墙体或分段
		栏杆	每道墙体或分段

续表

分项工程	子分部工程	分项工程	检验批
附属构筑物	—	路缘石	每条路或路段
		雨水支管与雨水口	每条路或路段
		排（截）水沟	每条路或路段
		倒虹管及涵洞	每座结构
		护坡	每条路或路段
		隔离墩	每条路或路段
		隔离栅	每条路或路段
		护栏	每条路或路段
		声屏障（砌体、金属）	每处声屏障墙
		防眩板	每条路或路段

（3）施工中应按下列规定进行施工质量控制，并应进行过程检验、验收：

1）工程采用的主要材料、半成品、成品、构配件、器具和设备应按相关专业质量标准进行进场检验和使用前复验。现场验收和复验结果应经监理工程师检查认可。凡涉及结构安全和使用功能的，监理工程师应按规定进行平行检测或见证取样检测，并确认合格。

2）各分项工程应按《城镇道路工程施工与质量验收规范》（CJJ1—2008）进行质量控制，各分项工程完成后应进行自检、交接检验，并形成文件，经监理工程师检查签认后，方可进行下个分项工程施工。

（4）工程施工质量应按下列要求进行验收：

1）工程施工质量应符合《城镇道路工程施工与质量验收规范》（CJJ1—2008）和相关专业验收规范的规定。

2）工程施工应符合工程勘察、设计文件的要求。

3）参加工程施工质量验收的各方人员应具备规定的资格。

4）工程质量的验收均应在施工单位自行检查评定合格的基础上进行。

5）隐蔽工程在隐蔽前，应由施工单位通知监理工程师和相关单位人员进行隐蔽验收，确认合格，并形成隐蔽验收文件。

6）监理工程师应按规定对涉及结构安全的试块、试件和现场检测项目，进行平行检测、见证取样检测并确认合格。

7）检验批的质量应按主控项目和一般项目进行验收。

8）对涉及结构安全和使用功能的分部工程应进行抽样检测。

9）承担复验或检测的单位应为具有相应资质的独立第三方。

10）工程的外观质量应由验收人员通过现场检查共同确认。

（5）隐蔽工程应由专业监理工程师负责验收。检验批及分项工程应由专业监理工程师组织施工单位项目专业质量（技术）负责人等进行验收。关键分项工程及重要部位应由建设单位项目负责人组织总监理工程师、施工单位项目负责人和技术质量负责人、设计单位专业设计人员等进行验收。分部工程应由总监理工程师组织施工单位项目负责人和技术质量负责人等进行验收。

（6）分部工程质量验收合格应符合下列规定：

1）分部工程所含分项工程的质量均应验收合格。

2）质量控制资料应完整。

3）涉及结构安全和使用功能的质量应按规定验收合格。

4）外观质量验收应符合要求。

(7) 分部（子分部）工程质量应由总监理工程师（建设单位项目专业负责人）组织施工项目经理和有关勘察、设计单位项目负责人进行验收，并按表C7-2-1记录，分部工程检验汇总表由施工单位填写，详见C7-2-3记录。

_____单位工程分部工程检验汇总表　　　　　　　表C7-2-3

工程名称			
施工单位			
单位工程名称			
项目经理	项目技术负责人		制表人

序号	外观检查	质量情况
1		
2		
3		
4		
5		
6		

序号	分部（子分部）工程名称	合格率（%）	质量情况
1			
2			
3			
4			
5			
6			
7			
8			
9			
10			
11			
12			
13			
14			
15			
16			
17			
18			
19			
20			

平均合格率（%）			
检验结果			
施工负责人	质量检查员		日　期

8.3 分项工程质量验收记录（C7-3）

1. 资料表式

分项工程质量验收记录表　　　　　　　　　表 C7-3-1

工程名称				
施工单位				
单位工程名称		分部工程名称		
分项工程名称		检验批数		
项目经理		项目技术负责人	制表人	
施工负责人		质量检查员	日期	

序号	检验批部位、区段	施工单位自检情况		监理（建设）单位验收情况 验收情况
		合格率（%）	检验结论	
1				
2				
3				
4				
5				
6				
7				
8				
9				
10				
11				
12				
13				
14				
15				
16				
17				
平均合格率（%）				
施工单位检查结果	项目技术负责人 年　月　日		验收结论	监理工程师 （建设单位项目专业项目技术负责人） 年　月　日

427

2. 应用指导

（1）分项工程可由一个或若干检验批组成。检验批应根据施工、质量控制和专业验收需要划定。各地区应根据城镇道路建设实际需要，划定适应的检验批。

（2）分项工程质量验收合格应符合下列规定：

1）分项工程所含检验批均应符合合格质量的规定。

2）分项工程所含检验批的质量验收记录应完整。

（注：凡分项工程（检验批）进行自检和交接检查时均必须填写自检和交接检记录。）

（3）分项工程质量应由专业监理工程师（建设单位项目专业技术负责人）组织施工单位项目技术负责人等进行验收，并按表C7-3-1记录。

（4）施工中应按下列规定进行施工质量控制，并应进行过程检验、验收：

1）工程采用的主要材料、半成品、成品、构配件、器具和设备应按相关专业质量标准进行进场检验和使用前复验。现场验收和复验结果应经监理工程师检查认可。凡涉及结构安全和使用功能的，监理工程师应按规定进行平行检测或见证取样检测，并确认合格。

2）各分项工程应按《城镇道路工程施工与质量验收规范》（CJJ1—2008）规范进行质量控制，各分项工程完成后应进行自检、交接检验，并形成文件，经监理工程师检查签认后，方可进行下个分项工程施工。

（5）工程施工质量应按下列要求进行验收：

1）工程施工质量应符合《城镇道路工程施工与质量验收规范》（CJJ1—2008）和相关专业验收规范的规定。

2）工程施工应符合工程勘察、设计文件的要求。

3）参加工程施工质量验收的各方人员应具备规定的资格。

4）工程质量的验收均应在施工单位自行检查评定合格的基础上进行。

5）隐蔽工程在隐蔽前，应由施工单位通知监理工程师和相关单位人员进行隐蔽验收，确认合格，并形成隐蔽验收文件。

6）监理工程师应按规定对涉及结构安全的试块、试件和现场检测项目，进行平行检测、见证取样检测并确认合格。

7）检验批的质量应按主控项目和一般项目进行验收。

8）对涉及结构安全和使用功能的分部工程应进行抽样检测。

9）承担复验或检测的单位应为具有相应资质的独立第三方。

10）工程的外观质量应由验收人员通过现场检查共同确认。

（6）隐蔽工程应由专业监理工程师负责验收。检验批及分项工程应由专业监理工程师组织施工单位项目专业质量（技术）负责人等进行验收。关键分项工程及重要部位应由建设单位项目负责人组织总监理工程师、施工单位项目负责人和技术质量负责人、设计单位专业设计人员等进行验收。分部工程应由总监理工程师组织施工单位项目负责人和技术质量负责人等进行验收。

8.4 检验批质量检验记录（C7-4）

1. 资料表式

检验批质量检验记录表　　　　　　　　　　　　　　　　　表 C7-4-1

工程名称														
施工单位														
单位工程名称				分部工程名称										
分项工程名称				验收部位										
工程数量				项目经理				技术负责人						
制表人				施工负责人				质量检验员						
交方班组				接方班组				检验日期						
主 控 项 目			检查结果/实测点偏差值或实测值											
项　目	检验依据/允许偏差（规定值或±偏差值）(mm)		1	2	3	4	5	6	7	8	9	10	应测点数	合格点数	合格率（％）
一 般 项 目			检查结果/实测点偏差值或实测值											
项　目	检验依据/允许偏差（规定值或±偏差值）(mm)		1	2	3	4	5	6	7	8	9	10	应测点数	合格点数	合格率（％）
平均合格率（％）															
检验结论															
监理（建设）单位意见															

2. 应用指导

（1）分项工程可由一个或若干检验批组成。检验批应根据施工、质量控制和专业验收需要划定。各地区应根据城镇道路建设实际需要，划定适应的检验批。

（2）各分部（子分部）工程相应的分项工程、检验批应按表 C7-4-1 的规定执行。《城镇道路工程施工与质量验收规范》（CJJ1—2008）未规定时，施工单位应在开工前会同建设单位、监理工程师共同研究确定。

（3）检验批合格质量应符合下列规定：

1）主控项目的质量应经抽样检验合格。

2）一般项目的质量应经抽样检验合格；当采用计数检验时，除有专门要求外，一般项目的合格点率应达到 80％及以上，且不合格点的最大偏差值不得大于规定允许偏差值的 1.5 倍。

3）具有完整的施工原始资料和质量检查记录。

（4）施工中应按下列规定进行施工质量控制，并应进行过程检验、验收：

1）工程采用的主要材料、半成品、成品、构配件、器具和设备应按相关专业质量标准进行进场检验和使用前复验。现场验收和复验结果应经监理工程师检查认可。凡涉及结构安全和使用功能的，监理工程师应按规定进行平行检测或见证取样检测，并确认合格。

2）各分项工程应按《城镇道路工程施工与质量验收规范》（CJJ1—2008）进行质量控制，各分项工程完成后应进行自检、交接检验，并形成文件，经监理工程师检查签认后，方可进行下个分项工程施工。

（5）检验批的质量验收记录宜由施工项目专业质量检查员填写，监理工程师（建设单位项目专业技术负责人）组织项目专、兼质量检查员进行验收，并应按表 C7-4-1 记录。

（6）工程施工质量应按下列要求进行验收：

1）工程施工质量应符合《城镇道路工程施工与质量验收规范》（CJJ1—2008）和相关专业验收规范的规定。

2）工程施工应符合工程勘察、设计文件的要求。

3）参加工程施工质量验收的各方人员应具备规定的资格。

4）工程质量的验收均应在施工单位自行检查评定合格的基础上进行。

5）隐蔽工程在隐蔽前，应由施工单位通知监理工程师和相关单位人员进行隐蔽验收，确认合格，并形成隐蔽验收文件。

6）监理工程师应按规定对涉及结构安全的试块、试件和现场检测项目，进行平行检测、见证取样检测并确认合格。

7）检验批的质量应按主控项目和一般项目进行验收。

8）对涉及结构安全和使用功能的分部工程应进行抽样检测。

9）承担复验或检测的单位应为具有相应资质的独立第三方。

10）工程的外观质量应由验收人员通过现场检查共同确认。

（7）隐蔽工程应由专业监理工程师负责验收。检验批及分项工程应由专业监理工程师组织施工单位项目专业质量（技术）负责人等进行验收。关键分项工程及重要部位应由建设单位项目负责人组织总监理工程师、施工单位项目负责人和技术质量负责人、设计单位专业设计人员等进行验收。分部工程应由总监理工程师组织施工单位项目负责人和技术质量负责人等进行验收。

9 竣工验收文件（C8）

城镇道路工程的竣工验收文件包括：施工单位工程竣工报告；单位（子单位）工程竣工预验收报验表；单位（子单位）工程质量竣工验收记录表；单位（子单位）工程质量控制资料核查记录；单位（子单位）工程安全和功能检验资料核查及主要功能抽查记录表；单位（子单位）工程外观质量检查记录表；施工资料移交书；市政工程质量保修单；其他工程竣工验收文件。

9.1 施工单位工程竣工报告（C8-1）

单位工程竣工报告由施工单位撰写，内容主要包括工程概况；依照合同及设计图纸完成施工项目的情况；工程质量情况；其他需说明的事项；结论性意见等。

该报告应经项目经理和施工单位有关负责人审核签字加盖单位公章，并经总监理工程师签认。

9.2 单位（子单位）工程竣工预验收报验表（C8-2）

1. 资料表式

单位（子单位）工程竣工预验收报验表　　　　　　　　　　表 C8-2

工程名称：　　　　　　　　　　　　　　　　　　　　　　编号：

| 致_____ |
| _____（单位工程）已完成施工，按有关规范、验评标准进行了自检，质量合格，竣工资料已整理齐全，申请进行竣工（预）验收。
　　附件：申请验收材料汇总 |

施工单位（章）： 　　　　年　　月　　日	施工项目负责人（签章）： 　　　　年　　月　　日
监理单位意见： 	
项目监理机构（章）： 　　　　年　　月　　日	总监理工程师（签章）： 　　　　年　　月　　日
建设单位意见： 	
建设单位（章）： 　　　　年　　月　　日	建设单位项目负责人（签字）： 　　　　年　　月　　日

注：本表由施工单位填写，一式三份，同意后由建设、监理、施工单位各留一份。

2. 应用说明

（1）施工单位在单位工程施工完成，并经施工、项目监理机构验收质量合格，由施工单位向建设单位提请竣工（预）验收的申请表。

（2）单位工程竣工（预）验收报验申请表的内容包括三个部分：

一是施工单位的施工项目负责人向监理单位、建设单位提请的验收申请。

二是监理单位检查后填记的监理单位意见；三是建设单位检查后填记的建设单位意见。

（3）单位工程竣工（预）验收报验申请表由施工单位加盖公章，施工项目负责人签字盖章，同时填写　年　月　日。

监理单位意见由项目监理机构加盖公章，总监理工程师签字盖章，同时填写　年　月　日。

建设单位意见由建设单位加盖公章，建设单位项目负责人签字，同时填写　年　月　日。

9.3　单位（子单位）工程质量竣工验收记录表（C8-3）

1. 资料表式

表式参见表 C7-1-1 所示。

2. 应用说明

竣工验收文件（C8）中"单位（子单位）工程质量竣工验收记录表"按 8.1.1 "单位（子单位）工程质量竣工验收记录表"的相关要求执行。

9.4　单位（子单位）工程质量控制资料核查记录（C8-4）

城镇道路工程的单位（子单位）工程质量控制资料核查记录由于（CJJ1—2008）未列出单位（子单位）工程质量控制资料核查记录。本书系按《城市桥梁工程施工与质量验收规范》（CJJ2—2008）、《建设工程文件归档整理规范》（GB/T 50328—2001）以及部颁《市政基础设施工程技术施工技术文件管理规定》的相关规范与规定编写。名目表见表 C8-4。

单位（子单位）工程质量控制资料核查记录　　　表 C8-4

工程名称				
施工单位				
序号	资料名称	份数	核查意见	核查人
1	图纸会审、设计变更、洽商记录			
2	工程定位测量、交桩、放线、复核记录			
3	施工组织设计、施工方案及审批记录			
4	原材料出厂合格证书及进场检（试）验报告			
5	成品、半成品出厂合格证及试验报告			
6	施工试验报告及见证检测报告			
7	隐蔽工程验收记录			
8	施工记录			
9	工程质量事故及事故调查处理资料			
10	分项、分部工程质量验收记录			
11	新材料、新工艺施工记录			

检查结论：

施工单位项目经理　　　　　　　　　　　　　　总监理工程师
　　　　　　　　　　　　　　　　　　　　　（建设单位项目负责人）
　　年　月　日　　　　　　　　　　　　　　　　　年　月　日

应用说明：

竣工验收文件（C8）中"单位（子单位）工程质量控制资料核查记录"按"8.4.1 检验批质量检验记录表"的相关要求与释义执行。

9.5 单位（子单位）工程安全和功能检验资料核查及主要功能抽查记录表（C8-5）

城镇道路工程的单位（子单位）工程安全和功能检验资料核查及主要功能抽查记录由

于(CJJ1—2008)未列出单位(子单位)工程安全和功能检验资料核查及主要功能抽查记录。本书系按(CJJ2—2008)、(GB/T 50328—2001)以及《市政基础设施工程技术施工技术文件管理规定》的相关规范与规定编写。名目表见表C8-5。

单位(子单位)工程安全和功能检验资料核查及主要功能抽查记录　　表 C8-5

工程名称				
施工单位				
序号	安全和功能检查项目	份数	核查、抽查意见	核查、抽查人
1	地基建筑复合地基承载力试验报告			
2	同条件养护试件试验记录			
3	道路竣工测量资料			
4				
5				
6				
7				
8				
结论：				

施工单位项目经理　　　　　　　　　　　　　　　总监理工程师
　　　　　　　　　　　　　　　　　　　　　　（建设单位项目负责人）
　　年　月　日　　　　　　　　　　　　　　　　　　年　月　日

应用说明：

竣工验收文件(C8)中"单位(子单位)工程安全和功能检验资料核查及主要功能抽查记录"按"7.4 地基处理复合地基承载力试验报告"、"7.5 混凝土强度(性能)试验报告"和"6.2 工程测量与复测记录"的相关规定与要求办理。

9.6 单位(子单位)工程外观质量检查记录(C8-6)

城镇道路工程的单位(子单位)工程外观质量检查记录由于(CJJ1—2008)未列出单位(子单位)工程外观质量检查记录表。本书系参照(CJJ2—2008)、《给水排水管道工程施工及验收规范》（GB 50268—2008）、《给水排水构筑物工程施工及验收规范》（GB 50141—2008）的相关规范的可参照部分编写。名目表见表C8-6。

单位（子单位）工程观感检查记录　　　　　　　　　　　　　表 C8-6

工程名称			施工单位								
序号	项　目		抽查质量状况						质量评价		
									好	一般	差
1	沥青路面	表面平整									
2		坚实									
3		接缝									
4		轮迹									
5											
1	水泥混凝土路面	表面平整									
2		密实									
3		边角整齐									
4		外表缺陷									
5		裂缝									
1	板块路面	表面平整									
2		稳固									
3		缝线直顺									
4		灌缝饱满度									
5											
1	人行地道结构	混凝土表面质量									
2		光滑									
3		平整									
4		蜂窝麻面									
5											
1	挡土墙	墙面光洁									
2		平顺、美观度									
3		破损									
4		板缝									
5											
观感质量综合评价												
检查结论	施工单位项目经理 年 月 日					总监理工程师 （建设单位项目负责人） 年 月 日						

9.7 施工资料移交书（C8-7）

1. 工程档案的验收与移交

（1）列入城建档案馆（室）档案接收范围的工程，建设单位在组织工程竣工验收前，应提请城建档案管理机构对工程档案进行预验收，并填报建设工程档案专项验收申请表，建设单位未取得城建档案管理机构出具的认可文件，不得组织工程竣工验收。

（2）城建档案管理部门在进行工程档案预验收时，应重点验收以下内容：

1）工程档案齐全、系统、完整。
2）工程档案的内容真实、准确地反映工程建设活动和工程实际状况。
3）工程档案整理立卷，立卷符合本规范的规定。
4）竣工图绘制方法、图式及规格等符合专业技术要求，图面整洁，盖有竣工图章。
5）文件的形成、来源符合实际，要求单位或个人签章的文件，其签章手续完备。
6）文件材质、幅面、书写、绘图、用墨、托裱等符合要求。

（3）停建、缓建建设工程的档案，暂由建设单位保管。

（4）对改建、扩建和维修工程，建设单位应当组织设计、施工单位据实修改、补充和完善原工程档案。对改变的部位，应当重新编制工程档案，并在工程竣工验收后3个月内向城建档案馆（室）移交。

（5）建设单位向城建档案馆（室）移交工程档案时，应办理移交手续，填写移交目录，双方签字、盖章后交接。城建档案馆应签发建设工程档案专项验收认可书。

2. 建设工程档案验收认可书

表1

建设工程档案验收申请表

封页

×××建设厅制

表 2 内封

申报单位（盖章）

项目名称			工程地址		
单位工程名称			工程规模	建筑面积：	
				长　　度：	
勘察单位			规划许可证号		
设计单位			施工许可证号		
施工单位			开工日期		
监理单位			竣工日期		
建设单位档案资料员		联系电话		岗位证书号	
施工单位档案资料员		联系电话		岗位证书号	
监理单位档案资料员		联系电话		岗位证书号	
＿＿＿＿＿＿城建档案管理机构： 本建设工程档案经我单位自行验收，认为符合有关规定，报请进行工程档案专项验收。 城建档案员：×××　　工程技术负责人：××× 　　　　　　　　　　 工程总监理师：×××					

填报日期：　　年　月　日

填表说明：

（1）工程地址：指工程项目的建设地点或征地地址。应按区（县）、街道（乡、路）、门牌号填写；外地工程应填写省、市（县）、街道（路）名。

（2）规划许可证号：是指当地城市规划主管部门对该建设工程核发的建设工程规划许可证的编号。

（3）施工许可证号：是指当地建设行政主管部门对该建设工程项目核发的施工许可证号。

437

建设单位建设工程档案自验情况 表3

档案总计数量	文字　　　　页，图纸　　　　张；磁盘　　　　；照片　　　　张；录像　　　　盒
综合文件材料情况	
施工类文件材料情况	
监理类文件材料情况	
竣工图	
声像资料	

说明： 建设工程档案验收申请表由建设单位负责填写，一式两份，建设单位、城建档案管理机构各存一份。书写材料应符合档案保管要求，字迹要清晰工整。

建设工程档案验收意见书 表4

工程项目名称	
单位工程名称	
验收意见	
备　　注	

验收单位（签章）：
验收人：
验收组长：
验收日期：　　年　　月　　日

填报说明：

（1）建设工程档案验收申请表由建设单位负责填写，一式四份，建设单位、城建档案管理机构、建设工程竣工备案部门及有关部门各存一份。

（2）建设工程档案验收合格后，方可进行竣工验收。

（3）建设单位在工程竣工验收合格后，应在6个月内向城建档案管理机构移交一套完整、准确、齐全的建设工程档案。书写材料应符合档案保管要求，字迹要清晰工整。

建设工程档案专项验收认可书　　　　　　　　　　　　　表 5

（　　）城档认字第　　号

_____：

你单位_____建设工程档案经审查验收，符合国家、省有关工程档案规定，现予认可。

_____城建档案馆（处）

经办人：

核准人：

签发日期：　　年　月　日

说明：此件一式四份，建设单位、城建档案管理机构、建设工程竣工备案部门及有关部门各存一份。

建设工程档案交接书　　　　　　　　　　　　　　表 6

编号：　　号

建设工程档案移交单位			
建设工程项目名称			
建设工程规划许可证号			
工程地址			
工程总投资	万元	工程规模	建筑面积： 长　度：
开工日期		竣工日期	
移交建设工程档案情况	＿＿＿＿＿兹向＿＿＿＿＿城建档案馆（室）移交＿＿＿＿＿建设工程档案共计＿＿＿＿＿，其中图纸＿＿＿卷/张，文字材料＿＿＿卷/页，照片＿＿＿，录像带＿＿＿，光盘＿＿＿盘。 附：建设工程档案移交目录一份，共＿＿＿＿页。		
移交单位（印章）		接收单位（印章）	
移交人（建设档案资料员签章）		接收人（签字）：	

说明：1. 此件一式两份，一份由接收单位留存，一份由建设单位留存。建设单位凭此件查阅本建设工程档案。
　　　2. 建设工程文件档案目录参见工程文件归档范围与保管期限表。

附：工程档案验收附件资料

附件1：×××建设工程档案移交责任书

_____市、县（区）   编号：_____

根据《中华人民共和国档案法》、《中华人民共和国城乡规划法》、国务院《建设工程质量管理条例》、《×××建筑条例》、建设部《城市建设档案管理规定》和《城市地下管线工程档案管理办法》及《×××城市建设档案管理规定》等法规、规章的规定，为了确保在本省行政区域内进行各类房屋建筑及其附属设施的建造和与其配套的线路、管道、设备安装以及市政基础设施工程建设的建设单位（甲方）在工程项目竣工验收合格后，将一套齐全、完整、准确的建设工程档案原件向当地城建档案管理机构（乙方）移交，经双方协商一致签订本责任书。

一、甲方责任

1. 在领取建设工程规划许可证或建筑工程施工许可证前，应与工程所在地城建档案管理机构签订责任书并进行登记。

2. 配备经过专业培训的建设工程档案资料员，或者根据需要设置档案工作机构，专门负责工程档案的收集和整理工作。

3. 严格按照国家、省、市有关档案管理的规定、归档范围和质量要求，负责及时收集、整理建设项目各个环节、各种载体（纸质、声像、电子等）的文件资料，建立、健全建设项目档案。

4. 在组织工程竣工验收前，提请乙方对工程档案进行验收，并在建设工程竣工验收后，及时向城建档案管理机构移交一套符合规定的建设工程档案。

5. 施工、监理及竣工验收备案所用的各类表格、表式、文件的材质和书写材料要有利于长期保存。

二、乙方责任

1. 按照有关规定告知甲方建设工程档案归档范围和移交内容。应甲方要求进行现场业务指'导，并对重点建设工程的档案进行跟踪管理。

2. 为甲方提供建设工程档案的专业培训、技术咨询，或应甲方委托进行相关的服务性工作。

3. 接到甲方建设工程档案验收申请后，5个工作日内对工程档案进行验收，提出验收意见。对验收不合格的，提出整改意见，整改完毕，再予验收。验收合格后，出具建设工程档案验收认可书。

4. 接收建设工程档案，确保所收档案安全保管。

三、违约责任

1. 无故延期或不按规定向当地城建档案管理机构移交建设工程档案的，依据《中华人民共和国城乡规划法》第67条及国务院《建设工程质量管理条例》第59条和第73条规定予以处罚。

2. 城建档案管理机构及其工作人员不按规定进行建设工程档案验收的，或验收合格后，不出具验收认可书的，由建设行政主管部门责令改正。

四、本责任一式两份，甲、乙双方各存档一份，自签字之日起生效。

附：工程项目登记表

甲方单位（签章）   乙方单位（签章）

经办人：   经办人：

                                                    签订日期   年   月   日

附件 2：工程项目登记表

工程项目登记表　　　　　　　　　　　　　　　　附表 2-1

建设单位名称		工程名称	
建设单位地址		工程地址	
建设单位法人代表		工程规模	建筑面积： 长　　度：
建设单位联系人		投资（万元）	
建设单位联系电话		结构类型	
设计单位名称		建设工程规划许可证号	
施工单位名称		开工时间	
监理单位名称		竣工时间	
建设单位档案资料员	联系电话		岗位证书号
施工单位档案资料员	联系电话		岗位证书号
监理单位档案资料员	联系电话		岗位证书号
其他需要说明的问题			

登记日期　　年　月　日

9.8　市政工程质量保修单（C8-8）

工程竣工验收完成后，由建设、施工、设施管理等单位的有关负责人按相关规定，共同签署工程质量保修书，并加盖单位公章。

市政基础设施工程质量保修书。

封页

市政基础设施工程质量保修书

×××建设厅制

工程质量保修书

工程项目名称：_____
发包方（全称）：_____
承包方（全称）：_____

为保护建设单位、施工单位、市政基础设施管理单位的合法权益，维护公共安全和公众利益，根据《中华人民共和国建筑法》、《建设工程质量管理条例》及其他有关法律、法规，并参照《房屋建筑工程质量保修办法》，遵循平等、自愿、公平的原则，承担工程质量保修责任。

一、工程质量保修范围、保修期限

在正常使用条件下，市政基础设施工程质量保修期限承诺如下：

其他项目保修期限双方约定如下：

_____
_____

承包方质量保修期，从工程竣工验收合格之日起计算。按单位工程竣工验收的，保修期从各单位工程竣工验收合格之日起分别计算。

二、质量保修责任

1. 施工单位承诺和双方约定保修的项目和内容，应在接到发包方保修通知后7日内派人保修。承包方不在约定期限内派人保修的，发包方可委托其他人员维修，维修费用从质量保修金内扣除。

2. 因保修不及时，造成新的人身、财产损害，由造成拖延的责任方承担赔偿责任。

3. 发生需紧急抢修事故，承包方接到事故通知后，应立即到达事故现场抢修。非施工质量引起的事故，抢修费用由发包方或造成事故者承担。

4. 在国家规定的工程合理使用期限内，承包方确保地基基础和主体结构工程的质量。因承包方原因致使工程在合理使用期限内造成人身和财产损害的，承包方应承担损害赔偿责任。

5. 下列情况下不属于质量保修范围：

   (1) 因使用不当或第三方造成的质量缺陷；
   (2) 因不可抗力造成的质量缺陷；
   (3) 因设施管理单位自行改动的结构、设施、设备等项目。

三、保修费用由质量缺陷责任方承担
四、双方约定的其他工程质量事项

_____
_____
_____

五、本保修书未尽事项，按国家现行法律、法规规定执行。
本保修书一式五份。

发包方（公章）：　　　　　　　　　承包方（公章）：

法定代表人（签字）：　　　　　　　法定代表人（签字）：

　　　年　月　日　　　　　　　　　　年　月　日

9.9　其他工程竣工验收文件（C8-9）

其他工程竣工验收文件根据工程实际进行汇整归档或移交。

10 竣工图（D类）

10.1 道路竣工图内容、绘制与折叠

10.1.1 竣工图的基本要求

（1）竣工图均按单位工程进行整理。

（2）凡在施工中，按图施工没有变更的，在新的原施工图上加盖竣工图标识后，可作为竣工图。

（3）施工图无大变更的，应将修改内容按实际发生的描绘在原施工图上，并注明变更或洽商编号，加盖竣工图标志后作为竣工图。

（4）竣工图应加盖竣工图章，见表1所示，竣工图章应有明显的"竣工图"标识。包括编制单位名称、编制人、审核人、项目负责人、编制日期、监理单位名称、总监理工程师等内容。编制单位、编制人、审核人、项目负责人要对竣工图负责。监理单位、总监理工程师应对工程档案的监理工作负责。

（5）凡工程现状与施工图不相符的内容，均应按工程现状清楚、准确地在图纸上予以修正。如在工程图纸会审、设计交底时修改的内容、工程洽商或设计变更修改的内容等均应如实地绘制在竣工图上。

（6）专业竣工图应包括各部位、各专业深化（二次）设计的相关内容，不得漏项或重复。

（7）凡结构形式改变、工艺改变、平面布置改变、项目改变以及其他重大改变，或者在一张图纸上改动部位超过三分之一以及修改后图面混乱、分辨率不清的图纸均应重新绘制。

（8）编绘竣工图，应采用不褪色的黑色绘图墨水。

竣 工 图 章　　　　　　　　　　　　　　　　表1

竣 工 图			
施工单位			
编制人		审核人	
技术负责人		编制日期	
监理单位			
总监理工程师		现场监理工程师	

10.1.2 道路竣工图的内容

(1) 竣工图是道路工程竣工档案中最重要部分,是工程建设完成后主要凭证性材料,是道路工程的真实写照,是工程竣工验收的必备条件,是工程维修、管理、改造、扩建的依据,各项新建、改建、扩建项目均应编制竣工图,竣工图由建设单位委托施工单位或设计单位进行绘制。

(2) 竣工图应包括与施工图相对应的全部图纸及根据工程竣工情况需要补充的图纸,真实反映项目竣工验收时的实际情况。

(3) 各专业竣工图按专业和系统分别进行整理。

10.1.3 竣工图的类型和绘制

(1) 竣工图的类型包括:重新绘制的竣工图、在二底色图(底图)上修改的竣工图、利用施工蓝图改绘的竣工图。

(2) 重新绘制的竣工图应完整、准确、真实地反映工程竣工的现状。

(3) 在原底图或用底图、施工蓝图复制的底图上,利用刮改的方法编绘的竣工图,应在修改时编写修改备考表(见表2),注明修改内容、洽商编号、修改人和日期。

修改备考表 表2

洽商编号	修改内容	修改人	日期

(4) 利用施工蓝图改绘的竣工图所使用的蓝图应是新图,不得使用刀刮、补贴等方法进行绘制。

(5) 利用计算机改绘竣工图。其原则与底色上修改的竣工图相同。

10.1.4 竣工图的折叠

竣工图的折叠,不同幅面的竣工图纸应按《技术制图复制图的折叠方法》(GB/T 10609.3—2009),统一折成A4幅面(297mm×210mm),图标栏露在外面。

11 工程竣工文件（E类）

11.1 竣工验收备案文件用表与说明（E1）

11.1.1 单位（子单位）工程质量竣工验收记录表（E1-1）

1. 资料表式

单位（子单位）工程质量竣工验收记录表　　　　　　　　　　表 E1-1

工程名称						
施工单位						
道路类型			工程造价			
项目经理		项目技术负责人		制表人		
开工日期		年 月 日	竣工日期			年 月 日
序号	项　目	验 收 记 录		验 收 结 论		
1	分部工程	共　　分部，经查 符合标准及设计要求　　分部				
2	质量控制资料核查	共　项，经审查符合要求　项， 经核定符合规范要求　　　　项				
3	安全和主要使用功能核查及抽查结果	共核查　　项，符合要求　项， 共抽查　项，符合要求　　项， 经返工处理符合要求　　　　项				
4	观感质量验收	共抽查　项，符合要求　项， 不符合要求　项				
5	综合验收结论					
参加验收单位	建设单位 （公章） 单位（项目）负责人 年 月 日		监理单位 （公章） 总监理工程师 年 月 日		施工单位 （公章） 单位负责人 年 月 日	设计单位 （公章） 单位（项目）负责人 年 月 日

2. 应用说明

单位（子单位）工程质量竣工验收记录按"8.1.1 单位（子单位）工程质量竣工验收记录表"相关要求执行。

11.1.2 勘察单位工程评价意见报告（E1-2）

1. 资料表式

勘察单位工程评价意见报告　　　　　　　　　　　　表 E1-2

工程名称		工程地址	
建设单位			
勘察单位		地基承载力标准值	

项目负责人（签字）：　　　　　法定代表人（签字）：

技术负责人（签字）：　　　　　地质勘察单位（章）：

　　　　　　　　　　　　　　　　　　　　　　日期：

（1）本表由工程地质勘察单位填写，应加盖公章，填写验收意见。质量检查报告的结论必须真实。

（2）工程地质勘察单位必须加盖公章，不盖章无效。

2. 应用说明

工程地质勘察单位工程质量检查报告是工程地质勘察单位收到建设单位的工程竣工验收通知后，依据工程地质勘察的法律、法规、工程建设强制性标准，对工程项目进行质量验收的书面意见书。

（1）地质勘察单位工程验收质量检查报告是工程地质勘察单位通过对已建成工程实际的验收，依据勘察技术文件提供的有关土工数据、土层描述及图示、地质剖面层示、内外业对工程地质的评价等，通过对比分析提出的工程验收质量检查报告。

（2）地质勘察单位工程验收质量检查报告应说明验收的工程地质的地层状况、持力层地质条件的选择是否正确、下卧层深度分析、工程地质是否存在质量隐患、地基承载力等状况如何。与原工程地质勘察报告结论是否一致。

（3）地质勘察单位工程验收质量检查报告应有明确的结论，工程质量是否存在问题、合格还是不合格、施工结果符合还是不符合工程地质勘察技术文件的要求、同意还是不同意验收。

（4）对地基验槽采取的手段及方法，验槽量测的有关数据进行评价。

（5）当地基土需要处理时，处理结果的检测数据是否满足设计要求。

（6）从工程地质勘察角度分析，工程的地基土或地基处理是否存在问题。

（7）填表说明：

1）工程地址：指委托工程地质勘察的工程所在地，按路、街名称及其方位填写。

2）地基承载力标准值：指工程地质勘察报告给定的地基承载力标准值。

3）项目负责人（签字）：应是勘察合同书中签字人或签字人以文字形式委托的该项目的负责人，工程完工后竣工验收备案表中的单位项目负责人也应与此一致，签字有效。

4）法定代表人（签字）：应是勘察合同书中法人签字人或法人签字人以文字形式委托的该项目的负责人，工程完工后竣工验收备案表中的法定代表人也应与此一致，签字有效。

5）技术负责人（签字）：是指勘察单位的技术负责人，签字有效。

6）地质勘察单位（章）：加盖合同文件中的地质勘察单位名称章。

11.1.3 设计单位工程评价意见报告（E1-3）

1. 资料表式

设计单位工程评价意见报告　　　　　　　　　　表 E1-3

工程名称		工程地址	
建设单位			
设计单位		设计合理使用年限	
评价意价：			
项目负责人（签字）：		法定代表人（签字）：	
技术负责人（签字）：		设计单位（章）：	
			日期：

2. 应用说明

设计单位工程验收质量检查报告是设计单位收到建设单位的工程竣工验收通知后，依据有关设计方面的法律、法规、工程建设强制性标准，对设计文件的实施结果进行质量验收的书面意见书。

本表由设计单位填写，应加盖公章，填写验收意见。质量检查报告的结论必须真实。设计单位必须加盖公章，不盖章无效。

（1）设计单位工程验收质量检查报告是设计单位依据经过施工图审查单位审查要求修改后的施工图设计。依据设计技术文件提供的包括：建筑、结构、防火、抗震设防、水暖、通风与空调、建筑电气、电梯等设计技术文件与验收工程相应部分的有关技术要求及实施结果，根据对已建成工程实际的验收，通过对比分析提出的工程质量验收检查报告。

（2）设计单位工程验收质量检查报告应说明验收的工程内容是否齐全、是否严格按设计文件施工、工程质量是否合格、质量控制资料核查、安全和主要使用功能核查及抽查结果、观感质量验收等是否满足设计要求。

（3）设计单位工程验收质量检查报告应有明确的结论，工程质量是否存在问题、合格还是不合格、施工结果符合还是不符合设计技术文件的要求、同意还是不同意验收。

（4）对设计文件进行的图纸会审记录的有关内容、设计变更等是否通过施工图审查单位的批准。

（5）有无因施工图设计原因造成的工程质量问题。

（6）填表说明：

1）工程地址：指委托工程地质勘察的工程所在地，按路、街名称及其方位填写。

2）设计合理使用年限：指施工图设计文件按标准规定的设计使用年限填写。

3）项目负责人（签字）：应是设计合同书中签字人或签字人以文字形式委托的该项目的负责人，工程完工后竣工验收备案表中的单位项目负责人也应与此一致，签字有效。

4）法定代表人（签字）：应是设计合同书中法人签字人或法人签字人以文字形式委托的该项目的负责人，工程完工后竣工验收备案表中的法定代表人也应与此一致，签字有效。

5）技术负责人（签字）：是指设计单位的技术负责人，签字有效。

11.1.4 施工单位工程竣工报告（E1-4）

施工单位工程竣工报告　　　　　　　　　　　　　　　　表 E1-4

工程名称：　　　　　　　　　　　　　　　　　　　　　　　　编号：

单位(子单位)工程名称			
	工程地址	建筑面积	m²
	建设单位	结构类型/层数	
	设计单位	开、竣工日期	
	勘察单位	合同工期	
	施工单位	造　价	
	监理单位	合同编号	
竣工条件自查情况	项　目　内　容		施工单位自查意见
	工程设计和合同约定的各项内容完成情况		
	工程技术档案和施工管理资料		
	工程所用建筑材料、建筑构配件、商品混凝土和设备的进场试验报告		
	涉及工程结构安全的试块、试件及有关材料的试（检）验报告		
	地基与基础、主体结构等重要分部（分项）工程质量验收报告签证情况		
	建设行政主管部门、质量监督机构或其他有关部门责令整改问题的执行情况		
	单位工程质量自评情况		
	工程质量保修书		
	工程款支付情况		

施工单位意见：

施工单位（公章）：　　　　　　　　　　　　　　　　　　　　　年　　月　　日

施工项目负责人（签章）：　　　　　　　　　　　　　　　　　　年　　月　　日

单位技术负责人（签字）：　　　　　　　　　　　　　　　　　　年　　月　　日

法定代表人（签章）：　　　　　　　　　　　　　　　　　　　　年　　月　　日

1. 应用说明

（1）本表系施工单位在建设单位未组织勘察单位、设计单位、施工单位、监理单位验收之前，向建设单位呈报、提请对其已完工程进行工程竣工验收的报告。

（2）工程竣工报告的内容包括三个部分：

1）工程概况部分。如填写单位（子单位）工程名称、工程地址、建筑面积（m^2）、建设单位、结构类型/层数、设计单位、开、竣工日期、勘察单位、合同工期、施工单位、造价、监理单位、合同编号等。

2）竣工条件自查情况应检项目内容和施工单位自查意见。如工程设计和合同约定各项内容的完成情况；工程技术档案和施工管理资料；工程所用建筑材料、建筑构配件、商品混凝土和设备的进场试验报告；涉及工程结构安全的试块、试件及有关材料的试（检）验报告；地基与基础、主体结构等重要分部（分项）工程质量验收报告签证情况；建设行政主管部门、质量监督机构或其他有关部门责令整改问题的执行情况；单位工程质量自评情况；工程质量保修书；工程款支付情况等。

3）施工单位意见及其责任制部分。如施工单位加盖公章、施工项目负责人签字盖章、单位技术负责人签字、法定代表人签字盖章等。

（3）工程竣工报告，施工单位应加盖公章、施工项目负责人签字盖章、单位技术负责人签字、法定代表人签字盖章，分别填写 年 月 日。

2. 几点说明

（1）单独签订施工合同的单位工程，竣工后可单独进行竣工验收。在一个单位工程中满足规定交工要求的专业工程，可征得发包人同意，分阶段进行竣工验收。

（2）单项工程竣工验收应符合设计文件和施工图纸要求，满足生产需要或具备使用条件，并符合其他竣工验收条件要求。

（3）整个建设项目已按设计要求全部建设完成，符合规定的建设项目竣工验收标准，可由发包人组织设计、施工、监理等单位进行建设项目竣工验收，中间竣工并已办理移交手续的单项工程，不再重复进行竣工验收。

（4）竣工验收应依据下列文件：

1）批准的设计文件、施工图纸及说明书。

2）双方签订的施工合同。

3）设备技术说明书。

4）设计变更通知书。

5）施工验收规范及质量验收标准。

6）外资工程应依据我国有关规定提交竣工验收文件。

（5）竣工验收应符合下列要求：

1）设计文件和合同约定的各项施工内容已经施工完毕。

2）有完整并经核定的工程竣工资料，符合验收规定。

3）有勘察、设计、施工、监理等单位签署确认的工程质量合格文件。

4）有工程使用的主要建筑材料、构配件和设备进场的证明及试验报告。

(6) 竣工验收的工程必须符合下列规定：
1) 合同约定的工程质量标准。
2) 单位工程质量竣工验收的合格标准。
3) 单项工程达到使用条件或满足生产要求。
4) 建设项目能满足建成投入使用或生产的各项要求。

11.1.5 监理单位工程质量评估报告 (E1-5)

(1) 工程质量评估报告是项目监理机构对被监理工程的单位（子单位）工程施工质量进行总体评价的技术性文件。监理单位应在工程完成且与验收评定后一周内完成。

(2) 工程质量评估报告是在项目监理机构签认单位（子单位）工程预验收后，总监理工程师组织专业监理工程师编写。

(3) 工程监理质量评价经项目监理机构对竣工资料及实物全面检查、验收合格后，由总监理工程师签署工程竣工报验单，并向建设单位提出质量评估报告。

(4) 工程质量估报告由总监理工程师和监理单位技术负责人签字，并加盖监理单位公章。

(5) 工程质量评估报告编写的主要依据：
1) 坚持独立、公正、科学的准则。
2) 以平时质量验收并经各方签认的质量验收记录。
3) 建设、监理、施工单位竣工预验收汇总整理的：单位（子单位）工程质量竣工验收记录、单位（子单位）工程质量控制资料核查记录、单位（子单位）安全和功能资料核查及主要功能抽查记录、单位（子单位）工程观感质量检查记录。

(6) 工程质量评估报告应包括下列主要内容：
1) 工程概况。
2) 单位（子单位）工程所包含的分部（子分部）、分项工程，并逐项说明其施工质量验收情况。主要包括：

①天然地基施工：地基验槽与地基钎探情况；地基局部处理情况；地基处理中设计参数的满足程度；地基处理中混合料的配比材质、铺筑、夯实等情况；取样检验情况等。

②复合地基施工：复合地基用材料质量、配比及试验、成孔、分层夯填及夯实情况；复合地基用水泥土、灰土、砂、砂石等的测试结果及评价；复合地基总体检测结果与评价，满足设计及规范要求情况。

③桩基础施工：灌注桩成孔（孔径、深度、清淤、垂直度等）质量；灌注桩钢筋笼检查；灌注桩混凝土浇筑（计量、坍落度、灌注时间等）；试块取样数量及试验；打入桩桩身质量、贯入锤击数试验、打入等满足设计情况；接桩（电焊或硫磺胶泥）施工情况；静压桩的最终试验结果及满足设计情况。

④主体工程的总体质量评价。
按相关建筑安装工程施工质量验收规范所列主体分部内的主要检验批、分项工程质量实施评定结果分别进行质量评价。

⑤幕墙材料与安装质量实施验收结果总体评价。

⑥装饰工程装质量实施验收结果总体评价。

⑦建筑材料质量实施验收结果的总体评价。

⑧对建筑设备安装工程中需要进行功能试验的工程项目包括单机试车和无负荷试车等。

⑨质量控制资料验收情况。

⑩工程所含分部工程有关安全和功能的检测验收情况及检测资料的完整性核查情况。

（7）竣工资料核查情况。

（8）观感质量验收情况。

（9）施工过程质量事故及效理结果。

（10）对工程施工质量验收意见的建议。

11.1.6 建设单位工程竣工报告（E1-6）

1. 资料表式

表 E1-6

封页

建设工程竣工验收报告

×××建设厅制

填 报 说 明

（1）竣工验收报告由建设单位负责填写。

（2）竣工验收报告一式四份，一律用钢笔书写，字迹要清晰工整。建设单位、施工单位、城建档案管理部门、建设行政主管部门或其他有关专业工程主管部门各存一份。

（3）报告内容必须真实可靠，如发现虚假情况，不予备案。

（4）报告须经建设、设计、施工图审查机构、施工、工程监理单位法定代表人或其委托代理人签字，并加盖单位公章后方为有效。

竣工项目审查　　　　　　　　　　表1

工程名称		工程地址		
建设单位		结构形式		
勘察单位		层　数	栋数	
设计单位		工程规模		
施工图审查机构		开工日期	年　月　日	
监理单位		竣工日期	年　月　日	
施工单位		施工许可证号	总造价	

审查项目及内容	审查情况
一、完成设计项目情况 　1. 基础、主体、室内外装饰工程 　2. 给排水工程、燃气工程、消防工程 　3. 建筑电气安装工程 　4. 通风与空调工程 　5. 电梯、电扶梯安装工程 　6. 室外工程	
二、完成合同约定情况 　1. 总包合同约定 　2. 分包合同约定 　3. 专业承包合同约定	
三、技术档案和施工管理资料 　1. 建设前期、施工图设计审查等技术档案 　2. 监理技术档案和管理资料 　3. 施工技术档案和管理资料	
四、试验报告 　1. 主要建筑材料 　2. 构配件 　3. 设备	
五、质量合格文件 　1. 勘察单位 　2. 设计单位 　3. 施工图审查单位 　4. 施工单位 　5. 监理单位	
六、工程质量保修书 　1. 总、分包单位 　2. 专业施工单位	

审查结论

　　　　　　　建设单位工程负责人：

　　　　　　　　　　　　　年　月　日

竣工项目审查填表说明：

工程地址：按施工图设计总平面图标注的建设位置的地点填写。

结构形式：按施工图设计标注的各单位工程的结构类型填写。如砖混、框架、框剪、框筒等。

层数：按施工图设计标注的各单位工程的建筑层数填写。

栋数：按施工总平面图设计标注的各单位工程的建筑栋数的合计数填写。

工程规模：按设计文件界定的建设工程规模填写。

施工图审查机构：指经省级建设行政主管部门批准的施工图审查机构。填写施工图审查机构全称。

开工日期：按当地建设行政主管部门批准发给的施工许可证（开工证）的开工日期填写或按经项目监理机构核准的单位工程的开工日期。按年、月、日填写。

竣工日期：按施工合同约定的单位工程的竣工日期填写，或按经项目监理机构核准的竣工日期。按年、月、日填写。

施工许可证号：填写当地建设行政主管部门批准发给的施工许可证（开工证）的编号。

总造价：按施工图设计根据预算定额计算规定计算的单位工程或单项工程的总造价。

审查项目及内容：指表列一～六项所列的项目及内容。

审查情况：指表列一～六项所列内容的审查情况。

（1）完成设计项目情况：指下列1～6项所列单位工程内的分部工程完成设计项目的情况。

1）基础、主体、室内外装饰工程：按完成的基础、主体、室内外装饰工程的实际填写。例如，是全部完成还是有遗留项目等。

2）给排水工程、燃气工程、消防工程：按完成的给排水工程、燃气工程、消防工程的实际填写。例如，是全部完成还是有遗留项目等。

3）建筑电气安装工程：按完成的建筑电气安装工程实际填写。例如，是全部完成还是有遗留项目等。

4）通风与空调工程：按完成的通风与空调工程实际填写。例如，是全部完成还是有遗留项目等。

5）电梯、电扶梯安装工程：按完成的电梯、电扶梯安装工程实际填写。例如，是全部完成还是有遗留项目等。

6）室外工程：按完成的室外工程实际填写。例如，是全部完成还是有遗留项目等。

（2）完成合同约定情况：指下列1～3项所列合同单位的完成合同约定情况。

1）总包合同约定：指总包合同单位完成总包合同约定情况。

2）分包合同约定：指分包合同单位完成的分包合同约定情况。

3）专业承包合同约定：指专业承包合同单位完成专业承包合同约定情况。

应在审查情况栏内填写：已按合同约定期限完成了设计文件规定的内容。

（3）技术档案和施工管理资料：指下列1～3项所列内容的技术档案和施工管理资料。

1）建设前期、施工图设计审查等技术档案：指建设单位提交的建设前期、施工图设计审查等的技术档案。

2) 监理技术档案和管理资料：指监理单位提交的监理技术档案和管理资料。

3) 施工技术档案和管理资料：指施工单位提交的施工技术档案和管理资料。

应在审查情况栏内填写：建设单位、监理单位和施工单位已按标准要求提交了合格的技术档案和管理资料。

(4) 试验报告：指下列 1～3 项所列内容的试验报告。

1) 主要建筑材料：指施工单位提供的主要建筑材料的试验报告。

2) 构配件：指施工单位提供的构配件试验报告。

3) 设备：指施工单位提供设备的试验报告。

应在审查情况栏内填写：施工单位按标准要求提供了主要建筑材料试验报告_____份；构配件的试验报告_____份；设备的试验报告_____份。

(5) 质量合格文件：指下列 1～5 项所列单位的质量合格文件。

分别指勘察单位、设计单位、施工图审查单位、施工单位、监理单位已经提交了质量检查合格文件。

应在审查情况栏内填写：勘察、设计、施工图审查、施工、监理单位均已分别按要求提供了质量合格文件、竣工报告、质量评估报告。

(6) 工程质量保修书：指下列 1～2 项所列单位的工程质量保修书。

1) 总、分包单位：指总包施工单位和与总包施工单位签订分包合同的分包单位提交了工程质量保修书。

2) 专业施工单位：指专业承包施工单位提交了工程质量保修书。

应在审查情况栏内填写：总、分包单位、专业施工单位均已分别提交了各自的工程质量保修书。

审查结论：指竣工项目审查表中所列审查项目及内容的审查结论意见。

建设单位工程负责人：应填合同书上签字人或签字人以文字形式委托的代表——工程的项目负责人。工程完工后竣工验收备案表中的单位项目负责人应与此一致。

工程质量评定（一）　　　　　　　　　　　　　表 2

分部工程评定	质量保证资料	观感质量评定
共　　　分部 其中符合要求　　分部 地基与基础分部质量情况 主体分部质量情况 装饰分部质量情况 安装主要分部　　项	共核查　　　项 其中符合要求　　项 经鉴定符合要求　　项	好 一般 差
单位工程评定等级		
建设单位负责人：　　　　（公章） 　　　　　　　　　　　　　　　　　　　　　年　　月　　日		
存在问题：		

填表说明：

分部工程评定：指单位工程内的各分部工程的质量评定情况。

共　　分部：指单位工程内的分部工程数量。

其中符合要求分部：指单位工程内的分部工程数量内的符合要求分部的数量。

地基与基础分部质量情况：指单位工程内的地基与基础分部工程验收的质量情况。

主体分部质量情况：指单位工程内的主体分部工程验收的质量情况。

装饰分部质量情况：指单位工程内的装饰分部工程验收的质量情况。

安装主要分部质量情况：指单位工程内的安装主要分部工程验收的质量情况。

质量保证资料：指单位工程内的质量保证资料（即工程质量控制资料核查和工程安全和功能检验资料核查及主要功能抽查记录）的评定情况。

共核查　　　项：指单位工程内的质量保证资料（即工程质量控制资料核查和工程安全和功能检验资料核查及主要功能抽查记录）总计核查的项数。

其中符合要求　　项：指单位工程内的质量保证资料（即工程质量控制资料核查和工程安全和功能检验资料核查及主要功能抽查记录）总计核查项数中符合要求的项数。

经鉴定符合要求　　　项：指单位工程内的质量保证资料（即工程质量控制资料核查和工程安全和功能检验资料核查及主要功能抽查记录）总计核查项数中经鉴定符合要求的项数。

观感质量评定：指单位工程观感质量验收的评定情况。

单位工程评定等级：指被验收单位工程的质量评定等级。应达到合格等级及其以上。

建设单位负责人：应填合同书上签字人或签字人以文字形式委托的代表——工程的项目负责人。工程完工后竣工验收备案表中的单位项目负责人应与此一致。

存在问题：指被验收的单位工程质量存在的问题。

工程质量评定（二）　　表3

各专业工程名称	评定等级	质量保证资料	观感质量评定
道路工程		共核查　　项，其中符合要求　　项，经鉴定符合要求　　项	好 一般 差
桥梁工程			
给水工程			
电力工程			
电信工程			
路灯工程			
燃气工程			
灯光工程			

单位工程评定等级		
		（公章） 建设单位负责人：　　年　月　日
存在问题：		
执行标准	道路工程	
	桥梁工程	
	给、排水工程	
	电力、电信工程	
	路灯、灯光工程	
	燃气工程	

填表说明：

各专业工程名称：指表列项下的道路、桥梁、给、排水、电力、电信、路灯、燃气、灯光等的工程名称。

评定等级：指表列项下的道路、桥梁、给、排水、电力、电信、路灯、燃气、灯光等的工程质量的评定等级。

质量保证资料：指专业工程内的质量保证资料的评定情况。

共核查　　　项：指单位工程内的质量保证资料总计核查的项数。

其中符合要求　　　项：指单位工程内的质量保证资料总计核查项数中符合要求的项数。

经鉴定符合要求　　　项：指单位工程内的质量保证资料总计核查项数中经鉴定符合要求的项数。

观感质量评定：指专业工程观感质量验收的评定情况。

建设单位负责人：应填合同书上签字人或签字人以文字形式委托的代表——工程的项目负责人。工程完工后竣工验收备案表中的单位项目负责人应与此一致。

存在问题：指被验收的单位工程质量存在的问题。

执行标准：指被验收的道路、桥梁、给、排水、电力、电信、路灯、灯光、燃气工程施工质量验收的执行标准。

竣工验收情况　　　　　　　　　　　　　　　　　　　　　表 4

一、验收机构

1. 领导层

主　任	
副主任	
成　员	

2. 各专业组

验收专业组	组　长	组　员
建　筑　工　程		
给排水、燃气工程		
建筑电气安装工程		
通风与空调工程		
室　外　工　程		

注：建设、监理、设计、施工及施工图审查机构等单位的专业人员均必须参加相应的验收专业组。

二、验收组织程序

1. 建设单位主持验收会议。
2. 施工单位介绍施工情况。
3. 监理单位介绍监理情况。
4. 各验收专业组核查质保资料，并到现场检查。
5. 各验收专业组总结发言，建设单位做好记录。

表 5

竣工验收结论：				
建设单位法人： 项目负责人： （章） 20 年 月 日	设计单位法人： 设计负责人： （章） 20 年 月 日	施工图审查 单位法人： 审查负责人： （章） 20 年 月 日	监理单位 法　人： 总监理 工程师： （章） 20 年 月 日	施工单位法人： 技术负责人： （章） 20 年 月 日

竣工验收情况填表说明：

（1）验收机构：

1）领导层：指竣工验收领导层成员主任、副主任、成员的人员姓名。应分别填写。

2）各专业组：指竣工验收各专业组（验收专业组、建筑工程、给排水工程、燃气工程、建筑电气安装工程、通风与空调工程、室外工程）的组长和组员姓名。应分别填写。

（2）验收组织程序：应按下列验收组织程序进行。

1）建设单位主持验收会议。

2）施工单位介绍施工情况。

3）监理单位介绍监理情况。

4）各验收专业组核查质保资料、并到现场检查。

5）各验收专业组总结发言，建设单位做好记录。

竣工验收结论：指验收机构按验收专业组的实际验收结果填写。结论应填写被验收工程是否合格。

建设单位法人：指建设单位与施工（或设计、监理）单位签订的施工合同中建设单位的法人姓名。

项目负责人：指建设单位与施工（或设计、监理）单位签订的施工合同中建设单位的项目负责人姓名。

设计单位法人：指建设单位与设计（或施工、监理）单位签订的设计合同中设计单位的法人姓名。

设计负责人：指建设单位与设计（或施工、监理）单位签订的设计合同中设计单位的设计负责人姓名。

施工图审查单位法人：指施工图审查单位的法人姓名。

审查负责人：指施工图审查单位的审查负责人姓名。

监理单位法人：指建设单位与监理（或设计、施工）单位签订的监理委托合同中监理单位的法人姓名。

总监理工程师：填写由监理单位法定代表人授权，全面负责委托监理合同的履行、主持项目监理机构工作的监理工程师的姓名。

施工单位法人：指施工单位与建设单位签订的施工合同中施工单位的法人姓名。

技术负责人：指施工单位与建设单位签订的施工合同中施工单位的技术负责人姓名。

11.1.6.1　工程竣工验收文件的实施说明

1. 工程竣工验收与备案的实施

（1）县级以上建设行政主管部门负责本行政区域内建设工程工验收的监督及备案工作。建设工程竣工验收工作由建设单位负责组织实施。

（2）建设行政主管部门可以委托工程质量监督机构对工程竣工验收实施监督。

2. 工程竣工验收应具备的条件

（1）工程符合下列要求方可进行竣工验收：

1）完成工程设计和合同约定的各项内容。

2）施工单位在工程完工后对工程质量进行了检查，确认工程质量符合有关法律、法规和工程建设强制性标准，符合设计文件及合同要求，并提出工程竣工报告。工程竣工报告应经项目经理和施工单位有关负责人审核签字。

3）对于委托监理的项目，监理单位对工程进行了质量评估，具有完整的监理资料，并提出工程质量评估报告。工程质量评估报告应经总监理工程师和监理单位有关负责人审核签字。

4）勘察、设计单位对勘察、设计文件及施工过程中由设计单位签署的设计变更通知书进行了检查，并提出质量检查报告。质量检查报告应经该项目勘察、设计负责人和勘察、设计单位有关负责人审核签字。

5）有完整的技术档案和施工管理资料。

6）有工程使用的主要建筑材料、建筑构配件和设备的进场试验报告。

7）建设单位已按合同约定支付工程款。

8）有施工单位签署的工程质量保修书。

9）城乡规划行政主管部门对工程是否符合规划设计要求进行检查，并出具认可文件。

10）由公安消防、环保等部门出具的认可文件或者准许使用文件。

11）建设行政主管部门及其委托的工程质量监督机构等有关部门责令整改的问题全部整改完毕。

3. 建设工程竣工验收应当按如下程序进行：

（1）施工单位完成设计图纸和合同约定的全部内容后，应先自行组织验收，并按国家有关技术标准自评质量等级，编制竣工报告，由施工单位法定代表人和技术负责人签字，并加盖单位公章，提交给监理单位，未委托监理的工程直接提交建设单位。

竣工报告应当包括工程情况、技术档案和施工管理资料情况、建筑设备安装调试情况、工程质量评定情况等内容。

（2）监理单位核查竣工报告，对工程质量等级作出评价。竣工报告经总监理工程师、监理单位法定代表人签字,并加盖监理单位公章后,由施工单位向建设单位申请竣工验收。

(3) 建设单位提请规划、公安消防、环保、城建档案等有关部门进行专项验收(专项验收程序按各有关部门的规定执行),按专项验收部门提出的意见整改完毕,取得合格证明文件或准许使用文件。

(4) 建设单位审查竣工报告,并组织设计、施工、监理和施工图审查机构等单位进行竣工验收。

(5) 建设单位编制建设工程竣工验收报告。

建设工程竣工验收报告应当包括下列内容:工程概况、施工许可证号、施工图设计文件审查批准书号、工程质量情况以及建设、设计、施工图审查机构、施工、监理等单位签署的质量合格意见。

4. 工程竣工验收的监督

(1) 建设单位组织工程竣工验收前,应提前3个工作日通知工程质量监督机构,并提交有关工程质量文件和质量保证资料,工程质量监督机构应派员对验收工作进行监督。

(2) 工程质量监督机构对验收工作中的组织形式、程序、验评标准的执行情况及评定结果进行监督,发现有违反国家有关建设工程质量管理规定的行为或工程质量不合格的,应责令建设单位进行整改,并签发责令整改通知书。建设单位应当立即进行整改,重新组织竣工验收。竣工验收日期以最终通过验收的日期为准。

参加验收各方对工程质量验收结论意见不一致时,建设(监理)单位向负责该建设工程质量监督的机构申请仲裁。

(3) 建设单位如在竣工验收通过后5个工作日内未收到质量监督机构签发的责令整改书,即可进入验收备案程序。

(4) 质量监督机构应在工程竣工验收通过后5个工作日内向主管部门提交建设质量及竣工验收监督报告。

11.1.7 工程竣工验收会议纪要 (E1-7)

1. 资料表式

_____ 会议纪要　　　　　　　　　　　　　表 E1-7

时间:	
地点:	
主持人:	
与会单位及人员:	
主要议题:	
解决或议定事项:	
签字:	年　月　日

2. 应用说明

会议纪要必须及时记录、整理，记录内容齐全、对会议中提出的问题，记录准确，技术用语规范，文字简练明了。

(1) 按项目监理机构施工监理过程中召开的监理会议内容经整理形成，包括工地例会纪要和专题例会纪要。

(2) 监理会议纪要指由项目监理机构主持的会议纪要，它包括工地例会纪要和专题会议纪要。是按照一定程序召开的，主要研究建设过程中施工出现的投资、质量、进度等方面的问题，并形成纪要，共与会者确认和落实。

(3) 工地例会是总监理工程师定期主持召开的工地会议。其内容包括：

1) 检查上次例会议定事项的落实情况，分析未完事项原因。

2) 检查分析工程项目进度计划完成情况，提出下一阶段进度目标及其落实措施。

3) 检查分析工程项目质量状况，针对存在的质量问题提出改进措施。

4) 检查工程量核定及工程款支付情况。

5) 解决需要协调的有关事项及其他有关事宜。

(4) 专题会议是研究解决施工过程中的某一问题而召开的不定期会议，会议应有主要议题。

(5) 会议纪要由项目监理机构起草，与会各方代表签字。

(6) 会议记录必须有：会议名称、主持人、参加人及其代表单位、会议时间、地点、会议内容、会议发言人姓名及主要内容、决议事项、决议事项的执行人及完成时间、参加人员签章。

(7) 填表说明：

1) 主要议题：应简明扼要的写清楚会议的主要内容及中心议题（既与会各方提出的主要事项和意见），工地倒会还包括检查上次例会议定事项的落实情况。

2) 解决或议定事项：应写清楚会议达成的一致意见、下步工作安排和对未解决问题的效理意见。

11.1.8 专家组竣工验收意见（E1-8）

专家组竣工验收意见按专家对工程竣工验收提出形成的文件直接归存。

11.1.9 工程竣工验收证书

1. 资料表式

工程竣工验收证书(E1-9)

表E1-9

工程竣工验收证书

工程名称		开工日期	年 月 日		
施工单位		竣工日期	年 月 日		
合同造价 (万元)		施工决算 (万元)			
验收范围及数量:					
工程质量评价			竣工验收日期		年 月 日
存在问题及处理意见:					
参加竣工验收单位意见	建设单位	签名: (公章)	设计单位		签名: (公章)
	监理单位	签名: (公章)	施工单位		签名: (公章)
	勘察单位	签名: (公章)	邀请单位		签名: (公章)

11.1.10 规划、消防、环保等部门出具的认可或准许使用文件 (E1-10)

11.1.10.1 建设工程规划验收合格证 (E1-10-1)

1. 资料表式

建设工程规划验收合格证

表 E1-10-1
（封页）

中华人民共和国

建设工程规划验收合格证

编号：

根据《中华人民共和国城市规划法》第三十二条规定，经审定，该建设工程符合城市规划要求。

特发此证

发证机关

日期：　　年　　月　　日

(内页)

建设单位	
建设项目名称	
建设位置	
建设规模	

附图及附件名称

遵守事项：

1. 本证是城市规划区内，经城市规划行政主管部门审定，许可建设各类工程的法律凭证。
2. 凡未取得本证或不按本证规定建设，均属违法建设。
3. 本证附图与附件由发证机关依法确定，与本证具有同等法律效力。
4. 本证不得涂改。

2. 应用说明

规划管理部门收到建设单位的工程竣工验收申请后，依据《城市规划法》及规划设计审批文件和有关政策规定，对工程进行规划验收并确认符合规划要求后签发的建设工程规划验收合格证。

（1）本证由城市规划行政主管部门签发，应加盖公章，填写验收意见。

（2）建设工程规划验收合格证签发必须符合《城市规划法》第三十二条规定。

（3）对规划验收结果存在问题及其处理意见应详尽具体，存在问题未按处理意见完成之前，不得签发建设工程规划验收合格证。

（4）填表说明：

1）建设项目名称：按建设单位与施工单位合同书中的工程名称或施工图设计图注的工程名称，按全称填写。

3）建设位置：按施工图设计总平面图标注的建设位置的地点填写。

4）建设规模：按可行性研究或初步设计或施工图设计标注的建设规模填写。

5）附图及附件名称：指申报规划验收时必需的附图及附件名称。照实际填写。

11.1.10.2 建设工程公安消防验收意见书 (E1-10-2)

1. 资料表式

建设工程公安消防验收意见书　　　　　　　　　表 E1-10-2

工程名称		工程地址	
建设单位			
设计单位			
施工单位			

验收人（签字）：　　　　　单　位（签字）：

技术负责人（签字）：　　　法定代表人（章）：

　　　　　　　　　　　　　　　　　　　　　　　日期：

2. 应用说明

建设工程公安消防审批机构收到建设单位的工程竣工验收申请后，依据国家消防技术标准及消防工程审查意见，对工程进行消防验收签发的书面意见书。

（1）消防验收意见书应加盖公章，填写验收意见。消防验收必须符合国家消防技术标准。

（2）建设工程公安消防验收意见书是公安消防审批机构对已审查批准的施工图设计的实施结果进行核查，对已建成的工程在实施中是否依据审查后的施工图设计中有关进行施工，有无违背。该验收工程是否有违消防强制性标准的有关技术要求。

（3）验收结论意见必须明确说明是否符合消防设计要求，能否满足消防使用功能。

（4）对消防验收不合格的，验收机构必须明确指出存在的问题和所依据的技术规范。并应提出复验要求。

（5）建设工程公安消防验收意见书应有明确的结论，工程质量是否存在问题、合格还是不合格、施工结果符合还是不符合消防的有关要求、同意还是不同意验收。

（6）填表说明：

1）工程地址：指委托工程地质勘察的工程所在地，按路、街名称及其方位填写。

2）验收人（签字）：是指公安消防审批单位参加消防验收人员姓名，签字有效。

3）单位（章）：加盖公安消防审批单位章。

4）技术负责人（签字）：是指公安消防审批单位的技术负责人，签字有效。

5）法定代表人（签字）：是指公安消防审批单位的法定代表人，签字有效。

11.1.10.3 环保验收合格证 (E1-10-3)

1. 资料表式

表 E1-10-3
（封页）

市环境保护局

小型（非生产性）建设项目验收意见书

编号：　　　　　　　　　　　　　　　　（内封）

项目名称		联系人	×××
建设单位		电话	
建设地点		项目性质	新□改□扩□
项目总投资（万元）		建设面积（m^2）	占地面积（m^2）
环评分类	报告书□ 报告表□ 登记表□	审批时间	
施工单位		申请验收时间	
工程情况概述：			
存在问题及整改措施：			
验收意见： 　　　　　　　　　　　　　　　　　　　　　市环境保护局（章） 　　　　　　　　　　　　　　　　　　　　　2001年10月20日			
经办人（签字）：		负责人（签字）：	
备注			

　　本表只适用与小型填报环境影响登记表的非生产性建设项目，填报环境影响报告表和环境影响报告书的应另附环保设施监测报告和建设项目环境保护设施竣工验收申请报告。本表一式三份。

2. 应用说明

　　环保验收合格证是环保监督管理部门收到建设单位验收通知后，依据《环境保护法》的要求，对建设工程项目，环境质量评价的书面意见。

　　（1）环保验收合格证应加盖公章，填写验收意见。环保验收必须符合国家环保的有关技术标准。

　　（2）环保验收合格证是环保监督管理部门对已审查批准的施工图设计的实施结果进行核查，对已建成的工程在实施中是否依据审查后的施工图设计中有关进行施工，有无违背。该验收工程是否有违环保强制性标准的有关技术要求。

(3) 环保验收的主要内容：

1) 应填写内页表内的一般工程概况如建设地点、项目性质、项目总投资、建筑面积、环保分类、施工单位、申请验收时间等。

2) 工程情况概述应说明环保工程的地点、规模、用途、环保名称、环保目标值等。

3) 存在问题及整改措施应说明验收后的环保工程存在的问题和整改建议及措施。

4) 验收意见应写明：

①工程项目对大气环境、水环境的影响情况。

②工程项目对水土流失、生态环境的影响情况。

③工程项目所产生的噪声对声环境的影响程度。

④工程项目使用后产生的固体垃圾对周围环境的影响程度。

(4) 验收结论意见必须明确说明是否符合环保要求，能否满足环保使用功能。

(5) 对消防验收不合格的，验收机构必须明确指出存在的问题和所依据的技术规范。并应提出复验要求。

(6) 建设工程公安消防验收意见书应有明确的结论，工程质量是否存在问题、合格还是不合格、施工结果符合还是不符合消防的有关要求、同意还是不同意验收。

(7) 填表说明：

1) 项目名称：指验收的环保项目的名称。

2) 建设地点：指委托工程地质勘察的工程所在地，按路、街名称及其方位填写。

3) 项目性质：指验收的环保项目的使用类别。照实际填写。

4) 项目总投资（万元）：指验收的环保项目的项目总投资。

5) 建设面积（m^2）：指验收的环保项目的项目建设面积。

6) 占地面积（m^2）：指验收的环保项目的项目占地面积。

7) 环评分类（报告书□ 报告表□ 登记表□）：指验收的环保项目评议的类别，可在报告书、报告表、登记表处划√。

8) 审批时间：指验收的环保项目的审批时间。

9) 申请验收时间：指验收的环保项目的申请验收时间。

10) 工程情况概述：是指环保工程的地点、规模、用途、环保名称、环保目标值等。

11) 存在问题及整改措施：是指验收后的环保工程存在的问题和整改建议及措施。

12) 验收意见：是指验收的环保项目的验收意见，应明确说明是否符合环保要求，能否满足环保使用功能。

13) 市环境保护局（章）：指环保验收单位加盖的公章。

14) 经办（签字）：指验收环保项目时的具体经办人。填写经办人姓名，本人签字有效。

15) 负责人（签字）：指验收环保项目时的负责人。填写负责人姓名，本人签字有效。

11.1.11 市政工程质量保修单 (E1-11)

工程竣工验收完成后，由建设、施工、设施管理等单位的有关负责人按相关规定，共同签署工程质量保修书，并加盖单位公章。

市政基础设施工程质量保修书

按"9.8市政工程质量保修单"执行。

11.1.12 市政基础设施工程竣工验收备案表（E1-12）

1. 资料表式

建设工程竣工验收备案证明书　　　　　　表 E1-12

（正本）

根据国务院《建设工程质量管理条例》和建设部《房屋建筑工程和市政基础设施工程竣工验收备案管理暂行办法》，_____工程，经建设单位_____于_____年_____月_____日组织设计、施工、工程监理和有关专业工程主管部门验收，并于_____年_____月_____日备案。

特此证明。

备案机关：

日　期：　　年　月　日

建设工程竣工验收备案证明书以本表格式直接归存。

2. 应用说明

（1）建设工程竣工验收备案证明书是当地建设行政主管部门为市政基础设施竣工工程经核查工程质量符合合格要求后开具的竣工验收备案证明书。

（2）工程竣工验收后5个工作日内未接到质量监督机构签发的责令整改通知书，即可进入验收备案程序。当建设单位已汇整齐全竣工验收备案所需的各种材料后，即可办理建设工程竣工验收备案证明书。

（3）开具的竣工验收备案证明书应提供的资料：竣工验收报告、竣工报告、质量评估报告；勘察、设计、施工图审查机构的工程质量检查报告；规划、公安消防、环保、档案等部门的验收认可文件；工程质量保修书，各地市建设行政主管部门规定的其他要求；工程质量监督报告，竣工验收备案表。

11.1.13 其他工程竣工验收备案文件（E1-13）

"其他工程竣工验收备案文件"是指道路工程中设计文件新增加的验收子项，而《城镇道路工程施工与质量验收规范》（CJJ1—2008）规范中未列入，且需要进行施工质量验收并应进行验收备案的子项。照实际进行施工质量验收的子项计入并形成验收备案文件。

11.2　竣工决算文件用表与说明（E2）

11.2.1　施工决算文件（E2-1）

施工决算文件是指施工单位承建工程完成后，经竣工验收合格，并经监理单位的总监理工程师签字加盖监理单位同意章后，提交的承建工程的工程决算文件。由施工单位提供。

11.2.2 监理决算文件（E2-2）

监理决算文件是指监理单位承接的监理工程完成后，已经竣工验收合格。按监理合同文件确定的工程监理费率，根据工程实施工作量的增加或减少，编制监理决算文件。经监理单位的总监理工程师签字加盖监理单位同意章后，提交的承接工程的监理决算文件。由监理单位提供。

11.3 竣工交档文件用表与说明（E3）

11.3.1 工程竣工档案预验收意见（E3-1）

工程竣工档案在组织工程竣工验收前，应提请当地的城建档案管理机构对工程档案进行预验收；未取得工程档案验收认可文件，不得组织工程竣工验收；应对单位（子单位）工程竣工进行预验收报验，提交单位（子单位）工程竣工预验收报验表。

城建档案管理机构应对工程文件的立卷归档工作进行监督、检查、指导。在工程竣工验收前，应对工程档案进行预验收，验收合格后，须出具工程档案认可文件。

单位（子单位）工程竣工预验收报验表　　　　　　表 E3-1

工程名称：	编号：

致_____ _____（单位工程）已完成施工，按有关规范、验评标准进行了自检，质量合格，竣工资料已整理齐全，申请进行竣工（预）验收。 附件：申请验收材料汇总	
施工单位（章）： 　　　　　年　月　日	施工项目负责人（签章）： 　　　　　年　月　日
监理单位意见：	
项目监理机构（章）： 　　　　　年　月　日	总监理工程师（签章）： 　　　　　年　月　日
建设单位意见：	
建设单位（章）： 　　　　　年　月　日	建设单位项目负责人（签字）： 　　　　　年　月　日

注：本表由施工单位填写，一式三份，同意后由建设、监理、施工单位各留一份。

应用说明：

(1) 本表系《建筑工程施工质量验收统一标准》(GB 50300—2013)规定，施工单位在单位工程施工完成，并经施工、项目监理机构验收质量合格，由施工单位向建设单位提请竣工（预）验收的申请表。

(2) 单位工程竣工（预）验收报验申请表的内容包括三个部分：

1) 施工单位的施工项目负责人向监理单位、建设单位提请的验收申请。

2) 监理单位检查后填记的监理单位意见。

3) 建设单位检查后填记的建设单位意见。

(3) 单位工程竣工（预）验收报验申请表由施工单位加盖公章，施工项目负责人签字盖章，同时填写 年 月 日。

监理单位意见由项目监理机构加盖公章，总监理工程师签字盖章，同时填写 年 月 日。

建设单位意见由建设单位加盖公章，建设单位项目负责人签字，同时填写 年 月 日。

11.3.2 施工文件移交书（E3-2）

_____按有关规定向_____办理_____工程资料移交手续。共计_____册。其中图样材料_____册，文字材料_____册，其他材料_____张（ ）。

附：工程资料移交目录

    移交单位（公章）   接受单位（公章）

    单位负责人：   单位负责人：

    技术负责人：   技术负责人：

    移 交 人：   接 受 人：

                  移交日期：年 月 日

11.3.3 监理文件移交书（E3-3）

_____按有关规定向_____办理_____工程资料移交手续。共计_____册。其中图样材料_____册，文字材料_____册，其他材料_____张（　　）。

　　附：工程资料移交目录

　　移交单位（公章）　　　　　　　　接受单位（公章）

　　单位负责人：　　　　　　　　　　单位负责人：

　　技术负责人：　　　　　　　　　　技术负责人：

　　移　交　人：　　　　　　　　　　接　受　人：

　　　　　　　　　　　　　　　　　　移交日期：年　月　日

11.3.4 城建档案移交书（E3-4）

_____按有关规定向_____办理_____工程资料移交手续。共计_____册。其中图样材料_____册，文字材料_____册，其他材料_____张（　　）。

　　附：工程资料移交目录

　　移交单位（公章）　　　　　　　　接受单位（公章）

　　单位负责人：　　　　　　　　　　单位负责人：

　　技术负责人：　　　　　　　　　　技术负责人：

　　移　交　人：　　　　　　　　　　接　受　人：

　　　　　　　　　　　　　　　　　　移交日期：年　月　日

11.4 工程声像文件用表与说明（E4）

11.4.1 开工前原貌、施工阶段、竣工新貌照片（E4-1）

工程声像文件应记录开工前原貌、施工阶段、竣工新貌照片。
对形成的声像文件资料按三个部分分列：
（1）开工前原貌。
（2）施工阶段。
（3）竣工新貌照片。

11.4.2 工程建设过程的录音、录像文件（重点大型工程）（E4-2）

工程声像文件应对工程建设过程中的相关录音、录像文件（重点大型工程）予以记录、收集，应依序整理组排。

11.5 其他工程文件（E5）

其他工程文件是指在工程建设过程中形成的上述工程资料以外的其他工程文件资料，应依序整理组排。